国家社会科学基金项目（14BJY127）最终成果以“优秀”等级结项

中国特色新型农业现代化道路实践模式创新研究

李铜山　著

中国农业出版社
北　京

本著作重点受以下项目资助：

◎ 国家社科基金项目《中国特色新型农业现代化道路的实践模式创新及推进方略研究》（14BJY127，以“优秀”等级结项）

◎ 河南省高校新型智库招标项目《河南通过加快转变农业发展方式推进农业现代化建设研究》（32220130）

◎ 河南省高等学校哲学社会科学基础研究重大项目《农业压舱石作用的理论诠释、实证透析与践行策略研究》（2021-JCZD-24）

前　言

本部著作是国家社科基金项目《中国特色新型农业现代化道路的实践模式创新及推进方略研究》(14BJY127)的最终成果。非常荣幸地告诉读者朋友，本著作在全国哲学社会科学工作办公室是以“优秀”等级通过结项的。

2014年6月—2019年11月，对于本部著作著者来说是一段极不寻常的时期。从收集资料、撰写申请书到开展调查研究、完成结项，经历了五年多艰辛而漫长的过程。为了做好调查研究，著者在项目立项前就已经占有、研读了大量资料，项目立项后又收集和参考了大量各类文献。尤其是，在全国多个省份开展了实地调查和问卷调查。其中，实地调查重点在江苏省、河南省、黑龙江省、宁夏回族自治区等省区开展，问卷调查遍布全国东部地区、中部地区、西部地区、东北部地区等四大区域的各个省市区，共动员了200多名研究生、本科生参加调查，共发放调查问卷19 600份，收回有效问卷19 500份。功夫不负有人心，在付出巨大努力和心血之后，也开心地收获了可喜的优秀成果。本部著作，便是国家社科基金项目最终成果的精华所在。

本部著作的选题和研究背景：2013年底的中央农村工作会议及2014年中央1号文件，中央审时度势地提出了我国农业发展史上的又一项重大理论创新和战略性核心工程：努力走出一条生产技术先进、经营规模适度、市场竞争力强、生态环境可持续的中国特色新型农业现代化道路。这既为我国全面构建“四化结合”的新型农业经营体系提供了科学的理论武器，也为我国推行新的国家粮食安全战略提供了明确的行动指南。而要将之根据国情、区情、农情科学地践行于创新实践，尚需相关科学研究和政策制度的及时跟进。为此，本部著作即精心设计并全面开展了相关研究。

本部著作的研究意义：从理论意义讲，本部著作立足于基础研究和理论解析，既有对中国特色新型农业现代化道路的相关概念和内涵的理性探讨，也有对中国特色新型农业现代化道路的科学取向的理论阐述，能够丰富相关理论研究内容，深化相关理论研究深度，创新相关理论研究学术观点和学术思想。从实践意义讲，本部著作从实践中来又到实践中去，既有对中国特色新型农业现代化道路的历史考量和评价、区域差异化实证分析和瓶颈障碍分析，又有比较借鉴、推进构想、推进途径和政策制度体系等方面的操作方略，有利于总结经验教训，有利于创新模式挖掘，有利于通过顶层设计扬长避短地拓宽中国特色新型农业现代化道路，有利于为政府部门进行决策和制定政策提供参考借鉴。

本部著作的当代价值：从学术价值讲，一方面，厘清了中国特色新型农业现代化道路的深刻内涵，辨析了中国特色新型农业现代化道路之“特”、之“新”、之“根”、之“本”、之“魂”等之所在，有利于澄清学术上的一些模糊认识；另一方面，设计了中国特色新型农业现代化道路的科学取向，全面完善实践模式及其创新发展思路，有利于提供战略性的理念架构。从应用价值讲，一方面，通过系统透析推进中国农业现代化的历史经验和教训，综合阐述新时代中国特色新型农业现代化道路的具体的创新性的实践模式，有利于提供前瞻性的专题思辨，具有重要现实指导意义；另一方面，通过系统提出中国特色新型农业现代化道路的实践模式创新推进方略，有利于构建实践模式创新的操作平台，为新时期确保中国特色新型农业现代化道路的实践模式创新及全面推进提供有价值的对策举措，具有重要的决策参考意义。

本部著作的主要内容：本部著作共有 5 篇、26 章。第一篇为理论篇，展开理论探讨和比较借鉴，包括第一章至第八章，共 8 章；第二篇为历史篇，主要进行历史考量和量化评价，包括第九章至第十三章，共5章；第三篇为现实篇，开展实证分析和障碍透视，包括第十四章至第十九章，共6章；第四篇为构想篇，提出推进思路和发展取向，包括第二十章至第二十三章，共4章；第五篇为方略篇，提供推进机制和政策制度，包括第二十四章至第二十六章，共3章。各篇各章的主要内容如下：在“理论篇”，著者认为：中国特色新型农业现代化道路，就是在中国共产党领导下，在习近平新时代中国特色社会主义思想指导下，以加快推进农业农村现代化为中心，立足国情、域情和农情，铸牢“中国特色”，彰显“新型”发展，全面实现农业经济现代化、农村社会现代化和农民素质现代化的路线和途径；要走好中国特色新型农业现代化道路，就必须理解“中国特色”、“新型”以及中国特色新型农业现代化道路之“根”、之“本”、之“魂”等的涵义；走好中国特色新型农业现代化道路，既有外力驱动，又有内生要求，是外力驱动背景下当代中国现代农业发展的内生要求，具有明显的客观必然性、现实重要性和时间迫切性，具有多方面重大意义和多重效应；中国特色新型农业现代化道路实践模式创新的标志应该包括农业经济结构现代化、农业基础设施现代化等“十个现代化”，特征主要包括动态性、世界性等“五性”，要求主要包括完整的多元化目标、完好的现代化手段等“六完”，思路主要包括理念创新、发展方式创新等“七个创新”，方向主要包括生产技术先进、经营规模适度等“四个维度”，原则主要包括家庭承包经营为基础与多种经营形式共同发展、传统农业的精耕细作与现代物质技术装备相辅相成等四个方面，起点主要包括将提高“三率”作为逻辑起点、将改革农业经济管理体制作为内在要求等“五个作为”，路径主要包括从硬件现代化到硬件软件全部现代化、从产中现代化到全过程现代化等“四个到”；以美日欧为代表的发达国家形成了美国“节约劳动型”模式、日本“节约土地型”模式、西欧“中间类型”模式等三种各具优势的农业现代化模式，这些模式的共同特征我国必须把握，中美、中日、中欧农业现代化模式上存在的较大差异，中国必须有选择地借鉴。在“历史篇”，著者研究发现：中国特色新型农业现代化道路实践模式创新的内涵演变主要体现在从宽泛提到突出抓、从固定视角到发展视角等“四个到”，政府举措主要包括推动土地流转和规模经营、推动科技创新和结构调整等“六个推动”，制度创新主要包括土地制度创新、农业生产经营制度创新等“五个创新”，经验总结主要包括坚持了对农业的首位度认知、坚持了对国情的适应度迎合等“六个坚持”，教训反思主要体现本质认知、目标制定、政策实施、具体措施、推进力度等方面存在缺憾和不足。用主成分分析法、层次分析法两种方法计算出来的中国特色新型农业现代化水平，基本上是完全一致的，这些年一致呈现出提升的趋势。在“现实篇”，著者研究发现：我国四个地区的农业现代化水平量化比较，东部地区→中部地区→东北部地区→西部地区依次递减，只有东部地区显著高于全国平均水平，其他三个地区均低于全国平均水平，同时西部地区明显低于其他三个地区。也正是基于此，再结合四个地区的区情和农情，著者将中国特色新型农业现代化道路的实践模式创新，大致归纳为东部地区内外协同耦合驱动型模式、中部地区三不牺牲共赢发展型模式、东北部地区“四化”同步协调发展型模式、西部地区高效特色生态农业带动型模式。而要实现上述实践模式创新，还必须突破“五化”并存、“双高”凸显、“两紧”同在、“双小”齐困、“六低”相扰、“四制”不配等瓶颈障碍。在“构想篇”，著者认为：要推进中国特色新型农业现代化道路实践模式创新，就必须科学明晰链全、群集、粮安、农富、貌变、差缩、技高、撑强、境优、可续等推进目标，党中央国务院高度重视、农业农村优先发展、实施乡村振兴战略、实施区域协调发展战略、推动形成全面开放新格局、《全国农业现代化规划（2016—2020年）》推动等推进机遇，一般规定性、中国特殊规定性等推进规定性，农学思想上的历史差异、资源禀赋条件的差异、所处时代背景的差异、农业产业技术体系的差异、基本国情存在的差异等推进基础，集约化家庭经营与产业化合作经营相结合的新型农业双层经营体系、主导产业集群化与三次产业融合化相结合的新型农业全产业链体系、农业园区化设施化与农业水利化生态化相结合的新型农田基础建设体系、产学研相结合与农科教相结合的新型农业科技创新服务体系、农业信息化与农业机械化相结合的现代农业装备体系、高绿色安全性与高品质营养性相结合的新型农产品质量安全保障体系、电商组织化联合化与营销规范化有序化相结合的新型农产品市场流通体系、资源合理利用与环境科学保护相结合的新型农业资源环境保护体系、政府有力政策支持与法律有效规范保护相结合的新型农业政策法律体系等推进支撑，产业精致化、规模精准化、产品精优化、分工精细化、农地精耕化、加工精深化、技术精新化、装备精良化、环境精美化、主体精英化、竞争精锐化等推进趋向。在“方略篇”，著者认为：要推进中国特色新型农业现代化道路实践模式创新，就必须健全农业基础设施建设机制、农业科技进步支撑机制、农业可持续发展机制、农业经营方式转变机制、农产品价格形成和调控机制、两个市场两种资源利用机制、宏观经济政策导向机制、人力资本提升机制、风险防范保障机制、法规约束规导机制等推进机制，部署包括以解决好地怎么种为导向加快构建新型农业经营体系、以解决好地少水缺的资源环境约束为导向深入推进农业发展方式转变、以满足吃得好吃得安全为导向大力发展优质安全农产品在内的“三个导向”，包括培育新型农业经营主体、培育新型农业产业集群、培育新型职业农民、培育新型农业服务体系在内的“四新培育”，包括激励“四化”同步发展、激励科教兴农、激励农业基础建设、激励发展生态友好型农业、激励发展多功能农业、激励开展农业政策性保险在内的“六维激励”，包括防范外资并购风险、防范外来生物入侵、防范耕地非农化、防范质量安全风险、防范舍弃传统农耕文化精华在内的“五项防范”，创新土地流转集中政策、粮食综合生产能力提高政策、现代农业产业体系构建政策、现代农业功能布局优化政策、粮食主产区利益补偿政策、强农惠农富农政策、农业保护体系建设政策、农业基础设施建设政策、农业科技创新与进步政策、农业农村体制改革政策等“十大政策”，完善土地流转市场化、农地产权主体化、农业转移人口市民化、城乡户籍一元化、城乡发展一体化、财政资金倾农化等“六项制度”。

本部著作的主要建树：一是具有一定的理论创新。通过理论上精细化的系统梳理，全面地阐释了中国特色新型农业现代化道路实践模式创新的科学内涵和科学取向，为走好中国特色新型农业现代化道路奠定了理论基础和科学取向。二是具有一定的实践创新。通过实践上针对性的深度分析，因地制宜地论述了中国特色新型农业现代化道路实践模式创新的区域差异化模式，为各地区因地制宜地走好中国特色新型农业现代化道路提出了适宜模式和正确方向。三是具有一定的对策建议创新。通过方略上配套性的顶层设计，系统地提出了中国特色新型农业现代化道路实践模式创新的推进构想、推进途径和政策制度体系，为走好中国特色新型农业现代化道路提供了总体架构和战略思想。

本部著作的突出特色：一是具有明显的原创性。研究视角比较独到，以中国特色新型农业现代化道路为切入点和突破口，大视角地进行研究和探讨，所涉猎的核心观点、主要内容、篇章结构和框架内容都不是抄袭、剽窃他人的作品，也不是改编、整理他人已有的作品，而是出自著者在参考借鉴他人成果的基础上，经过调查研究和独立思考产生的。二是具有明显的学术性。以该学科特定的概念来解说问题并阐述自己的思想，提出了许多新角度、新观点、新论证、新思想和新举措，这些新角度、新观点、新论证、新思想和新举措已经从众多的分散的零星的观点，上升到了能够形成学术上具有概念性的专门系统的学问。三是具有明显的实用性。研究立足于适用和实用，紧密结合了中国的实践探索和发展走向，根据中国国情、农情以及各区域的域情开展调查研究和提供对策建议，针对性和可操作性均很强，一旦被采用，就能够产生积极效果，获得良好的综合效益。

本部著作的创新之处：一是学术思想创新。充分肯定、全面阐释、贴实考证、系统提出了什么才是、现在怎样、怎么走好中国特色新型农业现代化道路的学术思想。二是学术观点创新。比如：走好中国特色新型农业现代化道路，是外力驱动背景下当代中国农业发展的内生要求；中国特色新型农业现代化道路之“中国特色”应基于空间维度认识，之“新型”应基于时间维度认识，之“中国特色”“新型”兼备应基于时空二维结合认识；中国特色新型农业现代化道路没有统一的实践模式，不同地区因地制宜、因时制宜、因事制宜地开展探索，是创新性地实现“特色”与“新型”兼顾发展的必然选择；中国可借鉴发达国家成功的农业现代化道路实践模式创新，实现中国特色的新型本土化；把握创新方向、认知现实关照及明晰推进方略，是实现中国特色新型农业现代化道路实践模式创新的“三部曲”；创新和推进中国特色新型农业现代化道路是非常复杂的系统工程，必须实现集成化耦合协同和“一盘棋”整体联动。三是研究方法创新。运用实地调查法和比较研究法，定性分析、定量评价和实证分析结合法，以及经济学、农业经济学、系统科学及数理统计学等多学科研究方法进行研究。

本部著作的学术价值和应用价值：从学术价值讲，通过厘清中国特色新型农业现代化道路的深刻内涵，辨析中国特色新型农业现代化道路之“特”、之“新”、之“根”、之“本”、之“魂”等，有利于澄清学术上的一些模糊认识，形成现代农业发展中数量安全、质量安全、生态环境安全与“三农”现代化“四位一体”新格局；通过正确设计中国特色新型农业现代化道路的科学取向，全面完善实践模式及其创新思路，有利于提供战略性的理念架构，激发各地清醒认知并走好中国特色新型农业现代化道路的动力和活力。从应用价值讲，通过系统透析推进中国农业现代化的历史经验和教训，综合阐述新时代中国特色新型农业现代化道路的具体的创新性的实践模式，有利于提供前瞻性的专题思辨，实现农业现代化进程中的百花齐放和区域协调发展，促进政策驱动力与市场原动力的有效对接，具有重要现实指导意义；通过系统提出中国特色新型农业现代化道路的实践模式创新推进方略，提供完善的政策制度安排，有利于构建实践模式创新的操作平台，为新时期确保中国特色新型农业现代化道路的实践模式创新及全面推进提供有价值的对策举措，具有重要的决策参考意义。

最后，本部著作著者诚恳地认为，虽然广泛借鉴了大量国内外相关研究成果，力求以广阔的视野展开问题研究，但无论是从理论上看还是从实践上看，由于著者理论功底、学术视野、调研能力等所限，在研究中还存在许多不足。为此，恳请广大读者多多批评指正！

目　　录

前言

第一篇　理论篇：理论探讨和比较借鉴 …… 1

第一章　中国特色新型农业现代化道路的科学内涵 …… 2

一、中国特色新型农业现代化道路的基本涵义 …… 2

二、中国特色新型农业现代化道路之“中国特色” …… 4

三、中国特色新型农业现代化道路之“新型” …… 5

四、中国特色新型农业现代化道路之“根” …… 6

五、中国特色新型农业现代化道路之“本” …… 7

六、中国特色新型农业现代化道路之“魂” …… 8

第二章　国内外研究综述和“三性”阐释 …… 9

一、研究现状综述 …… 9

二、关于走中国特色新型农业现代化道路的“三性”阐释 …… 12

第三章　走好中国特色新型农业现代化道路的重大意义和综合效应 …… 15

一、走好中国特色新型农业现代化道路的重大意义 …… 15

二、走好中国特色新型农业现代化道路的综合效应 …… 19

第四章　中国特色新型农业现代化道路实践模式创新的标志和特征 …… 24

一、中国特色新型农业现代化道路实践模式创新的标志 …… 24

二、中国特色新型农业现代化道路实践模式创新的特征 …… 31

第五章　中国特色新型农业现代化道路实践模式创新的要求和思路 …… 36

一、中国特色新型农业现代化道路实践模式创新的要求 …… 36

二、中国特色新型农业现代化道路实践模式创新的思路 …… 42

第六章　中国特色新型农业现代化道路实践模式创新的方向和原则 …… 50

一、中国特色新型农业现代化道路实践模式创新的方向 …… 50

二、中国特色新型农业现代化道路实践模式创新的原则 …… 56

第七章　中国特色新型农业现代化道路实践模式创新的起点和路径 …… 61
一、中国特色新型农业现代化道路实践模式创新的起点 …… 61
二、中国特色新型农业现代化道路实践模式创新的路径 …… 66
第八章　中外农业现代化道路实践模式创新的比较借鉴 …… 71
一、发达国家典型模式 …… 71
二、发达国家共同特征 …… 76
三、中美、中日、中欧的比较分析 …… 77
四、中国应借鉴的多维启示 …… 80
第二篇　历史篇：历史考量和量化评价 …… 83
第九章　中国特色新型农业现代化道路实践模式创新的发展历程和内涵演变 …… 84
一、中国特色新型农业现代化道路实践模式创新的发展历程 …… 84
二、中国特色新型农业现代化道路实践模式创新的内涵演变 …… 85
第十章　中国特色新型农业现代化道路实践模式创新的发展现状和政府举措 …… 87
一、中国特色新型农业现代化道路实践模式创新的发展现状 …… 87
二、中国特色新型农业现代化道路实践模式创新的政府举措 …… 88
第十一章　中国特色新型农业现代化道路实践模式创新的制度创新和显著绩效 …… 93
一、中国特色新型农业现代化道路实践模式创新中的制度创新 …… 93
二、中国特色新型农业现代化道路实践模式创新的显著绩效 …… 96
第十二章　中国特色新型农业现代化道路实践模式创新的经验总结和教训反思 …… 102
一、中国特色新型农业现代化道路实践模式创新的经验总结 …… 102
二、中国特色新型农业现代化道路实践模式创新的教训反思 …… 104
第十三章　中国特色新型农业现代化道路实践模式创新的量化评价 …… 107
一、主成分分析法 …… 107
二、层次分析法 …… 111
第三篇　现实篇：实证分析和障碍透视 …… 117
第十四章　四个地区农业现代化水平的计算和比较 …… 118
一、提取主成分 …… 118

二、聚类分析 …… 125
三、计算区域农业现代化水平 …… 130
第十五章　东部地区内外协同耦合驱动型模式 …… 133
一、东部地区的农业现代化发展背景 …… 133
二、东部地区农业现代化内外协同耦合驱动型模式的主要特征 …… 140
三、已有雏形或典型案例——江苏省 …… 141
第十六章　中部地区三不牺牲共赢发展型模式 …… 144
一、中部地区的农业现代化发展背景 …… 144
二、中部地区农业现代化三不牺牲共赢发展型模式的主要特征 …… 149
三、已有雏形或典型案例——河南省 …… 151
第十七章　东北部地区“四化”同步协调发展型模式 …… 155
一、东北部地区的农业现代化发展背景 …… 155
二、东北部地区农业现代化“四化”同步协调发展型模式的主要特征 …… 161
三、已有雏形或典型案例——黑龙江省 …… 161
第十八章　西部地区高效特色生态农业带动型模式 …… 164
一、西部地区的农业现代化发展背景 …… 164
二、西北部地区农业现代化高效特色生态农业带动型模式的主要特征 …… 171
三、已有雏形或典型案例——宁夏回族自治区 …… 172
第十九章　中国特色新型农业现代化道路实践模式创新的瓶颈障碍 …… 174
一、“五化”并存 …… 174
二、“双高”凸显 …… 179
三、“两紧”同在 …… 182
四、“双小”齐困 …… 184
五、“六低”相扰 …… 187
六、“四制”不配 …… 196
第四篇　构想篇：推进思路和发展取向 …… 201
第二十章　中国特色新型农业现代化道路实践模式创新的推进目标 …… 202
一、链全 …… 202
二、群集 …… 204
三、粮安 …… 206

四、农富 …… 208
五、貌变 …… 210
六、差缩 …… 211
七、技高 …… 212
八、撑强 …… 214
九、境优 …… 215
十、可续 …… 216
第二十一章　中国特色新型农业现代化道路实践模式创新的推进机遇和规定性 …… 219
一、中国特色新型农业现代化道路实践模式创新的推进机遇 …… 219
二、中国特色新型农业现代化道路实践模式创新的推进规定性 …… 223
第二十二章　中国特色新型农业现代化道路实践模式创新的推进基础和支撑 …… 225
一、中国特色新型农业现代化道路实践模式创新的推进基础 …… 225
二、中国特色新型农业现代化道路实践模式创新的推进支撑 …… 227
第二十三章　中国特色新型农业现代化道路实践模式创新的推进趋向 …… 233
一、产业精致化 …… 233
二、规模精准化 …… 234
三、产品精优化 …… 234
四、分工精细化 …… 235
五、农地精耕化 …… 236
六、加工精深化 …… 236
七、技术精新化 …… 237
八、装备精良化 …… 238
九、环境精美化 …… 238
十、主体精英化 …… 239
十一、竞争精锐化 …… 240
第五篇　方略篇：推进机制和政策制度 …… 241
第二十四章　中国特色新型农业现代化道路实践模式创新的推进机制 …… 242
一、农业基础设施建设机制 …… 242

二、农业科技进步支撑机制 …… 243
三、农业可持续发展机制 …… 243
四、农业经营方式转变机制 …… 244
五、农产品价格形成和调控机制 …… 245
六、两个市场两种资源利用机制 …… 246
七、宏观经济政策导向机制 …… 247
八、人力资本提升机制 …… 247
九、风险防范保障机制 …… 248
十、法规约束规导机制 …… 249
第二十五章　中国特色新型农业现代化道路实践模式创新的推进途径 …… 251
一、坚持“三个导向” …… 251
二、着力“四新培育” …… 257
三、实施“六维激励” …… 266
四、注重“五项防范” …… 278
第二十六章　推进中国特色新型农业现代化道路实践模式创新的政策制度体系 …… 289
一、创新“十大政策” …… 289
二、完善“六项制度” …… 307

参考文献 …… 319
附件：关于中国特色新型农业现代化道路的调查问卷 …… 329
后记 …… 331

第一篇　理论篇：理论探讨和比较借鉴

在坚持马克思主义基本原理的基础上创新，在实践基础上创新，在问题导向下创新，是中国特色新型农业现代化道路实践模式创新的理论遵循。

第一章　中国特色新型农业现代化道路的科学内涵

中国特色新型农业现代化道路的内涵十分丰富，既涉及农业生产力，又涉及农村生产关系；既涉及现代化建设，又涉及文明建设；包含着明显的全面、综合之义。中国特色新型农业现代化道路之“中国特色”，应基于空间维度认识；中国特色新型农业现代化道路之“新型”，应基于时间维度认识；中国特色新型农业现代化道路之“中国特色”“新型”兼备，应基于时空二维结合认识。

一、中国特色新型农业现代化道路的基本涵义

中国特色新型农业现代化道路是中国特色社会主义道路的有机组成部分，是中国特色社会主义道路在农业现代化方面的具体体现，可以大致理解为是“中国特色”＋“新型”＋“农业现代化道路”的有机融合，是农业经济现代化、农村社会现代化和农民素质现代化的“美声大合唱”。

（一）中国特色新型农业现代化道路的内涵

中国特色新型农业现代化道路，就是在中国共产党领导下，在习近平新时代中国特色社会主义思想指导下，以加快推进农业农村现代化为中心，立足国情、域情和农情，铸牢“中国特色”，彰显“新型”发展，全面实现农业经济现代化、农村社会现代化和农民素质现代化的路线和途径。

中国特色新型农业现代化道路中，应基于空间维度在人口大国背景下认识“中国特色”，即根据地理对象的实际分布特征来审视，在中国人口众多、人均资源占有量少的背景下，来认识“中国特色”的意思。

中国特色新型农业现代化道路中，应基于时间维度在信息化背景下认识“新型”，即根据时间推移来度量，在以计算机为主的智能化工具为代表的新生产力相对落后的背景下，来认识“新型”的意思。

中国特色新型农业现代化道路中，应在时空二维结合背景下认识“中国特色”“新型”兼备，即同时根据地理对象的实际分布特征和时间推移来审视和度量，在中国人口众多、人均资源占有量少且以计算机为主的智能化工具为代表的新生产力相对落后的大背景下，来认识“中国特色”＋“新型”的意思。

（二）中国特色新型农业现代化道路的认知

遗憾的是，问卷调查（共发放调查问卷 19 600 份，收回有效问卷 19 500 份）结果显示，对“中国特色新型农业现代化道路”的涵义，“非常清楚”“清楚”的分别只有 9.44%、19.05%，二者合计只有 28.49%。按大类粗略合计，我国不到 50%的人“非常清楚”“清楚”或“比较清楚”，而有 50%以上的人“不清楚”“不太清楚”或“非常不清楚”。见表 1-1。

表 1-1　对中国特色新型农业现代化道路涵义的了解情况

选项	所占比例（%）	分类小计（%）
非常清楚	9.44	
清楚	19.05	49.80
比较清楚	21.31	
不太清楚	21.54	
不清楚	15.56	50.20
非常不清楚	13.10	
总计（%）	100.00	100.00

而且，越是经济发达地区，对“中国特色新型农业现代化道路”涵义的了解程度就越高；越是经济欠发达地区，对“中国特色新型农业现代化道路”涵义的了解程度就越低。见表 1-2。只有东部地区的了解程度，超过了全国平均水平 12.25 个百分点，中部地区接近全国平均水平，东北部地区、西部地区距离全国平均水平分别相差 2.90 个、8.03 个百分点（表 1-2）。

表 1-2　四个地区“中国特色新型农业现代化道路”涵义了解程度比较

选项	全国分类合计（%）	东部地区分类小计（%）	中部地区分类小计（%）	东北部地区分类小计（%）	西部地区分类小计（%）
非常清楚 清楚 比较清楚	49.80	62.05	49.40	46.90	41.77
不太清楚 不清楚 非常不清楚	50.20	37.95	50.60	53.10	58.23
总计（%）	100.00	100.00	100.00	100.00	100.00

注：四个地区的划分，请参考表 14-1 及其相关说明。下同。

二、中国特色新型农业现代化道路之“中国特色”

笼统地讲，中国特色新型农业现代化道路之“中国特色”，就是要按照中国特色的基本要求，努力走出一条生产技术先进，经营规模适度，市场竞争力强，粮经饲统筹，农林牧渔结合，种养加一体，一二三产业融合发展，产出高效，产品安全，资源节约，环境友好的中国特色农业现代化道路。

具体地讲，中国特色新型农业现代化道路之“中国特色”，又主要体现在立足基本国情、完善科学目标、讲求因势利导、创新体制机制、突出区域特色等五个方面。

（一）立足基本国情

走中国特色新型农业现代化道路，一定要时刻牢记中国虽然地大物博、资源总量丰富，但人口众多、人均资源占有量少的基本国情，从可持续发展的角度考虑，就要彻底扭转曾经过度开发和严重滥用农业资源的方式，减少甚至杜绝资源的无用消耗，大力发展资源节约型农业，更加注重农业自然资源的保护和合理利用，尤其要兼顾当代和长远，采取得力的必要的措施，适度降低农业稀缺资源的利用强度，挖掘和使用稀缺资源的廉价替代品。

（二）完善科学目标

走中国特色新型农业现代化道路，一定要知晓它涉及农业农村农民“三农”、全国各地乃至全社会，而且全国各地也好，全社会也好，也都要服务于“三农”发展的需要。因此，中国特色新型农业现代化道路的目标要求，不能有偏颇，一定要兼顾经济目标、社会目标和生态目标。具体到“三农”发展方面，就要强力建设现代农业，不断提升农业综合生产能力和农产品保障安全供给水平，持续完善农业发展方式，持续提高农村经济发展质量，促进农业农村又好又快发展，促进农民高水平增收，让农业成为有奔头的产业，让农民成为有吸引力的职业，让农村成为安居乐业的美丽家园。

（三）讲求因势利导

走中国特色新型农业现代化道路，一定要适应中国经济已经发展到了高质量增长阶段、中国消费已经在催促进行供给侧结构性改革等客观要求，全面按照高产、优质、高效、生态、安全的现代农业发展标准，强力扭转过去不惜一切代价追求增产、重数量和速度而轻质量和效益的不良做法，改为既注重主要农产品数量供给保障，又注重农产品质量安全的优良传统，大力发展环境友好型农业和生态友好型农业。

（四）创新体制机制

走中国特色新型农业现代化道路，一定要懂得运用创新发展理念和全面深化农村改革来创新体制机制。走中国特色新型农业现代化道路的根本途径是创新，必须瞄准世界农业科技革命，紧扣农业现代化建设需要，尽快由要素驱动转变为创新驱动。加快推进中国特色新型农业现代化，走中国特色新型农业现代化道路的根本动力是全面深化农村改革，必须紧紧围绕充分发挥市场在资源配置中的决定性作用进行制度创新和政策完善，激发农业现代化内生动力，营造农村现代化良好环境，健全农民素质现代化激励机制，加快形成推进农业现代化的强大合力。

（五）突出区域特色

走中国特色新型农业现代化道路，一定要熟知中国各地区的资源禀赋差异，分门别类地进行指导和引导。只有各地区真正地做到扬长避短，探索建成了区域特色鲜明的新型农业现代化模式，才能充分发挥区域比较优势，才能从整体上提高我国农业效率和竞争力，才能更好地利用好国内资源和国外资源“两种资源”以及国内市场和国际市场“两个市场”，使多功能农业得到充分和全面的突破性发展，使农业多功能性得到淋漓尽致的发挥和施展。

三、中国特色新型农业现代化道路之“新型”

笼统地讲，中国特色新型农业现代化道路之“新型”，就是要按照世界农业发展规律的新的基本要求，提高农业水利化、机械化和信息化水平，提高土地产出率、资源利用率和农业劳动生产率，提高农民素质、农业的效益和市场竞争力。

具体地讲，中国特色新型农业现代化道路之“新型”，又主要体现在建设意图之“新”、技术路线之“新”、综合要求之“新”等多个方面。

（一）建设意图之“新”

可以概括为“跳出一般辟新路，贴近农情创新路”。即，要跳出美国、欧盟、日韩等国家和地区，根据国情多年摸索成型的农业现代化模式，根据中国的国情开辟新的农业现代化道路，不能局限在已有的农业现代化模式中；要贴近中国不同地区的农情乃至区情，在创新发展理念指导下创出具有中国特色的新路，高度重视并科学运筹特色和优势。

（二）技术路线之“新”

可以概括为“现代高新科技与传统农业精华兼收并蓄，新型农业经营主体与传统经营主体同等仰仗”。即，现代高新科技、传统农业精华虽然是不同内容和性质的东西，但对走“新型”农业现代化道路都必不可少，要兼容性地保存和利用起来，不能褒彼贬此；新型农业经营主体、传统经营主体虽然在经营能力、经营规模等方面差别很大，但对走“新型”农业现代化道路同等重要，要一视同仁地依靠和依赖，不能重彼轻此。

（三）综合要求之“新”

可以概括为“六个更”：一是更先进的农业技术，实现了现代高新科技与传统农业精华的完美结合，彰显着新型农业现代化道路的技术优势；二是更强大的物资装备，实现了机械化与信息化的完美结合，彰显着新型农业现代化道路的装备优势；三是更完善的基础设施，实现了所需要的各种基础设施网络化与突破“最后一公里”瓶颈的完美结合，彰显着新型农业现代化道路的设施优势；四是更适宜的经营环境，实现了经营硬环境与经营软环境的完美结合，彰显着新型农业现代化道路的环境优势；五是更现代的经营组织，实现了规模经营与统一经营的完美结合，彰显着新型农业现代化道路的组织优势；六是更高效的新型农民，实现了新型农业经营主体、传统经营主体各方面能力的“总合成”，彰显着新型农业现代化道路的人本优势。

四、中国特色新型农业现代化道路之“根”

中国特色新型农业现代化道路之“根”，集中体现在“三条相配”上，即要与自然条件相匹配，与经济条件相匹配，与社会条件相匹配。不仅要同时考虑到自然条件、经济条件和社会条件，而且要同时达到匹配。

（一）与自然条件相匹配

要求中国特色新型农业现代化道路不能脱离中国及各区域的自然条件，包括地形条件、气候条件、土壤条件、动植物资源条件、矿产资源条件、水利资源条件等，能够相互地配合和搭配，不能舍本逐末。

（二）与经济条件相匹配

要求中国特色新型农业现代化道路不能脱离中国及各区域的经济条件，包括经济总量、财政收入、农民人均收入水平、银行储蓄余额等，能够相互地配合和搭配，不能好高骛远。

（三）与社会条件相匹配

要求中国特色新型农业现代化道路不能脱离中国及各区域的社会条件，包括劳动力的数量和素质、科技发展水平、基础设施条件等，能够相互地配合和搭配，不能故步自封。

五、中国特色新型农业现代化道路之“本”

中国特色新型农业现代化道路之“本”，集中体现在“三因制宜”上，即要切切实实地做到因地制宜、因时制宜和因需制宜。不仅要同时考虑到地域、时期和需要，而且要同时达到适宜。

（一）因地制宜

要求中国特色新型农业现代化道路必须根据各地域情、农情等具体情况，科学制定适宜的办法，并采取适当的措施来处理，绝对不能盲目发展或东施效颦。

（二）因时制宜

要求中国特色新型农业现代化道路必须根据时期、时限等不同时期的具体情况，与时俱进地随时变通，并因势利导地落实，全力迎合此一时彼一时的创新发展。

（三）因需制宜

要求中国特色新型农业现代化道路必须根据全国或各区域需要、需求等具体情况，制定和出台发展的方向，并通过得体的举措来完成，瞻前性地满足各种发展要求。

中国特色新型农业现代化道路没有统一的实践模式，不同地区因地制宜、因时制宜、因需制宜地开展探索，是创新性地实现“中国特色”与“新型”兼顾发展的必然选择。

六、中国特色新型农业现代化道路之“魂”

中国特色新型农业现代化道路之“魂”，集中体现在“三方同佳”上，即农业和粮食方面要佳、生态和环境方面要佳、农民利益方面要佳。不仅要同时兼顾到农业和粮食、生态和环境、农民利益三个方面，而且要同时体现出三方面的美好。

（一）农业和粮食方面要佳

要求中国特色新型农业现代化道路必须充分考虑中国要建立农业强国、中国人的饭碗必须端在中国人手里的刚性要求，和中国农业发展还必须弥补诸多短板、中国粮食供给对外依赖度越来越大的国情，下力气提高农业综合生产力和农产品质量安全水平，下工夫确保粮食产能和粮食安全，无论何时何因，都绝对不能以牺牲农业和粮食为代价。

（二）生态和环境方面要佳

要求中国特色新型农业现代化道路必须充分考虑建设生态文明、农村环境必须美丽宜居的刚性要求，和各地农业生态还比较脆弱、各地农村环境改善还有漫长的路要走的域情，下力气改善农业生态，下工夫优化农村发展环境，无论何时何因，都绝对不能以牺牲生态和环境为代价。

（三）农民利益方面要佳

要求中国特色新型农业现代化道路必须充分考虑要建成小康社会、实现乡村振兴的刚性要求，和中国城乡居民收入差距还很大、农民增收的局势越来越复杂的农情，下力气拓展农民增收渠道，下工夫缩小和消除城乡收入差距，无论何时何因，都绝对不能以牺牲农民利益为代价。

第二章　国内外研究综述和“三性”阐释

一、研究现状综述

（一）国外研究现状

国外研究主要集中在基础理论研究、发展水平研究、路径选择研究等方面。

一是基础理论研究。代表性理论有改造传统农业理论（Theodore W. Schultz，1964）、二元结构中的小农经济理论（W. A. Lewis，1954；T. C. Tso，1999）、农业发展阶段论（John W. Mellor，1966；Weitzman，1971；Yujiro Hayami，1988）、劳动—消费均衡论（A. V. Chayanov，1931）及资源禀赋诱导技术变革论（Vemon W. Ruttan，1971）。

二是发展水平研究。先后提出了布莱克标准（Cyril E. Black，1966）、WB人均收入划分标准（1982）、UNDP人类发展指数（1990）、《联合国千年发展目标》中的指标体系（2000）等。

三是路径选择研究。主要有Rodell（1945）的有机农业道路，W. Albreche（1970）的生态农业道路，Marion J. Levy（1962）的列维模型，Alex Inkeles（1974）的现代人模型，Thomas D. Lsern（2001）的资源优势型、资源贫乏型、农业农村结合型等模式。

四是对策措施研究。主要有Altieri M. A.、Rosset P. M.、Nicholls C. I.（1997）的生物防治；Dernberger R. F.（1980）的现代农业发展；Diederen P.（2003）的创新发展；Egbert Hardeman、Henk Jochemsen（2012）的思想解放；Hietala Koivu R.（2002）的发展景观农业；Mauricio R. Bellon、Jon Hellin（2011）的改良品种和保持地力；Waldron S.、Brown C.、Longworth J. 等（2010）的高价值供应链构建等。

（二）国内研究现状

国内研究主要集中在内涵演进研究、“特”“新”寓意研究、制约因素研究、支撑体系研究、进程测度研究、路径选择研究等方面。

一是内涵演进研究。先后提出了“过程论”“制度论”“系统论”“可持续发展论”“转变论”“一体论”等“六论”。其中，“过程论”认为农业现代化不仅包括农业生产、流通过程的现代化，还包括消费过程及农村、农民的现代化（徐更生，1993；张仲威，1994；何秀荣，2011）；“制度论”认为农业现代化需要制度做保障（韩俊，2012），要注重制度创新（陈锡文，2012），将农合组织作为新选择（黄祖辉，2006），将工业化、城镇化作为重要先决条件（孔祥智，2013）；“系统论”认为农业现代化应当包括农业生产力、农村生产关系、农村上层建筑的现代化及其相互协调和进步（张术环，2004），及农业科技、生产、管理和农村经济、农民生活等现代化（韩士元，1999）；“可持续发展论”认为农业现代化的核心是可持续发展（傅晨，2001），必由之路是现代集约持续农业（卢良恕，1999）；“转变论”认为农业现代化是由传统生产部门转变为现代产业部门（顾焕章，1997；牛若峰，2001），要用新型农业经营主体推动（李国祥，2013），由二产化向三产化过渡（温铁军，2013）；“一体论”认为农业现代化是一个不断国际化和知识经济的武装过程（闵耀良，2001），必须争取农业的国际“话语权”（杨万江，2009）。

二是“特”“新”寓意研究。认为“中国特色”体现在必须符合中国国情社情农情的基本特点、传承中国传统农耕文化精华的文化特质、把准社会经济发展趋向规律的时代特征、全球化趋势下世界现代农业的一般特征等四个方面的基本要求（顾益康，2013），要“四化”同步（马晓河，2013），要从中国国情出发，符合中国经济社会制度条件和资源禀赋特征（叶兴庆，2015），要主要把握立足世情、国情、农情，坚持家庭经营的基础与多种经营共同发展，传统的精耕细作要与现代技术装备的运用相辅相成，实现高产高效和安全生产与生态保护和资源永续利用相协调，加强政府支持保护与发挥市场配置资源决定作用的功能互补，以解决好“地怎么种”为导向加快构建新型农业经济体系，以解决地少水缺的资源环境约束力为导向深入推进农业发展方式的转变，以满足“吃得好吃得安全”为导向大力发展优质安全农产品（孙仲彝，2016），要走壮大集体经济组织的道路，实现“第二次飞跃”（2018）；认为“新型”就是要体现在国际背景、发展路径、实现目标等方面（任秉元，2008），就是要体现时代特征，紧跟世界农业发展新理念、新趋势，运用最新科技成果（叶兴庆，2015），主要把握用现代化物质条件装备农业，用现代科学技术改造农业，用现代化产业体系提升农业，用现代经营方式推进农业，用现代发展理念引领农业，用培养新型农民发展农业（孙仲彝，2016），表现为理论创新化、“新四化”同步发展、生产社会化、发展可持续化及效益化（丁声俊，2013）。

三是制约因素研究。认为农业剩余劳动力大量存在且素质低，生产技术水平落后，生产资源短缺，生态环境日益恶化（康爱荣，2005；张勋，2009），比较利益偏低（程怀儒，2008），没有关注土地资本化（张晓山，2012）。

四是支撑体系研究。认为走中国特色新型农业现代化道路，就要建设新型农业双层经营体系、新型农业全产业链体系、新型农田基础建设体系、新型农业科技创新服务体系、农业现代装备设施体系、新型农产品质量安全保障体系、新型农产品市场流通体系、新型农业资源环境保护体系、新型农业政策法律体系等九大支撑体系（顾益康，2013），或新型农业经营体系、现代农业产业体系、现代农业物资装备体系、现代农业制度保障体系等四大支撑体系（贺军伟、杨春华、杨洁梅，2014），或创新农业基础设施建设机制、农业可持续发展机制、农产品价格形成与调控机制、两个市场两种资源利用机制等机制（农民日报评论员，2014）。

五是进程测度研究。测度指标体系方面，周洁红等（1997）提出了包括3个水平的41项个体指标；梅方权（1999）提出了2个层次、7个类型、22项指标；徐星明等（2000）提出了2个一级目标系统、5个二级子目标系统、2项类指标、16项个体指标；王建国（2004）提出了4个方面、19个评价指标；陈春霞（2009）提出了7大类、22个指标；王力（2013）提出了7个一级指标、15个二级指标；王一夫等（2014）提出了4个层次、10个群体指标；辛岭等（2014）提出了3个层次、16个具体指标；杨万江（2014）提出了2个子系统、5类因素系统、58个单一指标；蒋和平等（2015）提出了4个维度、24个具体指标；胡志全等（2018）提出了4个一级指标、10个二级指标。测度方法方面，易军等（2005）运用了弹性系数方法和综合目标分层加权分析法；李虹来等（2007）运用了灰色关联分析法；刘春峰等（2009）运用了德尔菲法和层次分析法；谭爱花等（2011）运用了层次分析法和多指标综合评定法；林正雨等（2014）运用了层次分析法；刘欣等（2018）、孙葆春等（2018）运用了协调度模型；陈江涛等（2018）运用了空间面板计量法；张宇婷等（2019）运用了熵权TOPSIS与障碍度模型。

六是路径选择研究。认为走中国特色新型农业现代化道路，应坚持统筹城乡经济社会发展的基本方略（陈锡文，2007），应把握好战略目标、战略路径和战略措施（柯柄生，2008），应促进农业发展方式转变（洪银兴，2008），应走“经济高效、经营集约，产品安全、功能多样，资源节约、环境友好，技术密集、耕作精细，以工促农、以城带乡”的高效生态农业的道路（顾益康，2012），应走集体优越性与个人积极性双结合的道路，土地产出率与劳动生产率双提高的道路，农业综合生产能力与农业可持续发展能力双增强的道路，主体功能与多元功能双发挥的道路，国内生产潜力与国外市场潜力双挖掘的道路（叶兴庆，2015），应以产业组织变革为取向（唐凯江，2011），应降低化肥使用强度和提高农机使用强度（刘琦、赵明正，2018），应继续推进国有农场的综合性制度改革（朱玲，2018），应警惕农业资本盲目化、农民阶层分化、农村生态环境滞化，发展多权合一纯集体模式、三位一体合作模式、两权合一新经典模式、两权合一现代模式、两权分离混合模式等五种模式（王丰，2018）。

（三）国内外研究现状述评

综上所述，关于农业现代化研究方面，国内外均已取得了较多成果，其中不乏真知灼见，但由于中国特色新型农业现代化道路确立的时间还不够长，已有研究即使有所涉猎，也只能单方面地顾及到“中国特色”或“新型”，而没有做到“中国特色”与“新型”兼有，尤其是实践模式创新及推进方略方面的研究明显不足，而这正是当前亟待破解的新课题。

具体而言，当前亟待深入研究：一是通过理论上精细化的系统梳理，理清中国特色新型农业现代化道路实践模式创新的基础理论和科学取向；二是通过实践上针对性的深度分析，透视中国特色新型农业现代化道路实践模式创新的历史考量和现实关照；三是通过方略上配套性的顶层设计，提供中国特色新型农业现代化道路实践模式创新的推进方略。本部著作力争从这几方面取得突破。

二、关于走中国特色新型农业现代化道路的“三性”阐释

走好中国特色新型农业现代化道路，既有外力驱动，又有内生要求，是外力驱动背景下当代中国现代农业发展的内生要求，具有明显的客观必然性、现实重要性和时间迫切性。

（一）实现“四化同步”发展过程中加快农业现代化步伐的需要

自党的十八大以来，我国提出并开始实施“四化同步”发展战略，要“促进工业化、信息化、城镇化、农业现代化同步发展”。这是基于对“四化”重要性和对存在问题的科学分析作出的战略决策，也是解决我国经济社会发展深层次问题的路径选择。因为“四化”的关联性极强，是不可分割的，统一于经济社会发展过程，任何“一化”发展不足或拖了后腿，都会影响到经济社会的可持续发展。

改革开放以来，我国的工业化迅猛发展，信息化水平明显提高，城镇化也得到了快速提升，而农业现代化却发展相对缓慢，农业现代化水平明显滞后，成了“四化同步”发展中名副其实的短板。而农业现代化在“四化同步”发展中又起着基础和支撑等作用，一旦农业现代化“掉了链子”，既会造成与其他

“三化”融合度不深、互动力不够、协调性不强等问题，又会削弱工业化、信息化、城镇化的发展保障和动能。因此，只有通过走中国特色新型农业现代化道路，加快农业现代化步伐，消除农业现代化发展劣势，使农业现代化发展迎头赶上，才能为“四化同步”发展奠好基，切切实实地促进“四化同步”发展。

（二）确保粮食等重要农产品有效供给中全面提升农业现代化水平的需要

确保粮食等重要农产品有效供给，是关系到国计民生和国家安全的大事。自新中国成立以来，我国历届政府都不遗余力地推动和实施。为此，习近平总书记多次强调“中国人的饭碗任何时候都要牢牢端在自己手上。我们的饭碗应该主要装中国粮”这样的指示精神。

而在实际操作中，要“端好中国饭碗”并非易事，因为随着中国人口的增加，收入水平的提高，以及消费结构的优化和消费层次的升级，仅仅“吃饱”是远远不够的，还要“吃安全”“吃营养”。也就是说，要“端好中国饭碗”，不仅粮食等重要农产品有效供给数量要持续有效增加，而且质量和营养也要同步提高。有人预测，到 2020 年我国粮食需求将达到 14 000 亿斤①，而 2017 年我国的粮食产量仅为 12 358 亿斤，二者相差 1 642 亿斤。2018—2020 年的三年内，要从 12 358 亿斤增加到 14 000 亿斤，需要年均增产 547.33 亿斤，增产任务异常艰巨，加上质量要求的进一步提高，可见保证粮食等重要农产品有效供给的压力有多么大。因此，只有通过走中国特色新型农业现代化道路，全面提升农业现代化发展水平，消除现代农业发展中产量增加与质量提升、效益增加不能耦合一致的缺憾，使产量、质量、效益同步提升，才能为确保粮食等重要农产品有效供给闯好路，圆圆满满地实现确保粮食等重要农产品有效供给的目标。

（三）融入全球农业一体化过程中增强我国农业的核心竞争力的需要

随着全球经济一体化步伐的加快，全球农业产业分工的深入，以及人类命运共同体建设的深入，我国融入全球农业一体化是必由之路，也是必然选择。尤其是，党的十九大以后，我国改革开放的步子会更大，改革开放的程度会更深，更需要扬长避短地融入全球农业一体化。

近些年来，我国农产品对外贸易的规模持续扩大，无论是交易量还是交易额，都已经居于世界首位，但进口越来越多，出口越来越少。这一方面反映出

① 斤为非法定计量单位，1 斤=500 克，下同。

中国经济实力增强，有能力从国际市场进口更多的农产品，但另一方面也反映出中国可供出口的农产品品种和数量有限，农产品外贸依存度近些年逐年提高。之所以造成这样的格局，归根到底，这都是由于我国农业的核心竞争力还不强造成的，我们必须切实正视和有效规避。因此，只有通过走中国特色新型农业现代化道路，增强我国农业的核心竞争力，更科学地利用国外资源和国际市场，不断消除因农产品出口“腿短”、进口“腿长”所造成的巨额贸易逆差，加快我国农业“走出去”步伐，培育世界级的农业产业集群和大型农业企业，才能为融入全球农业一体化布好局，踏踏实实地享受融入全球农业一体化之益。

（四）适应经济社会结构深刻变化过程中创新农业农村发展体制机制的需要

近些年来，我国的经济社会结构已经发生了深刻变化，我国社会的主要矛盾也发生了重大变化，已经转化为人民日益增长的美好生活需要和不平衡不充分的发展之间的矛盾。尤其是，农业、农村的发展不平衡不充分必须尽快化解。

农业发展方面的不平衡不充分，除了众所周知的基础薄弱、资源利用和基础设施建设不充分之外，还体现在素质较高、最适宜农业生产经营的青年劳动力大量外流，不仅使现代农业发展面临优质人力资源短缺、高新农业科技推广难、“一线劳动力”难以胜任等窘况出现，而且使地怎么种、地少水缺的资源环境约束怎么破解、怎样满足吃得好吃得安全等现代农业发展问题凸显。农村发展方面的不平衡不充分，除了众所周知的城乡经济发展、城乡居民收入、城乡基础设施建设、城乡公共服务、农村区域发展等诸多不平衡，农村二三产业发展滞后、农村一二三产业融合不够等不充分之外，还体现在农村创新不充分、开放不充分、改革不充分等方面。因此，只有通过走中国特色新型农业现代化道路，创新农业农村发展的体制机制，持续供给农业农村发展新政，解除农业农村发展羁绊，加速农业农村发展步伐，求取农业农村发展实效，才能为适应经济社会结构深刻变化谋好篇，安安稳稳地共享适应经济社会结构深刻变化之利。

第三章　走好中国特色新型农业现代化道路的重大意义和综合效应

一、走好中国特色新型农业现代化道路的重大意义

走好中国特色新型农业现代化道路，对于确保粮食安全和重要农产品有效供给，保障农产品质量安全，加强生态环境保护，促进农民持续增收，提升“三农”现代化水平，推进乡村振兴等，具有重大意义。

（一）确保粮食安全和重要农产品有效供给的战略意义

确保粮食安全和重要农产品有效供给，对于中国这样一个人口众多，人均耕地资源不足世界平均水平 1/3，人均水资源仅占世界平均水平 1/4 的发展中大国来说，是不可回避、理当重视和至关重要的。因此，自新中国成立以来，党和国家历届政府都毫不含糊和毫不懈怠，多年来，一以贯之地将确保粮食安全和重要农产品有效供给当作保障国家安全的坚强基石和治国理政的基本方略，出台和实施了一系列政策措施和战略举措。尤其是，十八大以来，习近平总书记多次强调“中国人的饭碗任何时候都要牢牢端在自己手上。我们的饭碗应该主要装中国粮”。2014 年 2 月，国务院办公厅印发了《中国食物与营养发展纲要（2014—2020 年）》，提出了到 2020 年我国“谷物基本自给，口粮绝对安全”的发展目标。2017 年 4 月，国务院专门印发了《关于建立粮食生产功能区和重要农产品生产保护区的指导意见》，再一次全面部署粮食生产功能区和重要农产品生产保护区的划定和建设工作，要求用 5 年时间完成“两区”（粮食生产功能区、重要农产品生产保护区）建设任务，并做到进行合理的区域布局，规划充足的区域数量，建成完善的区域设施，夯实提升的区域产能，开展到位的区域管护，实现应有的区域生产现代化，成为确保粮食安全的支柱和稳定重要农产品自给的支撑。

其中，要采取的一些政策措施，如培育主导产品，健全主导产业，完善优势产区，优化区域布局，提升粮食和重要农产品区域发展水平等，正是贯彻习近平总书记“自端饭碗”的指示精神，遵照走好中国特色新型农业现代化道路的指向，在战略上以解决好地少水缺的资源环境约束为导向，立足粮食和重要农产品的资源禀赋条件，根据重要程度安排粮食和重要农产品自给的先后次

序，根据比较优势确定政策支持重点区域和重点品种，深入推进农业发展方式转变。

（二）保障农产品质量安全的特殊意义

保障农产品质量安全，在中国经济发展水平、消费水平、对外开放水平等日益提高的大背景下，关系重大，是中国农业发展中的长期艰巨任务，何时何地何原因都不能放松。对内来说，农产品质量涉及消费者的身心健康和人身安全，牵涉到全社会的千家万户，是关系到国计民生的大事；对外来说，涉及中国农产品在国际市场上的竞争力和信誉度，牵涉到中国农业“走出去”的进程，是关系到中国声誉的大事。因此，近些年来，国家相关部门出台和实施了一系列保障农产品质量安全的政策措施，旨在持续提高农产品质量安全水平。但遗憾的是，成果并不十分理想，农产品质量安全事件还时有发生。“多龙治水”“八个部门管不住一头猪”等，在一些地方都是活生生的现实写照。究其原因，虽然很多，但恐怕主要是我国农户分散经营占主导，多达 2.6 亿小农户开展传统的小规模分散经营，农业生产经营规模狭小，难以实现全程监管所致。

而明确走好中国特色新型农业现代化道路，并且以满足吃得好吃得安全为导向，倡导发展绿色有机等优质安全农产品，正是从大处着手，指导微观经营主体按照保障农产品质量安全为目标，开展合作化、标准化、品牌化生产，开展信息化、科学化、现代化管理，减少化肥、农药等化学生产资料的使用量，必将对质量兴农、保障农产品质量安全等方面产生不同于一般的积极意义和推动作用。

（三）加强生态环境保护的示范意义

环境保护及其成效，直接关系到一个民族、一个国家的生存和发展，不能有一点马虎和掉以轻心。因此，中国从 20 世纪 70 年代开始，就将环境保护作为中国的基本国策之一，一直在积极化解经济发展和生态环境保护的矛盾，一直在探索解决经济社会发展中出现的生态环境问题。可遗憾的是，措施虽越来越严厉，经济发展也值得称道，但生态环境保护却成效不大，全国大中城市 PM2.5 超标天数普遍增加，甚至大半个中国都处在雾霾笼罩之中，国内居民的生产生活受到影响，甚至也成为国外攻击中国的靶子。

而明确走好中国特色新型农业现代化道路，正是倡导走一条资源节约、环境友好、产业发展与生态环境保护同步推进的可持续发展道路，是在引导着人们树牢环境保护意识，越来越看重生态环境保护的功能，不断提高从我开始、从现在开始保护生态环境的觉悟。在农业农村经济发展中，既要抓好资源的节约集约利用，开发利用各种废弃物，又要深入贯彻绿色发展理念，抓好生态环境保护，必将为推动绿色兴农、加强生态环境保护等方面做出供人们学习的榜样或典范。

（四）促进农民持续增收的典型意义

促进农民持续增收，既是中国几亿农民的殷切期盼，也是中国全面建成小康社会的焦点难点，是中国“三农”工作的核心任务；既关系到农业扩大再生产、农村和谐稳定和农民安居乐业，也关系到经济发展全局、社会发展全局、党的执政基础。前些年，为了促进农民持续增收，党和国家实施了一系列重大举措，也见到了切切实实的成效。但随着经济新常态、社会新时代、农业新阶段、农村新时期的持续到来，农民持续增收的传统动力在减弱，农民增收的速度和幅度在放缓，急需拓展出新的渠道，急需挖掘出新的潜力，急需培育出新的动能。

而明确走好中国特色新型农业现代化道路，正是基于实现农业现代化而推动农民持续增收，引导着各地完善对“三农”的支持保护体系，使农民能够稳步增加家庭经营收入；引导着各地健全对土地和房屋“三权分置”的宣传保障体系，使农民能够提高土地增值、耕地占用收益中的分配比例；引导着各地鼓励农民自主创新创业，使农民能够增加财产性收入；引导着各地灵活发展劳务经济，使农民能够增加工资性收入；引导着各地深入推动农民分工分业和农村产业融合，使农民能够同步增加工资性收入和财产性收入。中国特色新型农业现代化必将为促进农民持续增收，孕育和培养出众多具有代表性的鲜活例子或典型代表。

（五）加快推进农业农村现代化的探索意义

加快推进农业农村现代化，既是新时代加快现代农业发展、实现农业现代化的应有之意，又是新时代加快农村经济社会发展、全面建成小康社会、实现乡村振兴的必由之路。为此，习近平总书记在十九大报告中明确提出，要“建立健全城乡融合发展体制机制和政策体系，加快推进农业农村现代化。”这样把农业现代化和农村现代化“捆绑式”地合成为“农业农村现代化”提出来，要求一并加快推进，不仅说明农业现代化、农村现代化二者“难分家”，只有不可分割地、同等地推进，才能相辅相成地见到综合性成效，而且暗示，只有农业现代化、农村现代化二者相辅相成地协同耦合一致，才能防范偏废，相得益彰。可遗憾的是，这些年我国忽视了农村现代化，甚至把农村发展当成了城镇发展的“附属品”。即使是多年来一直大力倡导和要求实现的农业现代化，不仅实现程度不敢恭维，而且对实现农业现代化能够发挥能动作用的人力资源，也随着农村有文化的青壮年劳动力大批大批地到城市而严重削弱，直接产生了“谁来种地”“地怎样种”等现实问题。

而明确走好中国特色新型农业现代化道路，正是以解决好地怎么种为导向，加快构建新型农业经营体系。对于农业现代化而言，能够在不放弃传统生产经营农户的背景下，通过培植种养大户、家庭农场、农民专业合作社、龙头企业等新型农业经营主体，以及由各种新型农业经营主体联合重组的农业产业化联合体，来壮大可创新产业的劳动力这一生产力的第一要素，为实现农民现代化和农业现代化提供充足动能和创新源泉。对于农村现代化而言，能够在划定基本农田、永久基本农田的背景下，通过多快好省地建好永久性基本农田开发利用基础，并且“硬基础”“软基础”都将达到“优秀”。就“硬基础”而言，农业“强身壮骨”了，加快推进农村现代化的基础设施条件也就过硬和完善起来了。就“软基础”而言，农业有了好的“三生”（生产、生活、生态）环境，加快推进农村现代化的政策环境和社会环境也就宽松有利起来了，为实现农村现代化、社会现代化和制度现代化提供改革动力和发展活力。中国特色新型农业现代化必将为摸索和研究农业农村现代化的多种模式，搜索和寻求正确答案，提供可实现的建设途径和多重动因。

（六）推进乡村振兴的基础意义

推进和实现乡村振兴，既是党的十九大明确的实施乡村振兴战略的战略任务，也是确保广大乡村地区与城镇地区一道步入小康、实现富裕富足的基础性工程。只有乡村振兴了，农村才会有兴旺的产业、宜居的生态和有效的治理，农民才会有文明的乡风、富裕的生活，广大乡村地区就会与城镇地区一样实现经济现代化、社会现代化和人的素质现代化的“美声大合唱”，做到“五位一体”开展“五大文明”建设的“完美展示”。

而明确走好中国特色新型农业现代化道路，正是以中国广大乡村地区自然条件、经济条件、社会条件的千差万别为背景，因地制宜地找寻各地区乡村振兴的优势和道路，扬长避短地振发兴举，真正实现“干农业有奔头”“住农村也能安居乐业”“当农民有吸引力”，一方面切实发挥“农业是国民经济的基础”的作用，另一方面发挥农业现代化是“四化”“同兴”的基础的作用。

调查结果也显示，实现了中国特色新型农业现代化，的确具有上述重大意义。而且，不同功能的农业地区，被调查者的认知也大不相同。比如：“确保粮食安全和重要农产品有效供给的战略意义”“保障农产品质量安全的特殊意义”两个方面，中部地区认可的比例分别高达 68.21％、82.62％，分别超过全国平均水平（45.31%、49.33%）22.9 个、33.29 个百分点；而西部地区只有 31.05%、36.58%，分别低于全国平均水平 14.26 个、46.04 个百分点。见表 3-1。

表 3-1　实现中国特色新型农业现代化的重大意义

选项	全国 比例（%）	东部地区 比例（%）	中部地区 比例（%）	东北部地区 比例（%）	西部地区 比例（%）
确保粮食安全和重要农产品有效供给的战略意义	45.31	45.45	68.21	50.71	31.05
保障农产品质量安全的特殊意义	49.33	43.30	82.62	45.00	36.58
加强生态环境保护的示范意义	39.97	26.88	47.50	60.95	39.67
促进农民持续增收的典型意义	44.92	39.11	47.62	74.76	39.47
加快推进农业农村现代化的探索意义	33.54	20.89	33.33	77.86	30.72
推进乡村振兴的基础意义	34.31	27.68	39.64	68.81	26.71
其他意义	1.33	0.00	2.50	0.00	2.04

二、走好中国特色新型农业现代化道路的综合效应

走好中国特色新型农业现代化道路，能够在促成农业高质量发展，构建现代农业体系，建设现代化农业农村经济体系，促进农村产业融合，完善乡村振兴机制等多个方面产生多重效应。

（一）促成农业高质量发展的宣教效应

从发展阶段来看，我国经济已由过去的高速增长阶段，转向了高质量发展阶段。农业发展，也自然要由高速度发展转向农业高质量发展。农业发展由高速度发展转向农业高质量发展的一个重要方面，就是要从过去的农业经济增长方式转变为农业经济发展方式。农业经济增长方式与农业经济发展方式的最大不同，是不仅要考察农业经济增长速度和数量，更为重要的是考察农业经济结构优化、生态环境改善、社会效益和生态效益的提高乃至社会结构的创新等多个方面。

而走好中国特色新型农业现代化道路，正是引导各级政府规避和防控“唯GDP论”或“追求黑色 GDP”的传统发展模式，不再以 GDP 论英雄，而是大力鼓励和推崇倡导发展“绿色 GDP”。对于农业发展来说，就要注重质量与产量并重、效益与生态兼顾，不再以高产为唯一目标，而是以高产、优质、高

效、生态、安全为共同目标，倡导发展生态农业、循环农业、有机农业，鼓励实施质量兴农、绿色兴农战略，彻底改变了过去质量大多局限于农产品质量、绿色局限于绿色农业生产过程和产品的视角和视野，使质量和绿色更加外延化，使质量和绿色更加范围扩大化，全方位涵盖了农业发展的全过程，从而使质量和绿色成为了振兴农业发展的动力源和内生力。中国特色新型农业现代化无论是在促进农业高质量发展宣传活动的影响方面，还是在促成农业高质量发展目的实现程度方面，都推动着革命性变革，从而对促成农业高质量发展产生宣传效果和教育作用。

（二）构建现代农业体系的辐射效应

近几年来，尤其是党的十九大后，一直在强调构建包括现代农业产业体系、现代农业生产体系、现代农业经营体系在内的现代农业体系。构建现代农业产业体系的核心，是通过建立集食物保障、原料供给、资源开发、生态保护、经济发展、文化传承、市场服务等功能于一体的综合系统，提高农业产业的整体竞争力和农业企业的核心竞争力，促进农民持续增收。构建现代农业生产体系的核心，是通过建立集高效种植业、高效养殖业于一体的复合型系统，促进农业供给侧结构性改革的推进和资源环境条件的改善，实现可持续发展。构建现代农业经营体系的核心，是通过建立集农产品采购、加工、销售于一体的多层次系统，开展农业适度规模经营和农业产业化经营，逐步形成有利于现代农业生产要素创新与运用的体制机制。

而走好中国特色新型农业现代化道路，正是引导各级政府和各种农业经营主体积极构建现代农业产业体系、生产体系、经营体系。就构建现代农业产业体系而言，是在着眼于农业产业整体谋划，夯实现代农业发展基础，加深现代农业发展深度，挖掘现代农业发展广度，深化现代农业发展内涵，拓展现代农业发展外延，形成现代农业产业集群，发展和壮大多功能农业，开发和利用农业多种功能性，推进产业链建设和价值链提升，提高全产业链效益，提高农业整体竞争力。就构建现代农业生产体系而言，是在着眼于确保粮食安全，树立大食物理念，严保耕地红线，积极推进土地整治，大规模改造中低产田，高标准建设基本农田，加强农田水利建设，优化配置农业资源，将藏粮于地、藏粮于技战略落到实处，全面提高粮食等重要农产品的产出水平和质量水平。就构建现代农业经营体系而言，是在着眼于农业产业化经营和农村产业融合，培育新型经营主体，开展农业规模经营，完善农业社会化服务，加大财税、信贷、保险、用地、用电、项目支持等方面的政策支持，做大做强农村以食品工业为代表的农产品加工业以及以农产品和农产品加工制成品购销为代表的商业，并将新业态和新模式引入到现代农业产业发展中来，促进农村三大产业融合发展，同时搭上“互联网＋”的快车，加快发展订单直销、连锁配送、电子商务等现代流通方式，用足用好“两个市场”。归根结底，走好中国特色新型农业现代化道路，是通过集聚较强的经济、文化、科技、教育、人才等资源优势，加速构建现代农业产业体系、生产体系、经营体系，推动农业农村经济、农村社会、农村文化、农村教育、农村科技蓬勃发展，从而对构建现代农业体系产生辐照效果和放射作用。

（三）建设现代化农业农村经济体系的引领效应

习近平总书记所做的十九大报告，不仅明确提出了我国要“建设现代化经济体系”的发展战略目标，而且进一步指明了这是“跨越关口的迫切要求”，“必须把发展经济的着力点放在实体经济上，把提高供给体系质量作为主攻方向，显著增强我国经济质量优势”。建设包含在现代化经济体系之中的现代化农业体系，不仅理所当然是应有之意，而且也要在相关方面大有作为。

而走好中国特色新型农业现代化道路，正是引导各级政府和各种农业经营主体在“把发展农业农村经济的着力点放在农业实体经济上”，“把提高农业供给体系质量作为主攻方向”，“显著增强我国农业农村经济质量优势”等几个方面不懈努力。就“把发展农业农村经济的着力点放在农业实体经济上”而言，走好中国特色新型农业现代化道路要求培养传统农业经营主体、新型农业经营主体以及农业产业化联合体，并通过各种经营主体的生产活动保障粮食等重要农产品及其加工制成品的足量优质供给，不断促进农业实体经济的发展。就“把提高农业供给体系质量作为主攻方向”而言，走好中国特色新型农业现代化道路要求构建新型农业经营体系，加快转变农业发展方式，推进农业供给侧结构性改革，不断促进农业供给体系的完善和农产品及其加工制成品质量的提高。就“显著增强我国农业农村经济质量优势”而言，走好中国特色新型农业现代化道路倡导实施质量兴农战略、绿色兴农战略和藏粮于地战略、藏粮于技战略，加快农业对外开放和农业“走出去”步伐，强力建设农业强国，不断促进农业农村经济质量优势的增强。归根结底，走好中国特色新型农业现代化道路，是通过农业农村经济实体的发展和完善，实现农业供给侧结构性改革的绩显效宏，农业经济现代化、农村社会现代化和农民素质现代化水平的显著提高，从而对构建现代化农业农村经济体系产生积极的引导效用和带领作用。

（四）促进农村产业融合的帮扶效应

习近平总书记所做的十九大报告，不仅明确提出了我国要“促进农村一二三产业融合发展”，而且进一步指明了“支持和鼓励农民就业创业，拓宽增收渠道”；不仅预示着我国农业农村经济发展必须从以前农村三次产业割裂、农业经济发展单薄的传统模式中解脱出来，而且预示着农村三次产业应该、必须积极主动地融合在一起，创造现代农业发展新业态和新模式，盘活农民就业创业，使农民增收的渠道大幅度拓宽。

而走好中国特色新型农业现代化道路，正是引导各级政府以改变农业产业“单打独斗”局面、促进第一产业“接二（产业）连三（产业）”、持续促进农民增收、逐步缩小城乡差距为己任，充分发挥人民群众的首创精神，强力发展农业产业化经营，积极推动农村三次产业顺向融合、逆向融合等多种融合发展方式，让农业与工业、商业、服务业“联姻”和“结盟”，让多功能农业得到充分发展，让农业多功能性全面显现。归根结底，走好中国特色新型农业现代化道路，是通过促成农业产业脱单、农村产业融合、农民持续增收、城乡差距缩小等实效，从而对促进农村产业融合产生帮助效果和扶持作用。

（五）完善乡村振兴机制的强化效应

习近平总书记所做的十九大报告，不仅明确提出了我国要“实施乡村振兴战略”，而且进一步指明了“要坚持农业农村优先发展，按照产业兴旺、生态宜居、乡风文明、治理有效、生活富裕的总要求，建立健全城乡融合发展体制机制和政策体系，加快推进农业农村现代化”。

而走好中国特色新型农业现代化道路，正是引导各级政府和各种农业经营主体在社会主义新农村建设目标要求“生产发展、生活宽裕、乡风文明、村容整洁、管理民主”的基础上，在各个方面更上一层楼。其中，从“生产发展”跃升到“产业兴旺”，不仅意味着产业发展全面和产业层次提高，而且意味着产业链完善和价值链提升；从“生活宽裕”跃升到“生活富裕”，不仅意味着农村居民吃穿等生理需求、安全需求的用度不用发愁了，而且意味着农村居民生产投资、生活享受等尊重需求、自我实现需求的用度也有了充足保障；从“村容整洁”跃升到“生态宜居”，不仅意味着农村的村容村貌变得整齐洁净了，而且意味着农村的生态环境美好和适宜居住；从“管理民主”跃升到“治理有效”，不仅意味着农村各种管理的民主化水平大大提高了，而且意味着农村黄赌毒整治、封建迷信整顿、宗教信仰管理等见到了大的成效。归根结底，走好中国特色新型农业现代化道路，是通过促成农业农村产业兴旺发达，农村生态环境优化到非常适宜于居住，乡村的文明风尚大大提高，农村各方面得到有效治理甚至达到井井有条，农民生活富裕满足等途径，从而对完善乡村振兴机制产生增强效果和加强作用。

调查结果也显示，实现了中国特色新型农业现代化，的确能够发挥出上述效应。而且，不同功能的农业地区，被调查者的认知差距也比较大。比如："促成农业高质量发展的宣教效应"方面，中部地区认可的比例高达66.31%，超过全国平均水平（48.72%）17.59个百分点；而"构建现代农业体系的辐射效应"，东北部地区比例高达82.86%，超过全国平均水平（42.08%）40.78个百分点。尤其是，中部地区的所有方面，都超过了全国平均水平的认可度；西部地区几乎所有方面，都达不到全国平均水平的认可度（表3-2）。

表3-2　实现中国特色新型农业现代化的综合效应

选项	全国 比例（%）	东部地区 比例（%）	中部地区 比例（%）	东北部地区 比例（%）	西部地区 比例（%）
促成农业高质量发展的宣教效应	48.72	51.07	66.31	57.86	34.74
构建现代农业体系的辐射效应	42.08	34.91	45.36	82.86	34.28
建设现代化农业农村经济体系的引领效应	45.77	36.43	48.10	70.95	44.41
促进农村产业融合的帮扶效应	51.38	49.11	67.86	47.14	45.13
完善乡村振兴机制的强化效应	41.31	42.05	57.62	27.14	35.66
其他效应	1.64	0.00	1.79	0.00	3.22

第四章　中国特色新型农业现代化道路实践模式创新的标志和特征

一、中国特色新型农业现代化道路实践模式创新的标志

中国特色新型农业现代化道路实践模式创新的标志，包括农业经济结构现代化，农业基础设施现代化，农业生产手段现代化，农业科学技术现代化，农业经营管理现代化，农业服务现代化，农业劳动者素质现代化，农民消费现代化，农业资源环境现代化，农业宏观调控现代化等“十个现代化”。

（一）农业经济结构现代化

农业经济结构现代化是指农业经济结构成为具有现代特点、符合现代需要的动态发展和持续进步的过程和状态。其中，农业经济结构是指农业经济中诸要素、诸方面的构成情况与数量比例，主要包括农业经济关系结构与农业生产力结构。农业经济关系结构包括经济形式结构和再生产过程中的生产、分配、交换、消费关系结构；农业生产力结构包括农业部门结构、农业技术结构、农业区域结构等。

按照内容进行划分，农业经济结构现代化还可以大致划分为农业产业结构现代化、农业区域结构现代化、农区城乡结构现代化；按照集约化程度划分，农业经济结构现代化应该是追求农业经济结构由粗放型结构向集约型结构发展和转化；按照商品化程度划分，农业经济结构现代化应该是追求农业经济结构由自给型结构、半自给型结构向商品型结构、市场化结构等发展和转化。

发展和转化的导向机制，主要有结构导向机制、技术导向机制和体制导向机制。其中，结构导向机制主要是指通过结构调整和变革，提高资源的综合效益以及农业经济系统的融合功能。技术导向机制主要是指由数量速度型发展战略转到质量效益型发展战略。体制导向机制主要是指通过实行多层次大配套改革、所有制改革以及市场—控制手段—机构同步配套改革，促进体制优化和体制导引。

（二）农业基础设施现代化

农业基础设施现代化是指农业基础设施成为具有现代特点、符合现代需要

的动态发展和持续进步的过程和状态。其中，农业基础设施是指保证农业生产和流通能够在适宜条件下顺利进行的各种具有公共服务职能的设施，主要包括物质性基础设施或生产性基础设施与社会性基础设施或非生产性基础设施。物质性基础设施或生产性基础设施是直接为农业生产和流通服务的设施，包括道路、运河、桥梁、码头、仓库、冷藏库、包装材料库、通信设施、植物保护和兽医等专业服务单位、修理和技术保养单位等，是社会生产力的组成部分，但是不直接加入某一种产品生产的劳动过程，而只是同自然界一起构成劳动过程得以顺利进行的必要的适宜的条件。社会性基础设施或非生产性基础设施是保障和促进劳动力再生产的设施，包括农村住宅、学校、医院、体育和文化娱乐场所、劳动保护和安全服务机构等，是提高农业劳动者生活水平和劳动效率的必要条件。

学术界常讲的加强农业基础设施建设，一般包括农田水利建设，农产品流通重点设施建设，商品粮棉生产基地、用材林生产基础和防护林建设，农业教育、科研、技术推广和气象基础设施建设等。而通过加强农业基础设施建设等实现农业基础设施现代化，有利于夯实农业发展基础，保障农业现代化“起跑有力”；有利于提高防灾抗灾减灾能力，提高粮食安全保障水平；有利于农业规模化生产，促进农村经济发展；有利于减轻劳动强度，改善农村民生；有利于转变农业增长方式，促进农业生产效率的提高，有利于农产品质量提高，增强其国际竞争力。

近些年来，我国农业基础设施建设日益加强、成效显著，但还远远没有达到现代化的水平。这不仅体现在供不足需、供不应需等方面，而且还正面临资源区划的客观条件制约、耗资巨大的资金制约、回报率低的投入积极性制约、分散的管理维护的制约等严峻挑战。要推进农业基础设施现代化，就要树立农业基础设施现代化意识，强化区域间的协作和合作，走投资主体多元化之路，建立长效公共资金投入机制，促进农业基础设施供给与需求的统一，政策激励民间资本对农业基础设施的投资，完善管理体制。

（三）农业生产手段现代化

农业生产手段现代化是指农业生产手段成为具有现代特点、符合现代需要的动态发展和持续进步的过程和状态。其中，农业生产手段是指农业生产的本领和技巧、方法和措施。

如果从农业产业化全过程来看，农业生产手段现代化包括农业生产现代化，农产品采收现代化，农产品加工现代化，农产品及其加工制成品销售现代化，农业管理现代化等。如果从中外异同来看，我国农业生产手段现代化应有别于发达国家的单一现代化手段，应是传统农耕文明精华与现代科技有机结合的复合型农业技术系统。如果从技术视角来看，农业生产手段现代化包括物理机械技术现代化和生物化学技术现代化的双重现代化。其中，物理机械技术现代化又包括农业机械化、灌溉水利化、动力电气化等现代农业文明；化学技术现代化又包括肥料优质化、生物良种化等现代农业文明。

就推进和实现物理机械技术现代化来说，既要适应国情和农情等特点，又应坚持三个基本原则：一是非同步原则。即应防止“一刀切”“一律化”地讲求“一步到位，全国同步”，应允许地域区间、时间序列、规模精度的非同步，承认和允许“实力差”和“时间差”，实事求是地把握物理机械技术现代化发展速度和覆盖面。二是精度原则。即应以最大限度提高土地生产率为主攻方向，改进农机具质量，提高作业精度，用高质量、高精度机械促进和发展农业生产的精耕细作。三是适应原则。即应两方面兼顾，一方面发展一些大规格、大体积、高价值、宽幅作业产品，以满足新型农业经营主体及农业产业化联合体的需要；另一方面发展精密化、小型化、多功能、低价值、低能耗产品，以满足农业家庭经营的需要。

就推进和实现生物化学技术现代化来说，既要适应生态农业、有机农业、质量兴农、绿色兴农等发展目标相协调，又要注重两个方面：一方面，要强调有机肥的重要性，逐步减少化肥的使用量，尽快建立以有机肥为主、化肥为辅的施肥结构，直至彻底放弃使用化肥，使农业具备环境生态健全、生产条件投入效果长期稳定、作物持续高产的现代有机农业机制。另一方面，要强调既高产又优质，注重高产品种的农业生态特性，按现代有机农业理念选育新一代高产优质品种，争取实现产量、质量、效益、生态、环境等“多赢”。

（四）农业科学技术现代化

农业科学技术现代化是指农业科学技术成为具有现代特点、符合现代需要的动态发展和持续进步的过程和状态。其中，农业科学技术是指用于良种繁育、农业生产、农产品贮藏、农产品加工、农业生产资料使用、农产品及其加工制成品营销以及农业管理等方面的科学技术。其中，农业生产技术又包括种植技术、养殖技术、灌溉技术，农业机械使用技术、高效农业生产技术以及化肥、农药等各种生产资料使用技术等多个方面。

进入了新时代，鉴于现代农业发展的主要特点是向超高产超优质农业发展，向空间要粮食和农产品，向细胞要食物，向再生资源要资源，所以中国农业科学技术的发展态势也必须是以生物技术为主导，广泛应用农业工程化技术，实现工厂化农业的技术高度密集化，不断推进绿色农业和蓝色革命。

与此同时，我国农业科学技术还必须全面迎合由“平面式”向“立体式”发展，由“农场式”向“公园式”发展，由“自然式”向“设施式”发展，由“常规式”向“生态式”发展，由“单向式”向“综合式”发展，由“机械式”向“自动式”发展，由“化学式”向“生物式”发展等发展趋向。

（五）农业经营管理现代化

农业经营管理现代化是指农业经营管理成为具有现代特点、符合现代需要的动态发展和持续进步的过程和状态。其中，农业经营管理是指对农业整个生产经营活动进行决策、计划、组织、指挥、控制和协调，并对农业生产经营者进行激励，以实现其任务和目标等一系列工作的总称。农业经营管理的主要内容包括：合理确定农业经营形式和管理体制，配置管理机构和管理人员；搞好市场调查和经济信息收集运用，在确定经营方针、经营目标和生产结构的基础上进行经营预测和经营决策；编制经营计划，签订经济合同；建立健全经济责任制和各种管理制度，加强土地等自然资源的开发、利用和管理；搞好机器设备、物资、生产、技术、质量、销售、财务、成本等的管理，处理好收益和利润的分配；全面分析评价农业生产经营的综合效益，开展农业经营诊断等。

进入了新时代，农业经营管理的主要任务应该是完善农业经营制度，确定农业经营目标和项目，提高农业生产和服务的效率，实现农业增收，增加适合现代农业的管理者和劳动者，保护农业生态环境，实现农业可持续发展等。为此，农业经营管理就必须全面实现由满足家庭需求向满足市场需求，由小规模生产向适度规模生产，由依靠传统技能向依靠现代科技，由依靠体力和经验向依靠知识和信息，由独立经营向多方协作社会服务，由以提供产品为主向追求综合效益等发展方向转变。

与此同时，农业经营管理还要不断推进农业经营管理思想现代化，农业经营管理组织高效化，农业经营管理人员专家化，农业经营管理方法科学化，农业经营管理手段现代化，使农业经营管理现代化与技术创新、技术进步相互配合、相互促进，与管理体制改革同步发展，与高级人才开发同步进行，与现代化科学管理体系同步构建。

（六）农业服务现代化

农业服务现代化是指农业服务成为具有现代特点、符合现代需要的动态发展和持续进步的过程和状态。其中，农业服务是指与农业相关的社会经济组织为农业生产的经营主体提供的各种服务的总和，其主要内容包括良种服务、农资服务、农技服务、培训服务、信息服务、流通服务、休闲服务、保险服务等。

农业服务一般可以分为两类：无偿的政府公益性公共服务和有偿的企业盈利性私家服务。而与农业服务密切相关的农业服务业，是指为农业生产各个环节提供服务的行业。完善的农业服务和发达的农业服务业，既是现代农业的重要组成部分，也是农业现代化水平的重要标志。

进入了新时代，我国农业服务现代化的路子应该是以服务规模化推进农业现代化。这是因为：一方面，我国人多地少，即使农村人口大量转移后，分散经营农户也还是占农业生产经营主体的大多数，也不可能走单纯扩大土地规模的农业现代化道路；另一方面，从国际经验看，农业规模报酬的实现，既需要土地经营规模的扩大，也需要农业服务规模的扩大。农业规模化服务，就是农业服务主体根据各类农业生产经营主体在农业生产各环节的服务需求，通过单环节或者多环节的规模化服务，降低生产成本，提高农业的生产效率和经营效益，实现农业服务主体的规模报酬和较高盈利。

（七）农业劳动者素质现代化

农业劳动者素质现代化是指农业劳动者素质成为具有现代特点、符合现代需要的动态发展和持续进步的过程和状态。其中，农业劳动者素质是指农业劳动者数量和质量的综合。就单个的农业劳动者来说，主要看其身体素质、文化水平、科技技能、经营管理水平等。就整个农业劳动者来说，主要看劳动者数量的多少和劳动者的现代素质是否达到了现代化的要求。可以讲，农业劳动者的现代素质，是实现农业现代化的关键。

然而，从现实来看，我国无论是农业劳动者的数量，还是农业劳动者的质量，都难以满足农业现代化实现的需要。从农业劳动者数量来看，自改革开放起，我国掀起了农民工进城大潮，这种大潮已经连续“冲刷”了四十年，农村的青壮年劳动力几近消失，符合推进和实现农业现代化要求的高素质的农业劳动者奇缺，已经比较明显地显现出了劳动力紧缺的征兆，“谁来种地”问题日益突出。从农业劳动者质量来看，目前在农业一线直接从事农业生产经营的劳动力，大多数是妇女、儿童、老人，即俗称的“386199 部队”，既达不到新型职业农民应有的有文化、懂技术、会经营的基本要求，更难堪推进和实现农业现代化的大任，“怎样种地”问题也日益突出。如果连最基本的“谁来种地”“怎样种地”问题都解决不好，该怎样走好中国特色新型农业现代化道路呢？

进入了新时代，我国农业劳动者素质现代化的路子显然应该是“两条腿走路”。“一条腿”是充实青壮年劳动力数量，途径显然只有通过政策引导和政策优惠，吸引在城市务工经商的青壮年劳动力回流，甚至带着资金、技术、销售渠道等返乡创新创业。“另一条腿”是对已经在农村并决心在农村扎根，继续从事农业生产经营的传统经营主体或新型经营主体，按照新型职业农民必须有文化、懂技术、会经营的基本素质要求，针对性地开展技术培训和技能提升，基本原则是缺什么补什么，基本目标是综合素质必须真正地得到提高。

（八）农民消费现代化

农民消费现代化是指农民消费成为具有现代特点、符合现代需要的动态发展和持续进步的过程和状态。其中，农民消费是指农民花费一定的资金用于购买和使用社会产品或服务等各种需要的过程。农民消费，又可分为农民生产消费、农民生活消费。农民生产消费是指农民从事农业生产或经营过程中对生产资料和物质资料的使用和消耗，其现代化的考评主要体现在使用和消耗的生产资料和物质资料是否达到了现代化水平；农民生活消费是指农民家庭或个人生活中对物质资料和精神产品的使用和消耗，其现代化的考评主要体现在使用和消耗的物质资料和精神产品是否达到了现代化水平。

与中国特色新型农业现代化相适应的农民消费现代化，应该具有如下几个特征：一是农民生产消费刚性支出，尤其是随着农用机械的升级换代，消费的种类、金额也大幅增加；二是农民消费工业品、商品化农产品的比例持续增加，尤其是农产品消费中的“小而全”生产模式逐渐萎缩；三是农民的“半拉子”消费现象将不再突出，尤其是后续的持续消费行为将不再缺乏；四是大件家电、家具产品的持续升级与小件家电产品的时髦新潮在农户家庭中同时并存。

进入了新时代，我国要促进农民消费现代化，就要着力促成如下几个转变：一是由自给型消费生产方式、生存型消费生活方式向商品型消费生产方式、享受型消费生活方式转变；二是由注重物质消费需求向同时注重物质消费需求、精神文化消费需求转变；三是由弘扬传统美德向弘扬传统美德与树立现代观念并重转变；四是由鼓励农民适度消费向帮助农民养成良好的消费行为和习惯转变；五是由全部先积累后消费向适度提前消费转变。

（九）农业资源环境现代化

农业资源环境现代化是指农业资源环境成为具有现代特点、符合现代需要的动态发展和持续进步的过程和状态。农业资源环境包括农业资源和农业环境。农业资源是农业自然资源和农业经济资源的总称，其中，农业自然资源包含农业生产可以利用的土地资源、水资源、气候资源和生物资源等自然环境要素，农业经济资源是指直接或间接对农业生产发挥作用的，农业人口和劳动力的数量和质量、农业技术装备、农业基础设施等社会经济因素。农业环境是影响农业生物生存和发展的各种天然的和经过人工改造的各种因素的总和，包括农业自然环境、农业社会经济环境等。其中，农业自然环境是由农田、森林、草原、灌溉水、空气、光、热和施用于农田的肥料、农药和农业机具，以及气候、土壤、水、地形、生物等要素所共同组成的一个综合体系；农业社会经济环境是由人为因子干预后形成的舆论环境、政策环境、社会环境、经济环境等共同构成的一个综合体系。农业自然环境与农业社会经济环境之间，是相互关联和相互影响的，既可以相互支持、相互支撑，又可以相互破坏、相互制约。一般来说，只有促进二者的良性互动，才能实现农业环境的良性发展。

农业资源禀赋决定现代农业发展的进度和高度，农业资源禀赋的差异性更是决定着农业现代化路径选择的差异。美国、加拿大等资源丰裕型国家，都采用机械化主导模式；日本、以色列等资源匮乏型国家，都采用技术主导模式；法国、英国等资源均衡型国家，都采用多轨道发展模式。我国农业现代化路径选择要符合农业资源禀赋的特点，就要充分认识我国农业存在资源禀赋空间分布差异大、农业基础地位薄弱、农业产业结构不合理、农民文化程度低、农业经营模式单一、农业合作组织少等问题，依靠政府强力推进，从优化农业区划、加大农业科技投入和农业补贴、强化农民技能培训、推动农业供给侧结构性改革、建立农资储备制度、充分利用国内国外两种资源等方面，来推进农业现代化的高效持续发展。

农业环境优劣不仅决定着现代农业发展的可持续性和农产品质量，而且决定着农业生态安全和农业现代化能否展开建设。近些年来，中国现代农业建设也基本上采用的是建立在能源上和化学上高度集约的工业化农业模式。这种发展模式为了促进单产提高重施化肥、农药等生产资料，为了扩大粮食生产面积，盲目毁林、围湖、填海、弃牧，对资源环境的忽视使其产生了沙漠化面积增加、土壤质量退化、生产潜力降低、环境污染加剧、生态平衡遭受威胁等不良后果。要以农业环境现代化庇佑农业现代化的实现，一方面必须通过退耕还林、封山育林、退耕还湖、退耕还牧、退耕还海、退耕还草、治理污染土壤、恢复土地质量等，加强退化生态系统治理恢复，提高农业环境质量，降低农业发展中的灾害风险；另一方面通过科技创新和科技进步，加强肥料管理、农业废弃物资源管理、水资源管理的科学化，提高肥料利用率及增产效益、养分循环再利用率、水资源利用率，充分利用现代生物技术，加速良种选育推广，普及科学栽培管理技术。

（十）农业宏观调控现代化

农业宏观调控现代化是指农业宏观调控成为具有现代特点、符合现代需要的动态发展和持续进步的过程和状态。其中，农业宏观调控是以政府作为主体，着眼于经济运行的全局，运用经济、法律和必要的行政手段，对农业资源的配置从宏观层次上所进行的调节和控制，以促使农业经济总量均衡，结构优化，要素合理流动，保证农业的持续、稳定、协调发展。农业宏观调控实质上是一种市场经济条件下的政府农业行为，是政府干预农业的一种表现形式。农业宏观调控的理论依据，是农业的外部性、公共产品性、弱质性、不稳定性、信息不对称性以及市场失灵。农业宏观调控是现代农业发展的自身要求，它反映了一个国家和地区现代农业的发展程度和农业现代化的实现水平。

在实现中国特色新型农业现代化过程中，农业宏观调控的目标主要是，保护农业，提高农民收入；提高农业生产率，满足社会对农产品品质与数量的需求；培育农业市场机制，稳定农产品市场；保护农业资源，改善生态环境；推行新发展理念，实现区域协调发展；农业宏观调控的领域主要是，农业质量标准和农产品质量检测检验体系建设领域，农业信息体系建设与服务领域，农业科研、教育和技术推广领域，农业基础设施建设领域，粮食专项储备领域，区域性贫困与扶贫开发领域，农业自然资源和生态环境保护与治理领域，农业政策法制化与法律化领域等。

二、中国特色新型农业现代化道路实践模式创新的特征

中国特色新型农业现代化道路实践模式创新的特征，主要包括动态性、世界性、时代性、整体性、区域性等“五性”。

（一）动态性

动态性，主要是指随时间变化的属性和特性，还有些人称之为“时变性”。中国特色新型农业现代化的动态性，主要是指中国特色新型农业现代化的内涵、标准、要求等，会随着时间的推移，与时俱进地发展的历史过程，并达到持续提高农业现代化水准的目标。

或者说，农业现代化的内涵、标准、要求等会变化、会发展、会完善。比如：20 世纪 50 年代中期至 70 年代中期，我国农业现代化的基本内涵为“四化”，即农业机械化、农业水利化、农业化学化和农业电气化。20 世纪 70 年代末至 80 年代中期，我国农业现代化建设的内涵在肯定上述“四化”的同时，把农业区域化、专业化、社会化、农工商一体化等同农业现代化紧密联系在一起。20 世纪 80 年代中期至 90 年代初期，我国农业现代化建设的基本内涵为农业物质装备现代化、农业科学技术现代化和农业经营管理现代化，因为化学

化显然已经不合时宜，已经不再是人们追求的目标，并把农业现代化同农村工业化及农村城镇化紧密联系在一起，认为农村工业化、农村城镇化是农业现代化的必由之路。20 世纪 90 年代中期开始，我国农业现代化建设的内涵除了上述各方面现代化外，又把资源环境优良化作为农业现代化建设的重要内容之一，将“生产条件现代化、生产组织社会化、生产技术科学化和生态环境可持续化”作为中国特色农业现代化的四大目标。其主要目的是要处理好农业生产发展与资源环境保护之间的关系，实现两者的协调与统一。到了 2014 年之后，我国又把“中国特色”和“新型”有机融合起来，将“生产技术先进、经营规模适度、市场竞争力强、生态环境可持续”作为了中国特色新型农业现代化道路的具体内涵。

中国特色新型农业现代化的内涵和过去相比，可以发现有三个变化：一是总体目标发生了变化，整个农业现代化的目标从原来单一的追求数量，转变为追求农产品的数量、质量、效益三个方面统一；二是采取的方式发生了变化，实现农业现代化的方式从过去单纯地依靠物质手段，逐步转变为通过推进农业结构调整，加快农业发展方式转变，追求可持续的生态友好型农业来实现；三是评价指标发生了变化，实现农业现代化的评价指标从原来的单纯物质装备，比如产量指标、农机指标等，转变为数量、质量与效益同步，发展环境友好、可持续发展、产业化的现代农业。

（二）世界性

世界性，主要是指超越国家和地区的界限，全世界共有的或者都应该达到的属性或特性，或称之为“全球性”。中国特色新型农业现代化的世界性，主要是指中国特色新型农业现代化的水平、经验等，都是属于全世界的，最高水平以达到国际上农业现代化的最高水准为目标，一些经验性做法将与全世界共享。

为此，中国在推进中国特色新型农业现代化进程中，在走好中国特色新型农业现代化道路的过程中，放眼全球，要以“比、学、赶、帮、超”发达国家农业现代化水准为目标。

就“比”而言，包括“内比”和“外比”。“内比”是指中国农业现代化整体水平的发展程度的纵向比较，或区域间发展程度的横向比较。“外比”是指中国（或中国各省市区）与世界各国（或地区）尤其是发达国家（或地区）发展水平的比较。有比较才能发现差距和不足，找出问题及其成因，并尽快克服和解决。

就“学”而言，包括“学内”和“学外”。“学内”是指学习国内农业现代化发展水平高的省市的有益做法和典型经验，互相学习，共同进步。“学外”是指中国（或中国各省市区）学习国外尤其是发达国家（或地区）农业现代化的发展模式和启迪借鉴，并有选择地引进、吸收和创新。

就“赶”“超”而言，包括“赶内”“超内”和“赶外”“超外”。“赶内”“超内”是指向国内农业现代化发展水平高的省市看齐，迎头赶上、超过。“赶外”“超外”是指中国追赶国外尤其是发达国家（或地区）农业现代化的最高发展水平，发力赶上、超过。

就“帮”而言，包括“帮内”和“帮外”。“帮内”是指帮助国内各省市区因地制宜地加快推进农业现代化，不仅从整体上全面提高全国农业现代化发展水平，而且要显示“中国特色”和“新型”等创新之处。“帮外”是指目前中国可以帮助许多发展中国家尤其是非洲国家提高农业现代化水平，待中国特色新型农业现代化全面实现之后，将能帮助世界各个国家和地区推进农业现代化进程。

（三）时代性

时代性，主要是指必须始终走在时代前列的属性和特性。比如说，迈入了新时代，就应该具有新时代的特点。中国特色新型农业现代化的时代性，主要是指要以达到同时代农业现代化的最高水准为目标。因为农业现代化水准不是恒定的，一成不变的，而是发展的进步的，即使达到了特定时代的高水平，但如果就此裹足不前或停滞发展，要不了多久，就会过时和落伍。

从时代性看，中国特色新型农业现代化肩负着三个重大使命：一是全面建成小康社会和实现乡村全面振兴，促进城乡发展一体化；二是为工业化、城镇化和信息化提供和拓展空间；三是维护稳定发展大局，保障国家战略安全。

按照时代性要求，推进中国特色新型农业现代化的整体思路，就应该是以推进农业供给侧结构性改革和转变农业发展方式为主线，以保障粮食等重要农产品有效供给、促进农民持续较快增收、建成农业强国为主要目标，以提高农业综合生产能力、抗风险能力和市场竞争能力为主攻方向，着力促进农业生产经营专业化、标准化、规模化、集约化、绿色化、清洁化、生态化、安全化，着力强化政策、科技、设施装备、人才和体制支撑。

（四）整体性

整体性，主要是指把研究对象看作由各个构成要素形成的有机整体，从整体与部分相互依赖、相互制约的关系中揭示对象的特征和运动规律，研究对象整体的属性和特性。中国特色新型农业现代化的整体性，主要是指以达到整体上实现农业现代化为目标。因为农业现代化本身就是一个整体的概念，不是某一方面的、局部的、零散的、支离破碎的，而是全面的、系统的、整体的、综合的，一般是指一个国家，至少是一个地区，在现代农业发展层次和程度方面的整体表现。

从整体性看，推进中国特色新型农业现代化具有如下有利条件：一是工业化、信息化、城镇化牵引作用更加有力；二是国家具备了支持现代农业建设的雄厚财力；三是技术变革为现代农业建设提供了强大动力；四是农村改革深入推进必将为现代农业建设注入新的活力；五是全党全社会更加重视现代农业建设。

按照整体性要求，推进中国特色新型农业现代化的整体思路，就应该是努力促进“五大转变”：一是促进农产品供给由注重数量安全向总量安全、结构安全、质量安全、营养安全和生态安全五个安全并重转变，满足人民日益增长的美好生活需要；二是促进农业经营方式由兼业化的分散经营为主向专业化的适度规模经营转变，着力构建集约化、专业化、组织化、社会化相结合的新型农业经营体系；三是促进农业增长由依靠增加化肥、农药等投入品向依靠科技创新和科技进步转变，持续提高农业科技进步贡献率和农业资源利用率；四是促进农业生产由“靠天吃饭”向提高物质装备水平转变，努力夯实现代农业发展的物质基础；五是促进农业功能由单一的农产品生产为主向一二三产业加速融合转变，真正实现产加销协调发展、生产生活生态有机结合。

（五）区域性

区域性，主要是指一个国家的各个区域在自然条件、社会经济条件、经济发展水平、生产经营技艺、消费习惯、传统节日等方面所表现出来的属性和特性。中国特色新型农业现代化的区域性，主要是指以国内各个区域整体上实现有区域特色新型农业现代化为目标。因为推进和实现农业现代化过程中，会受到各个区域自然条件、社会经济条件、农业农村发展水平等条件、域情、农情以及政策措施的限制或促进。一般而言，区域自然条件优越、社会经济条件良好、农业农村发展水平高的区域，推进和实现农业现代化就容易一些、快一些，所显现出来的农业现代化水平更高一些。相反，区域自然条件恶劣、社会经济条件落后、农业农村发展水平低的区域，推进和实现农业现代化就困难一些、慢一些，所显现出来的农业现代化水平更低一些。

从区域性看，我国不同地区在推进中国特色新型农业现代化进程中都要因地制宜地完成“一个历史任务”、解决“一个现实难题”和赢得“一个重大挑战”。“一个历史任务”就是在经济发展进入新常态、新时代的大背景下，怎样促进农民持续稳定较快地增收，使城乡差距加快缩小，确保农村全面小康和全面振兴如期实现。“一个现实难题”就是在资源约束、环境约束“双趋紧”的大背景下，怎样促进农业供给侧结构性改革和农业发展方式转变，确保粮食安全和重要农产品的有效供给，并实现绿色兴农和质量兴农。“一个重大挑战”就是在国内农业发展受国际市场影响日益加深的大背景下，怎样用足用好两个市场、两种资源，使我国的农业竞争力显著提升，并赢得国际市场竞争主导权。

按照区域性要求，推进中国特色新型农业现代化的基本要求就应该是：一是立足差异化的区域自然条件，扬长避短，发挥优势；二是用足已有的社会经济条件，政策同力，倾斜支持；三是提升现有的农业农村发展水平，优先发展，加快推进。

第五章　中国特色新型农业现代化道路实践模式创新的要求和思路

一、中国特色新型农业现代化道路实践模式创新的要求

中国特色新型农业现代化道路实践模式创新的要求，主要包括完整的多元化目标，完好的现代化手段，完满的精益化管理，完善的社会化服务，完备的知识化农民，完美的优质化产品“六完”。

（一）完整的多元化目标

即，中国特色新型农业现代化要实现的目标，不是单一的目标，而是有多个目标构成的完整目标。多元化目标的最基本含义，是多个特性的不同的目标组合到一块。尤其是完整的多元化目标，意味着多元化目标是完好的、完整的。完整的多元化目标是中国特色新型农业现代化目标的具体体现，是发展现代农业必须达到的境地和标准，对于走好中国特色新型农业现代化道路来讲，虽然都是必须实现的，但相比起来，也有轻重缓急之分。

一要将确保粮食安全和重要农产品有效供给作为落实完整的多元化目标最基本的要求。这是因为：中国人口众多，不会将希望寄托在他国；国际政治经济环境日益复杂，不能过分依赖国外；世界农业自然灾害日益频繁且造成的粮食减产日益严重，不能指望粮源紧张的国际市场。对此，习近平总书记高瞻远瞩地指出，“我国是个人口众多的大国，解决好吃饭问题始终是治国理政的头等大事”，“保障国家粮食安全是一个永恒的课题，任何时候这根弦都不能松”，“中国人的饭碗任何时候都要牢牢端在自己手上。我们的饭碗应该主要装中国粮”。

二要将发展多功能农业和实现农业多功能性作为落实完整的多元化目标最紧迫的发展任务。这是因为：多功能农业、农业多功能性能够延伸、拓展现代农业发展的深度和广度，是实现经济社会发展多种目标的途径和桥梁；中国只有发展多功能农业和实现农业的多功能性，才能使农业具有并显现出经济、生态、社会和文化等多方面的功能，为实现中国特色新型农业现代化的多元化目标提供跳板和纽带；发展多功能农业和实现农业的多功能性，既是世界农业发展的大势所趋，也是世界农业发展经验的结晶。

三要将实现“三个现代化”和建设“五个文明”作为落实完整的多元化目标必备的战略措施。这是因为：中国特色新型农业现代化是国家现代化的重要组成部分和重要柱石支撑，即使在推进中国特色新型农业现代化的进程中，也要按照国家现代化的总体要求，强化经济现代化、社会现代化、人的素质现代化等“三个现代化”的实现，加快物质文明、政治文明、精神文明、社会文明、生态文明等“五个文明”建设。

（二）完好的现代化手段

即，中国特色新型农业现代化要使用的手段，不是传统的手段，而是现代化的完好手段。现代化手段的最基本含义，不是指一般意义上的逐步采用电子计算机、现代通信技术、自动化控制技术等先进的管理手段，而主要是指逐步采用法律法规保障、市场机制调节、政府及时适度干预、经济轻重奖惩等促进农业现代化实现的调控手段。尤其是完好的现代化手段，意味着现代化手段是完整的、完善的。完好的现代化手段是“四化同步”发展中加速弥补农业现代化短板的有力武器，是促进中国特色新型农业现代化发展的重要手段，对于走好中国特色新型农业现代化道路来讲，虽然都是必须使用的，但相比起来，也有孰先孰后之分。

一要将强化法律法规保护保障作为落实完好的现代化手段最基本的要求。法律法规是经济社会发展中的最基本保护和最可靠保障，对于落实完好的现代化手段来讲也是如此。为此，一定要首先明确制定和出台相关的法律法规，将实现中国特色新型农业现代化的法律地位和法制规范定下来，按部就班地贯彻和执行。从目前的现实来看，近几年的中央 1 号文件虽然陆续强调和提倡推进和加快实现农业现代化，但总的来看，还差一个国家最高规格的“大法”，如“中国特色新型农业现代化道路法”，更加具体更加明确地进行安排和部署，依法推进中国特色新型农业现代化实现进程。

二要将充分发挥市场机制的调节作用作为落实完好的现代化手段最紧迫的发展任务。早在 1993 年，我国就确立了社会主义市场经济体制。但很久以来，对于农业发展尤其是现代农业发展该怎样利用市场机制和市场调节，多年来一直是遮遮掩掩，模棱两可，很长时间真正实行的是所谓的“双轨制”，这既不利于国家市场经济的全面发展，也不利于现代农业按照市场规律发展。2013 年以来，我国逐步明确了“充分发挥市场在资源配置中的决定性作用”、“使市场起决定性作用”和“充分发挥市场的决定性作用”等重要精神，既是必要的，也是正确的。尤其是在发展现代农业、推进中国特色新型农业现代化的进程中，我国正承担着推进农业供给侧结构性改革，加快转变农业发展方式，保障粮食安全和农民增收，促进乡村振兴等一系列艰巨任务，同时又面临着资源环境约束、农产品国内外价格倒挂、农业发展中财政资金投入财源不足与社会闲散资金投资积极性不高等严峻挑战，只有广泛、宽幅地引入市场机制，激活增强市场意识，培育市场主体、完善市场体系、优化市场环境、运用市场办法等“五重唱”，才能开辟 PPP 融资等多元化投入渠道，为中国特色新型农业现代化的实现提供足够的资金支持。

三要将实现法律、市场、行政、经济等手段的综合运用作为落实完好的现代化手段必备的战略措施。法律手段、市场手段、行政手段、经济手段各有优点和缺点，要最大限度地利用各种手段的优点，规避各种手段的缺点，就必须将各种手段综合运用。比如：环境保护中减少和杜绝废气、废水、废渣等“三废”排放，除了运用法律手段之外，还可以灵活运用“谁污染谁治理”、重奖重罚等经济手段，以及对当地党政主要领导、行政部门领导警告、诫勉谈话直至撤职等行政手段；解决市场失灵问题要实施的各种非市场安排，可以更多利用颁布行政命令、制定政策措施等行政手段，价格管控、税收管控、信贷管控等经济手段，乃至强制性、规范性的法律手段。

（三）完满的精益化管理

即，中国特色新型农业现代化要实行的管理，不是粗糙化的管理，而是精益化的完满管理。精益化管理的最基本含义，是通过精细化管理方式，花费最小资源消耗，创造最大价值，实现经济利益的最大化。尤其是完满的精益化管理，意味着精益化管理是完整圆满的、没有欠缺的。完满的精益化管理是先进的管理理念，是发展现代农业的科学方向，对于走好中国特色新型农业现代化道路来讲，能够通过精益思维实现精益生产，逐步树立由消费者确定农产品供给结构和价值结构，兼顾“大宗商品生产”、“小宗商品生产”，商品生产完全由消费者拉动，要消除产业价值链的低值低效等状况。

一要将人力资源管理作为落实完满的精益化管理最基本的要求。中国特色新型农业现代化道路的建设者和创造者都是鲜活的主体，决定了管理就是要通过调动各种人力资源来完成各种既定目标。在推进和实现农业现代化的进程中，要把人很好地组织起来并做到人尽其才，就需要通过思想感染人，调动各主体参与进来的主动性和积极性；通过规范约束人，管束各主体将关键环节、核心点扎实落实；通过考核激励人，引导各主体趋利避害；通过文化塑造人，提升各主体的综合素质和多种能力。

二要将决策管理作为落实完满的精益化管理最紧迫的发展任务。中国特色新型农业现代化道路的决策者既有政府行政管理部门，也有众多的生产经营主体。但无论是政府行政管理部门，还是众多的生产经营主体，在推进和实现农业现代化的进程中，要实现决策思想的科学化，就要制定合理的决策标准，健全有效的信息系统，形成系统的决策观念，养成民主的决策风格；要实现决策程序的科学化，就要合理地确定决策的各个目标，拟定不同的多套实施方案，并做到科学评价和择优选择。

三要将创新管理作为落实完满的精益化管理必备的战略措施。走中国特色新型农业现代化道路，不能囿于现在，要展望明天，更要面向未来。在推进和实现农业现代化的进程中，要将创新驱动作为主要推动力，谋求创新管理。要开展创新管理，就要把新的管理方法、新的管理手段、新的管理模式等管理要素引入现代农业系统，以更有效地实现农业现代化目标的创新活动。

（四）完善的社会化服务

即，中国特色新型农业现代化要开展的服务，不是个人化的服务，而是社会化的完善服务。社会化服务的最基本含义，是指社会上的政府职能部门、行业协会等官方、半官方服务组织以及经济合作组织、营利性服务实体等私营服务组织提供的综合性服务。尤其是完善的社会化服务，意味着社会化服务是完美无缺的、完美无瑕的。完善的社会化服务是发展现代农业的必要帮手，是农业现代化的水平体现，对于走好中国特色新型农业现代化道路来讲，能够通过社会化服务实现农业现代化水平的提高。

一要将巩固公益性的高水平官办服务作为落实完善的社会化服务最基本的要求。为实现农业现代化提供公益性的高水平官办服务，是世界各国现代农业发展的经验总结。我国各地原来建设的“七站八所”（农机站、农技站、水利站、文化站、广播站、经管站、客运站，司法所、房管所、财政所、派出所、税务所、邮政所、供电所、工商所），已经在历次的机构改革中遭受浩劫，大多面临着“线断、网破、人散”的尴尬局面。近几年虽然有所恢复，但农民仍然觉得“难解渴”，必须加大恢复性建设力度，并进行综合办站（所）的创新发展，恢复和提升其提供公益性的高水平官办服务的元气。另外，还有一些覆盖面大的、必须提供及时且高水平的服务，由于各个经营主体力不从心，经营性服务组织不愿提供或即使愿意提供但因为能力有限而提供不了，也必须由政府义不容辞地承担。如帮助农业生产经营者克服大洪灾、大旱灾、大雪灾、大蝗灾、大病灾带来的自然风险和挽回经济损失，以及逐步拓展农业商业性保险、政策性保险等，各级政府责无旁贷，必须是“该出手时必出手”。

二要将发展营利性的高水平经营性服务作为落实完善的社会化服务最紧迫

的发展任务。为实现农业现代化提供营利性的高水平经营性服务，也是现代世界各国农业发展的经验总结。比如在美国，一个家庭农场就有多达80家公司为其提供各种各样的服务。目前，中国的营利性的高水平经营性服务仍然处在“大发展前夜”阶段，很有必要尽快明确其发展必要性和重要地位，全面鼓励和大力支持其发展，使营利性的高水平经营组织得到快速健康发展，为发展现代农业和实现农业现代化提供“另一只帮手”。

三要将实现公益性高水平官办服务与营利性高水平经营性服务的完美结合作为落实完善的社会化服务必备的战略措施。让公益性的高水平官办服务与盈利性的高水平经营性服务互为补充地为实现农业现代化服务，还是世界各国现代农业发展的经验总结。因为完善的农业社会化服务内容广泛、程序庞杂，无利、低利的服务需要官方提供，有利、盈利的服务需要社会提供，社会化服务既不能由公益性的高水平官办服务组织大包大揽下来，也不能由营利性高水平经营性服务组织一家独大，而应该是二者相互配合、相互补充，由公益性的高水平官办服务组织提供基础性、社会性强而无利、低利的服务，由营利性高水平经营性服务组织提供生产性、区域性强而有利、可盈利的服务，两类服务相辅相成、相得益彰。

（五）完备的知识化农民

即，中国特色新型农业现代化要推进的农民，不是无知的农民，而是知识化的完备农民。知识化农民的最基本含义，是指农民积累了知识、增长了见地。农民知识化就是从缺知识、少见地的情况向积累知识、增长见地的情况转变的过程。尤其是完备的知识化农民，意味着要什么知识农民有什么知识，农民的知识应有尽有。农业现代化呼唤着农民知识化，现代化农业呼唤着知识化农民。完备的知识化农民是发展现代农业的必要条件，是农业现代化的基本依靠，对于走好中国特色新型农业现代化道路来讲，农业现代化首先必须要靠知识化农民来拉动，没有知识化农民就不可能有现代化农业。

一要将提高农民的文化水平作为落实完备的知识化农民最基本的要求。“有文化”是新型职业农民最基本的条件，提高农民的文化水平也就成为促进农民知识化、培养知识化农民的首要任务。目前，我国农民文化水平提高的主要障碍，是农村教育中经费不足、结构不合理、质量不高等“三不”现象严重，重物质创造、轻精神发展的传统陋习导致不少农民不重视文化教育，农村教育设施和师资落后，农村有文化人才流失严重等多方面后果。要提高农民的文化水平，就要高度重视强化农村教育的重要性和紧迫性，尽快完善农村教育的基础设施和师资队伍，强力推行九年制义务教育乃至十二年制义务教育，使

“有文化”不再成为广大农民的奢求，让“没文化”“文盲”“法盲”等消失于中国特色新型农业现代化实现进程中。

二要将具有技能或掌握技能作为落实完备的知识化农民最紧迫的发展任务。作为肩负实现农业现代化任务的新型职业农民，除了“有文化”还远远不够，还应该具有若干技能。这里的技能既包括各种各样的技术，也包括各种各样的能力。就技术而言，按照农业生产经营内容来看，包括生产技术、储藏技术、加工技术、经营管理技术、互联网技术等。就能力而言，按照农业生产经营需要来看，包括生产能力、认知能力、创造能力、社交能力、营销能力、经营能力、管理能力等。除了满足新型职业农民一定要“懂技术”“会经营”的要求之外，就是还要“善管理”。目前，我国农民中“懂技术”“会经营”“善管理”者寥寥无几，尤其是“技术盲”“网盲”等司空见惯，直接影响到农民知识化水平和农业现代化实现进程，亟待通过强有力的措施，加快新型职业农民队伍的培育。

三要将综合素质的全面提高作为落实完备的知识化农民必备的战略措施。综合素质是指人具有的学识、才气、能力以及专业技术特长等综合条件，或者一个人的知识水平、道德修养以及各种能力等方面的综合素养，具体包括身体与心理素质、思想道德素质、专业知识素质、专业技能素质等。从整体上、全局上看，推进中国特色新型农业现代化需要相当数量的综合素质全面提高的“全才”。因为如果农业生产经营者的身体与心理素质差，就可能担当不了推进中国特色新型农业现代化的重任；如果农业生产经营者的思想道德素质差，就可能会危及农产品及其加工制成品的质量安全以及生态环境保护；如果农业生产经营者的专业知识素质、专业技能素质差，就可能会严重影响到高新农业科技推广、高端种植养殖业发展、农业新产业新业态新模式的内涵发展、外延拓展和总体成效。因此可以讲，只有将具备综合素质的完备的知识化农民全面发展和使用了，才能在走好中国特色新型农业现代化道路上迈出坚实步伐。

（六）完美的优质化产品

即，中国特色新型农业现代化要提供的产品，不是劣质的产品，而是优质化的完美产品。优质化产品的最基本含义，是指质量优、安全度高、营养丰富的产品。尤其是完美的优质化产品，意味着优质化产品是完备美好的、没有缺陷的。完美的优质化产品是发展现代农业的必然要求，是农业现代化的重要亮点，对于走好中国特色新型农业现代化道路来讲，能够通过完美的优质化产品牵动农业现代化水平的提升。

一要将生产绿色农产品作为落实完美的优质化产品最基本的质量安全要

求。按理说，无公害农产品也是中国安全农产品中的“一员”，不应贬低。但考虑到我国经济发展已经进入了新时代，无公害农产品因为“低安全度”，已经满足不了“人们日益增长的美好生活需要”，因此不应再大力提倡。而应该践行绿色发展理念，以绿色兴农、质量兴农为起点，大力倡导“中安全度”的绿色农产品生产。或者说，仅仅满足于无公害已经不合时宜，而应该配合和助推在全国范围内实施的“化肥零增长行动”和“农药零增长行动”，站得高、看得远地及时倡导和着重生产绿色农产品以上的安全农产品。

二要将追求有机农产品比例的逐步提高作为落实完美的优质化产品最紧迫的发展任务。有机农产品因为不能使用化学合成的农药、化肥、生长调节剂、饲料添加剂以及转基因品种，而被公认为“高安全度”的产品。20 世纪 70 年代之后，国外尤其是发达国家发展有机农业、生产有机农产品已经如火如荼，并形成了“鼓励生产—积极消费—更鼓励生产—更积极消费”的良性循环。我国直到 20 世纪 90 年代之后，才将发展有机农业、生产有机农产品提到了议事日程，起步已经有些晚了。但只要以“人们日益增长的美好生活需要”“耕地轮作休耕制度”“农业生态环境保护”等为强大动力，把全社会动员起来，抓紧抓实，奋起直追，就一定会使有机农产品所占比例越来提高。

三要将创立全球性知名品牌作为落实完美的优质化产品必要的战略措施。品牌是农产品的品格和灵魂，农产品品牌具有巨大的社会价值和经济价值，是未来农业发展的立足之本。而全球性的知名品牌，不仅知名度高，而且包含着明显的生产环境严苛、产品安全度高等应有之意。创立全球性知名品牌的过程，其实就是优化和完善生产环境、生产高品质安全性农产品的过程。近些年来，国外绿色、安全的品牌农产品（如美国牛肉、荷兰郁金香、泰国香米等）大量涌入中国市场，以高标准、高技术、高质量的特质，不仅征服了中国的不少消费者，而且给中国的农业生产带来了不小压力。相反，中国农产品品牌发展相对滞后，既无力走向世界，也难以抵御世界知名农产品的冲击。只有强力发展“品牌农业”，争创全球性知名品牌，才能一方面提高国内农产品供给质量，保障农产品消费安全，另一方面具备与国外知名品牌“一决高下”的能力，扬眉吐气地使更多的农产品进入国际市场。

二、中国特色新型农业现代化道路实践模式创新的思路

中国特色新型农业现代化道路实践模式创新的思路，主要包括理念创新、发展方式创新、科技创新、体制创新、机制创新、政策创新、管理创新等“七个创新”。

（一）理念创新

所谓理念创新，是指革除旧有的既定看法和思维模式，以新的视角、新的方法和新的思维模式，形成新的结论或思想观点，进而用于指导新的实践的过程。从不同视角分析，理念创新主要有客观深刻性、继承稳定性、超越突破性、动态发展性等几个特点。其中，客观深刻性是指理念创新产生于客观的实际需要和可能，根植于客观实际。没有客观实际需要的理念创新是没有意义的，没有客观实际可能的理念创新只能是异想天开。继承稳定性是指理念创新的前提是继承，继承是基础，创新是结果。超越突破性是指理念创新的本质在于超越，在于对原有观念的突破。动态发展性是指理念创新的根本在于主客观的统一实现，由于客观情况发生变化是必然的、经常的，理念创新也应随之发生变化。

就中国特色新型农业现代化道路的理念创新而言，要让理念创新成为显示“中国特色”“新型”等独特特征的“先行官”，成为推进农业现代化发展的“助推器”，就是要持续地进行理念创新。

一方面，要深入落实新发展理念，要借鉴现代工业的先进理念发展现代农业。就深入落实新发展理念而言，就是要认真研究、深入思考和全面履行，在推进中国特色新型农业现代化进程中，该如何实现创新发展，如何实现协调发展，如何实现绿色发展，如何实现开放发展，如何实现共享发展，使创新成为动力源泉，使协调成为耦合因子，使绿色成为主流基调，使开放成为发展动因，使共享成为均沾福祉。就借鉴现代工业的先进理念发展现代农业而言，就是要借鉴现代工业注重市场营销的先进理念，推进市场化农业经济的发展；要借鉴现代工业注重规模效益的先进理念，推进规模化的农业适度规模经营；要借鉴现代工业注重社会化协作的理念，推进产业化的农业生产经营；要借鉴现代工业注重规范化管理的理念，推进标准化的农产品生产；要借鉴现代工业种种依靠科技发展的理念，推进现代农业的科技创新和科技进步；要借鉴现代工业注重品牌建设的理念，推进品牌化农业的大力发展；要借鉴现代工业注重规范化管理的理念，推进标准化的农产品生产。尤其是经济发展进入新时代后，要用工业化思路发展现代农业和推进中国特色新型农业现代化，就要在农业生产领域推广应用农业机器人等高端设施和装备，发展智慧农业，向高科技化、产业化方向发展；在农业流通领域推广应用电子商务等高端营销模式，发展互联网农业，向订单化、电商化方向发展；在农业经营领域推广应用市场机制和市场调节，推进市场化改革，向市场化、品牌化方向发展。比如：河北省威县用工业园区理念创新现代农业、引领跨越发展中，就突出了如下几个特点：谋求大变革，用市场化思路全面激活农业农村发展内动力；谋划大格局，用园区化路径规划实施高标准“三带一园”（三个产业带、一个科技示范园）；谋攻大龙头，用集群式扩张“小弱散乱”为“大强精细”；谋局大服务，用创新性思维全方位打造社会化服务新体系。

另一方面，要大力推进思路创新，积极探索理念创新发展新路子。比如说：要建设现代农业，推进农业现代化，江苏省就在着力抓好“两个化”、建设“三个载体”、推进“五个转变”。所谓“两个化”：一个是粮食高产技术普及化，主要通过提高粮食单产稳定粮食总产；另一个是高效农业规模化，主要通过发展设施农业提高农业效益，增加务农收入。所谓“三个载体”：一是现代农业园区，二是农产品加工集中区，三是农产品市场体系。所谓“五个转变”：即农业增长由主要依靠土地和劳动力要素投入向依靠科技和资本投入转变，农业生产由主要依赖自然生产向发展可控的设施生产转变，农业经营由分散的家庭经营向专业的适度规模经营转变，农业发展由注重农林牧渔业发展向促进农林牧渔业、农产品加工业、农业多功能性协调发展转变，农业功能由以农产品生产为主向生产、生活、生态功能并重转变。再比如说：要靠理念创新推动现代农业园区发展，就要树立整体发展理念，通过优化布局提升现代农业园区整体带动力；树立现代产业理念，通过产业链延伸提高现代农业园区竞争力；树立协同发展理念，通过优势互补增强现代农业园区发展活力；树立创新发展理念，通过技术创新和制度创新增强现代农业园区发展活力；树立可持续发展理念，通过内在品质提升实现现代农业园区内涵式发展。

（二）发展方式创新

所谓发展方式创新就是经济发展方式创新，具体是指通过生产要素变化实现经济增长的方法和模式创造出新的变革。其中，经济增长方法的变革，是通过量变诱发质变；经济增长模式的变革，重在诱发质变。

就中国特色新型农业现代化道路的发展方式创新而言，发展方式创新是实现农业现代化持续健康发展的必由之路，发展方式是否对路从根本上决定着农业现代化发展的成效乃至成败。要使发展方式创新成为助推“中国特色”“新型”等独特特征形成的“利器”，成为推进农业现代化持续健康发展的必由之路，就要持续地进行发展方式创新。

一方面，要积极迎合中国经济已由高速增长阶段转向高质量发展阶段的客观现实，坚持质量第一、效益优先，建设现代化农业经济体系。在重点举措上，要以农业供给侧结构性改革为主线，推动农业农村经济发展的“三大变革”（质量变革、效率变革、动力变革），推动互联网、大数据、人工智能与农业农村经济发展的深入融合，在数字农业、共享农业、清洁生产等领域培育现代农业新的增长点，不断探索各区域协同推进农业现代化的新机制新路径，打造农业生态旅游、世界级先进农业产业集群等农业农村经济新的增长极。

另一方面，要因地制宜地探索现代农业发展方式创新路子。比如说：要用创意农业助推现代农业升级发展，引领现代农业升级的革新之旅，就要充分认知创意是现代农业发展中最具活力的因素，提醒人们跳出以前仅仅关注发展特色农产品、农业休闲观光等狭小思维圈子，用科技与文化构建创新思维，通过创出新意或意境，深入挖掘农业产业的生态保护与生态涵养、生物质能源、旅游观光休闲、农业文明与民俗文化传承等多重功能，构建多层次产业链，提升农业的价值链，最终实现农业“三大效益”（经济效益、生态效益、社会效益）的统一，推动现代农业发展、现代乡村旅游业兴起、农业现代化实现、乡村振兴加快等多赢。

（三）科技创新

所谓科技创新，是原创性科学研究和技术创新的总称，是指创造和应用新知识和新技术、新工艺，采用新的生产方式和经营管理模式，开发新产品，提高产品质量，提供新服务的过程。科技创新大致可分为知识创新、技术创新、管理创新等三种类型，这里主要谈知识创新、技术创新。其中，知识创新是指通过科学研究创造新基础科学知识和新技术科学知识的过程，是技术创新的基础，是新技术和新发明的源泉。技术创新是指改进现有或创造新的产品、生产过程或服务方式的技术活动，包括开发新技术或者将已有技术进行应用创新。技术创新建立在科学知识的发现基础之上，而产业创新主要建立在技术创新基础之上。技术创新又对知识创新产生启迪作用和推动作用。

就中国特色新型农业现代化道路的科技创新而言，科技创新是实现农业现代化的有力支撑，科技创新是否持续进行从根本上决定着农业现代化发展的进程乃至绩效。要让科技创新成为助推“中国特色”“新型”等独特特征形成的“翅膀”，成为推进农业现代化持续健康发展的强力推手，就要持续地进行科技创新。

一方面，要有意识地对我国推进农业科技创新的成功经验进行归纳和总结。近些年来，我国促进农业科技创新方面的确有一些值得称道的地方。比如：明确农业科技创新的方向和重点，完善农业科技进步和创新的机制、条件与环境，支持农业科技创新主体或载体发展；加大农业科技财政投入力度，加强其稳定增长的长效机制建设，鼓励拓展金融等支持农业科技的渠道；加强农业科技教育和培训，强化农业发展依靠科技创新驱动的人才支撑；促进信息化与农业现代化融合发展，积极推进“互联网+”行动；加强对重点领域、关键环节农业科技创新的支持，积极实施相关试验、示范项目或专项行动，突出加强对重点区域或优势特色产业链农业科技创新的支持等。这些成功经验在推进中国特色新型农业现代化进程中不仅要继续发扬光大，而且要在更大范围创新性运用。

另一方面，要因时制宜地探索现代农业科技创新路子。比如说，经济发展进入新时代后，农业科技创新不仅要有新思路新选择，而且要围绕质量兴农、绿色兴农和农业强国建设做文章。就农业科技创新的新思路新选择而言，要加强农业科技和创新能力建设的统筹规划，健全财政引导的农业科技多元融资机制；要健全农业技术转移和转化机制，强化农业科技创新向产业创新转化的动力支撑；要优化农业公共服务机构的职能定位，加快推进其改革创新；要完善创新创业环境，引导服务主体通过转型升级推进科技与经济融合发展；要用产业链、供应链、价值链等现代产业发展理念和组织方式创新科技与经济融合发展的途径，推动农业科技创新、业态创新、商业模式创新和组织制度创新协同发展。就质量兴农、绿色兴农和农业强国建设而言，一定要围绕农业农村经济发展的重要领域、关键领域进行大团队科技攻关，创造出更多的提质量、增绿色、促农强的重大科技成果，加快推进现代农业转向提质导向，扎实推动现代农业走上绿色发展道路，全面增强中国农业的供给保障能力、可持续发展能力、科技实力和主体活力，为质量兴农、绿色兴农和农业强国建设打下坚实的科技基础。

（四）体制创新

所谓体制创新，是指对包括规则、制度等在内的旧体制进行新的变革和革新，创造出新体制。一般来说，体制创新主要包括健全市场经济体制、完善所有制结构体制、创造良好经济发展环境、转变政府运行体制等。其中，健全市场经济体制，就是健全以市场机制作为配置社会资源基本手段的一种经济体制；完善所有制结构体制，就是完善由单一所有制到多种所有制的经济体制；创造良好经济发展环境，就是创造既适合公有制经济发展、又适合非公有制经济发展的经济体制；转变政府运行体制，就是将政府职能转变到提供服务和健全各种规制上。

就中国特色新型农业现代化道路的体制创新而言，体制创新是实现农业现代化的重要推动力，体制创新能够从根本上引导农业现代化发展的难易度和执行力。要让体制创新成为助推“中国特色”“新型”等独特特征形成的“抓手”，成为推进农业现代化持续健康发展的重要途径，就要持续地进行体制创新。

一方面，要明确推进中国特色新型农业现代化进程中体制创新的重点任务。这些重点任务具体包括：保持农村土地承包关系稳定并长久不变，夯实家庭承包经营制度基础；大力培育新型农业经营主体，提高家庭经营集约化水平；开展农业产业化经营，推动农村一二三产业融合；强化农村集体“三资”（资金、资产、资源）管理，创新农村集体经济发展新路子；构建新型农业社会化服务体系，提高农业社会化服务水平等。

另一方面，要陆续研究和破解影响乃至制约体制创新的一些问题。比如：通过实行农村土地、宅基地的“三权分置”，破解土地承包经营、宅基地占有和使用的权能问题；通过明确发展多种形式的规模经营和防止农地“非农化”“非粮化”，破解发展适度规模经营问题；通过培育新型经营主体和农业产业化联合体、维护传统农户分散经营，解决现代农业发展中“谁来种地”的问题；通过鼓励官办服务组织、民办服务组织的同步发展，解决农业社会化服务完善发展问题；通过实行土地股份合作和生产专业承包，解决农业经营体制创新问题。

（五）机制创新

所谓机制创新，是指对事物或生物有机体之间相互联系、相互影响的组成机制进行新的变革和革新，创造出新机制。经济机制一般包括利益机制、激励机制、竞争机制、经营机制、发展机制、约束机制等。

就中国特色新型农业现代化道路的机制创新而言，机制创新是实现农业现代化的“润滑剂”，机制创新能够从运作上引导着农业现代化发展的协调度和流畅度。要让机制创新成为助推“中国特色”“新型”等独特特征形成的突破口，成为推进农业现代化持续健康发展的“创新因子”，就要持续地进行机制创新。

一方面，要把握推进机制创新的基本原则。主要有：生产力标准原则——以调动生产经营者积极性和发展生产力为基本评判的依据；维护农民利益原则——以农民是否高兴、是否满意为是否成功的标志；统筹城乡发展原则——以城乡平等、融合互动为发展的取向；依法原则——以有法可依、遵法创新为运行的策略。

另一方面，要因需制宜地建立健全推进中国特色新型农业现代化发展的新机制。比如说：建立健全城乡统筹发展机制，在城乡规划、产业布局、基础设施、公共服务、就业社保等方面实行“五个一体化”；建立健全农业经营机制，发展合作经营型、土地集中型和统一服务型等多种形式的农业规模经营，建立健全农民创新创业机制，助推农业强起来、农村美起来、农民富起来、农村经济活起来；建立健全农村土地创新利用机制，实现规模引导、合理布局、严格标准、市场配置、盘活利用等目标；建立健全农村金融服务机制，鼓励发展村镇银行、小额贷款公司、农村资金互助社等新型金融机构以及适合农村特点的各种微型金融服务组织更贴近更广泛地服务于“三农”。

（六）政策创新

所谓政策创新，是指对现有政策进行检查和反思，通过补充、调整、完善、重塑等方式出台新政策。政策创新要突出探索性和创造性，其中，探索性就是对某一事物或人群、在某一领域或方面进行试探性研究与搜索的性质，其目的是做一些前人没有做或虽然做了但还没有完成的事情。创造性是指对某一事物或人群、在某一领域或方面进行创新与改造的性质，其目的是找出或造出一些前人没发明或没发现的东西。

就中国特色新型农业现代化道路的政策创新而言，政策创新是实现农业现代化的根本动力，政策创新能够从明面上推动着农业现代化发展的倡导性和期望度。要让政策创新成为助推“中国特色”“新型”等独特特征形成的切入点，成为推进农业现代化持续健康发展的“永恒接力棒”。

一方面，要知晓政策创新的基本出发点。政策创新，一般应有三个基本出发点：一是法治化，基于相关法律，基于相关规定，使新政策在能够得到已有法律法规的支持和保护，切忌政策不合法；二是国际化，要着眼于全球，放眼于全世界，使新政策在世界范围内可用，切忌闭门造车；三是便利化，立足于服务农民，立足于方便农民，使新政策通俗易懂，切忌抽象晦涩。

另一方面，要源源不断地出台和供给推进中国特色新型农业现代化发展的新政策。比如说：就增加“三农”投入而言，就可以出台建设安排、政策支持、财政支出等多方面向“三农”倾斜的政策。其中，向“三农”倾斜的建设安排政策，要把基础设施建设政策重点投向农业，把社会事业发展政策重点转向农村，把素质提升政策重点面向农民；向“三农”倾斜的支持政策，要把发展补贴政策重点投向农业，把建设补贴政策重点转向农村，把资金政策重点面向农民；向“三农”倾斜的财政支出政策，要把强农政策重点投向农业，把惠农政策重点转向农村，把富农政策重点面向农民。

（七）管理创新

所谓管理创新，是指国家部门或社会组织为了达到某种或某些目的，根据外部环境改变或内部条件变化而对管理方式、方法、手段等方面进行的创新活动。在管理创新过程中，一般要伴随决策、计划、组织、激励等管理职能组合的革新和出新。管理创新的过程，就是决策、计划、组织、激励等管理职能重新排列组合的过程。管理创新与创新管理有“同”有“异”，“同”主要体现在都是“创新”与“管理”的叠加，含义有交叉的地方；“异”主要则体现在着力点和目的不尽一致，管理创新旨在对管理进行变革和革新，而创新管理旨在开展有创意、有新意的管理。

就中国特色新型农业现代化道路的管理创新而言，管理创新是实现农业现代化的创意激发力，管理创新能够从操作上推动着农业现代化发展的秩序性和规范度。要让管理创新成为助推“中国特色”“新型”等独特特征形成的促动力，成为推进农业现代化持续健康发展的“黏接剂”，就要持续地进行管理创新。

一方面，要清醒认知开展管理创新的原因。开展管理创新的原因与开展创新管理的原因是不一样的。开展创新管理的原因，是发展持续、自我不足认知、他人长处认知等多种需要。而开展管理创新的原因，则是知识经济发展需要现代科技匹配和支撑、市场经济发展需要市场竞争力提升和增强、发展现状不理想需要管理水平提高和改革深化等多种要求。事实上，对于走好中国特色新型农业现代化道路而言，这些原因都是不同程度存在、必须通过管理创新解决的。

另一方面，要围绕推进中国特色新型农业现代化发展进行管理创新。比如说：要突破就‘三农’问题抓‘三农’工作这种“头痛医头，脚痛医脚”狭隘思维定式，把解决“三农”问题放到经济体制、方针政策框架内以及国家解决社会发展大局中，深挖成因，综合施策；全面贯彻落实协调发展理念，尽快弥补在“四化同步”发展中农业现代化发展短板；全面贯彻落实共享发展理念，尽力让农民分享共享经济全部福祉；大力进行结构改革和发展服务型政府，让政府职能转变满足政策目标的要求；按经济区域设置管理机构和协调机构，防止和杜绝行政分割、板块分割和地方保护主义；积极发展中间组织和中介组织，密切农业生产经营者与大市场的对接和衔接；对农口进行大部制改革，形成推进中国特色新型农业现代化发展的权威和合力等。

第六章　中国特色新型农业现代化道路实践模式创新的方向和原则

一、中国特色新型农业现代化道路实践模式创新的方向

对于中国特色新型农业现代化道路实践模式创新的方向，2014 年中央 1 号文件中已有四个方面的明确界定：生产技术先进，经营规模适度，市场竞争力强，生态环境可持续。

（一）生产技术先进

生产技术先进，著者理解的意思是，所研发和利用的生产技术位于前列，达到了世界先进水平。

生产技术先进是个相对的概念。因为技术也一直在更新换代，所谓的"高"和"新"，也都是局限在一定的时期内先进，因为更好的高新技术早晚会取而代之。对于国家整体而言，目标肯定是要"弯道超车"，尽快达到国际先进水平。对于各个地区而言，一下子达不到国际先进水平是肯定的，那就尽快赶上国内先进水平，然后再共同赶超国际先进水平。

实现了生产技术先进，意味着能体现世界农业科技的最新先进成果，能代表先进生产力的发展方向，能生产出世人称道的优质安全产品，能创造出世界有口皆碑的全球知名品牌。

探究起来，我国之所以这样界定，是因为在生产技术先进方面，我国近些年虽然进步明显，但仍然还有许多缺憾。这集中体现在：一是农业科技创新、科技进步还没有全面达到世界先进水平，农业科技创新"高数量低质量"，农业科技进步贡献率虽已超过 56%，但距离世界先进水平（如美国 70%以上）还有不小的差距；二是农业科技推广渠道不畅，还没有很好地解决"最后一公里"问题，同时农业科技供求中"有科技无用户"或"有用户无科技"的"两张皮"现象突出；三是农民甚至仍然沿袭着"庄稼活，不用学，人家咋做我咋做"的错误信条，采用的仍然是根深蒂固的传统农业生产方式，不敢、不愿、不能接受高新技术，现代高新科技落到田间地头难。

在推进中国特色新型农业现代化进程中，要达到"生产技术先进"，就要"顶天"与"立地"双出击。所谓"顶天"，就是要达到国际先进水平，甚至国

际最高水平。为此，必须全力牢记习近平总书记嘱托的“三个面向”（面向世界科技前沿、面向经济主战场、面向国家重大需求），协同攻关，发奋进取，实现我国农业科技水平的整体跃升。所谓“立地”，就是要及时把先进科技送到田间地头，甚至生产经营的每一个环节。为此，可采取开展科技培训、创办咨询大厅、建立短信平台、开办科技专栏、开通科技QQ群和微信群等实用措施，让农业高新科技最快速度、最大流量地“接上地气”。

（二）经营规模适度

经营规模适度，著者理解的意思是，生产经营的种植规模或养殖规模，达到了适合要求的程度。而且，这里的种植规模，主要指所经营的耕地规模。也就是说，经营规模适度的核心，是土地规模是否适度。

经营规模适度也是个相对的概念，不是和不应一味地求大。应与生产经营主体的经济条件、自身素质、机械化水平等相适应，对于传统农户来说，因为其经济条件较差、自身素质较差、机械化水平较低，所对应的适度经营规模就应该是偏小的；相反，对于新型农业经营主体及其构成的农业产业化联合体来说，因为其经济条件较好、自身素质较好、机械化水平较高，所对应的适度经营规模就应该是偏大的。

经营规模适度，意味着经营规模不大不小、正合适，实现了各生产要素的最佳组合和最优配置，能追求规模效益的最优化，能体现规模经济的最大化，能创造规模效益利益最大化、规模经济成本最小化同时达到的佳境。

探究起来，我国之所以这样界定，是因为在经营规模适度方面，我国一直存在两个误区：一个是几乎众口一词地不赞成农户分散经营，有人甚至提出要“消灭传统农户”经营。其实，农业现代化与传统农户经营之间，虽然看起来不那么协调，其实并没有根本性矛盾，如果运筹得当，即使在传统农户经营的情况下，还是能够实现农业现代化的。这一点，从国外看，已经从日本、韩国等国家的农业现代化实践得到了证实；从国内看，已经从湖北沙洋的按户连片耕种模式、江苏射阳县的联耕联种模式中发现，小农户也可以发展现代农业。况且，即使是我国已经进行了多年的土地流转，但流转的土地面积也仅仅占到了农户承包土地面积的1/3强，传统农户经营仍然占到了承包土地面积的60%以上。传统农户分散经营，既不该“消灭”，也“消灭”不了。唯一正确的做法，是要充分认知、切实正视这一客观现实，因势利导地引导传统农户开展适度规模经营，让传统农户成为农业现代化最大受益者。另一个是片面追求经营耕地规模扩大化。总认为应该学习美国、澳大利亚等西方国家推进农业现代化的经验，先把经营规模扩大上去，依靠大型机械化推进农业现代化。这种思路虽然有可取之处，不是全错，但没有充分考虑中国的国情、农情和区情。中国人多地少，农民靠土地养家糊口，经过几千年的历史积淀，已经形成生产经营范式和生活路径依赖，许多农民对农业、农村感情深沉，热爱土地，留恋故土，要留住乡愁，把耕地作为了生存和就业的基本出路，无论怎样宣传鼓动，都愿意“不离土又不离乡”，而愿意放弃承包地、宅基地转移到城镇的，即愿意“离土又离乡”的，只是少部分。这就是为什么，我国倡导土地流转了这么多年，而实际成效并不十分明显的真正原因。所以，完全依靠推动土地流转扩大经营规模的想法和做法，虽然无可厚非，但看法有些单纯，甚至有些一厢情愿，是不能全部行得通的，应该面对现实，适可而止。美国现代农业发展的实践也已证实，经营规模也并不是越大越好。

在推进中国特色新型农业现代化进程中，要达到“经营规模适度”，就要放宽视野，学会“两条腿走路”：“一条腿”就是直接通过土地流转求取经营规模适度型。通过较大幅度的土地流转，为家庭农场、种养大户、农民合作社、龙头企业等新型农业经营主体及其构成的农业产业化联合体集中耕地，让它们走依靠土地流转，不断扩大经营规模，并求取经营规模适度的道路。“另一条腿”就是间接通过土地入股、专业合作或统一服务求取经营规模适度型。农民把自己的承包地作为股份加入到合作社、龙头企业，农民土地捆绑到一块开展专业合作经营，新型农业经营主体通过统一服务将耕地统一使用起来开展生产经营，都可以实现耕地集中，都可以开展规模经营，进而求取适度规模经营。总之，适度规模经营要与耕地资源禀赋相适应，要与生产经营者能力和劳动力转移相适应，要与农业科技相适应，要与农业机械化水平相适应，要与农业经营组织形式相适应，要与农业社会化服务水平相适应。

（三）市场竞争力强

市场竞争力强，著者理解的意思是，在市场中开展竞争的能力强壮而有力，能胜过同类经济行为主体，并能占据生产主动和获得更多利益。而且，这里的市场竞争力是一个广泛的概念，并非仅指产品市场竞争力。与市场竞争的六项基本内容——产品竞争、素质能力竞争、科技竞争、服务竞争、信息竞争、价格竞争、信誉竞争相对应，市场竞争力强则主要体现在产品质量和品牌知名度高、企业综合实力强、服务质量好、科研能力强、信息渠道优、价格低、信誉度高等方面。

市场竞争力强还是个相对的概念，会随着相对者、国内外以及内容的变化而“强”的程度不同。从相对者的视角看，与市场竞争力比较弱的相比肯定强，但与市场竞争力比较强的相比就有高低之分了。从国内外的视角看，与国内外比较弱的相比肯定强，但与国内外比较强的相比就要分出高下了。从内容的视角看，既可以是商品、素质能力、服务、信息、价格、信誉等单项能力强，也可以是由这些单项综合而成的整体能力强。

市场竞争力强，意味着开展市场竞争的能力非同一般，排到了世界各国的前列，能占领更多的国际市场份额，能享有国际市场主动权和话语权，能影响乃至左右国际市场价格。

探究起来，我国之所以这样界定，是因为在市场竞争力强方面，我国一直存在两个不足：一个是放眼国际市场不足。具体体现为在制定生产经营计划、规划时，习惯于着眼区域市场和国内市场，很少直接立足国际市场竞争的，总觉得国际市场是“那么遥远”，考虑不考虑都无关大局。于是生产标准全部采用国内的，操作规程全部采用国内的，生产技术也全部采用国内的，等产品生产出来而国内市场饱和或滞销，准备“硬着头皮”将产品外销时，一对照国外特别是发达国家的技术标准、操作规程和产品质量，就发现国内差距是那么大。另一个是综合竞争能力不足。如果从产品竞争力、素质能力竞争力、科技竞争力、服务竞争力、信息竞争力、价格竞争力、信誉竞争力等某一方面的能力来看，我国还有一些优势，比如说农业科技方面，我国已经取得了杂交水稻等举世公认的重大科技成果，我国的粮食总产世界第一。但就商品质量、生产者素质、科技水平、服务水平、信息服务、市场价格等其他单项而言，还存在着这样那样的差距和不足。单项竞争力不强，综合出来的整体竞争力显而易见也不会强。

在推进中国特色新型农业现代化进程中，要达到市场竞争力强，就要着眼于由“向内强”转变为“向外强”、由单项能力强转变为整体能力强等“两个转变”，使我国农业的国际市场竞争力真正强起来。就由“向内强”转变为“向外强”而言，要倡导和鼓励农业生产经营面向全球，为更好地利用国外市场，必须要求技术标准、操作规程和产品质量尽可能利用国际先进标准，直接而重点地考虑外销。如果技术标准、操作规程和产品质量等，国外尤其是发达国家都认可和肯定了，可以更多地对外销售和抢占国际市场了，那么，根本就不用发愁满足不了国内消费者的要求，因为国际标准要比国内标准严苛得多。就由单项能力强转变为整体能力强而言，就要强力实施商品质量、生产者素质、科技水平、服务水平、信息服务、市场价格等多个单项上的逐一超越计划，齐头并进地赶超，使市场竞争整体实力陡然跃升和垂直上升，最终达到世界一流，昂首进入市场竞争强国之林。

（四）生态环境可持续

生态环境可持续，著者理解的意思是，生物在自然环境中的生存发展状态，人类生存空间及其中的各种自然因素，以及由各种生态关系构成的环境，可以连续不断地长久维持和延续下去。而且，这里的可持续，一定是可以把某一种好模式或优状态在时间上延续下去，从来没有间断过。其中，生态可持续是指经济发展、社会进步与生态优化、生态平衡协调一致，能够永享无危害的持续优化的生态系统。环境可持续是指经济发展、社会进步与环境保护、环境改善协调一致，能够永居无危害的永续的环境系统。国际上评判生态是否可持续、环境是否可持续以及生态环境是否可持续的基本标准，是能够满足当代人的需求，同时又不对后代人需求的发展构成危害。

生态环境可持续是个完整的概念。也就是说，生态和环境二者之间，是相互影响、相互依赖、相互支撑、相辅相成的，“谁也离不开谁”，既不能独立存在，也不能简单随意地“分论”。只有二者齐心协力地一直向好、向优、向佳发展，即生态可持续、环境可持续叠加，才能正向地有机地融合在一起，共同为人类的经济发展和社会进步提供青山绿水和碧海蓝天。其中一个方面发生闪失，即生态不可持续或环境不可持续，都会对另一方面产生严重的负面影响，进而危及经济发展、社会进步乃至人类生存。

生态环境可持续，意味着生态环境逐步得到改善和提高，保障了经济发展、社会进步乃至人类生存，能让人们彻底摆脱生态环境恶化的梦魇，能为现代农业发展提供良好生态环境支撑，能为实现农业现代化赢得更宽松的发展环境。

探究起来，我国之所以这样界定，是因为在生态环境可持续方面，我国还有两大方面被人诟病：一个是重经济社会发展轻生态环境保护。很长一段时间，发展要求都是促进经济的又快又好发展，把发展速度放在了第一位，先求发展速度快，再求经济效益好，忽视了社会效益、生态效益的同步提高，尤其是经济发展中忽视了生态环境保护。后来，虽然发展要求改为促进经济又好又快发展，把效益好放在了第一位，把发展速度放在了第二位，但仍然重视的是经济效益的提高以及发展速度的快慢，仍然没有关心生态环境改善和生态效益提高。结果是，一些地方为了加快经济发展，快速放大 GDP，不惜乱砍滥伐乱采，随意排放工业“三废”，甚至追求黑色 GDP。更有甚者，国家对于生态环境保护，直到今天，还没有采取釜底抽薪的断然措施，仍在兜售什么碳排放交易权，还出台和实施了一些文件贯彻执行，猛一看，是在保护生态环境，其实，根本是治标不治本，生态污染和环境破坏并没有减弱。因为售卖碳排放交易额度的地区虽然减少了排放，增加了收入，生态环境也可能略有改善；但那些花费大量钱财购买碳排放交易额度的地区，浪费了真金白银，减少了收入，所得到的，竟然是更严重的生态污染和环境破坏。加之各地区都在一个天底下，大气、云层等又是可以相互流动的，某个地区“卖出的污染”说不定又会“返回来了”“还回来了”。可以说，基本上也是换汤不换药，并不能带来一些实质性利好。所有这些，都给生态环境造成了极大的破坏。有些地方，甚至已经到了“除了钱什么都没有了”的边缘。生态环境恶化的势头难以遏制，生态环境危机有加重之势，让广大城乡居民吃尽了“污染之痛”和“雾霾之苦”，给我国生态文明、美丽中国建设带来了障碍，还给国外不良居心者恶意中伤中国带来了口实。另一个是众人笑看国家如何开展生态环境整治。国内的不少人，虽然也对生态环境恶化大有不满，但眼界相当狭窄，只认为开展生态环境治理是国家和政府的事情，与我没有多大关系，自身的生态环境保护意识不强甚至基本丧失。或者认为“我只要关心关注就足够了”，于是只会在污染、雾霾严重时抱怨一番，或发一些牢骚，或讲几句怨言，就是不亲自动手防控和治理污染。殊不知，整治和改善生态环境，与我与你与他都有关，只有全社会积极响应政府号召，群策群力，千方百计，才能“打赢这场硬仗”。

在推进中国特色新型农业现代化进程中，要达到生态环境可持续，就要着力于强化树立“生态环境可持续重于农业农村经济发展可持续”“个人维护生态环境可持续先于国家维护生态环境可持续”等“两大理念”。就“生态环境可持续重于农业农村经济可持续”而言，要充分认识到，如果生态环境不可持续，农业农村经济也就不可持续。“覆巢之下安有完卵”这句话，讲的是同一个道理。因此，要走好中国特色新型农业现代化道路，就要把保障生态环境可持续放在农业农村经济发展可持续之前看待，看重生态环境可持续，看轻农业农村经济发展可持续，先把生态环境可持续的事情做好后，再讲去做农业农村经济发展可持续之事。最起码，保障农业农村经济发展可持续时，不能给生态环境可持续带来任何负面影响。尤其是，对于已经造成的生态污染和环境破坏，或者“严防死守”不增添新的生态污染和环境破坏，必须拿出勇士断腕的精神，严格落实主要领导人责任制、主管部门领导诫勉谈话和生态环境“一票否决制”，广泛使用遥感遥测、卫星监测等高科技手段，项目或产业上马先审看污染治理和环境保护措施和设备，领导政绩、干部提拔、离任审查等先看生态是否改善和环境是否改良，多途径多举措地严加防控和综合治理，打一场生态环境污染治理“歼灭战”，彻底优化生态状况和环境质量。就“个人维护生态环境可持续先于国家维护生态环境可持续”而言，每个人都要认识到自己与生态环境保护密不可分和无可脱离，自己的一言一行都与生态环境可持续密切相关，自己的一举一动都会影响到生态环境的可持续性。不再做熟视无睹者，改做看在眼里、急在心里者；不再做冷眼旁观者，改做发现问题、找出原因者；不再做调侃讥讽者，改做宣传教育、思想引导者；不再做坐视不理者，改做亲自过问、积极实践者。扎扎实实地从我做起，从现在做起。如果大事做不了，就做一些小事。哪怕是你做了亲手捡起路上的垃圾等微不足道之事，也是在为维护生态环境可持续做贡献。

二、中国特色新型农业现代化道路实践模式创新的原则

中国特色新型农业现代化道路实践模式创新的原则，主要包括家庭承包经营为基础与多种经营形式共同发展，传统农业的精耕细作与现代物质技术装备相辅相成，实现高产高效与资源生态永续利用协调兼顾，加强政府支持保护与发挥市场配置资源决定性作用功能互补等四个方面。

（一）家庭承包经营为基础与多种经营形式共同发展

家庭经营是指以农民家庭为单位，独立地从事生产经营活动。家庭经营是弹性巨大的生产经营方式，其鲜明特点是“多个相适应”：与不同所有制相适应，与不同社会制度相适应，与不同物质技术条件相适应，与不同生产力水平相适应。因此，家庭经营有着旺盛的生命力，也已经在中国沿袭、传承了几千年。

多种经营形式是指由多种新型经营主体所领导开展的多种类型的生产经营形式，如种养大户经营形式、家庭农场经营形式、农民专业合作社经营形式、股份合作制经营形式等。多种经营形式是灵动发展的生产经营方式，其鲜明特点也有“多个相适应”：与不同生产力发展要求相适应，与生产关系调整相适应，与开展农业产业化经营相适应，与开展农业规模经营相适应。因此，多种经营形式有着广泛的适应性，也吸引着越来越多的人加盟。

家庭承包经营为基础与多种经营形式共同发展，是在不改变、不放弃最基础的家庭承包经营的同时，积极发展合作经济、股份经济等多种经营形式，使家庭经营与多种经营形式协调发展，相互促进。

我国农村实行的基本经营制度，是以家庭承包经营为基础、统分结合的双层经营体制。正是实行了这种体制，才使我国的农业经济、农村发展、农民生活发生了翻天覆地的变化。虽然随着时间的推移、市场经济的发展以及客观形势的变化，这种体制发挥活力遇到了一些瓶颈，但并不能证明这种体制就过时了，就不能用了。这种体制还大有潜力可挖，只是需要我们接续探索其创新发

展的实现路径。而在家庭承包经营基础上陆续派生出来的多种经营形式，是新形势下成长起来的新生事物，也大有发展活力，应该肯定地促进其继续创新发展。

可以讲，家庭承包经营是多种经营形式产生的“母体”，是根是本，不可或缺；多种经营形式是家庭承包经营的继承和发展，是花是果，体现创新。以家庭承包经营为基础，与多种经营形式有机融合起来，实现共同发展和共同进步，既是发展中巩固基础的必然要求，也是发展中创新完善的正确方向。

（二）传统农业的精耕细作与现代物质技术装备相辅相成

传统农业的精耕细作，是指我国千百年来在发展传统农业基础上总结、流传下来的，在一定土地面积上投入一定的生产资料、劳动力和种植技术，进行细致的土壤耕作，以最大限度地提高单产。精耕细作是中国传统农耕文化的精髓，同时也是一套综合技术体系。具体包括培育地力和养护地力，顺应天时和尊重规律，优选种子和因地制宜，利用食物链条和保护生态，保护资源和循环利用等。虽然传统农业精耕细作现在看起来无足轻重，但不仅对我国传统农业的发展起到了至关重要的作用，而且为我国发展现代农业留下了值得承继的农事瑰宝。将传统农业的精耕细作与现代农业耦合发展，把传统农耕文化精髓融合到现代农业发展中，就能促进现代农业的全面、协调、可持续，就能通过现代农业发展将传统农业的精耕细作传承下来，并有适度的创新，最终达到传统农业的精耕细作与现代农业发展相互支撑、相互促进。

现代物质技术装备，是指农业生产过程中运用的现代的基础设施、动力设施、建筑设施、生产工具、贮藏设施等劳动资料和现代科技的总称。现代物质技术装备是农业生产力的重要组成部分，是现代农业发展的主要推动力量。运用了现代物质技术装备，发展现代农业才能有硬手段，推进农业现代化才有“真帮手”。离开现代物质技术装备谈发展现代化农业，谈推进和实现农业现代化，基本上就是一句空话。

传统农业的精耕细作与现代物质技术装备相辅相成，在不遗弃、不舍弃传统农业的精耕细作的同时，积极发展现代设施、装备、技术手段等现代物质技术装备，使传统农业的精耕细作与现代物质技术装备协调发展，相辅相成。

因为传统农业的精耕细作，有着独到的农耕文明精华。即使到了发展现代化农业和推进实现农业现代化阶段，这些独到的农耕文明精华也并不过时，仍需要继承运用乃至发扬光大。现代物质技术装备，是现代装备制造业和现代科技的精髓所在，是先进生产力的杰出代表，但无论现代物质技术装备多么的先进，其制造、发明原理都不能违背传统农业的农耕文明精华。

只有将传统农业的精耕细作与现代物质技术装备，相辅相成地协同发展下去，才能减轻对土壤的物理伤害和化学伤害，减轻化学农业的负面影响；才能保证农作物质量安全，促进农业经济可持续发展；才能做到尊重自然规律和利用自然规律，注重生态和谐；才能很好地利用前人积累的广泛经验和丰富的品种资源，改良作物品种；才能在病虫害防治上优先选择农业防治、生物防治、物理防治、人工措施等，控制农药残留，发展绿色农业；才能合理利用土地资源、水资源等自然资源，建立资源还原或再生循环体系。

至于传统农业的精耕细作与现代物质技术装备耦合发展的方式，可以是生产主体耦合、生产手段耦合、生产对象耦合、生产管理耦合等多种方式。其中，生产主体耦合方式，是指农业劳动者既要学习现代农业技术，又要吸收传统农业精耕细作的精髓；生产手段耦合方式，是指现代农业生产手段方面既要继承精耕细作的传统方法，又要采用先进的技术措施和物资装备，如将传统的变废为宝的循环观与现代土壤监测技术、无机肥生产技术、配方施肥技术等相配合，在集约用地时不要忘了惜土、养土、敬土；生产对象耦合方式，是指在种子培育、土壤改良等方面，要把优良的传统技术与先进的高新科技相结合；生产管理耦合方式，是指现代农业管理方面既要吸收传统的种养相宜、趋利避害、系统观等管理理念，又要积极采取以人为本等现代管理理念和互联网管理等先进管理技术。

（三）实现高产高效与资源生态永续利用协调兼顾

高产高效，是指既获得高的产量，又获得高的效益，即高产与高效兼得。其中，高产是高效的基础，虽然高产了不一定高效，但没有高产很难有高效；高效是高产的动力，虽然高效时不一定高产，但没有高效很难增加和提高产量。需要特别指出的是，这里的高效，应该是指高的包括经济效益、社会效益、生态效益在内的综合效益，并不专指高的经济效益。因为到了新时代后，高的生态效益、社会效益也是经济高质量发展的应有之义。

资源生态永续利用，指通过保护养护、节约利用、相互替代、挖掘新资源等途径维持资源不退化、不减少，通过保护、保持、改善等途径维持生态不恶化、不退化，使资源和生态能持续地被人类利用。

实现高产高效与资源生态永续利用协调兼顾，是在不丢弃最基本的高产高效的同时，积极发展生态农业、循环农业、资源节约型农业、环境友好型农业等资源生态永续利用形式，使高产高效与资源生态永续利用协调发展，兼顾发展。

因为实现高产高效，既是国情使然，又是农情使然。我国人多地少，人均耕地等资源有限，但又必须保障粮食安全和重要农产品有效供给的国情，决定了产量供给必须高起来；相当多农民依靠农业就业、生存、小康乃至富裕，而农业比较效益相对低下，农民增收难易程度直接影响农村小康社会建成、农村全面振兴进度等农情，决定了效益必须高起来。

同时，资源生态永续利用既是生态环境可持续的具体体现，也是高产高效的自然规律要求。只有实现了高产高效与资源生态永续利用的协调兼顾，才能保证经济效益、社会效益、生态效益的同步提高，才能更好地建设物质文明、社会文明和生态文明。

至于实现高产高效与资源生态永续利用协调兼顾的方法，笼统地讲应该是推进以效率、和谐、持续为目标的经济增长方式，即绿色发展，具体讲可包括坚守多条红线、多算“生态账”和“未来账”、落实藏粮于地和藏粮于技战略等多种方法。其中，就坚守多条红线而言，除了众所周知的坚守耕地红线之外，还应坚守农业资源数量管理红线、农用耕地质量和健康红线、农业生态空间红线等农业“红线”。就多算“生态账”和“未来账”而言，要深刻理解习近平总书记“绿水青山就是金山银山”的科学论断，将资源生态永续利用和良好生态环境作为普惠的民生福祉，将保护生态环境认定为就是保护生产力，以系统工程思路抓资源生态永续利用，实行最严格的资源生态永续利用保护制度。就落实藏粮于地、藏粮于技战略而言，无论是通过一部分耕地轮作休耕提高产出能力等措施把粮食生产能力储存在土地中，还是通过科技进步提高单产等手段把粮食生产能力储存在农业科技的接续能力中，都需要改良土壤，提高耕地质量，研发以优良品种为代表的集成配套技术，推广绿色技术模式，强化环境保护和源头治理，促进农业资源保护之根，巩固农业资源可持续利用之本，保持绿色农业新常态。

（四）加强政府支持保护与发挥市场配置资源决定性作用功能互补

政府支持保护，是指政府对于发展现代农业和推进农业现代化所做的物质、资金上的给予，精神、权益上的给予以及政策、措施上的尽力照顾。由于农业的基础性、弱质性、高风险性、低效性等的客观存在，政府开展对现代农业发展的支持和保护，是世界各国农业发展的常规和惯例，只不过是方式方法、力度力道、手段手法有所相同。

发挥市场配置资源决定性作用，就是在资源配置中，市场要发挥出起决定性质的作用。即，由市场主导、决定资源的配置方式和方法，由市场规律引导、调节资源的配置力度和强度，由价值规律决定稀缺资源配置的向度和高度，让市场中的价格“指挥棒”、竞争“催化剂”、供求“杠杆”在市场经济运行中的引领作用充分发挥出来。市场经济体制是资源配置效率最高的体制，也是发展生产力和推进现代化的可靠途径。

加强政府支持保护与发挥市场配置资源决定性作用功能互补，是在不松动、不减弱最可靠的政府支持保护的同时，积极发挥市场配置资源的决定性作用，使政府支持保护与发挥市场配置资源决定性作用协调发展，功能互补。

因为加强政府支持保护，对发展现代农业和推进农业现代化来说，既是必要的，又是重要的，有时还是紧迫的。无论哪个国家和地区，丧失了政府的支持和保护，或者政府支持保护不力，都会给发展现代农业和推进农业现代化带来严重的不利影响，直接减弱甚至丧失掉“三农”发展的“元气”。而在市场经济体制下，在农业开放化、农业国际化、农业全球化的大背景下，即使是政府的支持保护，也不能抛开市场规律、价值规律的约束，还要在发挥市场配置资源决定性作用的情境中。如果政府在对现代农业发展和农业现代化实现的支持保护中，没有考虑市场机制，一方面可能会因措施过激而导致偏颇，招来“中国还是计划经济大过市场经济”等误解；另一方面又可能会违反 WTO《农业协定》中的“黄箱”政策等国际协定，招来国外的猜忌和反对。

而加强政府支持保护与发挥市场配置资源决定性作用功能互补，就是要明确，虽然政府的支持保护不仅不可少，而且需要加强，但在加强的过程中，不要忘记或忽视市场在配置资源中的决定性作用，先让市场“这只看不见的利己之手”发挥作用，如果市场作用发挥殆尽仍然没有解决问题，再考虑更好发挥政府“这只看得见的利民之手”的作用，使市场“看不见的利己之手”与政府“看得见的利民之手”交替发挥作用，做到功能上互相补充。

至于加强政府支持保护与发挥市场配置资源决定性作用功能互补的思路，大致可以有减少干预、清除壁垒、深化改革、创造环境等方面。就减少干预而言，要求正确处理政府与市场间关系，减少对经济运行的直接干预，保障市场发展秩序，使市场在经济活动中发挥最大效用。就清除壁垒而言，要求破除行政封锁，建起开放高效的全国统一大市场，打击地方保护主义，消除各种市场壁垒。就深化改革而言，要求深化农村资源市场改革力度，建立现代化的农村资源管理体系，进一步明确农村资源的各种权属，完善农村资源占用的经济利益分割。就创造环境而言，要求打破行业垄断和行政阻隔，形成公开的市场环境、公正的竞争环境和公平的发展环境，保障各种市场领域进入门槛的一致性，保障各类经营主体的公平竞争性。

第七章　中国特色新型农业现代化道路实践模式创新的起点和路径

一、中国特色新型农业现代化道路实践模式创新的起点

中国特色新型农业现代化道路实践模式创新的起点，主要包括将提高“三率”作为逻辑起点，将改革农业经济管理体制作为内在要求，将创新农业科技体制作为根本动力，将健全新型农业服务体系作为重要支撑，将完善农业保护体系作为有力保障等“五个作为”。

（一）将提高“三率”作为逻辑起点

这里的“三率”，分别指土地产出率、劳动生产率和资源利用率。

土地产出率是指单位土地上的平均年产量或平均年产值。土地产出率的主要影响因素，包括土壤丰度、产业结构、规模效应、经营机制、经营组织方式、生产经营者素质等。

劳动生产率是指劳动者在一定时期内创造的劳动成果与劳动消耗量的比值。劳动生产率水平可以用单位劳动在单位时间内生产某种产品的数量来表示，数量越多，劳动生产率越高，反过来，则越低；也可以用生产单位产品所耗费的劳动时间来表示，时间越少，劳动生产率越高，反过来，则越低。劳动生产率的主要影响因素，包括劳动熟练程度、科技发展程度、组织管理好坏、生产资料规模、资源利用效能、自然条件等。

资源利用率，是指某种资源利用量占拥有量或投入量的比率。由于资源包括土地、资金、水、化肥等多种，资源利用率也可以分为土地利用率、资金利用率、水资源利用率、化肥利用率等若干种。

将提高土地产出率、劳动生产率和资源利用率“三率”作为逻辑起点，是指将提高土地产出率、劳动生产率和资源利用率，作为现代农业发展中最一般的基本出发点，作为农业现代化实现的最简单的主要抓手。

之所以要这样做，是因为提高土地产出率、劳动生产率和资源利用率“三率”，既是发展现代农业的主要途径，也是衡量农业现代化实现程度的重要指标。讲求土地产出率，是为了实现经营规模适度和高产；讲求劳动生产率，是为了实现生产技术先进、市场竞争力强和高效；讲求资源利用率，是为了实现

生态环境可持续和优质、生态、安全。尤其是，资源利用率中所讲的资源利用，一定要是资源的正确的利用、适宜的使用，宜种则种，宜养则养，宜林则林，宜渔则渔，宜草则草，宜牧则牧，不是围湖造田、填河造田、毁林造田、毁草造田、退牧造田等乱用和滥用。而且，资源利用率应该更讲求资源利用量占投入量的比率。如我国的灌溉水利用率只有40%～45%，化肥利用率只有33%，均不到发达国家一半水平，亟待通过改变灌溉办法和手段、科学施肥等途径大力提高。

（二）将改革农业经济管理体制作为内在要求

农业经济管理体制是指国家管理农业过程中的各个地区、各个层次、各个单位经济活动的决策权限、组织形式、机构设置、调节机制、监督方法的制度化体系。农业经济管理体制的实质，是合理组织生产力和正确维护和调节生产关系。

农业经济管理体制可分为宏观管理体制、微观管理体制。宏观管理体制的主要职能，在于制定政策、监督检测、引导服务等。微观管理体制的主要职能，在于农村的“以家庭经营为主体的、统分结合的双层经营体制”和“独立核算、自主经营、自负盈亏的企业经营体制”以及“合作经济组织体制”等。

农业经济管理体制的主要内容，包括农业机构设置，管理权限划分，管理方法和制度等。其中，农业机构设置，目的在于从中央到地方到基层的各级农业行政管理机构设置和职能。管理权限划分，目的在于中央到地方、农业行政部门和涉农企事业单位、农户之间对商品、资金、人员、企业隶属关系等方面责任、权力、利益的划分。管理方法和制度，目的在于农业行政管理机关上下级之间，行政机构与企业、农户之间有关经营与管理方法的办法、规定和制度。

农业经济管理体制的影响因素，包括生产力发展水平和生产社会化程度，经济体制，具体国情等。其中，生产力发展水平和生产社会化程度，主要体现在社会生产力发展、分工精细、协作关系复杂等方面。经济体制，主要体现在生产资料所有制结构，微观经济运行的组织方式与机制，政府管理经济的体系、方式和机制等。具体国情，主要体现在人口多少，国土面积的大小，自然资源的丰裕程度及其特点，民族构成和分布，文化传统，历史和地理各种因素等。

改革农业经济管理体制是指对国家管理农业过程的决策权限、组织形式、机构设置、调节机制、监督方法等制度化体系进行改进，创造新的权限、形式、机构、机制、方法等，并获得更加有益效果的行为。

将改革农业经济管理体制作为内在要求，是指将创建新的更高效的农业经济管理体制，作为现代农业发展中固有的具体愿望，作为农业现代化实现的内在的具体的源动力和希望。

之所以要这样做，是因为创新农业经济管理体制本来就是我国由传统农业过渡到现代农业，进而实现农业现代化的规律性要求。1949 年以来，我国的农业经济管理体制大致经历了传统计划经济体制、传统农业经济体制、农产品统购统销、人民公社体制、传统农业经济体制改革等历史沿革。到了推进和实现中国特色新型农业现代化阶段，现有的农业经济管理体制就不同程度地存在着信息约束、激励缺陷、政府管理改革滞后等缺憾，只有通过改革创建新的更高效的农业经济管理体制，才能为走好中国特色新型农业现代化道路提供体制保障。

我国农业经济管理体制改革的基本思想，应该是从微观经营机制入手，完善家庭联产责任制，壮大集体经济成分，实现统分经营结合，通过建立劳动激励机制，诱发农业劳动生产者的生产经营积极性，逐步走向商品化和市场化，调整政府农业经济管理的职能，达到提高农业生产效率、满足农产品基本需求、显示中国特色新型农业现代化特征等目的。

（三）将创新农业科技体制作为根本动力

农业科技体制是指国家推动和发展农业科技创新、农业科技推广、农业科技进步的各个地区、各个层次、各个科研单位活动的决策权限、组织形式、机构设置、调节机制、监督方法的制度化体系。

创新农业科技体制是指对国家推动和发展农业科技创新、科技推广、科技进步的决策权限、组织形式、机构设置、调节机制、监督方法的制度化体系进行改进，创造新的权限、形式、机构、机制、方法等，以求更加适宜高效的行为。

将创新农业科技体制作为根本动力，是指将创建新颖的更加适宜高效的科技体制，作为现代农业发展中基础性作用力，作为农业现代化实现的本质性促进力。

之所以要这样做，是因为我国的农业科技体制还存在按照行政部门或行政级别垂直设置，机构重复设置、项目重复研究严重，农业科技研发与农业科技市场“两张皮”，农业科技人才积极性和酬劳与其技术研发成果不挂钩、“最后一公里”仍然不是十分畅通，投入机制不完善，成果评价机制不健全等痼疾，活力和创造力不足，推广力更不够，只有创建新颖的更加适宜高效的农业科技体制，才能为走好中国特色新型农业现代化道路提供科技保障。

我国创新农业科技体制的基本思想，应该是盘活现有的农业科技体制，实现科研机构打破行政藩篱并按照自然区域设置，实现农业科技开发和需求的紧密结合，加大农业科技推广力度，通过收入倾斜激发农业科技研发的积极性，通过调动基层农技推广人员的主动性打通“最后一公里”，通过建立多元化的投入机制解决发展资金不足问题，通过改善评价方式方法“逼着”农业科技研发人员、农技推广人员送技术到田间地头。

（四）将健全新型农业服务体系作为重要支撑

新型农业服务体系，是指以政府公共服务和基层官办服务为依托和保障，以合作经济组织、龙头企业和其他社会力量的服务为基础和骨干，官办服务与民办服务、公益性服务与经营性服务、专项服务与综合服务、全程化服务与全面化服务等多种服务形式联动互补，共同助推新型农业经营体系构建的新型化综合化农业服务网络体系。新型农业服务体系的新意，主要体现在服务内涵新、服务主体新、服务领域新、服务调节新、服务机制新等方面。新型农业服务体系的典型特征，主要包括公益性服务与经营性服务相结合，专项服务与综合服务相结合，全程化服务与全方位服务相结合，政府主导服务与市场调节服务相结合，社会服务与政府服务相结合等方面。

新型农业服务体系的构成，主要包括农业技术推广体系，动植物疫病防控体系，农产品质量监管体系，农产品市场体系，农业信息收集和发布体系，农业金融和保险服务体系等；新型农业服务体系中的服务组织，可以分为政府农业或涉农部门下属的公益性服务组织和供销合作社、农民专业合作社、专业服务公司、专业技术协会、龙头企业等经营性服务组织；新型农业服务体系提供的服务，可以分为公益性服务与经营性服务，或专项服务与综合服务。

健全新型农业服务体系是指在原有政府公益性服务体系的基础之上，强化社会上经营性服务体系的发展，使政府公益性服务体系与社会上经营性服务体系相互协同、功能互补地有机结合和融合起来，共同形成一种新型的农业服务体系，进而实现服务过程更及时、服务内容更全、服务质量更优的发展变化过程。

将健全新型农业服务体系作为重要支撑，是指将形成一种新型的农业服务体系，进而实现服务过程更及时、服务内容更全、服务质量更优，作为现代农业发展中具有很大意义的支持，作为农业现代化实现具有重大影响的支柱。

之所以要这样做，是因为在现代农业发展和农业现代化实现的过程中，政府公益性服务体系发展滞后，农民专业合作组织引领作用有限，龙头企业带动能力仍然不足，科研机构科技服务功能不强，社会上经营性服务体系裹足不前，农业社会化服务还需要长足发展。尤其是，无论是政府公益性服务体系还是社会上经营性服务体系，都不可能单方面提供强大的完善的服务，只有促进二者“捆绑式”发展，才能建设覆盖全程、综合配套、便捷高效的新型农业服务体系。

我国健全新型农业服务体系的基本思想，应该是“官进民也进”。即，彻底改变目前政府公益性服务体系“长腿不长”，社会上经营性服务体系“短腿太短”的“两腿都不牢靠”的局面。一方面，由政府及其相关机构等官方提供的公益性服务体系要尽快改变“线断、网破、人散”的局面，尽快完善起来；另一方面，由私营企业提供的经营性服务体系要尽快发展壮大起来，弥补官方公益性服务体系之不足；政府公益性服务体系与社会上经营性服务体系相互配合，既有分工又有协作；现代农业发展和农业现代化实现与新型农业服务体系同步发展，能实现良性互动。那些政府可做可不做，完全可以通过市场机制调节加以供给的服务，政府应该毫不犹豫地撤退下来，改为由经营性服务体系提供服务。同时，为了扶持经营性服务体系的发展，即使是必须由政府提供的公益性服务，也可以通过政府购买改由经营性服务体系提供相关服务。对于一个地区来说，只要新型农业服务体系提供的农业服务“量够了”“质优了”“价廉了”，无论是公益性服务体系“占大”还是经营性服务体系“占大”，都是无关紧要的。最要紧的，是要有“真服务”“满服务”“全服务”。

（五）将完善农业保护体系作为有力保障

农业保护体系是指政府为确保农业在国民经济中发挥基础作用，使农业的发展与国民经济其他产业的发展相适应，以便实现整个国民经济持续、协调、快速发展，而采取的一系列互相联系的保护与支持农业的政策措施构成的整体。

完善农业保护体系是指一个国家或地区通过研究和对比，发现其保护与支持农业政策措施之不足，并通过修正和改善使之趋于完美的发展过程。

将完善农业保护体系作为有力保障，是指将发现保护与支持农业政策措施之不足，并通过修正和改善使之趋于完美，作为现代农业发展中有力量的保护，作为农业现代化实现有活力的保证。

之所以要这样做，是因为农业不仅是一个社会效益高、经济效益低的产业，要取得高质量高效益，必须进行保护性调控，而且在现代农业发展和农业现代化实现的过程中，还存在着市场失灵、农业的外部性、农业的公共产品性、农业的弱质性、农业的不确定性等障碍，而现实中我国的农业保护体系还存在支持总量不足、支持结构不合理、支持部门多头分散、支持法制化程度低、支持效果较差等问题，只有强力建设更加完善的更加有力的农业保护体系，才能为走好中国特色新型农业现代化道路提供发展保障。

我国完善农业保护体系的基本思想，应该是“三个一定要”。即，在明确主要目标、确定基本原则、构建体系框架、完善支持对策的前提下，农业保护政策一定要制度化，农业保护结构一定要最优化，农业保护方式一定要多样化。

就农业保护政策一定要制度化而言，鉴于我国在扶农立法、政策保护方面，还没有像美国等发达国家那样周密而详尽，差距还相当大的情况，一方面要通过对照和比较，详查不足和关键点，进而制定和出台更新更翔实更可靠的农业保护法规和政策，确保农业支持保护法规和政策的连续性；另一方面要确定三年或五年进行一次“回头看”，确立定期修订农业立法和政策的基本制度，使农业支持保护法规和政策与时俱进和恰到好处。

就农业保护结构一定要最优化而言，一定要按照WTO规则，估测农产品在国际市场上的比较优势和竞争力，同时考虑农业供给侧结构性改革的相关要求，优先选择那些不具备比较优势但又高度重要的产品（比如粮食）作为农业保护的对象，其次选择具有比较优势的产品（比如水产品、畜产品、水果、蔬菜、鲜花、饮料、罐装食品）以及具有地域特色的经济作物（比如名茶、名中药材、名特色养殖产品等国家地理标志农产品）作为农业保护的对象，通过完善农业保护体系，提高我国现代农业的整体效率，促使我国农业现代化走上良性发展轨道。

就农业保护方式一定要多样化而言，一定要研究活用WTO规则，要持续加大运用一般性政府服务、食物安全公共储备、国内食品援助、与生产不挂钩的收入支持、自然灾害救济、结构调整计划、地区援助计划、生产休耕计划、资源休闲计划、环境规划计划等“绿箱政策”力度，要借鉴美国经验建立包括粮食商业储备、粮食专项储备等粮食缓冲储备体系，要通过加大财政支农力度、完善政策性金融、建立农业保护基金等途径确立制度化农业投入体系，要建立健全农业政策性保险制度，要发展壮大新型农业经营主体及农业产业化联合体等能够开展农业保护的中介和载体。

二、中国特色新型农业现代化道路实践模式创新的路径

中国特色新型农业现代化道路实践模式创新的路径，要对应于时间序列演变、空间序列演变等“两个序列演变”。

就时间序列演变来讲，时间序列是指同一指标数值按时间发生的先后排列而成的序列。时间序列的构成要素，包括长期趋势、季节变动、循环变动、不

规则变动等。时间序列的作用是可反映社会经济发展的变化过程，可发现社会经济发展的趋势和速度，可探索社会经济发展的变化规律，可对不同国家或地区社会经济发展的快慢、优劣等进行对比分析。时间序列演变，就是时间序列的变化和发展。这些时间序列的变化和发展，可以用绝对数时间序列、相对数时间序列、平均数时间序列等三种形式表现出来。具体到中国特色新型农业现代化道路而言，就是指中国所走的具有中国特色的新型的农业现代化道路，不是从新中国建立一开始就确立的，也不是一蹴而就的，而是随着时间的推移，传统农业到现代农业的演进，国内主要农产品供求形势的逐步改善，自然条件、社会经济条件的动态变动，以及农业现代化目标和措施的灵动变化，而逐步变化和发展而来的。

就空间序列演变来讲，空间序列是指按照空间利用的先后顺序排列而成的序列。空间序列的构成要素，包括使用先后、立体变动趋势、区域空间变动、整体空间布局等。空间序列的作用是可反映空间发展的变化过程，可发现空间发展的趋势和速度，可探索空间发展的变化规律，可对不同国家或地区空间发展的快慢、优劣等进行对比分析。空间序列演变，就是空间序列的变化和发展。这些空间序列的变化和发展，可以用立体农业序列、循环农业序列、区域特色农业序列等多种形式表现出来。具体到中国特色新型农业现代化道路而言，就是指中国所走的具有中国特色的新型的农业现代化道路，不是完全“平面型”的，也不是仅仅考虑开发和利用可耕地的，而是遵循地形地貌的变化适时进行利用空间的转换，伴随传统农业到现代农业的演进开展大农业空间结构的调整和优化，逐步实现对湖泊、草原、森林、山地、湿地乃至沙漠、戈壁的合理保护或科学利用，使自然条件在社会经济条件的“助力”下向可持续发展蜕变，使大农业空间结构逐步超脱农业的范畴，使现代农业的多功能性日益突出，使多功能农业成为孕育“中国特色”“新型”等的“利器”。

中国特色新型农业现代化道路实践模式创新的路径，主要包括从硬件现代化到硬件软件全部现代化，从产中现代化到全过程现代化，从局部现代化到整体现代化，从国内水平现代化到国际水平现代化等“四个到”。

（一）从硬件现代化到硬件软件全部现代化

硬件现代化，是指农业水利设施、现代化农业设施、乡村道路、农村电网、农产品加工设备、储藏运输设备、农村互联网营销、生态环境、农村公共设施、务农者技能、农业科技创新和进步等硬的条件达到现代化的水平。

软件现代化，是指农业发展理念、农业管理方法和手段、农村公共服务、务农者思想观念和视野、农业政策、农业文化、农业制度、农业法律、政府服务等软的条件达到现代化的水平。

硬件软件全部现代化，是指上述硬的条件、软的条件要全部达到现代化的水平，不能有所忽视，也不能有所遗漏。

从硬件现代化到硬件软件全部现代化，是指我国要从过去讲求硬的条件达到现代化水平转变为讲求硬的条件、软的条件全部达到现代化水平。

之所以提出这条创新路径，是因为我国长期以来“重硬轻软”——重视硬件现代化，轻视软件现代化，结果硬件现代化没有完全“硬起来”，软件现代化更是长期落后。这不仅与发展现代农业的要求格格不入，而且更不利于走好中国特色新型农业现代化道路。

因此，今后一定要将硬件现代化和软件现代化作为现代化大厦刚柔相济、唇齿相依的两大支撑系统，“软硬兼施”地推进。“硬件”方面，一定要夯实农业水利设施，完善现代化农业设施，修好乡村道路，架齐农村电网，升级农产品加工设备，配妥储藏运输设备，拓展农村互联网营销，改善生态环境，健全农村公共设施，提升务农者技能，促进农业科技创新和进步。“软件”方面，一定要树立先进的农业发展理念，改进农业管理方法和手段，完善农村公共服务，拓宽务农者思想观念和视野，供给恰当的农业政策，发扬优秀的农业文化，总结推广好的农业制度，健全农业法律法规，完善政府服务。

（二）从产中现代化到全过程现代化

产中现代化，是指播种、技术推广与科技服务、中耕、收获、脱粒、植保、灌溉、畜禽疫病防治等生产过程中的诸多环节达到现代化的水平。

全过程现代化，是指“产前现代化＋产中现代化＋产后现代化”，即生产过程前、生产过程中、生产过程后的全过程要全部达到现代化的水平。其中，产前现代化是指农用机具及配件生产与供应，良种、饲料、肥料、农药、薄膜、电力、柴油等农用生产资料生产与供应，农田水利设施建设与水供应，农业教育与技术培训，市场信息，资金信贷，农业保险等生产过程前的诸多环节达到现代化的水平。产后现代化是指包装物质生产与供应，农产品收购、储藏、运输，农副产品加工，农产品市场营销等生产过程后的诸多环节达到现代化的水平。

从产中现代化到全过程现代化，是指我国要从过去讲求生产过程中达到现代化的水平，转变为生产过程前、生产过程中、生产过程后的全过程要全部达到现代化的水平。

之所以提出这条创新路径，是因为我国长期以来“重产中轻产前产后”——重视产中现代化，轻视产前现代化和产后现代化，结果产中现代化虽有起色但没有质的飞越，产前现代化、产后现代化更是停滞滞后。这不仅与发展现代农业的要求不相符合，而且会拖累走好中国特色新型农业现代化道路的后腿。

因此，今后一定要跳出狭隘的产中现代化思想，牢固树立农业现代化必须是全过程现代化的理念，讲求全过程现代化，使产前现代化、产中现代化、产后现代化形成稳定的相互依赖、相互促进、相辅相成、相得益彰的现代化整体。就产前现代化而言，一定要使农用机具及配件生产与供应业，良种、饲料、肥料、农药、薄膜、电力、柴油等农用生产资料生产与供应业，农田水利设施建设与水供应业，农业教育与技术培训业，市场信息业，资金信贷业，农业保险业等达到现代化水平。就产中现代化而言，一定要使播种、中耕、收获、脱粒等环节服务业，技术推广与科技服务业，植保、灌溉、畜禽疫病防治等达到现代化水平。就产后现代化而言，一定要使包装物质生产与供应业、农产品收购业、储藏业、运输业、农副产品加工业、农产品市场营销等达到现代化水平。

（三）从局部现代化到整体现代化

局部现代化，是指全国的一个区域或全产业链中的一个环节，即整体中的一部分达到现代化水平。

整体现代化，是指全国或全产业链，即整体达到现代化水平。

从局部现代化到整体现代化，是指我国要从过去讲求整体中的一部分达到现代化水平转变为整体达到现代化水平。

之所以提出这条创新路径，是因为我国长期以来“重局部轻整体”——重视局部现代化，轻视整体现代化，结果局部现代化没有遍地开花，整体现代化更是裹足不前。这不仅与发展现代农业的要求不尽一致，而且影响着中国特色新型农业现代化道路的拓展。

因此，今后一定要超越狭隘的局部现代化思维，树立整体现代化思想，讲求整体现代化。即，可以号召但不能仅仅号召全国某个区域（如东部地区）或全产业链中的某个环节（如加工环节）优先达到现代化水平，而应该号召全国或全产业链也要向先进看齐，迎头赶上，尽快达到现代化水平。先进地区或产业环节以精神鼓励为主，落后地区或产业环节以财力支持为主，实现全国一盘棋地整体联动，走整体现代化道路。

（四）从国内水平现代化到国际水平现代化

国内水平现代化，是指以国内最高水准为标杆达到了现代化的水平。

国际水平现代化，是指以国际最高水准为标杆达到了现代化的水平。

从国内水平现代化到国际水平现代化，是指我国要从过去讲求以国内最高水准为标杆达到了现代化水平转变为以国际最高水准为标杆达到了现代化水平。

之所以提出这条创新路径，是因为我国长期以来“重国内轻国际”——重视国内水平现代化，轻视国际水平现代化，结果国内水平现代化虽有普遍提升，国际水平现代化却是望尘莫及。这不仅与发展现代农业的要求大相径庭，而且会阻挠中国特色新型农业现代化道路的升级。

因此，今后一定要抛开国内最高水准这个“伪标杆”，竖起国际最高水准这个“真标杆”，讲求国际水平现代化。因为有研究表明，中国与美国农业现代化发展水平的综合年代差距为 68 年，与英国的年代差距为 67.7 年，与日本差距为 35.2 年，与典型发达国家的平均差距为 52.5 年，仍有较大的年数差距。如果仅仅以国内最高水准为标杆，那就会自娱自乐，动力不足；只有以国际最高水准为标杆，才能发现明显差距和发展空间，不需扬鞭自奋蹄。

第八章　中外农业现代化道路实践模式创新的比较借鉴

一、发达国家典型模式

以美、日、欧为代表的发达国家，形成了美国“节约劳动型”模式、日本“节约土地型”模式、西欧“中间类型”模式等三种各具优势的农业现代化模式。

（一）美国“节约劳动型”模式

美国拥有得天独厚的农业资源，人少地多，耕地充足，气候多样，水资源丰富，同时依靠发达的科研技术和农业机械装备，成为了世界上最发达的农业强国。美国的农业现代化过程实际上是农业机械化、农作物品种多样化、农业管理信息化的过程。具体来说，美国农业现代化模式具有以下几个显著特征：

一是大型农业机械应用广泛。美国具备优越的土地资源禀赋，然而劳动力却十分短缺，这导致土地的相对价格长期下降，劳动力相对价格不断上升，大大刺激了农业机械的推广和应用。截止到 2014 年 6 月，美国拥有各种类型的拖拉机 531 万台，各种联合收割机 150 万台，各类农用深松机械、整地机械、播种机械、植保机械、联合作业机械配套齐全，各类节水灌溉设施如滴灌、喷灌、沟灌技术日臻成熟。见表 8－1。

表 8－1　美国大型农业机械设备应用情况

单位：万台

年份	拖拉机	卡车	谷物联合收割机	玉米收获机	捡捆机	饲草收割机
2013	531	406	93	685	769	37
2012	520	399	88	690	755	30
2011	503	303	80	751	667	25
2010	487	267	71	667	603	21
2009	479	220	66	448	588	19
2008	466	149	54	401	561	16

二是大规模产业化经营。美国大农场经营模式由来已久，作为美国农业生

产过程的基本组织，农场生产主要以家庭经营为主，家庭农场占美国农场总数的90%以上。由于地域广大，人口相对稀少，农场之间各自散居，乍看如同各自为营的“孤岛”，可实际上美国农场之间并非各自孤立，其产业化经营已十分成熟。美国联邦政府将全国分为10个农业生产区域，每个区域生产1～2种农产品，以市场为导向，依托完善的产前、产中、产后服务体系，配以发达的农业金融工具和保险产品，使得美国农场经营形成了大规模、专业化、精准化的生产模式。

三是联邦政府的大力扶持。美国农业能够领先全球，政府的农业政策发挥了至关重要的作用。美国联邦政府的农业政策主要包括农业资源保护类政策，如《耕地保护计划》《土壤与水资源保护法》等；农业信贷政策，如《农业信贷法》等；农产品对外贸易政策，如《农产品贸易发展和援助法》等。此外，还有针对农业价格、收入支持和农业科技发展的各项政策。这些政策的建立和完善为农业发展创造了稳定、健康、积极的市场环境，促进和巩固了美国农业现代化的发展。

（二）日本“节约土地型”模式

日本的农业现代化发展与美国迥然不同。从农业资源禀赋上来说，日本是一个典型的人多地少的国家，耕地紧张且有盐碱化趋势。但就是这样一个资源贫乏的国家，却依靠农业科研技术创新和大量的资本投入，不仅实现了农业生产力和经济效益的长足进步，也成功完成了自身农业现代化模式的探索。

一是政府和农协在农业现代化模式的探索中起着主导作用。日本政府在农业现代化发展中主要发挥着宏观领导和调控作用，针对农业发展的不同阶段出台相应的农业政策和规划，为农业现代化发展指明了方向。除此之外，日本农业协同组合（以下简称农协）作为一个半官方性质的农业组织，也对日本农业现代化发展起到了很大的促进作用。其功能涵盖了农业生产、加工、流通、供销等各个方面，各地农协分会负责对区域内不同种类农产品进行种植规划、生产资料统一采购、大型农机设备租赁、农产品包销等工作任务，切实保护着农民的经济利益，也推动着日本农业现代化的发展。

二是学习并引进国外先进农业技术和农业设备。由于耕地资源稀缺，日本在实现农业现代化的道路上，以应用化学和生物技术为农业科研技术创新的重点，力求提高农作物单产水平和总量供给。同时，日本也积极引进国外先进农业机械设备，向善于大规模农机作业的美国引进轻型拖拉机，向水稻种植大国中国引进水稻插秧机，再结合本国国情进行适当改造，在全国很快普及开来。这些措施大大缓解了日本用地紧张的难题，为现代农业的发展注入了新的增长活力。

三是加大对农业财政的支持和投入。日本政府十分注重对农业的财政支持和投资，每年对农业的投资均达到农业总产值的一半以上，其中一年的最大投入达到农业总产值的6倍。政府不仅可以直接对农业进行资金补贴，还通过向农民及特定农业种植项目发放低息的政策性贷款来调动农民和农业合作社的种植积极性，以稳定和促进农业现代化发展。见表8－2、图8－1。

表8－2　2000—2013年日本农业财政预算

单位：亿日元

年份	2000	2002	2004	2006	2008	2011	2013
国家预算	425 888	662 368	849 871	821 829	922 992	903 339	1 002 213
农业预算	21 062	35 840	31 221	23 284	29 362	24 517	34 279
公共事业费	5 673	6 563	12 814	10 013	14 613	16 219	17 640
农业建设预算	2 385	5 069	6 671	7 756	8 975	10 264	10 926
非公共事业费	6 258	15 002	16 639	16 548	17 611	17 954	21 227

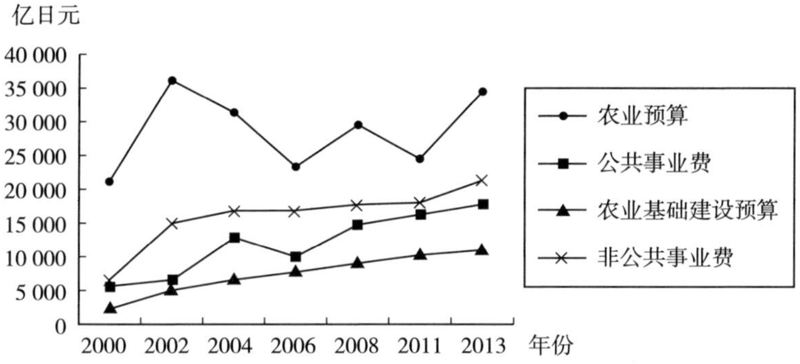

图8－1　2000—2013年日本农业财政预算

（三）西欧“中间类型”模式

欧盟的农业发展兼具美、日两国之长，既拥有较丰富的劳动力，也有着较充足的土地资源，因此欧盟农业现代化实行“物力投入”和“智力投入”并举的政策措施，将农业生产技术和农用机械更新放在同等重要的位置。

英国的农业总产值虽然仅占GDP的0.6%，但政府一直高度重视农业农村发展，是世界上农业现代化水平很高的国家之一，主要体现在布局区域化、经营规模化、生产机械化、技术集成化、农民职业化、发展绿色化等方面。英国的农业现代化主要靠的是政府推动，政府采取的主要措施有：一是在保护和支持农业中注重运用规划引领和法律调控。英国的农业发展战略规划，如“食品与农业规划”“环境战略”“渔业规划”等，均由政府编制和发布。二战后的1947年，英国颁布实施了第一个农业法。此后若干年里，英国多次颁布鼓励对农业投资、支持农业持续健康发展的法律法规，依靠300多项健全的、“从农田到餐桌”、覆盖全产业链的法律法规体系，保护农业和支持农业。二是在农产品价格中注重价格保护。英国实行了一系列保护农业产业发展的价格政策，最典型的是其对本国主产的谷物、马铃薯、甜菜等，都制定和落实了最低保证价格。若这些农产品的市场售价低于最低保证价格时，两种价格之间的差额由政府来补贴。三是在农产品流通中注重利用国外市场。英国是一个农产品出口大国，非常注重向国外推销其农产品，注重开发和利用国外市场。四是在规模化经营和产业化经营中注重运用政策促动。英国鼓励农场向大型化、规模化方向发展，甚至可以为愿意合并的小农场提供其所需费用的50%，可以对放弃经营农业的小农场主提供2 000英镑以下的补贴，或让其领取终生养老金。英国政府为了鼓励农业产业化经营，除了对农业进行直接投资外，还对农业基础建设提供补助金——对粮食农场整治、改良土地补贴60%，对园艺农场土地改良、建筑和购置设备补助15%～25%，对农场主自己修建道路、堤坝、供电系统等补助所需费用的2/3。五是在农业科技创新中注重战略实施。为了使农业科技创新继续领先世界，英国在2013年就实施了农业技术战略，每年用于农业科技创新、农业科技成果转化以及供应链应用的投入高达4.5亿英镑（约合40亿元人民币），以便提高农业科技水平和行业领导力，打造知名农产品品牌和出口新优势。六是在农业政策创新中注重有效性。英国善于根据本国国情对农业政策进行完善，使“基本支付”“绿色发展”“乡村发展”等三个方面的政策效果更加突出，不仅稳定了农业生产，促进了农村发展，还保护了自然资源和生物多样性，提高了公众的环保意识。七是在农业合作组织发展中注重鼓励。英国政府鼓励和支持农业合作组织的发展，已经成立了农业联合会、农业付费组织、技术支持组织、农业合作社等四种农业组织，均为发展现代农业、提高农业现代化水平发挥着重要作用。八是在职业农民培训中注重资助。农民培训是全英国唯一得到政府资助的培训项目，是由全国近2 400所农业高校、农业专科学校、农业培训中心、职业技术中学组成的农业培训网络，针对不同层次的农民培训提供服务，不仅提高了广大农民的文化水平和科技素质，还推广应用了先进的农业高新技术，进而提高了农业科技进步水平。这些政策措施启迪我们，要想推进不同形式的农业规模经营，促进农业技术装备的集成化利用，坚持不懈地培养和造就新型职业农民，强力促成农业绿色化发展，就应该学会利用“两种资源”和“两个市场”，适时出台精准度高、有效性强的农业政策。

法国从20世纪50年代开始，以提高农业生产率为目标，以发展农业技术和机械设备为手段，凭借发达的工业基础，积极促进农业机械化、自动化发展，走出了一条以工养农、农工商联合经营、高度专业化和一体化的农业现代化之路，农产品出口量很大。法国农业现代化采取的主要措施有：一是因地制宜地规划和建设。政府将全国划分为22个大农业区和470个小农业区，因地制宜地发展区域特色农业，做到分工细致，专业化和产业化相结合，助推法国实现农业现代化进程。二是千方百计地增加资金投入。具体包括设法增加农业预算支出，设法扩大农业低息贷款，设法提供农业巨额补贴，资助农民购买农资，特别是农机具，资助农民进行农村基本建设，资助发展农业科研和农民培训。三是不断推进农业合作组织发展。多年以来，法国通过政府引导，把83%以上分户经营的农场引入到收购、加工、销售和农资供应等种类繁多的农业合作社中，同时也把合作社纳入到了纵向一体化的合作轨道。四是注重对农民的教育和培训。农业教育是法国农业政策中极其重要的组成部分，除了倡导公私合办的农业教育，还组成了由高等院校、农业高中、农业初中、半工半读四个层次的农业教育体系，共同提高农业生产者的文化水平、科技素质和生产力水平。五是注重开展农业规模化经营。法国明确对土地集中和互助合作给予财政支持，政府愿意将其购买的“没有生命力农场”的土地优先奖售给大农场主，愿意拿出长达35年的预备年金给一些提前退休并出售土地的农场主，愿意对转业来经营农业、扩大农场规模的青年农民进行财政援助，愿意对大量购置土地的农场主给予免税、无息或低息贷款等政策优惠，愿意对停止经营的农场主和18年以上的土地出租者发放奖金，使农业经营规模迅速扩大，加快了农业现代化步伐。六是注重健全多层次多元化的农业社会化服务体系。法国的农业社会化服务体系是由政府、农会、农民和私营企业等服务组织组成的有效服务体系，这些服务组织不仅多层次、多元化，而且跨地区、纵横交错，自身拥有的实用技术和信息手段均佳，为农业生产经营者提供着全产业链、全过程的高质量服务，做到了服务及时而周到。这些政策措施启迪我们，不仅要加大国家对农业现代化的投入和支持力度，还要推进农民的组织化和服务的系统化，提高农民的科学文化素质，走好绿色的农业可持续发展道路。

德国的农业现代化水平与法国不相上下。德国农业现代化采取的主要措施有：一是重视加大对农业投入。德国政府历来重视对农业的干预，有人甚至用“最多”来形容。德国政府干预农业的根本目的，是通过加大投入发展农业。具体的直接干预或间接干预手段，不仅包括发放农业低息贷款、进行直接援助、施行农业补贴等措施，而且包括发放休闲地补偿、进行小农场合并补贴、施行农业技术协会启动金制度等，有力地促进了现代农业发展和农业现代化水平提升。二是重视建立农业合作组织。德国人认为，农业合作社的出现是现代农业发展的必然选择，政府也在不遗余力地推动信用合作社、供销合作社、牛奶合作社、机器合作社、机器协作社、生产者协会、生产者共同体等农业合作组织的发展，并见到了十分显著的成效——几乎100%的农户都参加了合作社，有的农户甚至同时参加了几个合作社。三是重视农民教育培训。德国政府规定，只有那些先经过10年普及教育、然后通过3年农业技术培训、最后通过考试拿到了从事农业生产资格证书的农业生产经营者，才能获得政府的资金补贴。为了强化农业教育和培训，德国政府出台和实施了一个又一个新计划。最新的农民教育培训计划，甚至要求农民必须适应发展生态农业、有机农业乃至基因农业发展的需要。四是重视农业规模化经营。为了推进农业规模经营，德国政府采取了农户升级、资助大农场经营、农户迁移、鼓励改行和提前退休等行政手段、法律手段、经济手段以及政府投资、信贷等多种手段，有意识地鼓励发展大中型农场，开展农业规模化经营。这些政策措施启迪我们，政府扶持农业发展的首要手段就是加大对农业的投入，政府推进农业现代化的重要途径就是提高农民组织化程度，政府加速农业现代化进程的必然选择就是强化对农民的教育培训，政府推动农业发展的重要途径就是推动土地的规模化经营。

二、发达国家共同特征

从美、日、欧的农业现代化道路可以看出，发达国家虽然国情各不相同，农业资源禀赋存在极大差异，但无一例外都在长期实践探索中找到了最适合本国国情的农业现代化发展模式，并以此为基础打造出领先于世界的农业经济强国。美、日、欧农业现代化模式，可归纳出离不开政府的大力支持和宏观调控，离不开运用完善的市场机制，离不开充分发挥农业科技作用等三点共同特征。

（一）离不开政府的大力支持和宏观调控

无论是美国的“节约劳动型”模式，日本的“节约土地型”模式，还是欧盟的“中间类型”模式，在农业现代化进程中，政府都发挥着主导性作用。在宏观调控层面，尊重本国国情，将农业现代化道路选择与本国国情相结合，因地制宜地选择最适合本国农业的现代化发展模式，同时注重农工商协调发展，利用发达的工业条件实现农业的机械化生产，利用发达的商业条件实现农业的产业化经营。在微观设计层面，适时出台一些推动农业现代化进程的优惠政策，配合财政支持和农业风险保障机制，为农业现代化的实现打下坚实基础。

（二）离不开运用完善的市场机制

美、日、欧农业现代化进程的另一个显著特点是以完善的市场机制作为发展平台。在发达国家，每一个农民都是具有独立产权的经济主体，对土地拥有完整的所有权，可以自由买卖。农业各种生产要素也可以在自由的市场环境中进行售卖、流通、转让。此外，农民的生产经营也完全自主并受到国家法律的严格保护，这种成熟的产权意识和完善的产权制度是实现农业现代化的关键因素。

（三）离不开农业科技作用充分发挥

科研技术是农业现代化发展的强力引擎，美、日、欧三国凭借发达的科研技术体系为农业现代化提供了有利条件。以美国为例，在近 30 年的农业增产中，60%～70%农业增产是靠科研技术进步实现的。从 20 世纪 90 年代末至今，仅依靠科研技术进步，农业劳动生产率就提高了 6.7 倍。正是由于对农业科技创新的高度重视，才使得美、日、欧农业成功实现了向农业现代化的跨越。

三、中美、中日、中欧的比较分析

这里，研讨中美模式、中日模式、中欧模式等三种模式。

（一）中美模式比较

一是农业资源比较。美国农业资源条件优越，可耕地面积 1.74 亿公顷，占美国国土总面积的 20.4%。而中国可耕地面积 1.22 亿公顷，仅占全国国土面积的 13.54%，人均占地更是不足 0.2 公顷。此外，美国的淡水总量是中国的 4 倍，森林覆盖率为 23%，高出中国近 10 个百分点。见表 8－3、图 8－2。

表 8－3 中美两国农业耕地面积

单位：平方千米

年份	2007	2008	2009	2010	2011	2012	2013
中国	129 642	129 206	128 243	127 616	125 930	122 444	122 067
美国	176 782	175 368	175 368	175 400	175 980	174 244	174 448

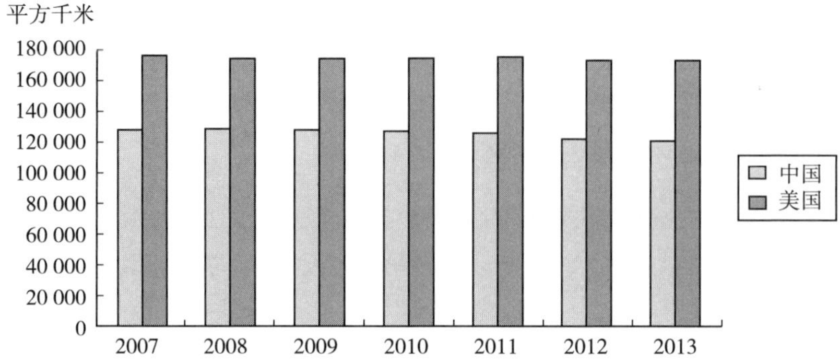

图 8-2 中美两国农业耕地面积

二是农业机械化程度比较。美国平原广阔，地广人稀，有强劲的工业技术支持和大型综合农机设备的普遍使用。而中国本土除了东北平原的机械化应用广泛外，绝大多数农业主产区依旧以小农生产为主，大型农用机械很难推广应用。

三是农业制度比较。美国农业法律法规体系完善，历经 80 年发展历程后，早已建立起规范的农产品销售市场和健全的补贴、信贷、风险保障制度。而中国的农业市场发育程度低，各项辅助制度尚未齐全，使得农业现代化发展进程缓慢。

（二）中日模式比较

一是农业资金投入比较。日本政府高度重视对农业的资金投入，2000—2013 年，每年对农业的资金投入达到 2.5 万亿日元，占到了整个国家年预算总支出的 2.6%，而在中国，虽然绝对数也不低，但相对数却很低，目前还未达到 1%。

二是农业技术创新比较。在推进农业现代化进程中，日本基于本国土地资源相对比较紧张的实际情况，积极做了两方面的工作：一方面对农业生物技术加大研发力度，另一方面对现代机械设备加大更新力度。农业生物技术进步和现代机械设备的推广应用，均有效地提高了农作物总产量和单位面积产量，不仅实现了农业增产的目标，而且实现了农民增收的目标，农业也一步一步地变强。中国的农业科技，是以袁隆平院士的“杂交水稻”为标杆式龙头项目，该项目也是通过对农业生物技术的全力扶植和积极培育，使我国单项的农业生物技术取得了长足进步，但在总体技术水平和推广应用上，仍然与日本有一定的差距。尤其是在现代机械设备方面，我国还主要以依靠从荷兰、以色列等国家进口，还没有建立起比较完整的现代机械设备研发体系，使我国与日本的差距更大。

三是制度创新比较。日本从明治维新开始就建立了农业现代化建设目标，并借鉴西方文明进行了一些“全面西化”等制度创新。第二次世界大战后，日本又进行了土地制度、农产品价格制度、投资制度等多方面改革，旨在促进农业发展，改善农产品价格，调动投资积极性。尤其是建立了农业协同组合，这一制度安排推动了农业向合作化、专业化方向转变，强有力推动了现代农业的蓬勃发展。新中国成立后不久虽然与其他“三化”（工业现代化、国防现代化、科学技术现代化）一道提出了农业现代化，但并没有将农业现代化与其他“三化”同等对待，而是重视其他“三化”，轻视农业现代化，或者说更像一种“宣传口号”，而没有多少实质性内容，即使是当时做的一些制度创新，如优先发展工业，优先巩固国防等，绝大多数也是对农业现代化不利。直到 1978 年改革开放之后，尤其是 2012 年党的十八大召开以来，国家才把农业现代化提到重要议事日程，陆续地推出了农业基本经营制度、土地产权制度、生产经营制度、农业配套制度等制度创新，源源不断地为推进农业现代化发展提供源动力，也见到了一定的成效。

（三）中欧模式比较

一是龙头带动比较。中欧农业现代化的一大显著差异体现在农业企业和合作社对农业生产的影响力上。欧盟国家各类农业企业及社会组织已相当发达，生产规模较大，同农民的联合程度十分紧密。在成熟的市场机制运作下，企业及社会组织将农民的生产活动纳入到整个农业生产的流程中，一方面为农民提供了高度专业和周全的生产服务，另一方面促使农民形成市场竞争意识，促使其不断优化生产技术，更新生产设备。中国农业根植于小农户家庭生产的大环境，农民市场竞争意识薄弱，组织化程度低，家庭农场、农业合作经济组织等龙头企业发展缓慢，影响和带动力也比较弱，对小农户的带动作用还比较有限。

二是经营模式比较。虽然欧洲多数国家的土地经营规模比中国大一些，但中欧采用的都是土地节约型经营模式。之所以采用这种模式，是因为欧州国家人较多地较少，也没有大面积的土地可供开发利用，土地经营规模都较小，采用这种模式可以提高土地生产率和土地产出效益。相反，如果像美国、加拿大、澳大利亚等国家那样，依仗雄厚的土地资源发展规模型经营，就会出现土地强行集中、经济代价高、又会造成社会不稳定的情况，得不偿失。而且，荷兰等国的实践经验业已证明，发展土地节约型经营模式，同样可以创造出像规模型经营模式那样的高效益。

三是驱动力比较。欧洲一些国家，早已认知到发展现代农业必须发展科技和加大资金投入，早已将科技与投资作为了发展现代农业的两大强劲驱动力，追求高科技、高投入带来的高产出、高效益，而且试图将高科技、高投入的完美组合以及带来的高产出、高效益丰硕成果做到极致。荷兰的温室农业和法国的工厂化农业，就是典型的例证。中国在现代农业和农村经济发展上，虽然也提出了“一靠政策、二靠科技、三靠投入”的发展理念，但无论是科技还是投入，都存在一些短板或瑕疵，“靠科技”方面还没有做到全面结合先进科技来发展现代农业，“靠投入”方面还没有投入足够的人力、物力和财力，更不用说是“靠科技”“靠投入”完美组合了。直到现在，温室农业、工厂化农业等现代农业发展形式，还处在效仿学习、初步发展的阶段。

四、中国应借鉴的多维启示

美、日、欧发达国家在农业现代化道路实践模式创新方面，能够给中国带来诸多启示：农业现代化实践模式要符合本国国情，加强农业科学技术的创新和推广，建立健全农业现代化发展的制度体系，切实巩固农业现代化发展的物质基础，大力提升农业现代化产业体系，调整优化农业现代化的经营形式，逐步树立农业现代化发展理念，注重培养现代农业新型农民。

（一）农业现代化实践模式要符合本国国情

农业现代化的发展模式没有唯一答案，一个国家依靠什么样的方式实现现代化，是由其具体国情和农业资源条件决定的。一般来说，工业基础扎实、科学技术发达的国家可以走技术型或资本集约的道路，利用技术和资金优势实现农业现代化。中国农业现代化建设也必须从国情出发，选择适合本国的发展模式。

（二）加强农业科学技术的创新和推广

美、日、欧农业现代化的实现离不开科研技术的进步。这些发达国家在农业现代化探索的过程中都相继建立了成熟完善的科研技术推广体系，拥有着实力雄厚且规模庞大的农业科研力量，这些都成为美、日、欧实现农业现代化的有力保障。中国应加大对农业科研技术创新与推广的扶持力度，并针对本国国情，重点研究适用于本国的农业技术和机械设备。

（三）建立健全农业现代化发展的制度体系

完善的政策、法律法规、风险保障也是美、日、欧国家成功实现农业现代化的必要条件。农业发展所需要的制度保护和政策扶持是多种多样的，如对农民的直接补贴，农产品价格保护，农业灾害保险，工业反哺农业等都有效促进了农业的发展和农业现代化的实现。我国目前亟待建立起完善的农业政策扶持体系和制度保障体系，为实现农业现代化发展，助力农业经济腾飞打下坚实基础。

（四）切实巩固农业现代化发展的物质基础

增加农业投入，增强农业发展的物质基础是实现农业现代化的迫切需要。农业现代化所需要的基础设施建设，以及生物技术、信息技术、数字技术等相关科研都需要大量的资金支持，各级政府应积极调整财政支出结构，逐步加大对农业的投入力度，同时拓展多元化的农业投资渠道，做到切实巩固农业现代化发展的物质基础。

（五）大力提升农业现代化产业体系

现代农业的覆盖范围更广，产业体系更全面。现代农业以科技化、信息化、集约化、社会化为标志，利用现代科技、现代机械、现代信息化管理，结合农业种植、生态培育、休闲农业、观光农业等多种产业功能，挖掘农业的深度，开发农业的广度，促进农业产业的优化升级。

（六）调整优化农业现代化的经营形式

促进农业经营形式多样化，是农业现代化发展的重要保证。近年来，随着农村基础设施建设的逐步完善，以及物流产业的快速崛起，各类农村连锁经营和批发贸易、电商交易、网店经营等发展迅猛，为现代农业经济注入了一股新的增长活力。随着城市菜园、社区菜市场、超市新鲜果蔬直送等多种都市农业经营方式的出现，使得农业现代化的经营形式更加丰富多样。

（七）逐步树立农业现代化发展理念

在新的历史条件下推进农业现代化，必须树立全新的农业发展理念，不断奉行创新、协调、绿色、开放、共享的发展理念，破解发展难题，厚植发展优势，着力构建现代农业产业体系、生产体系、经营体系，提高农业质量效益和竞争力，加快实现我国由农业大国向农业强国的转变。

（八）注重培养现代农业新型农民

建设农业现代化，要始终依靠广大农民。因此，全面提高广大农民的综合素质，培养文化水平高、生产技术精、经营头脑灵活、拥有较强市场意识的新型农民是农业现代化任务的重中之重。各级政府要积极组织农民定期接受新技术、新知识、新信息的培训，鼓励在外务工农民回乡创业，深挖农村广大人力资源潜力，为中国农业现代化建设提供强大的智力支持。

第二篇　历史篇：历史考量和量化评价

把历史当作最好的清醒剂，把历史当作最好的老师，把历史当作最好的营养剂，是中国特色新型农业现代化道路实践模式创新的应变方略。

第九章　中国特色新型农业现代化道路实践模式创新的发展历程和内涵演变

一、中国特色新型农业现代化道路实践模式创新的发展历程

自新中国成立到现在，我国对中国特色新型农业现代化道路的实践模式探索就一直在进行中。措施比较得力、推动比较明显的，主要有 20 世纪 50—60 年代、20 世纪 70 年代末至 80 年代中期、20 世纪 90 年代、跨入 21 世纪至党的十八大、党的十八大以来等几个阶段。

（一）20 世纪 50—60 年代

以毛泽东为首的第一代领导集体借鉴苏联经验，以“四化”（农业机械化、农业化学化、农业水利化、农业电气化）来概括农业现代化的内涵，从农业技术和生产方式变革的角度理解农业现代化，实际上是农业生产现代化或农业生产过程现代化。

（二）20 世纪 70 年代末至 80 年代中期

即改革开放的初、中期，以邓小平为代表的第二代中央领导集体在打破计划经济坚冰、引入市场经济体制的基础上，逐步突破了农业现代化的传统观念，农业现代化的基本内涵有了发展，延伸至经营管理现代化，认为农业现代化的本质是科学化，而不仅仅是农业机械化。即应把农业的生产和管理逐步建立在生态科学、系统科学、生物科学、经济科学和社会科学的基础上。

（三）20 世纪 90 年代

以江泽民为代表的第三代中央领导集体，把实现农业现代化的进程逐步纳入到市场化、产业化、国际化和开放化的轨道上来。

（四）跨入 21 世纪至党的十八大

随着农业在国民经济中所占比重的下降，以及我国加入 WTO 后，国内、国际农产品市场竞争压力的增强，以胡锦涛为总书记的新一代中央领导集体，则强调从可持续发展的角度来看待农业，跳出农业，立足整体国民经济，从人

口、生态、环境、资源的角度来研究农业现代化，适应经济全球化的要求，从世界经济的角度研究我国的农业现代化问题。

（五）党的十八大以来

以习近平为总书记的新一代中共领导集体，强调“三农”问题的整体性和不可分割性，在持续推进农业现代化的同时，开始注重推进农村现代化，将“农业农村现代化”写进了2016年中央1号文件和十九大报告，要求“为农业农村现代化提供不竭源动力”“加快推进农业农村现代化”，多管齐下，多措并举。

二、中国特色新型农业现代化道路实践模式创新的内涵演变

中国特色新型农业现代化道路实践模式创新的内涵演变，应该从宽泛提到突出抓，从固定视角到发展视角，从传统仿学到自主创新，从仅仅关注农业到同时关注农村。

（一）从宽泛提到突出抓

即把农业现代化与工业现代化、国防现代化、科学技术现代化一并提出来，合并为“四化”任务，1954年第一次明确提出，1956年列入八大党章，1964年底进一步提出要“把我国建设成为一个具有现代农业、现代工业、现代国防和现代科学技术的社会主义强国”，并明确了实现四个现代化目标的“两步走”设想：第一步，用15年时间，建立一个独立的、比较完整的工业体系和国民经济体系，使中国工业大体接近世界先进水平；第二步，力争在20世纪末，使中国工业走在世界前列，全面实现农业、工业、国防和科学技术的现代化。

1979年底，邓小平进一步把四个现代化量化为，到20世纪末，争取国民生产总值达到人均1 000美元，实现小康水平——“中国式的四个现代化”，或叫“小康之家”。1989年5月31日，邓小平再次强调了“四个现代化的路线”。

1991年，江泽民进一步深化了“富强、民主、文明的社会主义现代化强国”的基本内涵。

随着新世纪的到来，以胡锦涛为总书记的党中央，号召全党全国人民“为把我国建设成为富强民主文明和谐的社会主义现代化国家而奋斗”。

由此可见，在很长的一段时间内，农业现代化从正式提出到推动实现，都是与其他“三化”（工业现代化、国防现代化、科学技术现代化）等一道，宽宽泛泛的，很少作为重大战略任务单独提出来。直到大约2014年之后，不仅连续三年（2014—2016年）的中央1号文件标题中都带有“农业现代化”字

眼，而且连续进行部署，强调加快发展和强力推进，从而使抓农业现代化的力度不断加大，路子也走得越来越扎实。

（二）从固定视角到发展视角

即，从1954年到1978年的改革开放，中共中央都是以“四化”（农业机械化、农业化学化、农业水利化、农业电气化）来概括农业现代化的内涵。

从改革开放到1985年左右，才有了发展视角，将农业现代化的基本内涵扩展到经营管理现代化——变成了“五化”。

20世纪90年代以来，更是根据发展需要、食品安全需要、环境保护需要等，对“五化”进行了增加和删除，比如增加了“商品化”“市场化”“产业化”“科学化”“集约化”“信息化”“标准化”“专业化”“规模化”“企业化”“生态化”“环境友好化”“可持续化”“社会化”“区域化”“国际化”“开放化”，删除了“化学化”，变成了“十化”“十五化”“十八化”“二十化”等，从而使农业现代化的内涵建设越来越系统，路子也走得越来越清晰。

（三）从传统仿学到自主创新

即，1978年改革开放之前，基本上都是在“学中干”，以模仿为主，主要模仿苏联所赋予的农业现代化的含义。尤其是在农业现代化过程中，仿照学习了苏联农业集体化政策，不仅冲淡了农业现代化之意，而且“一大二公”“大呼隆”“大锅饭”等，也引起了农民的强烈不满，对农业现代化发展产生了严重的负面影响。

1978年改革开放之后，我国基本上都是在“干中学”，以自主创新为主，陆续提出了“适合我国国情的农业现代化道路”（1979年）、“走中国特色农业现代化道路”（2007年）、“新型农业现代化”（2011年）、“中国特色新型农业现代化”（2014年）等新概念，从而使农业现代化的精髓塑造得越来越全面，路子走得也越来越宽广。

（四）从仅仅关注农业到同时关注农村

即，党的十八大以后，中共中央认识到“三农”（农业、农村、农民）是密不可分的，在部署和推动工作中不能顾此失彼，于是继续强调提高农业现代化水平，同时提出要推进“农村现代化”，并将“农业现代化”与“农村现代化”合并为“农业农村现代化”，分别在2016年中央1号文件（2015年12月）和党的十九大报告（2017年10月）中陆续提出和强调，从而使农业现代化的机理关系越来越顺畅，路子走得也越来越正确。

第十章 中国特色新型农业现代化道路实践模式创新的发展现状和政府举措

一、中国特色新型农业现代化道路实践模式创新的发展现状

总体来看，从中央到地方都在积极加快农业现代化进程，都在因地制宜地开展探索，都取得了一定的成效，都获得了一定的有效性经验。

（一）从中央到地方都在积极加快农业现代化进程

从中央看，党的十八大报告强调了“坚持走中国特色新型工业化、信息化、城镇化、农业现代化道路，推动信息化和工业化深度融合、工业化和城镇化良性互动、城镇化和农业现代化相互协调，促进工业化、信息化、城镇化、农业现代化同步发展”。2014—2016 年中央 1 号文件全部用“加快推进农业现代化”“加快农业现代化建设”“加快农业现代化”等语句命名。2016 年 10 月 20 日，我国正式发布实施《全国农业现代化规划（2016—2020 年）》。2017 年中央 1 号文件，要求“开创农业现代化建设新局面”和“协调推进农业现代化与新型城镇化”。党的十九大报告，继续强调“推动新型工业化、信息化、城镇化、农业现代化同步发展”。2018 年中央 1 号文件，要求“扎实推进农业现代化”和“推动新型工业化、信息化、城镇化、农业现代化同步发展”。可以讲，要求在不断提高，力度在不断加大，措施接踵而至，力求农业现代化稳步推进和加快实现。

从地方看，各省市区都根据中共中央国务院的大政方针政策，谋划和实施了本区域内推进实现农业现代化问题，不仅都陆续制定实施了系列文件，而且不断地督促督导，力求特色鲜明地扎实推进。

（二）从中央到地方都在因地制宜地开展探索

从中央看，明确了要推进和实现中国特色新型农业现代化，就不能照搬沿用其他国家的套路，要求既要有“中国特色”，又要求“新型”，力求把“中国特色”和“新型”实现完美结合，走出一条“中国特色新型农业现代化路子”。

从地方看，各省市区也不再迷惑和彷徨，敢于放开手脚大胆尝试，都在根据域情、农情、民情等制定适宜的办法和措施等加以推进，多方寻求具有地方特色的新型农业现代化答案。

（三）从中央到地方都取得了一定的成效

从中央看，不仅促成了供给保障能力、产业体系、农业可持续发展能力、农业科技实力、农业发展主体活力等现代农业强国的五大重要标志都比较强势，而且促成了粮食供给保障、农业结构、质量效益、可持续发展、技术装备、规模经营、支持保护等农业现代化主要指标的水平都在不断提升，从而使我国农业现代化的整体成效较为显著。

从地方看，各省市区，不仅在推动农业生产手段现代化、农业生产技术科学化、农业经营方式产业化、农业服务社会化、农业产业布局区域化、农业基础设施现代化，而且在推动农业经营管理现代化、农业生产经营规模化、农业发展开放化、农业生态环境现代化、农业劳动者现代化、农民生活现代化，从而使农业现代化实现了“全能”效果。

（四）从中央到地方都获得了一定的有效性经验

从中央看，不仅已经树立了创新强农、协调惠农、绿色兴农、开放助农、共享富农等可取理念，而且已经积累了着力推进农业转型升级、农业均衡发展、农业可持续发展和扩大农业对外合作，以及加大强农惠农富农政策力度、保障规划顺利实施等有益做法。

从地方看，不仅正在全力以赴地通过培育多种现代农业经营主体构建新型农业经营主体体系，通过推动专业化标准化生产构建新型农业生产体系，通过完善农产品流通网络健全农产品流通体系，通过创新资金运行机制健全农业融资体系，而且正在全力以赴地发展绿色农业、现代休闲农业、生态观光农业、工厂化农业、立体农业、特色农业、订单农业、都市农业、物理农业、数字农业等现代农业新产业新业态。

二、中国特色新型农业现代化道路实践模式创新的政府举措

中国特色新型农业现代化道路实践模式创新中的政府举措，主要体现在推动土地流转和规模经营、推动科技创新和结构调整、推动绿色兴农和质量兴农、推动多产融合和多层融合、推动支持保护和权益保障、推动双向流动和城镇带动等“六个推动”上。

（一）推动土地流转和规模经营

一方面，2004 年以来，国家都在宣传和推动土地互换、土地出租、土地

入股、土地转包、土地转让、土地合作等多种形式的土地流转和土地股份合作，在一定程度上实现了流转速度加快和流转类型多样。

另一方面，为了防范流转行为欠规范，要求在土地流转中一定要坚持自愿、依法、有偿等原则；为了防范非法流转行为出现，要求要坚决杜绝“土地离农化”和“耕地离粮化”等倾向。通过土地流转和土地股份合作，发展多种形式的适度规模经营，发展规模经济，实现规模效益，提高农业现代化水平。

（二）推动科技创新和结构调整

一方面，2004年以来，国家实施了一个又一个旨在推动科技创新和科技进步的高层次规划或计划，这些高层次规划或计划的研发成果推广应用到田间地头后，不仅使农产品产量持续提高，使农产品质量、效益持续提升，而且促动了科技兴农、质量兴农、绿色兴农步伐的加快。到2017年，我国农业科技进步贡献率达到57.5％，主要农作物良种覆盖率接近100％，农作物耕种收综合机械化率超66％，农田有效灌溉率达到53％左右。

另一方面，我国根据国情、农情和域情，积极主动、不失时机地出台文件，如农业农村部等部门自2000年以来，先后制定和实施了10多个指导农业结构调整、农业结构战略性调整、农业生产结构调整、西部地区特色农业发展、西部地区农业和农村经济发展、优势农产品区域布局、特色农产品区域布局的指导意见或分区指导意见，2017年中央1号文件又专门强调要推进农业供给侧结构性改革，确立了马铃薯作为第四大主粮，引导着“镰刀弯”地区的玉米种植面积在5年左右的时间内（到2020年）调减5 000万亩①以上，持续对农产品结构、农业经济结构、农村经济结构进行调整，使农产品结构、农业产业结构和农村经济结构不断优化升级，使农业供给侧结构性改革顺利实施，调结构、提品质、去库存、降成本、补短板、促融合等主要任务逐步完成。

（三）推动绿色兴农和质量兴农

一方面，越来越认识到化肥、农药、薄膜等农业生产资料虽然有比较明显的增产作用，但会对土壤、生态、产品质量等产生一定的副作用，与发展现代农业和实现农业现代化不相适宜，突出推行了“绿水青山就是金山银山”理念，把壮大绿色产业作为农业产业发展方式，把效率、和谐、可持续作为农村经济发展方式，把经济活动的“绿色化”“生态化”作为主要发展途径，农业

① 亩为非法定计量单位，1亩≈667平方米，下同。

部启动了“农业绿色发展五大行动”——畜禽粪污资源化利用行动、果菜茶有机肥替代化肥行动、东北部地区秸秆处理行动、农膜回收行动、以长江为重点的水生生物保护行动。各地也都因地制宜地进行了探索，如青海省壮大了草原生态畜牧业，山东省发展了水产健康养殖，江苏省自主开展了轮作休耕，内蒙古发展了旱作节水农业，四川省开展了有机肥替代化肥，开展了农机深松整地作业等。尤其是，国家为了强化绿色发展导向，积极探索环境友好型农业发展，加快推进农业绿色发展，同时也是基于提前三年实现化肥农药零增长目标的实际情况，改变了 2015 年 2 月下发的《到 2020 年化肥使用量零增长行动方案》和《到 2020 年农药使用量零增长行动方案》的时间节点，在 2019 年中央 1 号文件里明确要求了“开展农业节肥节药行动，实现化肥农药使用量负增长”，下决心持续减少农药化肥使用量，下决心推进绿色兴农。

另一方面，越来越认识到粮食安全、食品安全的重要性，为了满足人民群众日益增长的美好生活需要，使质量成为农业的主旋律，促进了农业政策向质量兴农倾斜，推进了农业供给侧结构性改革的纵深发展，建立了安全农产品质量标准，完善了农产品质量安全体系，发展了种植业、养殖业有机结合的循环农业，构建了农产品优质优价机制，明晰了依靠科技进步推进质量兴农，做好了“把优质产出来”“把安全管出来”“把品牌树起来”“把品质提起来”等重点工作，打好了农业面源污染治理攻坚战。尤其是，国家为了推进农业由增产导向向提质导向转变，强化高质量发展导向，2019 年 2 月农业农村部、国家发展改革委等七部门，为了夯实质量兴农，推进农业资源利用向节约化方向发展，生产过程向清洁化方向发展，产业链条向生态化方向发展，废弃物利用向资源化方向发展，联合印发了《国家质量兴农战略规划（2018—2022 年）》，不仅要求到 2022 年质量兴农制度框架基本建立，到 2035 年，质量兴农制度体系更加完善，而且明确了加快绿色发展、推进全程标准化、促进全产业链融合、培育提升品牌、提高质量安全水平、强化科技创新、建设高素质人才队伍等七方面重点任务。

（四）推动多产融合和多层融合

一方面，越来越认知到农业产业不是也不能仅仅局限在产中环节，通过政策导向把产前的二三产业和产后的二三产业融合进来，形成融合了一二三产业的大农业，通过第一产业的“接二连三”或“隔二连三”，抓好“粮头食尾”“农头工尾”“农头商尾”，拉长产业链，细分就业环节，增加增收机会，创出更多新产业新业态。

另一方面，越来越认知到农业生产与农民生活、农村生态紧密联系和不可分割，通过政策导向把农业生产、农民生活、农村生态等多种功能融合起来，形成“三农”与“三生”相得益彰的新型农业农村经济结构，引入现代产业组织方式，提升价值链，使农业成为“说头在文化、玩头在生态、念头在宜居、奔头在富裕”的有吸引力的产业。

（五）推动支持保护和权益保障

一方面，国家考虑到这些年来农资价格和劳动力价格不断上涨，农产品生产“成本地板”不断抬升，同时农产品价格在国内外市场上又缺乏竞争优势，“价格天花板”又不断挤压，务农增收日益艰难，不少地方就存在着“种粮越多，收入越少，经济越穷”的情况。为了调动和保护农业生产者的积极性，保障他们的务农收入不断增加，不仅通过价格改革坚持了对农业的支持保护，而且按照 WTO 规则通过改进“黄箱”政策、扩大“绿箱”政策支持等途径改革补贴方式方法，始终坚持支持保护力度不削弱，力争使农业成为有奔头的产业。

另一方面，国家考虑到中国要强农业必须强、中国要美农村必须美、中国要富农民必须富，为了充分发挥“三农”的压舱石作用，不仅在《农业法》中列入了“农民权益保护”一章，而且还通过土地制度改革、促进农业转移人口市民化、失地农民权益保护、农民工权益保障等多个途径，保障农民的各种合法权益和产出收益、增值收益、级差地租收益、潜在收益等土地收益。各地也在积极响应，全力探索健全农业增产、农村增效、农民增收的保障机制，着力打造“四金农民”（薪金、股金、租金、保险金）。

（六）推动双向流动和城镇带动

一方面，国家为了减少农村人口数量，促进新型城镇化发展，增加农民收入，出台了一系列文件，鼓励农民进行“职业革命”，“离土又离乡”，从在农村务农转变为到城镇务工或经商，尤其是制定了比较详细的农业转移人口市民化政策，明确了“不得以退出承包地和宅基地作为农民进城落户条件”，鼓励农村劳动力向城镇转移，鼓励农民工在城镇落户，见到了较好成效，以至于出现了农村青壮年劳动力转移过多的情况。后来，国家考虑到农村“新农人”紧缺，乡村产业发展、乡村建设、乡村振兴等离不开大量的新型职业农民，2015 年开始，大张旗鼓地鼓励农民工返乡创新创业，即再一次鼓励农民进行“第二次职业革命”，从而促动了农村劳动力的双向流动，目的在于使城乡劳动力流动达到动态平衡。

另一方面，国家考虑到城镇化也能拓展农业农村发展空间，将城镇化作为解决“三农”发展的重要途径，不仅全力推动新型城镇化发展，促进城镇化和工业化良性互动，促进城镇化和农业现代化相互协调，促进城镇化与工业化、信息化、农业现代化同步发展，政策上也逐步地由城乡统筹、城乡一体化转变为城乡融合，力求城镇基础设施和社会服务逐渐向农村辐射，充分发挥城镇化的带动作用，为农村劳动力转移和现代农业发展腾出空间，为农业现代化实现提供条件。

第十一章　中国特色新型农业现代化道路实践模式创新的制度创新和显著绩效

一、中国特色新型农业现代化道路实践模式创新中的制度创新

中国特色新型农业现代化道路实践模式创新中的制度创新，主要包括土地制度创新、农业生产经营制度创新、农业支持保护制度创新、金融支农制度创新、优先发展制度创新等“五个创新”。

（一）土地制度创新

在土地产权制度、土地登记制度、土地利用制度方面，我国在实行农村基本经营制度——以家庭承包经营为基础、统分结合的双层经营制度的基础上，逐步地推出了土地流转制度、林地制度、土地确权制度、土地承包关系长久不变制度、土地的“三权分置”制度、宅地基的“三权分置”制度等，不断地弱化土地的所有权，强化土地的承包权，搞活土地的使用权，旨在明晰土地产权，强化土地资本功能，赋予农民更大的土地处分权，推行土地股份合作制，实现土地资本化，提高土地资源配置效率，保障土地保障率、土地产出率和土地收益率。

在土地管理制度方面，我国在实行“两个最严格”——“最严格的耕地保护制度”和“最严格的节约集约用地制度”的基础上，还推出了耕地红线保护制度、基本农田保护制度和永久性基本农田保护制度，起到了固本稳基的作用。

在土地税收制度方面，我国在自 2006 年全面取消已经延续几千年的“皇粮国税”——农业税的基础上，还相继取消了屠宰税，大幅度降低了农业特产税，从而使农业生产经营者“轻装上阵”。

在土地征地制度方面，我国在突破思想障碍、经济障碍、地方财政障碍的基础上，缩小了征地范围，提高了征地补偿费，改革了征地程序，打破了土地的二元结构限制，大大缓解了官民矛盾、社会矛盾。

（二）农业生产经营制度创新

在家庭承包经营方面，我国通过实施稳定承包关系，引导有序流转，增强

公共供给，引导生产经营，健全社会服务，妥善解决纠纷等政策措施，巩固了家庭承包经营的基础地位，稳步推进了土地承包经营权流转。

在农村集体经济方面，我国通过完善法律法规，增强服务功能，加强资产管理，推进产权改革，完善经管制度，加大扶持力度等政策措施，探索了集体经济组织和集体经济发展的有效实现形式，增强了集体组织和集体经济的服务功能。

在农民专业合作社方面，我国通过扶持加快发展，健全规章制度，引导规范发展，完善发展模式，优化发展环境，加强有效服务等政策措施，促进了农民专业合作社发展，培育了新型农业经营主体和现代农业经营组织。

在龙头企业方面，我国通过扶持发展壮大，强化基地建设，加大科技支持，完善利益机制，加强产业链建设等政策措施，培育和壮大了龙头企业，推进和提升了农业产业化经营。

在农业生产性服务业方面，我国通过坚持市场导向，加快培育组织，推进机制创新，减轻经营负担，拓展服务领域，创新服务方式等政策措施，激活了农业生产性服务业发展，健全了新型农业社会化服务体系。

（三）农业支持保护制度创新

在农产品价格保护制度方面，我国通过实施粮食最低收购价政策、目标价格政策、临时收储政策和粮食适度进口政策，以及深化农产品价格市场形成机制，不仅引导了生产，调节了供求，调控了进口，确保了农民的基本收益有保障，而且正在着力发挥市场在农产品价格形成中的决定性作用，增强了政策灵活性和弹性，使农产品的价格逐步向国际市场靠拢。

在农业发展补贴制度方面，我国在陆续实施种粮农民直接补贴、农作物良种补贴、农资综合补贴、农机购置补贴、重金属污染治理补贴、畜禽粪污资源化利用补贴、秸秆综合利用补贴、深松作业补贴、残膜回收利用补贴、粮豆轮作补贴、草原生态保护补贴等多种多样补贴的基础上，从 2016 年开始，还将种粮农民直接补贴、农作物良种补贴、农资综合补贴三者合并成为农业支持保护补贴，不仅鼓励了新型粮食经营主体发展，推动了粮食适度规模经营，而且通过探索休耕补贴开展了土地保护利用试点，促进了生态脆弱区耕地的休养生息。

在财政投入保障制度方面，我国为了加大财政支农力度，加强财政支农监管，改善财政支农行为，《中华人民共和国农业法》规定，“县级以上财政用于农业总投入的增长幅度要高于财政经常性收入增长的幅度”，2006 年中央 1 号文件提出，“国家财政支农资金增量要高于上年，国债和预算资金用于农业建设的比重要高于上年，其中直接用于改善农村生产生活条件的资金要高于上年”。2007 年中央 1 号文件进一步提出，“财政支农投入的增量要继续高于上年，国家固定资产投资用于农村的增量要继续高于上年，土地出让收入用于农村建设的增量要继续高于上年”。2008 年中央 1 号文件又进一步强调，“财政支农投入的增量要明显高于上年，国家固定资产投资用于农村的增量要明显高于上年，政府土地出让收入用于农村建设的增量要明显高于上年”。虽然中央财政和地方财政支农力度有时也达不到这些标准，但这些政策和标准毕竟起到了督导作用，切实完善了财政支农投入机制、支农惠农强农机制、支农资金整合机制以及支农资金监管机制，优化了财政支农方式，支持了农业现代化发展。

（四）金融支农制度创新

在政策运筹方面，我国通过实行税收优惠、差别化存款准备金率、系统化和多元化发展等政策，以及健全强化服务职责、推进服务创新、规范农贷业务、建立征信机制等金融支农制度，逐步创立了“政银担”模式、“银行贷款＋风险补偿金”模式、“政银保”模式、“两权抵押贷款”模式、“农村信用社小额信贷”模式、“农产品价格指数保险”模式、“农机融资租赁”模式、“双基联动合作贷款”模式、“互联网＋农村金融”模式、“农业领域 PPP”模式等财政支农创新模式。

在推进创新方面，我国主要通过改革金融体制、增加新金融工具等手段进行金融制度创新、金融市场创新、金融产品创新、金融机构创新、金融资源创新、金融科技创新、金融管理创新等方面的金融创新，使金融组织体系的建设状况和运作质量不断改善，使金融市场由封闭型向开放型转变，使金融产品的特色和信誉不断增强，使金融机构体系更加完善，使金融资源的来源、结构、聚集方式丰富多彩，使金融科技的威力不断显现，使金融管理水平不断提高。

在鞭策回归本源方面，我国政府正在扭转设在农村的金融机构光吸储不贷款，或者多吸储少贷款，源源不断把农村资金转移到城市和工商业的非正常做法，要求设在农村的金融机构要彻底改变“抽水机”做法，引导金融资源向“三农”倾斜，推动设在农村的金融机构职能回归本源和服务“三农”——将在农村吸储的闲散资金绝大部分用在“三农”发展方面。为此，2019 年中央 1 号文件不仅专门强调“推动农村商业银行、农村合作银行、农村信用社逐步回归本源，为本地‘三农’服务”，而且还要“研究制定商业银行‘三农’事业部绩效考核和激励的具体办法”。

在保险服务方面，我国在完善农业保险过程中，坚持了“扩面、增品、提标”原则，即承保覆盖面从小到大，品种从少到多，标准从低到高，进行了重点选择性扶植；不仅种植业、养殖业均有一定比例的产品生产参加了农业保险，稳步扩大了政策性农业保险试点范围，而且2019年中央1号文件又专门强调，主要粮食作物的成本保险试点和收入保险试点要发展，农业大灾保险试点和“保险＋期货”试点要扩大，以奖代补地方优势特色农产品保险试点要探索。

（五）优先发展制度创新

为了消弭农业现代化“短腿”缺憾，真正实现新型工业化、城镇化、信息化、农业现代化“四化”同步发展，党的十九大报告和2019年中央1号文件中一再强调，要“坚持农业农村优先发展”，要“完善农业农村优先发展制度的法律保障”，而且要求做到优先考虑干部配备、优先满足要素配置、优先保障公共财政投入、优先安排公共服务等“四个优先”。

二、中国特色新型农业现代化道路实践模式创新的显著绩效

中国特色新型农业现代化道路实践模式创新的显著绩效，主要体现在农业综合生产能力攀上新台阶，物质技术装备水平跃到新高度，产业格局显现新变化，农民收入实现新跨越，适度规模经营呈现新局面，典型探索取得新突破等方面。

（一）农业综合生产能力攀上新台阶

粮食作物方面，稻米、小麦、玉米、马铃薯等主粮作物持续增产，经济作物方面，肉、蛋、奶、水产品、水果、蔬菜等“菜篮子”产品供应充足；农产品质量安全水平稳步提高；现代农业标准体系不断完善，国家标准体系、地方标准体系、行业标准体系越来越健全，并越来越接近于发达国家的标准水平。

全国粮食产量已由1949年的11 318万吨增长到2018年的65 789万吨，增长了4.81倍，平均每年增长约7％；人均粮食占有量也不断攀升，已由1949年的209千克/人增长到2018年的443千克/人，增长了1.12倍，平均每年增长1.6％。

尤其是，通过连续发布和实施2003—2007年、2008—2015年两个阶段的“优势农产品区域布局规划”，规划和建设了水稻、小麦、玉米、大豆、棉花、油菜、甘蔗、苹果、柑橘、生猪、奶肉牛、肉羊、出口水产品、马铃薯、天然橡胶等16个优势农产品；通过连续发布和实施2006—2015年、2003—2020年两个阶段的“特色农产品区域布局规划”，规划和建设了莲藕、魔芋、莼菜

等 14 种特色蔬菜，葡萄、特色梨、特色桃等 25 种特色果品，芸豆、绿豆、红小豆等 19 种特色粮油，红茶、乌龙茶、普洱茶等 5 种特色饮料，鲜切花、种球花卉、盆栽花卉、园林花卉等 4 种特色花卉，蚕茧、苎麻、亚麻、剑麻等 4 种特色纤维，三七、川贝母、天麻等 25 种道地中药材，牦牛、延边牛、渤海黑牛等 22 种特色草食畜，金华猪、乌金猪、香猪等 11 种特色猪禽蜂，鲍鱼、海参、海胆等 15 种特色水产。

还通过发布和实施《国务院关于建立粮食生产功能区和重要农产品生产保护区的指导意见》，规划和建设了 11.1 亿亩的粮食生产功能区和 2.38 亿亩的重要农产品生产保护区。其中，粮食生产功能区具体包括由东北平原、长江流域、东南沿海优势区组成的 3.4 亿亩水稻主产区，由黄淮海地区、长江中下游、西北及西南优势区组成的 3.2 亿亩小麦主产区，由松嫩平原、三江平原、辽河平原、黄淮海地区以及汾河和渭河流域等优势区组成的 4.5 亿亩玉米主产区；重要农产品生产保护区具体包括东北部地区为重点、黄淮海地区为补充的 1 亿亩大豆区，新疆为重点、黄河流域和长江流域主产区为补充的 3 500 万亩棉花区，长江流域为重点的 7 000 万亩油菜籽区，广西、云南为重点的 1 500 万亩糖料甘蔗区，海南、云南、广西为重点的 1 800 万亩天然橡胶区。

（二）物质技术装备水平跃到新高度

这一点，从表 11-1 的多个指标跃升中可以得到证实。

表 11-1　1978—2017 年物质技术装备水平变化情况

指标	1978 年	2017 年	增加数（或百分点）	年均增长（或百分点）
耕地灌溉面积（千公顷）	44 965.0	67 815.6	22 850.6	585.9
农业科技进步贡献率（%）	16.8	57.5	40.7	1.04
农业机械总动力（万千瓦）	11 749.9	98 783.3	87 033.4	2 231.6
主要农作物耕种收综合机械化率（%）	5.8	66.5	60.7	1.56
主要农作物良种覆盖率（%）	13.5	96.3	82.8	2.12
主要农产品加工转化率（%）	5.5	66.1	60.6	1.55

我国的耕地灌溉面积，已经由 1978 年的 44 965.0 千公顷发展到 2017 年的 67 815.6 千公顷，增加了 22 850.6 千公顷，年均增长 585.9 千公顷。同时，2017 年农田有效灌溉面积占耕地总面积之比达到了 50.3%，这表明全国旱涝保收农田达到了一多半，农业正在迈上“身强骨健”的新阶段。

我国的农业科技进步贡献率，已经由 1978 年的 16.8%发展到 2017 年的

57.5%，增加了40.7个百分点，年均增长1.04个百分点。这标志着我国现代农业的发展，已经到了从要素投入驱动走向科技创新驱动的阶段。

我国的农业机械总动力，已经由1978年的11 749.9万千瓦发展到2017年的98 783.3万千瓦，增加了87 033.4万千瓦，年均增长2 231.6万千瓦。这标志着我国的农业生产方式，已经大幅度由传统方式向现代方式转变。

我国的主要农作物耕种收综合机械化率，已经由1978年的5.8%发展到2017年的66.5%，增加了60.7个百分点，年均增长1.56个百分点。这标志着我国农业机械化的发展水平，已经由低水平到了较高的水平。

我国的主要农作物良种覆盖率，已经由1978年的13.5%发展到2017年的96.3%，增加了82.8个百分点，年均增长2.12个百分点。这标志着我国现代农业发展的生产用种，已经基本上全部实现更新换代。

我国的主要农产品加工转化率，已经由1978年的5.5%发展到2017年的66.1%，增加了60.6个百分点，年均增长1.55个百分点。这标志着我国农产品加工业发展迅猛，正在由农产品生产大国迈向农产品加工大国。

可以毫不夸张地讲，现代设施装备、现代科学技术支撑现代农业发展的格局已经初步形成。

（三）产业格局显现新变化

改变了粮食作物的独大格局，经济作物、饲料作物播种面积不断增加，农作物中粮食作物、经济作物、饲料作物之比，已经由1978年的80.34∶19.16∶0.50，发展到2017年的65.80∶28.56∶5.64，不断地趋于合理化。

农产品加工业产值与农业总产值之比，已经由1978年的0.87∶1发展到2017年的2.2∶1，越过了一个国家或地区农业是否发达的第一个门槛——农产品加工业是农业总产值的2倍以上，农业产业化经营力度越来越大。

畜牧业产值与种植业产值之比，已经由1978年的1∶5.33发展到2017年的1∶1.97，虽然大大缩小，但还远远没有越过一个国家或地区农业是否发达的第二个门槛——畜牧业产值超过种植业产值。

订单农业、会展农业、设施农业、工厂化农业、休闲观光农业、多功能农业、创意农业、“互联网+”农业、生物农业、智慧农业、数字农业、大数据农业、社区支持农业、认养农业、共享农业、体验农业、个人定制农业、植物工厂等农业新业态、新产业、新经济不断涌现，农村一二三产业融合发展的势头十分迅猛，农产品电子商务等新型业态蓬勃兴起，农产品通过电商网络实现外销的比重大约达到了30%。

发展生态友好型农业、绿色农业、质量农业等已经成为全社会的共识，我国无公害农产品、绿色农产品、有机农产品的合计占比已经达到98%以上，农产品质量安全层次越来越高。全国各地也正在将创新、协调、绿色、开放、共享等新发展理念以及“绿水青山就是金山银山”理念，自觉地运用到推进农业现代化进程的实践中。

我国正在持续实施藏粮于地、藏粮于技战略，“藏粮于地”通过采取轮作休耕，可通过把粮食生产能力储存在土地中确保土地的粮食可持续生产能力，“藏粮于技”是走依靠科技进步、提高单产的内涵式发展道路，可通过应用一代、储备一代、开发一代确保粮食科技的可持续应用、储存、研发能力，凸显了可持续的粮食综合生产能力和保障国家粮食安全新路径。

（四）农民收入实现新跨越

2018年农村居民人均可支配收入14 617元，与2010年农村居民人均纯收入5 919元相比，增长了1.47倍。尤其是，突显出两大特点：一是农民收入的构成发生了较大变化。已经由过去单纯的经营性收入拓展为农民经营性收入、工资性收入、财产性收入、转移性收入等多个方面。其中，经营性收入比较稳定，而工资性收入增长很快，已经超过了经营性收入，占到了农民总收入的50%以上；财产性收入在国家政策的普惠下，也呈现出比较明显的增长态势，随着国家强农惠农政策的陆续推出，农民的财产性收入势必会呈现出加速增长态势。二是农民收入增幅已经连续多年高于城镇居民收入增幅和国民生产总值增幅，城乡居民收入差距在2003年之前总体上呈现扩大趋势，一度达到最高的3.33∶1；尤其是2004年以后，城乡居民收入差距总体上呈现缩小趋势，已经缩小到2018年的1.93∶1。随着国家农业供给侧结构性改革政策、农村一二三产业融合发展政策、乡村振兴战略以及其他多个促进农民增收的政策的贯彻落实，农民收入增加的幅度势必会更快更大，农民成为高收入正式职业的日子已经越来越近了。

（五）适度规模经营呈现新局面

以土地制度、经营制度、产权制度、支持保护制度为重点的农业农村改革深入推进，家庭经营、合作经营、集体经营、企业经营共同发展，多种形式的适度规模经营比重明显上升。

就土地制度、经营制度、产权制度、支持保护制度改革而言，均在朝着有利的方向调整。土地制度改革方面，我国通过平均分配土地保证了土地资源的合理分配，又通过土地的“三权分置”和宅基地的“三权分置”等制度放活耕地、宅基地的使用权，保证了土地的有效使用，还通过实施土地流转、耕地保护、土地用途管制等制度保证了土地的规模经营、数量红线以及质量不下降；经营制度改革方面，我国通过实行以家庭承包经营为基础、统分结合的双层经营制度这一农村基本经营制度以及保持现有土地承包关系稳定并长久不变调动了亿万农民的生产、投资积极性，又通过实现农业发展方式转变促进了农业的转型升级，还通过扶持发展新型农业经营主体加快现代农业和农业现代化进程；产权制度改革方面，我国通过完善产权保护制度保证了农民经济财产权不可侵犯，又通过试行农村土地承包经营权、宅基地使用权和林权可抵押贷款等制度盘活农业生产经营活动，还通过土地收益制度改革增加农民的财产性收入；支持保护制度改革方面，我国通过明晰政策内涵实现了对农业从“取”到“予”再到“优先发展”的根本性转变，通过完善政策体系形成了对农业生产体系、产业体系和经营体系的全面支撑，通过丰富政策工具增加了对农业进行支持保护的多种手段和方式。

就家庭经营、合作经营、集体经营、企业经营共同发展而言，均在朝着好的方向发展。家庭经营方面，不仅通过实行以家庭承包经营为基础、统分结合的双层经营体制带来了我国农业农村乃至整个国家经济、居民生活的历史性变化，而且一家一户的小规模分散经营正通过蜕变为种养大户、家庭农场或通过加入农民专业合作社、农业产业化龙头企业以及农业产业化联合体等实现了与现代农业发展的有机衔接；合作经营方面，不仅通过政策支持发展了集体经济组织、专业合作社、股份合作制企业等多种类型，而且正通过改善微观经济基础、提供多种服务、提供混合公共产品延伸拓展职能和呈现明显综合效应；集体经营方面，不仅通过发展新型集体经济恢复活力和壮大规模，而且通过建设集体经济强村，增强集体经营发展后劲；企业经营方面，不仅通过坚定不移地施行“两个毫不动摇”支持和鼓励企业发展，而且通过一二三产业融合发展催生新业态新产业新经济，促进多种形式的适度规模经营成为时尚。

（六）典型探索取得新突破

东部沿海地区、大城市郊区、大型垦区的部分县市已经基本实现农业现代化，国家现代农业示范区成为引领全国农业现代化的先行区，农业现代化已经跨入全面推进、造就特色、重点突破、塑新创型、梯次实现的新时代。

就东部沿海地区、大城市郊区、大型垦区的部分县市已经基本实现农业现代化来讲，已经的的确确走在了前列。东部沿海地区借助其经济发展、农业机械化、资金和人才储备、国家相关政策等优势因势而谋，正谋划和推动着本区域率先实现农业现代化；大城市郊区借助其市场优势、资金优势、技术优势、人才优势等应势而动，将特色农业发展得风生水起；大型垦区的部分县市借助其经营规模大、机械化水平较高、人力资本优势等优势顺势而为，将家庭农场发展得如火如荼。

就国家现代农业示范区成为引领全国农业现代化的先行区来讲，已经扎扎实实见到了成效。农业农村部先后公布了三批国家现代农业示范区，分别为50个、101个、132个，合计为283个。到2017年11月底，已经有120个基本实现了农业现代化，占到了42.4%；但东部地区、中部地区、西部地区、东北部地区四个地区存在比较大的差距——东部地区大约占到了一半，中部地区、西部地区、东北部地区三个地区合计大约占到了一半，西部地区多于中部地区、东北部地区，东北部地区最少。

就农业现代化已经跨入全面推进、造就特色、重点突破、塑造新型、梯次实现的新时代来讲，确确切切迈出了步伐。全面推进方面，国家和地方层面都从一般重视到高度重视，从上到下全方位推动农业现代化工作；造就特色方面，国家和地方层面都在因地制宜、因时制宜、因需制宜、因势利导，鲜明地显示地方特色农业现代化所表现的独特的色彩、风格、形式和特征等；重点突破方面，国家和地方层面都在力求重要的或主要的部分打开缺口或打破难关；塑造新型方面，国家和地方层面都在创立和塑造新类、新式的农业现代化模式；梯次实现方面，国家和地方层面都在依照一定次序分级或分批地力促农业现代化成为现实。

第十二章　中国特色新型农业现代化道路实践模式创新的经验总结和教训反思

一、中国特色新型农业现代化道路实践模式创新的经验总结

中国特色新型农业现代化道路实践模式创新的经验，可以总结为坚持了对农业的首位度认知，坚持了对国情的适应度迎合，坚持了对科技的支撑度提升，坚持了对市场的调节度推进，坚持了对农民权益的保护度增加，坚持了对制度创新的持续性引领等“六个坚持”。

（一）坚持了对农业的首位度认知

早在 1956 年 1 月，我国就提出了“农业是国民经济的基础”。1959 年党的八届八中全会上，我国又提出要纠正大跃进时期执行的“安排国民经济的次序是重、轻、农”为“以农轻重位顺序发展国民经济”。为了推动农业发展和实现农业现代化，我国首先对农业经营制度进行了改革，并在 1982—1986 年、2004—2019 年，通过两轮共颁布了 21 个中央 1 号文件，以明示农业是安天下的产业，进而必须加强农业的基础地位，以防止因忽视农业而导致农业衰退，进而拖累整个国民经济发展，以鼓励现代农业发展，进而推动农业现代化朝前迈进。

（二）坚持了对国情的适应度迎合

中共中央、国务院的诸多涉及农业现代化的文件多次明确和强调，我国推进和实现农业现代化必须结合我国地域广阔、自然状况多有不同、资源禀赋差异悬殊、人口多耕地少、农业资源相对紧缺、农业基础比较薄弱、农业生产力水平比较落后等国情。要求各地在推进和实现农业现代化的过程中，一定要认识到农业现代化是由自然资源情况、经济发展水平、人口数量和素质、社会制度等多种因素综合作用的过程和结果，必须从国情出发，密切联系各地域情、农情，因地制宜地进行多元化的科学选择，坚持不懈地走中国特色农业现代化道路，而不能盲目照搬西方发达国家实现农业现代化的路子；一定要认识到农业现代化是不时变化的动态范畴，在不同发展时期及不同发展阶段，都会表现出不同内涵，在推进和实施农业现代化的过程中，还必须坚持“分地区、分阶

段、差别推进、多种模式、分类指导”等原则，鼓励“东部沿海地区和大中城市郊区，有条件的地区要率先基本实现农业现代化”。

（三）坚持了对科技的支撑度提升

实事求是地讲，新中国成立以来，我国还是比较注重农业科技发展的。农业发展的每一个阶段，无一不是以技术变革为动力、以技术进步为标志。实践中，农业机械、良种、化肥、农药等技术突破和广泛应用，也的确带动了现代农业生产。自党的十一届三中全会之后，尤其是邓小平强调“将来农业问题的出路，最终要由生物工程来解决，要靠尖端技术”，以及农业问题“最终可能是用科学解决”以来，我国在推进和实现农业现代化过程中，更加重视现代农业科技发展、农业科技进步和现代要素的作用。为此，我国 1986 年实施了“星火计划”——中国依靠科学技术促进农村经济发展的计划，1991 年实施“863 计划”——国家高技术研究发展计划，1998 年实施了“973 计划”——国家重点基础研究发展计划。这些众多重大高科技计划的实施和诸多陆续发明创造的农业科技成果推广应用到田间地头，直接推动了我国农业科技显著创新和农业科技长足进步。很典型的一个例子是，我国粮食产量基本上是连年增产，而且增产的 60%，都是靠现代农业科技和现代要素投入支撑的，农业科技进步贡献率已从 1990 年的 37.7%跃升到了 2018 年的 58.3%，增加了 20.6 个百分点。

（四）坚持了对市场的调节度推进

我国的农产品流通体制，大致经历了新中国成立初期（1949—1951 年）的自由购销流通体制，统购统销流通体制（1952—1984 年），朝着市场化方向改革的流通体制（1985—1992 年），基本完全市场化的流通体制（1993 年至今）等几个阶段。自 1985 年开始市场化改革以来，越来越重视发挥市场的作用，主要以市场为导向，把传统农业的自给为主取向和相对封闭的环境，改变为现代农业发展必需的商品化经营、市场化经营以及完全开放的环境，把农业生产经营者的大部分经济活动都纳入市场交易范畴，使农产品商品率得以提高，也使市场取向成为农业生产经营者采用高新技术、发展现代农业、提高农业现代化水平新功能的动力源泉。尤其是近几年来，伴随农业国际化、农业全球化步伐的不断加快，越来越瞄准国际、国内“两个市场”。农业的发展形式也开始朝着商品化农业、市场化农业、外向型农业、开放型农业方向迈进。

（五）坚持了对农民权益的保护度增加

客观地讲，新中国成立后有较长的一段时间，通过提高工农业产品价格剪刀差，征收农业税和农业特产税，截留和挪用土地收益，堂而皇之地将农民不合理的负担（如“三提五统”）合理化等多种途径，从农业拿走了许多财富和利益，但限于当时敌对国家紧逼的形势，甚至也可以说是情非得已或万不得已。自从中国度过了严峻危险期，尤其是党的十一届三中全会召开之后的四十年，我国对农民权益的保护力度逐年增加，连续多年通过党代会报告、中央1号文件等高层文件，反复强调保护和提高农民的经济权益和利益，以便充分发挥农民的积极性、创造性和首创精神，以便增强农业发展活力，以便巩固农业发展好形势，以便为实现农业现代化提供根本保证。

（六）坚持了对制度创新的持续性引领

应该说，改革开放之前，我国所走的互助组、合作社、人民公社的农业经营体制变化并不是一无是处，但由于想得过于简单了，走得过于急了，没有考虑甚至忽略掉了广大农民的亲身感受，农业制度创新可谓是褒贬各半，甚至褒少贬多。自党的十一届三中全会上作出“把全党工作重点转移到社会主义现代化建设上来”的战略决策以来，我国开始反思和纠正已有的农业制度，制定和实施更加完善的利农政策。最典型的是，我国对农业经营体制进行的改革和创新。从对农业经营体制的认识和概括来看，经历了从“生产责任制”到“双层经营体制”、再到“经营体系”的演变，先是把“统”和“分”的优势结合起来引起各方关注，之后针对实践中“分”的分化和“统”的多元化逐步强调构建新型农业经营体系；从集体成员获得的土地权能来看，经历了从债权性的“生产经营自主权”到物权性的“土地承包经营权”的演变，我国通过明晰化、合法化、增强化、扩大化农民对土地的占有、使用、收益等三大权能，使土地承包经营权能不断扩张；从农业经营形态看，经历了从“家家包地、户户种田”到“流转集中、规模经营”、从社区集体经济组织提供服务到多元主体提供服务的演变。“分”的层面以土地流转集中为主线逐步发展多种形式的适度规模经营，“统”的层面围绕一家一户办不了、办不好、办起来不合算的生产经营环节逐步培育新型服务主体，“统”与“分”的结合层面逐步建立多元利益联结机制。

二、中国特色新型农业现代化道路实践模式创新的教训反思

中国特色新型农业现代化道路实践模式创新的教训，主要反思为在本质认知上长久局限、多有瑕疵，在目标制定上主观教条、狭隘简单，在政策实施上存在误区、有失偏颇，在具体措施上有摇摆不定、顾此失彼，在推进力度上长

期偏小、言强行弱等方面。

（一）在本质认知上长久局限、多有瑕疵

比如说，对农业现代化本质规律的认知上，仅仅看作是“农业的事”，好像与农村、农民无关，所以，纳入政府视野的推进农业现代化的政策措施，也绝大多数都是仅仅局限在农业的范围内，甚至把农业全过程也割裂开来，没有考虑到贮藏、加工、销售、消费等诸多环节，仅仅局限于农业生产部门的现代化，忽视了对农业现代化极具影响的“农村现代化”“农民现代化”“农民生活现代化”等不可忽视的核心目标，换句话说，是缺乏实现农业现代化过程中对农村经济和社会发展的合理安排。

（二）在目标制定上主观教条、狭隘简单

比如说，对于农业现代化的目标制定，长时间停留在“四化”（农业机械化、农业化学化、农业水利化、农业电气化）上，尤其是长时间停留在农业机械化上。认为只要实现了“四化”乃至只要实现了农业机械化，就是实现了农业现代化。后来，虽然陆续增加了“科学化”“集约化”“社会化”“商品化”以及“产业化”“标准化”“专业化”“规模化”“企业化”等“N 化”，结果是，提出的越来越多的“……化”，不仅都没有跑出“农业……化”的狭窄思维，而且制定的考核指标体系也越来越复杂。

（三）在政策实施上存在误区、有失偏颇

比如说，20 世纪 50—60 年代，我国尽管确立了“四化”的具体内容，但在具体实施上，前面一段时间，先提出了“先合作化，后机械化”的模式，在一段时间内，使合作化风生水起、喧嚣尘上，风头几乎完全盖过了机械化；后面一段时间，又提出了“农业的根本出路在于机械化”，此后的一段时间，人们几乎将农业机械化作为了农业现代化的同义词。此后一直到 1979 年，邓小平同志明确指出“农业现代化不单单是机械化，还包括运用和发展科学技术”，全国才把农业现代化的重心转移到农业科技创新和农业科技进步上来。

（四）在具体措施上摇摆不定、顾此失彼

一是在育种上，增加产量与提高品质长期摇摆不定。尤其是，在增加产量与提高品质有一定矛盾、二者很难兼得的情况下，一阵子提要确保国家粮食安全就要重视增加产量，一会儿提要确保优质安全农产品供给就要重视提高品质，使农业科技工作者举棋不定，这几年着力增加产量，那几年又着力提高品

质。即使到了目前，也很难达到增加产量与提高品质兼得。

二是在生产中，社会效益与经济效益、生态效益长期没有兼顾。尤其是，为了提高农业综合生产能力，长期鼓励多用化肥、农药等增产措施，结果农产品产量上去了，社会效益好了，或者说“米袋子”“菜篮子”保障好了，但农民获得的经济收益不理想，生态效益也很差，生态环境问题一度十分严重。

三是在耕地利用与耕地保护中，重利用轻保护。尤其是，为了保障粮食安全，不仅长时间地乱开滥垦草地、林地、湖泊、浅海、湿地等土地用于粮食生产，而且不遗余力地使用地力，结果是，粮食安全有保障了，但对土壤、草地、林地、湖泊等生态环境造成了严重破坏，最后不得不退耕还草、退耕还林、退耕还湖、退耕还海、退耕还湿。

四是在承继农耕文明精华与研发应用现代农业科技中，扬现代农业科技，弃农耕文明精华。尤其是，为了省劲、偷懒和所谓的“卫生”，放弃了堆积和使用农家肥、人工除草、人工防治病虫、精耕细作、循环农业等农耕文明精华，而过多地使用化肥、农药、除草剂、粗耕糙作、傻瓜农业等现代农业科技成果，没有很好地做到农耕文化精髓与现代农业科技成果耦合使用。

（五）在推进力度上长期偏小、言强行弱

党的十八大之前，虽然提出了实现农业现代化的目标，但在全社会都致力于“超英赶美”事业，中央提出优先发展工业尤其是重工业的大背景下，实现农业现代化也仅仅只是提提、作为口号而已，推进的力度很小，而且在较长的一段时间内，误解了“农业是国民经济的基础”的涵义，把农业、农村、农民作为了为工业发展提供食品、资金、原料等原始积累的基础，剥夺了“三农”若干年，直接抽干了实现农业现代化的元气。最典型的是，在很多年份，只要粮食丰收了，或者说“粮食过关了”，就习惯性地等同“农业过关了”，不再重视现代农业发展和农业现代化的实现，全国各地农业现代化水平提高缓慢。直到党的十八大以来，才真正地把推进和实现农业现代化摆到了“既有言也有行”的正确位置。

第十三章　中国特色新型农业现代化道路实践模式创新的量化评价

一、主成分分析法

著者使用主成分分析法、层次分析法两种方法分别量化。

先使用主成分分析法。

通过对如表 13-1 数据的计算，得到可以使用的指标（表 13-2）。其中，劳动生产率＝第一产业增加值/第一产业就业人员数，农业人均 GDP＝第一产业增加值/乡村人口数，土地生产率＝第一产业增加值/耕地面积。

将所有 8 个指标都选入，用主成分分析法提取主成分。结果如表 13-3 所示。

从表 13-3 可以看出，KMO 和 Bartlett 球体检验结果是 $KMO=0.672$，卡方值是 489.629。根据 Kaiser 给出的度量标准：0.6 中等、0.7 一般、0.8 合适，Bartlett 球体检验的 P 值为 0.000，表明反映农业现代化水平的 8 个指标相关矩阵间有共同因素存在，由此可知，该组数据可以做主成分分析。

从表 13-4 中看出，公因子方差均超过 0.85。

通过解释的总方差多少来判断，提取 2 个主成分，共解释方差变动的 95.286%，这表明这 2 个主成分基本保持了原来 8 个指标的绝大部分信息。根据成分得分系数矩阵（表 13-5）可以计算各主成分得分，结合各主成分对方差的解释能力（表 13-6），依次计算权重为 90.181/95.286＝94.64%、5.105/95.286＝5.36%，将 2 个主成分得分加权后的综合得分定义为农业现代化水平。

通过计算所有指标的均值、标准差，考虑 2 个主成分得分的系数矩阵和权重，则农业现代化水平得分计算公式为：

$$\begin{aligned}\text{农业现代化水平}=&0.180\times D(X_1)+0.142\times D(X_2)+0.103\times D(X_3)+\\&0.134\times D(X_4)+0.108\times D(X_5)+0.110\times D(X_6)+\\&0.117\times D(X_7)+0.111\times D(X_8)\end{aligned}$$

其中，$D(X_i)$ 表示指标 X_i 在当年的标准化分数，即 $D(X_i)=(X_i-X_i$ 的平均值$)/X_i$ 的标准差。每年的农业现代化水平分数都可以用上述公式计算得到，计算结果见表 13-7。

表 13－1　1997—2017 年农业现代化常用指标原始数据汇总

年份	第一产业增加值（亿元）	第一产业就业人员（万人）	农村居民人均可支配收入（元）	居民消费价格指数（上年＝100）	耕地面积（万公顷）	有效灌溉面积（千公顷）	全社会固定资产投资（亿元）	农、林、牧、渔业全社会固定资产投资（亿元）	农业机械总动力（万千瓦）	高中及高中以上学历占比（%）
1997	14 265.2	34 840.2	2 090.1	102.8	13 004.0	51 239.0	9 917.0	153.9	42 015.6	4.01
1998	14 618.7	35 177.2	2 162.0	99.2	13 004.0	52 296.0	11 916.4	225.4	45 207.7	8.91
1999	14 549.0	35 768.4	2 210.3	98.6	13 004.0	53 158.0	12 455.3	299.0	48 996.1	13.80
2000	14 717.4	36 042.5	2 253.4	100.4	13 004.0	53 820.0	13 427.3	360.9	52 573.6	14.76
2001	15 502.5	36 398.5	2 366.4	100.7	12 761.6	54 249.4	14 820.1	434.6	55 172.1	15.96
2002	16 190.2	36 640.0	2 475.6	99.2	12 593.0	54 355.0	17 666.6	587.8	57 929.9	17.17
2003	16 970.2	36 204.4	2 622.2	101.2	12 339.2	54 014.0	55 566.6	1 652.3	60 386.5	18.86
2004	20 904.3	34 829.8	2 936.4	103.9	12 247.3	54 478.0	70 477.4	1 890.7	64 027.9	19.16
2005	21 806.7	33 441.9	3 254.9	101.8	12 207.3	55 029.0	88 773.6	2 323.7	68 397.9	18.00
2006	23 317.0	31 940.6	3 587.0	101.5	12 180.6	55 750.0	109 998.2	2 749.9	72 522.1	19.15
2007	27 788.0	30 731.0	4 140.4	104.8	12 173.9	56 518.0	137 323.9	3 403.5	76 589.6	19.97
2008	32 753.2	29 923.3	4 760.6	105.9	12 171.6	58 472.0	172 828.4	5 064.5	82 190.4	20.39
2009	34 161.8	28 890.5	5 153.2	99.3	13 538.5	59 261.0	224 598.8	6 894.9	87 496.1	21.08
2010	39 362.6	27 930.5	5 919.0	103.3	13 526.8	60 348.0	251 683.8	7 923.1	92 780.5	22.96
2011	46 163.1	26 594.2	6 977.3	105.4	13 523.9	61 682.0	311 485.1	8 757.8	97 734.7	25.52
2012	50 902.3	25 773.0	7 916.6	102.6	13 515.8	62 490.5	374 694.7	10 996.4	102 559.0	26.71
2013	55 329.1	24 171.0	8 895.9	102.6	13 516.3	63 473.0	446 294.1	13 478.8	103 906.8	27.84
2014	58 343.5	22 790.0	9 892.0	102.0	13 505.7	64 540.0	512 020.7	16 573.8	108 056.6	28.23
2015	60 862.1	21 919.0	10 772.0	101.4	13 499.9	65 872.6	561 999.8	21 042.7	111 728.1	29.77
2016	63 672.8	21 496.0	11 660.1	102.0	13 492.1	67 149.0	606 465.7	24 853.1	97 250.3	29.85
2017	65 467.6	20 944.0	12 668.3	101.6	13 486.3	67 851.0	641 238.4	26 708.0	99 017.0	31.43

从表 13－7 中可以看出：除了 2009 年，其他年份农业现代化水平一直是递增的。原因是 2009 年对耕地面积进行了普查，之后耕地面积相对于以前的数据出现了跳跃性增加，进而导致单位耕地总动力、有效灌溉率、土地生产率三个指标数据较小，使得计算出的农业现代化水平较低。

表 13－2 衡量农业现代化常用指标数据汇总

年份	农、林、牧、渔业全社会固定资产投资占全社会固定资产投资（%）X_1	高中及高中以上学历占比（%）X_2	单位耕地总动力（千瓦/公顷）X_3	有效灌溉率（%）X_4	土地生产率（元/公顷）（以 2010 年价格衡量）X_5	劳动生产率（元/人）（以 2010 年价格衡量）X_6	农村居民人均可支配收入（元）（以 2010 年价格衡量）X_7	农业人均 GDP（元/人）（以 2010 年价格衡量）X_8
1997	1.55	4.01	3.23	39.40	13 310.09	4 967.95	2 536.02	2 056.20
1998	1.89	8.91	3.48	40.22	13 749.92	5 082.95	2 644.36	2 150.30
1999	2.40	13.80	3.77	40.88	13 878.67	5 045.74	2 741.89	2 199.93
2000	2.69	14.76	4.04	41.39	13 983.37	5 045.15	2 784.20	2 249.46
2001	2.93	15.96	4.32	42.51	14 904.78	5 225.73	2 903.47	2 390.67
2002	3.33	17.17	4.60	43.16	15 901.56	5 465.29	3 061.98	2 559.38
2003	2.97	18.86	4.89	43.77	16 808.75	5 728.78	3 204.86	2 698.82
2004	2.68	19.16	5.23	44.48	20 077.82	7 060.01	3 454.11	3 248.12
2005	2.62	18.00	5.60	45.08	20 641.63	7 534.80	3 761.06	3 380.26
2006	2.50	19.15	5.95	45.77	21 792.67	8 310.68	4 083.60	3 628.32
2007	2.48	19.97	6.29	46.43	24 795.43	9 822.59	4 497.63	4 222.03
2008	2.93	20.39	6.75	48.04	27 602.98	11 227.78	4 883.30	4 772.40
2009	3.07	21.08	6.46	43.77	26 065.85	12 214.79	5 323.23	5 118.97
2010	3.15	22.96	6.86	44.61	29 099.65	14 093.05	5 919.01	5 865.12
2011	2.81	25.52	7.23	45.61	32 385.73	16 469.01	6 619.82	6 670.83
2012	2.93	26.71	7.59	46.24	34 826.23	18 263.52	7 320.65	7 329.35
2013	3.02	27.84	7.69	46.96	36 894.29	20 631.16	8 017.80	7 920.39
2014	3.24	28.23	8.00	47.79	38 171.47	22 621.04	8 740.75	8 333.07
2015	3.74	29.77	8.28	48.79	39 286.55	24 196.51	9 386.92	8 788.71
2016	4.10	29.85	7.21	49.77	40 318.19	25 305.95	9 961.62	9 224.17
2017	4.17	31.43	7.34	50.31	40 819.30	26 284.48	10 652.52	9 547.22

表 13－3 KMO 和 Bartlett 检验

取样足够度的 Kaiser—Meyer—Olkin 度量		0.672
Bartlett 球形度检验	近似卡方	489.629
	自由度	28
	显著性	0.000

表 13－4　公因子方差

	初始	提取
农林牧渔业全社会固定资产投资占全社会固定资产投资（%）	1.000	0.983
高中及高中以上学历占比	1.000	0.953
单位耕地总动力（千瓦/公顷）	1.000	0.913
有效灌溉率（%）	1.000	0.876
土地生产率（元/公顷）	1.000	0.998
劳动生产率（元/人）	1.000	0.963
农业人均 GDP（元/人）	1.000	0.983
农村居民人均可支配收入（元）	1.000	0.963

表 13－5　成分得分系数矩阵

	成分	
	1	2
农林牧渔业全社会固定资产投资占全社会固定资产投资（%）	0.115	1.321
高中及高中以上学历占比	0.134	0.285
单位耕地总动力（千瓦/公顷）	0.131	−0.374
有效灌溉率（%）	0.129	0.231
土地生产率（元/公顷）	0.136	−0.397
劳动生产率（元/人）	0.135	−0.318
农业人均 GDP（元/人）	0.136	−0.333
农村居民人均可支配收入（元）	0.135	−0.213

表 13－6　总方差解释

成分	初始特征值			提取载荷平方和		
	总计	方差百分比	累积 %	总计	方差百分比	累积 %
1	7.221	90.263	90.263	7.221	90.263	90.263
2	0.411	5.135	95.399	0.411	5.135	95.399
3	0.242	3.027	98.426			
4	0.099	1.232	99.658			
5	0.024	0.297	99.954			
6	0.003	0.038	99.992			
7	0.001	0.008	99.999			
8	4.226E－5	0.001	100.000			

表 13-7　1997—2017 年农业现代化水平得分

年份	分子 1 得分	分子 2 得分	农业现代化水平得分
1997	−1.615 49	−1.957 22	−1.633 88
1998	−1.386 66	−1.079 62	−1.370 13
1999	−1.139 92	0.161 42	−1.069 87
2000	−1.018 55	0.775 61	−0.921 97
2001	−0.852 39	1.279 51	−0.737 63
2002	−0.670 85	2.075 26	−0.523 03
2003	−0.624 25	1.282 32	−0.521 62
2004	−0.505 11	0.379 06	−0.457 52
2005	−0.444 06	0.080 25	−0.415 84
2006	−0.328 09	−0.293 05	−0.326 20
2007	−0.141 27	−0.622 80	−0.167 19
2008	0.166 19	0.090 49	0.162 12
2009	0.038 15	0.102 12	0.041 59
2010	0.299 89	−0.023 85	0.282 46
2011	0.521 98	−1.039 78	0.437 91
2012	0.757 13	−1.085 43	0.657 95
2013	0.969 40	−1.129 33	0.856 43
2014	1.188 15	−0.901 08	1.075 69
2015	1.473 73	0.010 91	1.394 99
2016	1.580 05	0.914 78	1.544 24
2017	1.731 96	0.980 41	1.691 51

二、层次分析法

使用层次分析法计算农业现代化水平，需要根据表 13-2 中各指标，向农业领域专家咨询，构造出判断矩阵 **A**。判断矩阵 **A** 中每个数据的含义见表 13-8。

如果 $a_{ij}=1$，表示指标 X_i 与指标 X_j 一样重要，后续计算出的权重也会一样，矩阵 **A** 对角线表示同一个指标之间的比较，所以 **A** 矩阵对角线上数据均为 1。如果 $a_{ij}>1$，表示指标 X_i 比指标 X_j 重要；如果 $a_{ij}<1$，表示指标 X_i 不如指标 X_j 重要。

表 13－8　1－9 标度的含义

标　度	含　义
1	表示两个因素相比，具有同样重要性
3	表示两个因素相比，一个因素比另一个因素稍微重要
5	表示两个因素相比，一个因素比另一个因素明显重要
7	表示两个因素相比，一个因素比另一个因素强烈重要
9	表示两个因素相比，一个因素比另一个因素极端重要
2、4、6、8	为上述相邻判断的中间水平
倒数	若因素 i 与因素 j 重要性之比为 a_{ij}，那么因素 j 与因素 i 重要性之比为 $a_{ji}=1/a_{ij}$

咨询专家构造的判断矩阵 **A** 见表 13－9。用几何平均法计算权重，即算出 **A** 矩阵每行数据的乘积再开 8 次方，记为 W_i，再计算 $\omega_i=W_i/\sum W_i$ 则得到各指标的权重，计算结果见表 13－9。

表 13－9　判断矩阵 A

	判断矩阵								ω_i	λ
	X_1	X_2	X_3	X_4	X_5	X_6	X_7	X_8		
X_1	1	1	1	2	3	4	5	7	0.229 13	1.004 66
X_2	1	1	1	2	3	4	5	7	0.229 13	1.004 66
X_3	1	1	1	2	2	3	4	6	0.200 44	1.006 30
X_4	0.5	0.5	0.5	1	1	2	3	4	0.113 29	1.007 39
X_5	1/3	1/3	0.5	1	1	2	2	3	0.093 87	1.009 77
X_6	0.25	0.25	1/3	0.5	0.5	1	1	2	0.055 82	1.005 54
X_7	0.2	0.2	0.25	1/3	0.5	1	1	2	0.048 41	1.008 40
X_8	1/7	1/7	1/6	0.25	1/3	0.5	0.5	1	0.029 91	1.005 06

为了检验判断矩阵的一致性，计算 **A** 矩阵的特征向量 $\boldsymbol{\lambda}=\frac{(\boldsymbol{A}\omega)_i}{n\times\omega_i}$ [$(\boldsymbol{A}\omega)_i$ 表示矩阵 **A** 与列向量 ω 的乘积得到的列向量的第 i 个值]，计算结果见表 13－6。最大特征根 $\lambda_{max}=\sum\lambda=8.051\ 76$，$CI=\frac{\lambda_{max}-n}{n-1}=0.007\ 39$，查表 $n=8$ 时平均随机一致性指标 $RI=1.41$，所以 $CR=\frac{CI}{RI}=0.005\ 24<0.1$，这说明判断矩阵 **A** 有比较满意的一致性，给出的判断矩阵数据之间没有相互矛盾之处。

使用计算出的权重 ω_i（见表 13－4），将各指标标准化后得分乘以权重加总得到农业现代化水平，即农业现代化水平$=\sum\omega_i D(X_i)$，计算出各年份的农业现代化水平数据，计算结果见表 13－10。

表 13-10　1997—2017 年使用层次分析法计算出的农业现代化水平得分

年份	农林牧渔业全社会固定资产投资占全社会固定资产投资（%）X_1	高中及高中以上学历占比 X_2	单位耕地总动力（千瓦/公顷）X_3	有效灌溉率（%）X_4	土地生产率（元/公顷）X_5	劳动生产率（元/人）X_6	农村居民人均可支配收入（元）X_7	农业人均 GDP（元/人）X_8	农业现代化水平得分
1997	−2.187 96	−2.346 82	−1.707 66	−1.826 29	−1.221 68	−0.976 06	−1.054 18	−1.101 19	−1.841 37
1998	−1.642 69	−1.655 51	−1.550 32	−1.558 82	−1.177 57	−0.960 97	−1.013 69	−1.065 61	−1.488 19
1999	−0.824 78	−0.965 61	−1.367 81	−1.343 55	−1.164 65	−0.965 85	−0.977 25	−1.046 85	−1.078 47
2000	−0.359 70	−0.830 17	−1.197 88	−1.177 19	−1.154 15	−0.965 93	−0.961 44	−1.028 13	−0.885 66
2001	0.025 20	−0.660 87	−1.021 66	−0.811 87	−1.061 74	−0.942 24	−0.916 87	−0.974 75	−0.668 21
2002	0.666 70	−0.490 16	−0.845 44	−0.599 86	−0.961 77	−0.910 82	−0.857 64	−0.910 97	−0.406 86
2003	0.089 35	−0.251 73	−0.662 92	−0.400 89	−0.870 79	−0.876 26	−0.804 25	−0.858 26	−0.410 76
2004	−0.375 73	−0.209 41	−0.448 94	−0.169 30	−0.542 92	−0.701 65	−0.711 11	−0.650 61	−0.387 25
2005	−0.471 96	−0.373 06	−0.216 08	0.026 40	−0.486 38	−0.639 37	−0.596 40	−0.600 66	−0.362 12
2006	−0.664 41	−0.210 82	0.004 20	0.251 47	−0.370 94	−0.537 61	−0.475 88	−0.506 89	−0.274 24
2007	−0.696 48	−0.095 13	0.218 18	0.466 75	−0.069 78	−0.339 30	−0.321 16	−0.282 46	−0.134 26
2008	0.025 20	−0.035 88	0.507 68	0.991 89	0.211 80	−0.154 98	−0.177 04	−0.074 40	0.212 12
2009	0.249 73	0.061 47	0.325 17	−0.400 89	0.057 63	−0.025 52	−0.012 65	0.056 61	0.096 13
2010	0.378 02	0.326 71	0.576 91	−0.126 90	0.361 90	0.220 84	0.209 98	0.338 67	0.329 33
2011	−0.167 25	0.687 88	0.809 77	0.199 28	0.691 47	0.532 48	0.471 86	0.643 24	0.440 89
2012	0.025 20	0.855 77	1.036 34	0.404 77	0.936 24	0.767 86	0.733 75	0.892 18	0.648 39
2013	0.169 54	1.015 19	1.099 28	0.639 62	1.143 65	1.078 41	0.994 26	1.115 60	0.813 31
2014	0.522 36	1.070 22	1.294 38	0.910 35	1.271 74	1.339 41	1.264 41	1.271 61	1.020 87
2015	1.324 23	1.287 48	1.470 60	1.236 53	1.383 58	1.546 06	1.505 87	1.443 85	1.365 54
2016	1.901 58	1.298 77	0.797 19	1.556 18	1.487 04	1.691 58	1.720 63	1.608 46	1.434 80
2017	2.013 84	1.521 68	0.879 00	1.732 32	1.537 30	1.819 93	1.978 80	1.730 58	1.575 99

从表 13－7、表 13－10 以及图 13－1 中可以看出，除了 2009 年，其余年份的农业现代化水平都是递增的。

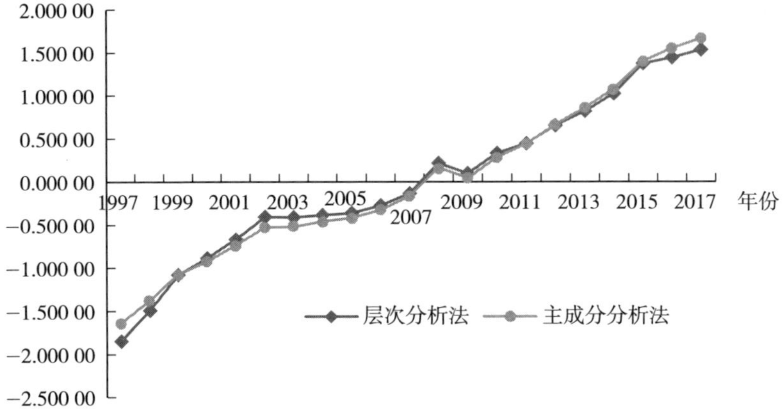

图 13－1 1997—2017 年农业现代化水平变化曲线

1997—2002 年增速较快，2002—2007 年增速略有下降，2009 年之后增速又提高了。2007—2008 年，现代化水平由负值变为正值。

而且，两种方法计算出的农业现代化水平非常接近。尽管依据专家的判断所计算出的权重和主成分分析法的权重存在差异，但是两种方法对农业现代化水平的判断结论较一致。

根据表 13－10，可画出各指标的标准分数变化曲线，见图 13－2 和图 13－3。

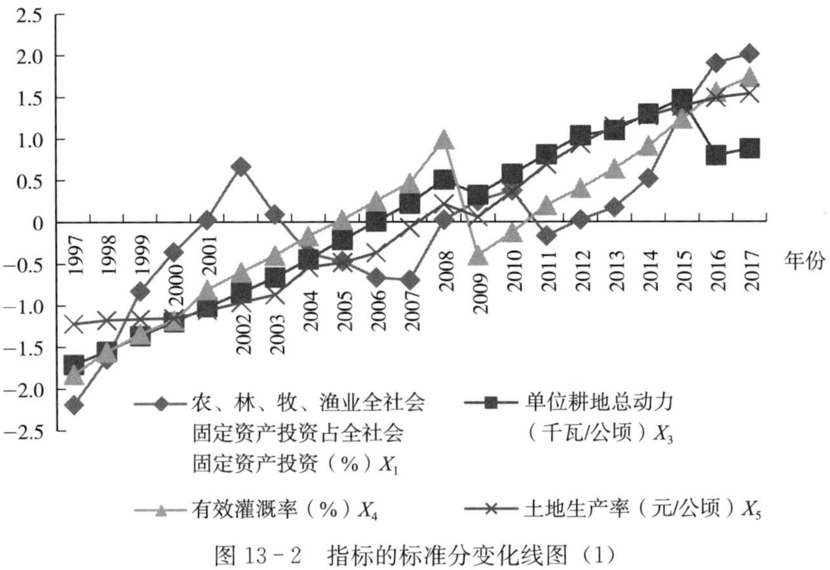

图 13－2 指标的标准分变化线图（1）

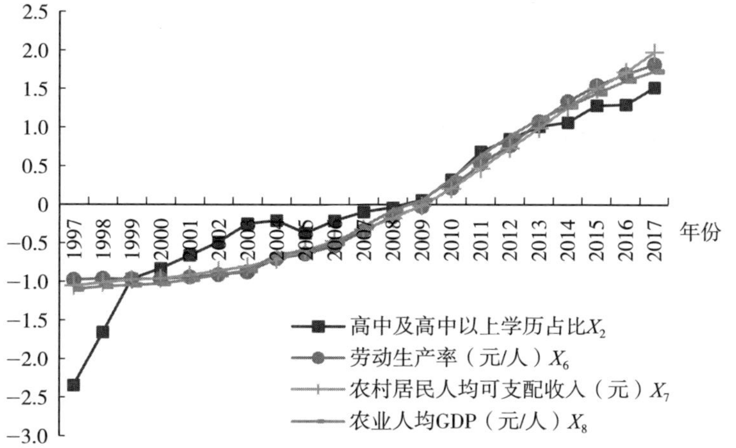

图 13－3　指标的标准分变化线图（2）

从图 13－2 看出，农林牧渔业全社会固定资产投资占全社会固定资产投资的比例在 1997—2002 年快速上升，2002—2007 年一直在快速下降，2007—2010 年有三年的增长，2011 年又明显下降，一直到 2014 年才超过 2010 年的水平，但依然未达到 2002 年的水平，2015 年和 2016 年快速上升，2017 年增速明显下降。

这一指标在主成分分析法中占比 18%，在层次分析法中占比 22.913%，这是农业现代化水平在 1997—2002 年快速上升的一个主要原因。高中及高中以上学历占比指标（图 13－3）在 2003 年之前增长较快，2003—2009 年增速很慢，甚至在 2005 年还有明显下降，2009 年以后增速又比较快，其比重在两种方法里面都是非常重要的指标，分别占 14.2%和 22.913%，这也是 2002 年之前农业现代化增速快的一个原因。

由于 2009 年进行了农业普查，后续的耕地面积做了调整，耕地面积与之前差异较大。所以，单位耕地总动力、有效灌溉率和土地生产率，这三个指标均在 2009 年出现向下平移的现象。农业机械总动力从 2016 年开始不再包含农用运输车和三轮运输车，这使得单位耕地总动力指标在 2016 年和 2017 年较 2015 年明显下降。这是农业现代化水平在 2008 年前后差异明显的原因。

不考虑数据统计口径变化的原因，单位耕地总动力和有效灌溉率一直在增加，土地生产率在 2003 年之前增速较慢，之后增速明显加快。图 13－3 中，劳动生产率、农村居民人均可支配收入、农业人均 GDP 这三个指标在 2003 年之前增速较慢，之后增速明显加快。加上土地生产率，这四个指标变动一致，在层次分析法中它们占比之和为 22.8%，在主成分分析法中，占比之和为 44.6%。这是 2002 年后农业现代化水平一直稳步增长的原因。以 2002 年为界，之前主成分分析法得到的农业现代化水平年增速为 0.217，之后为 0.167；层次分析法得到的年增速 2002 年之前为 0.281，之后为 0.153，增速在 2002 年之后有所降低。

第三篇　现实篇：实证分析和障碍透视

因地制宜地开展探索，因时制宜地开展探索，因需制宜地开展探索，是中国特色新型农业现代化道路实践模式创新的典型特征。

第十四章　四个地区农业现代化水平的计算和比较

著者将中国划分为东部地区、中部地区、西部地区、东北部地区这四个区域，大都按照国家划分标准。略有不同的是，考虑到内蒙古自治区的地理位置实际上贴近东北（而非西部），以及其人均耕地多，是我国重要的粮食主产省和粮食净调出省，著者仅将内蒙古自治区调入东北部地区。见表 14-1。

表 14-1　研究区域的基本划分

地　区	包括的省市区
东部地区（7 省 3 市）	北京市、天津市、河北省、上海市、江苏省、浙江省、福建省、山东省、广东省、海南省
中部地区（6 省）	山西省、安徽省、江西省、河南省、湖北省、湖南省
西部地区（6 省 1 市 4 区）	广西壮族自治区、重庆市、四川省、贵州省、云南省、西藏自治区、陕西省、甘肃省、青海省、宁夏回族自治区、新疆维吾尔自治区
东北部地区（3 省 1 区）	辽宁省、吉林省、黑龙江省、内蒙古自治区

在《中国统计年鉴（2017）》及各省 2017 年统计年鉴中找到原始数据（表 14-2），计算出所有需要的指标（表 14-3）。其中，劳动生产率、农业人均 GDP、土地生产率的计算方法与表 13-2 相同，高中及高中以上学历占比＝高中及高中以上学历人数/6 岁及 6 岁以上人口数。

为了对比研究我国四个地区的农业现代化水平，很多学者使用聚类分析来比较，由于所用指标比较多，最后分类结果需要一一分析每个类别的每个指标的变化和差异，无论是语言叙述还是用表格汇总出来的结果，其解释都非常繁琐，所以著者先使用主成分分析法，将这些指标合并归纳为较少的指标，使用新指标再聚类分析，这样依然能保留最重要的信息，却可以降低理解、解释结论的繁琐程度，使得结论更清晰、明确。

一、提取主成分

为了从其改变原因上将各省情况精确分类，用主成分分析法提取主成分，

表 14-2　2016 年我国各省市区农业现代化常用指标原始数据汇总

地区	全社会固定资产投资（亿元）	农林牧渔业全社会固定资产投资（亿元）	农业机械总动力（万千瓦）	有效灌溉面积（千公顷）	耕地面积（万公顷）	第一产业增加值（亿元）	第一产业就业人员（万人）	农村居民人均可支配收入（元）	高中及高中以上学历人数（人）	6 岁及 6 岁以上人口数（人）
北京市	7 943.9	104.7	144.45	128.47	216.3	129.79	49.60	22 309.52	10 987	17 001
天津市	12 779.4	324.9	469.99	306.62	436.9	220.22	65.10	20 075.64	5 997	12 401
河北省	31 750.0	1 775.3	7 401.97	4 457.64	6 520.5	3 492.81	1 380.33	11 919.35	14 591	57 884
山西省	14 198.0	1 978.8	1 744.26	1 487.29	4 056.8	784.78	670.50	10 082.45	9 848	29 052
内蒙古自治区	15 080.0	1 011.3	3 331.10	3 131.53	9 257.9	1 637.39	590.50	11 609.00	7 036	19 913
辽宁省	6 692.2	245.2	2 168.45	1 572.99	4 974.5	2 173.06	705.40	12 880.71	12 116	35 135
吉林省	13 923.2	807.0	3 105.26	1 832.17	6 993.4	1 498.52	508.00	12 122.94	6 746	21 860
黑龙江省	10 648.3	1 178.2	5 634.27	5 932.74	15 850.1	2 670.46	760.70	11 831.85	9 130	30 868
上海市	6 755.9	4.1	122.31	189.81	190.7	109.47	45.45	25 520.40	9 896	19 274
江苏省	49 663.2	481.3	4 906.55	4 054.07	4 571.1	4 077.18	841.85	17 605.64	22 493	62 953
浙江省	30 276.1	433.0	2 136.69	1 446.31	1 974.7	1 965.18	466.24	22 866.07	13 596	44 145
安徽省	27 033.4	938.2	6 867.49	4 437.46	5 867.5	2 567.72	1 383.50	11 720.47	10 741	48 183
福建省	23 237.4	892.2	1 269.09	1 055.37	1 336.3	2 363.22	615.52	14 999.19	7 991	29 688
江西省	19 694.2	538.0	2 201.62	2 036.83	3 082.2	1 904.53	773.40	12 137.72	9 187	35 394
山东省	53 322.9	1 577.3	9 797.61	5 161.16	7 606.9	4 929.13	1 935.10	13 954.06	22 523	77 354
河南省	40 415.1	2 250.4	9 854.95	5 242.92	8 111.0	4 286.21	2 583.00	11 696.74	18 508	73 743
湖北省	30 011.7	1 157.8	4 187.75	2 905.57	5 245.3	3 659.33	1 338.00	12 724.97	14 968	46 004
湖南省	28 353.3	1 330.0	6 097.54	3 132.37	4 148.7	3 578.37	1 587.32	11 930.41	17 397	53 099
广东省	33 303.6	541.3	2 390.50	1 771.71	2 607.6	3 694.37	1 365.43	14 512.15	29 958	85 168
广西壮族自治区	18 236.8	1 065.1	3 527.26	1 646.07	4 395.1	2 796.80	1 423.00	10 359.47	8 571	36 994
海南省	3 890.4	56.9	516.57	289.95	722.7	948.35	229.46	11 842.86	1 938	7 037
重庆市	16 048.1	455.3	1 318.67	690.60	2 382.5	1 303.24	496.01	11 548.79	7 324	24 087
四川省	28 812.0	1 190.0	4 267.33	2 813.55	6 732.9	3 929.33	1 827.00	11 203.13	14 827	65 259

（续）

地区	全社会固定资产投资（亿元）	农林牧渔业全社会固定资产投资（亿元）	农业机械总动力（万千瓦）	有效灌溉面积（千公顷）	耕地面积（万公顷）	第一产业增加值（亿元）	第一产业就业人员（万人）	农村居民人均可支配收入（元）	高中及高中以上学历人数（人）	6岁及6岁以上人口数（人）
贵州省	13 204.0	457.3	2 041.06	1 088.07	4 530.2	1 846.19	1 136.87	8 090.28	4 871	27 172
云南省	16 119.4	951.5	3 440.64	1 809.39	6 207.8	2 195.11	1 587.91	9 019.81	7 270	36 930
西藏自治区	1 596.0	88.0	635.14	251.53	444.6	115.78	99.89	9 093.85	278	2 512
陕西省	20 825.3	1 421.7	2 171.90	1 251.39	3 989.5	1 693.85	791.00	9 396.45	9 522	29 889
甘肃省	9 664.0	702.0	1 903.90	1 317.51	5 372.4	983.39	866.67	7 456.85	5 502	20 445
青海省	3 528.1	147.5	458.56	202.35	589.4	221.19	115.16	8 664.36	984	4 581
宁夏回族自治区	3 794.2	196.8	580.54	515.15	1 288.8	241.60	159.36	9 851.63	1 645	5 210
新疆维吾尔自治区	10 287.5	552.0	2 552.15	4 982.03	5 216.5	1 648.97	556.82	10 183.18	5 099	18 087

表 14-3　2016 年我国各省市区农业现代化常用指标数据汇总

地区	农林牧渔业全社会固定资产投资占全社会固定资产投资（%）X_1	高中及高中以上学历占比（%）X_2	单位耕地总动力（千瓦/公顷）X_3	有效灌溉率（%）X_4	土地生产率（元/公顷）X_5	劳动生产率（元/人）X_6	农村居民人均可支配收入（元）X_7	农业人均GDP（元/人）X_8
北京市	1.32	64.63	6.68	59.39	59 995.38	26 167.34	22 309.5	4 429.69
天津市	2.54	48.36	10.76	70.18	50 401.28	33 827.96	20 075.6	8 247.94
河北省	5.59	25.21	11.35	68.36	53 566.87	25 304.17	11 919.4	10 016.66
山西省	13.94	33.90	4.30	36.66	19 344.80	11 704.40	10 082.5	4 868.36
内蒙古自治区	6.71	35.33	3.60	33.83	17 686.34	27 728.87	11 609.0	16 742.23
辽宁省	3.66	34.48	4.36	31.62	43 683.70	30 806.07	12 880.7	15 206.86
吉林省	5.80	30.86	4.44	26.20	21 427.63	29 498.43	12 122.9	12 456.53
黑龙江省	11.06	29.58	3.55	37.43	16 848.26	35 105.30	11 831.9	17 228.77

（续）

地区	农林牧渔业全社会固定资产投资占全社会固定资产投资（%）X_1	高中及高中以上学历占比（%）X_2	单位耕地总动力（千瓦/公顷）X_3	有效灌溉率（%）X_4	土地生产率（元/公顷）X_5	劳动生产率（元/人）X_6	农村居民人均可支配收入（元）X_7	农业人均GDP（元/人）X_8
上海市	0.06	51.34	6.41	99.52	57 394.27	24 085.81	25 520.4	3 736.18
江苏省	0.97	35.73	10.73	88.69	89 194.07	48 431.19	17 605.6	15 790.78
浙江省	1.43	30.80	10.82	73.24	99 519.58	42 149.54	22 866.1	10 651.38
安徽省	3.47	22.29	11.70	75.63	43 761.49	18 559.60	11 720.5	8 630.99
福建省	3.84	26.92	9.50	78.98	176 843.60	38 393.88	14 999.2	16 760.43
江西省	2.73	25.96	7.14	66.08	61 791.25	24 625.42	12 137.7	8 841.83
山东省	2.96	29.12	12.88	67.85	64 797.86	25 472.22	13 954.1	12 093.06
河南省	5.57	25.10	12.15	64.64	52 844.41	16 593.92	11 696.7	8 731.33
湖北省	3.86	32.54	7.98	55.39	69 764.42	27 349.25	12 725.0	14 839.13
湖南省	4.69	32.76	14.70	75.50	86 252.11	22 543.47	11 930.4	11 102.61
广东省	1.63	35.18	9.17	67.94	141 677.02	27 056.46	14 512.2	10 904.28
广西壮族自治区	5.84	23.17	8.03	37.45	63 634.02	19 654.25	10 359.5	11 133.76
海南省	1.46	27.54	7.15	40.12	131 217.14	41 329.64	11 842.9	23 948.23
重庆市	2.84	30.41	5.53	28.99	54 701.29	26 274.47	11 548.8	11 431.93
四川省	4.13	22.72	6.34	41.79	58 359.85	21 507.01	11 203.1	9 364.47
贵州省	3.46	17.93	4.51	24.02	40 752.95	16 239.24	8 090.3	9 300.71
云南省	5.90	19.69	5.54	29.15	35 360.51	13 823.89	9 019.8	8 368.70
西藏自治区	5.52	11.07	14.29	56.57	26 041.39	11 591.28	9 093.8	4 969.10
陕西省	6.83	31.86	5.44	31.37	42 458.06	21 414.03	9 396.4	9 946.27
甘肃省	7.26	26.91	3.54	24.52	18 304.48	11 346.76	7 456.9	6 810.18
青海省	4.18	21.48	7.78	34.33	37 527.99	19 207.19	8 664.4	7 706.97
宁夏回族自治区	5.19	31.57	4.50	39.97	18 746.12	15 160.36	9 851.6	8 189.83
新疆维吾尔自治区	5.37	28.19	4.89	95.51	31 610.86	29 614.13	10 183.2	13 308.88

找到各地区数据改变的原因，根据其改变原因再进行分类。将 8 个指标都选入进行主成分分析，结果如表 14－4：

表 14－4　KMO 和巴特利特检验

KMO 取样适切性量数		0.626
巴特利特球形度检验	近似卡方	147.176
	自由度	28
	显著性	0.000

从表 14－4 可以看出，KMO 和 Bartlett 球体检验结果是 $KMO=0.626$，卡方值是 147.176。由此可知，该组数据可以做主成分分析。

Bartlett 球体检验的 P 值为 0.000，表明反映农业现代化水平的 8 个指标相关矩阵间有共同因素存在。

通过表 14－5 中解释的总方差多少来判断，用主成分分析法进行提取，决定提取 3 个主成分，共解释方差变动的 82.317%，这表明这 3 个主成分基本保持了原来 8 个指标的大部分信息。

表 14－5　公因子方差

	初始	提取
农林牧渔业全社会固定资产投资占全社会固定资产投资（%）	1.000	0.590
高中及高中以上学历占比（%）	1.000	0.898
单位耕地总动力（千瓦/公顷）	1.000	0.857
有效灌溉率（%）	1.000	0.743
土地生产率（元/公顷）	1.000	0.733
劳动生产率（元/人）	1.000	0.900
农村居民人均可支配收入（元）	1.000	0.928
农业人均 GDP（元/人）	1.000	0.936

从表 14－6 中看出，公因子方差除了固定资产投资指标略小，其他都可以。

由旋转（旋转方法：凯撒正态化最大方差法，旋转在 4 次迭代后已收敛）后的成分矩阵（表 14－7）可以看出：成分 1 中系数相对于另两个主成分的系数比较大的指标包括农业固定资产投资、单位耕地总动力和有效灌溉率，成分 2 中包括高中及高中以上学历占比和农民人均可支配收入，成分 3 中包括土地生产率、劳动生产率和农业人均 GDP。从经济意义上来看，将成分 1 定义为农业投入水平，成分 2 定义为农民生活水平，成分 3 定义为农业产出水平。

表 14-6　总方差解释

成分	初始特征值			提取载荷平方和			旋转载荷平方和		
	总计	方差百分比	累积%	总计	方差百分比	累积%	总计	方差百分比	累积%
1	3.498	43.730	43.730	3.498	43.730	43.730	2.307	28.834	28.834
2	1.678	20.969	64.699	1.678	20.969	64.699	2.215	27.685	56.520
3	1.409	17.618	82.317	1.409	17.618	82.317	2.064	25.797	82.317
4	0.574	7.180	89.497						
5	0.356	4.445	93.942						
6	0.264	3.306	97.247						
7	0.169	2.111	99.358						
8	0.051	0.642	100.000						

表 14-7　旋转后的成分矩阵和成分得分系数矩阵

	旋转后的成分矩阵 a			成分得分系数矩阵		
	成分 1	成分 2	成分 3	成分 1	成分 2	成分 3
农林牧渔业全社会固定资产投资占全社会固定资产投资（%）X_1	−0.580	−0.423	−0.274	−0.200	−0.104	−0.051
高中及高中以上学历占比（%）X_2	−0.072	0.945	−0.007	−0.203	0.517	−0.065
单位耕地总动力（千瓦/公顷）X_3	0.913	−0.141	−0.061	0.511	−0.231	−0.122
有效灌溉率（%）X_4	0.769	0.386	0.050	0.331	0.067	−0.086
土地生产率（元/公顷）X_5	0.587	0.104	0.615	0.223	−0.092	0.256
劳动生产率（元/人）X_6	0.186	0.406	0.837	−0.066	0.123	0.396
农村居民人均可支配收入（元）X_7	0.384	0.876	0.114	0.036	0.392	−0.045
农业人均 GDP（元/人）X_8	−0.120	−0.176	0.944	−0.135	−0.141	0.529

3 个主成分得分依据表 14-7 中成分得分系数矩阵计算得出，各系数乘以某地区对应指标的标准分得到该地区的三个主成分得分，即每个地区的主成分都是用下面公式计算得出：

$$\text{成分 1 得分} = -0.200\times D(X_1) - 0.203\times D(X_2) + 0.511\times D(X_3) + 0.331\times D(X_4) + 0.223\times D(X_5) - 0.066\times D(X_6) + 0.036\times D(X_7) - 0.135\times D(X_8)$$

$$\text{成分 2 得分} = -0.104\times D(X_1) + 0.517\times D(X_2) - 0.231\times D(X_3) + 0.067\times D(X_4) - 0.092\times D(X_5) + 0.123\times D(X_6) + 0.392\times D(X_7) - 0.141\times D(X_8)$$

$$\text{成分 3 得分} = -0.051 \times D(X_1) - 0.065 \times D(X_2) - 0.122 \times D(X_3) - 0.086 \times D(X_4) + 0.256 \times D(X_5) + 0.396 \times D(X_6) - 0.045 \times D(X_7) + 0.529 \times D(X_8)$$

其中，$D(X_i)$ 表示指标 X_i 在该地区的标准化分数，即 $D(X_i)=(X_i-X_i$ 的平均值$)/X_i$ 的标准差。

根据表 14-6 中解释的方差百分比情况，计算出各主成分占的权重。依次为 28.834/82.317 = 35.03%、27.685/82.317 = 33.63%、25.797/82.317 = 31.34%，最后计算出四个地区的农业现代化水平，即用四个地区的 3 个成分得分乘以权重求和得到：农业现代化水平得分＝35.03%×成分 1 得分＋33.63%×成分 2 得分＋31.34%×成分 3 得分。

四个地区各主成分得分和农业现代化水平得分计算结果见表 14-8。由于数据是根据四个地区数据的标准化得分计算出来，所以高于 0 分说明此项得分高于全国平均水平，得分是负值说明处于全国均值之下，得分为 1 分，说明比均值高 1 倍的标准差，依此类推。

表 14-8　各省市区农业现代化水平提取的主成分得分汇总

地区	旋转后的各主成分得分			农业现代化水平
	成分 1	成分 2	成分 3	
北京市	−0.257 72	3.005 18	−0.955 84	0.620 89
天津市	0.520 82	1.682 39	−0.321 81	0.647 42
河北省	0.793 25	−0.559 08	−0.287 68	−0.000 32
山西省	−1.473 95	−0.119 83	−1.522 25	−1.033 66
内蒙古自治区	−1.620 93	0.225 84	0.716 03	−0.267 44
辽宁省	−1.118 08	0.373 69	0.865 04	0.005 13
吉林省	−1.305 97	0.146 89	0.339 15	−0.301 77
黑龙江省	−1.834 73	−0.108 96	1.026 32	−0.357 69
上海市	0.695 09	2.795 82	−1.213 48	0.803 50
江苏省	1.025 76	0.788 36	1.530 76	1.104 18
浙江省	1.183 42	0.989 72	0.741 22	0.979 69
安徽省	1.192 18	−0.671 95	−0.788 29	−0.055 43
福建省	1.203 98	−0.319 02	1.925 24	0.917 79
江西省	0.392 00	−0.103 98	−0.195 18	0.041 17
山东省	1.142 64	−0.282 26	−0.007 76	0.302 89

（续）

地区	旋转后的各主成分得分			农业现代化水平
	成分 1	成分 2	成分 3	
河南省	0.959 03	−0.722 26	−0.828 45	−0.166 61
湖北省	−0.001 02	−0.022 98	0.636 91	0.191 51
湖南省	1.500 51	−0.500 25	−0.236 26	0.283 32
广东省	1.029 37	0.254 72	0.549 19	0.618 35
广西壮族自治区	−0.095 84	−0.809 02	−0.061 25	−0.324 86
海南省	−0.110 39	−0.515 64	2.912 24	0.700 57
重庆市	−0.636 76	0.023 23	0.314 65	−0.116 63
四川省	−0.144 05	−0.470 86	−0.160 59	−0.259 15
贵州省	−0.632 76	−0.918 73	−0.301 10	−0.625 00
云南省	−0.584 20	−0.879 94	−0.673 88	−0.711 77
西藏自治区	1.424 94	−1.721 01	−1.603 88	−0.582 32
陕西省	−0.933 24	−0.211 88	−0.217 60	−0.466 36
甘肃省	−1.245 83	−0.515 16	−1.045 15	−0.937 20
青海省	−0.088 06	−0.809 38	−0.589 10	−0.487 68
宁夏回族自治区	−0.866 74	−0.004 26	−0.825 63	−0.563 78
新疆维吾尔自治区	−0.112 72	−0.019 38	0.278 44	0.041 26

二、聚类分析

根据 3 个主成分的得分（表 14－8）进行聚类分析，采用系统聚类法，得到的垂直冰柱图和谱系图见图 14－1 和图 14－2，划分 4～7 个类时得到的类成员表（表 14－9）。

图 14－1 中最左边的坐标表示全国 31 个省份共分多少类别。白色的柱形表示上面相邻的两个省份在划分成这个数目的类别时还不能归到一个类别。

从下往上看，31 个省份分成 30 个类别，河南和安徽就已经分到一个类别里，说明这两个省各种指标最相像；四川和广西也很接近，是第二组划分到一起的省；然后是新疆和湖北，再之后依次是云南和贵州、湖南和山东、吉林和内蒙古等；最不接近的是河北及左边的省和其右边的天津、上海、北京，说明这三个直辖市显著不同于其他省份。

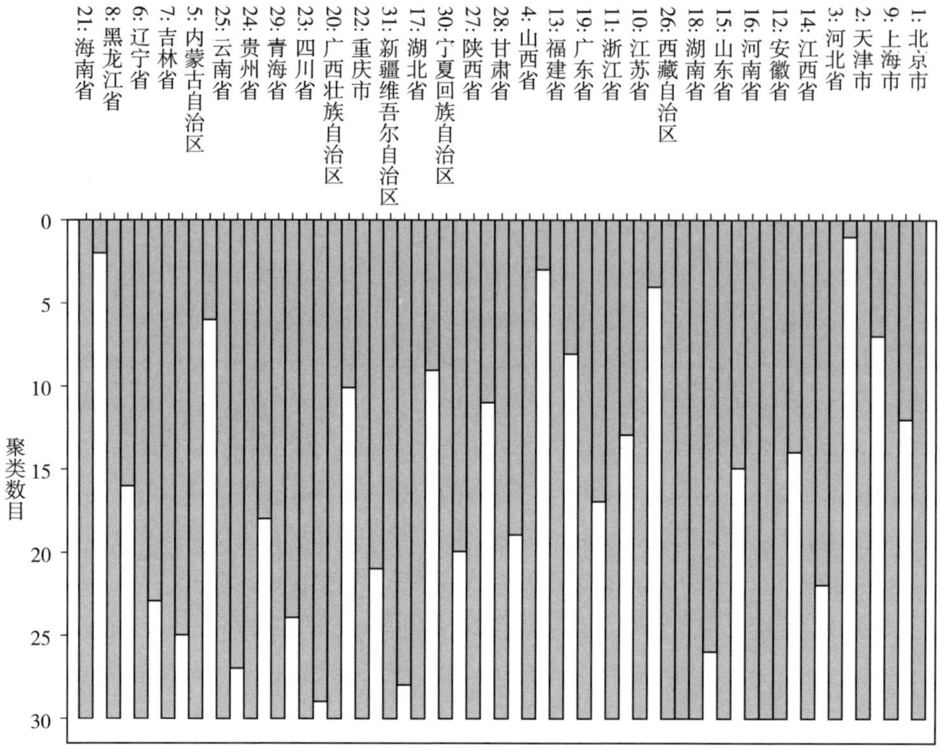

图 14-1　垂直冰柱图

第二个不同的是海南省和黑龙江到河北这 27 个省之间。也就是说，从左边坐标处画水平线，正好将 31 个省份分成坐标所示的组数，与水平线相交的每两个白色的柱形之间的地区被分到同一个组内。例如分 5 组，则海南是 1 组，黑龙江到山西 16 个省份是 1 组，福建到江苏省 4 个省份是 1 组，西藏到河北 7 个省份是 1 组，天津、上海、北京是 1 组。

表 14-9 中，系统聚类法按 4～7 类划分，无论如何分类，北京、上海、天津都是第 1 类，而江苏省在 7 类分法中属于第 5 类，在 6 类和 5 类分法里面属于第 4 类，在 4 类分法中属于第 2 类，各省所属类别依此类推。换一个角度，按 7 类分法，各类中包含的省份见表 14-10。结合谱系图可以看出，每个类别中包含的省份，其主成分得分比较接近，它们的农业现代化水平也很接近。

再使用 K 均值聚类法分 7 类，四个地区各省市区所在的类别见表 14-9，各类中包含的省份见表 14-10。

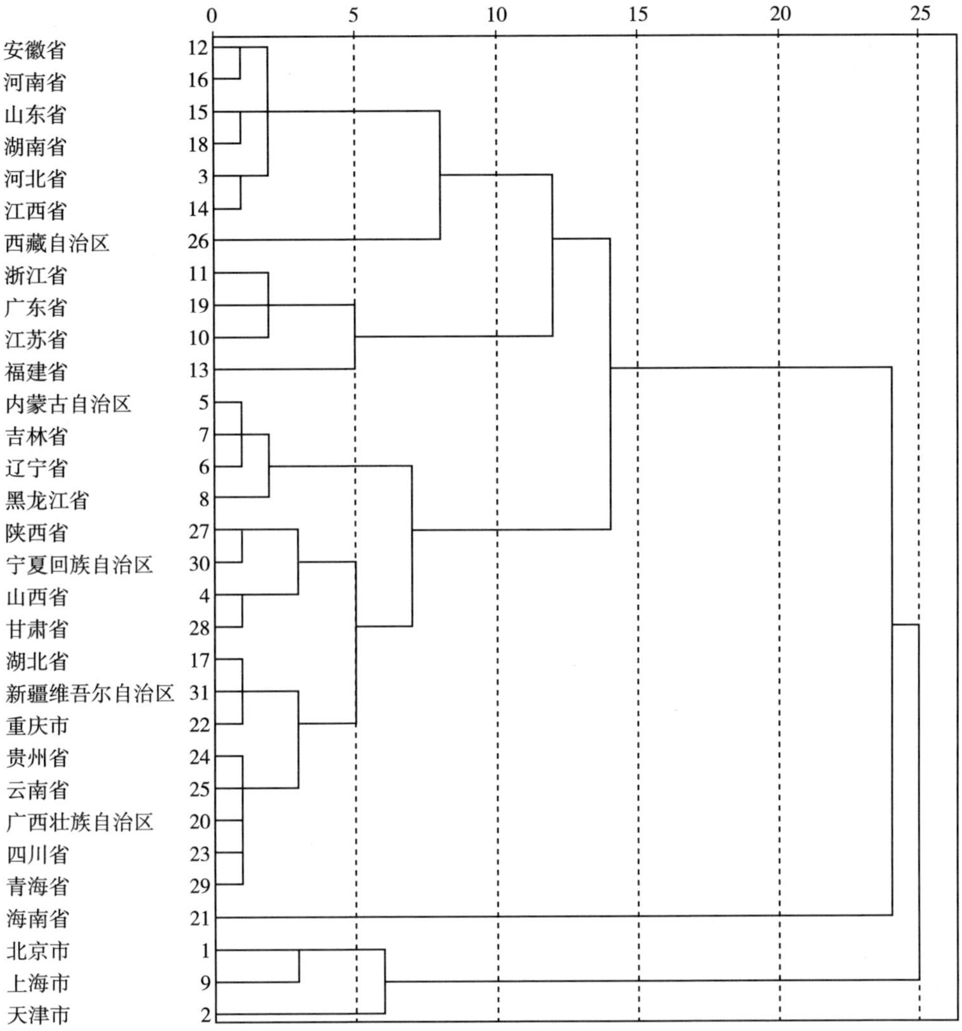

图 14-2　聚类分析谱系图

从表 14-11 中看到经过 4 次迭代，各聚类中心稳定。从表 14-12 最终聚类中心可以比较各类别的各主成分大小排序。结合表 14-10 和表 14-11 数据可以看出，北京、上海属于第 1 类，两个地区的农业投入水平得分在 7 类中为第四名，属于中等水平；农民生活水平得分在 7 类中最高，农业产出水平在 7 类中最低，说明这两个地区的农民并不是依靠农业收入来提高生活水平的。

表 14-9　类成员表

样本	系统聚类法				K 均值聚类法	
	7 类	6 类	5 类	4 类	7 个类	到最终类中心的距离
北京市	1	1	1	1	1	0.504 49
天津市	1	1	1	1	2	1.280 48
河北省	2	2	2	2	6	0.744 87
山西省	3	3	3	3	4	0.972 75
内蒙古自治区	4	3	3	3	5	0.166 27
辽宁省	4	3	3	3	5	0.431 53
吉林省	4	3	3	3	5	0.430 15
黑龙江省	4	3	3	3	5	0.537 58
上海市	1	1	1	1	1	0.504 49
江苏省	5	4	4	2	2	0.920 76
浙江省	5	4	4	2	2	0.276 74
安徽省	2	2	2	2	3	0.255 88
福建省	5	4	4	2	7	0.827 70
江西省	2	2	2	2	6	0.393 10
山东省	2	2	2	2	6	1.005 43
河南省	2	2	2	2	3	0.361 17
湖北省	3	3	3	3	6	0.731 76
湖南省	2	2	2	2	3	0.781 51
广东省	5	4	4	2	2	0.684 19
广西壮族自治区	3	3	3	3	6	0.527 78
海南省	6	5	5	4	7	0.827 70
重庆市	3	3	3	3	6	0.914 90
四川省	3	3	3	3	6	0.347 31
贵州省	3	3	3	3	4	0.739 40
云南省	3	3	3	3	4	0.581 90
西藏自治区	7	6	2	2	3	1.113 14
陕西省	3	3	3	3	4	0.593 43
甘肃省	3	3	3	3	4	0.410 16
青海省	3	3	3	3	6	0.781 14
宁夏回族自治区	3	3	3	3	4	0.450 62
新疆维吾尔自治区	3	3	3	3	6	0.497 64

表 14－10　7 个类别中各自包含的省份

类别		1	2	3	4	5	6	7
包含的地区	系统聚类法	北京 上海 天津	安徽 河南 山东 湖南 河北 江西	陕西 宁夏 山西 甘肃 湖北 新疆 重庆 贵州 云南 广西 四川 青海	内蒙古 吉林 辽宁 黑龙江	浙江 广东 江苏 福建	海南	西藏
	K 均值聚类法	北京 上海	天津 浙江 广东 江苏	安徽 河南 湖南 西藏	陕西 宁夏 山西 甘肃 贵州 云南	内蒙古 吉林 辽宁 黑龙江	河北 江西 山东 湖北 新疆 重庆 广西 四川 青海	福建 海南

表 14－11　迭代历史记录

迭代	聚类中心的变动						
	1	2	3	4	5	6	7
1	0.504	0.716	0.895	0.489	0.538	0.470	0.828
2	0.000	0.480	0.261	0.351	0.000	0.051	0.000
3	0.000	0.228	0.000	0.148	0.000	0.026	0.000
4	0.000	0.000	0.000	0.000	0.000	0.000	0.000

注：由于聚类中心不存在变动或者仅有小幅变动，因此实现了收敛。任何中心的最大绝对坐标变动为 0.000，当前迭代为 4，初始中心之间的最小距离为 1.661。

表 14－12　最终聚类中心

	聚　类						
	1	2	3	4	5	6	7
成分 1（农业投入水平）	0.218 68	0.939 84	1.269 16	−0.956 12	−1.469 93	0.138 83	0.546 80
成分 2（农民生活水平）	2.900 50	0.928 80	−0.903 87	−0.441 63	0.159 36	−0.339 30	−0.417 33
成分 3（农业产出水平）	−1.084 66	0.624 84	−0.864 22	−0.764 27	0.736 63	−0.007 95	2.418 74

第 2 类中包含天津、浙江、广东、江苏省四个省份，这四个省份的农业投入水平、农民生活水平都比较高，得分均排在第二名，农业产出水平也是比较高的，虽然排名第三，但是与第二名非常接近。

第 3 类包括安徽、河南、湖南、西藏四个省份，四省的农业投入水平得分最高，但是农民生活水平最低，农业产出水平排名第六，说明产出水平非常低。分析其中的原因，这和安徽、河南省、湖南，农民人均占地少，农民生活又主要依靠农业收入有关，西藏现在也非常重视农业投入，由于地处高原地区，自然条件限制，经济效益并不好。

第4类包括陕西、宁夏、山西、甘肃、贵州、云南六个省份，它们的农业投入水平、农民生活水平和农业产出水平都非常低，前两项得分第六名，第三项得分第五名和第六名非常接近。这六省份农业状况和农民生活水平堪忧，这和自然环境恶劣有关，也和生活水平低，投资的积极性不高有关。

第5类包括东北三省和内蒙古，四个地区的农业投入水平最低、农民生活水平比均值略高，处于中等水平，农业产出水平较高，这四个地区土地较多，适合大面积种植，由于气温低，适合的农作物种类有限，投入的种类少，更换较少，所以农业投入水平较低，但是地广人稀的农村，产出水平比较高，经济效益较好。

第6类包括河北、江西、山东、湖北、新疆、重庆、广西、四川、青海9个省份，这些地区农业投入水平、农民生活水平和农业产出水平都处于中等，得分排在第四名或第五名，比上不足比下有余。

第7类包括福建、海南，农业投入水平得分排名第三，处于中等偏上水平，农民生活水平处于中等偏下水平，排名第五，但这两个地区的农业产出水平最高。

综上所述：农业投入最高的是第3类，然后是第2类；投入最少的是第5类，然后是第4类。农民生活水平最高的是第1类，然后是第2类；生活水平最差的是第3类，然后是第4类。农业产出水平最高的是第7类，然后是第5类；农业产出水平最低的是第1类，然后是第3类。

从两种聚类方法中可以知道，使用的聚类方法不同，不同的地区会划分到不同的组，有些地区之间非常相像，无论用哪种方法都会分到同一个组，而有的地区之间因为不够接近，不同方法会出现不同的分组结果。这是算法不同造成的，也说明这些地区差异并不是真的特别大。

三、计算区域农业现代化水平

为了比较各区域的农业发展情况，根据主成分分析法过程中得到的各省主成分数据，计算各区域的农业现代化水平。由于成分1和成分3是关于农业投入和产出水平的衡量，所以将成分1和成分3使用该省耕地面积占所在区域耕地总面积的比重为权重，由于成分2是农民生活水平的衡量，所以用该省农业人口占所在区域总农业人口的比重为权重，求出的加权平均值为此区域的各主成分得分。再根据各主成分占的权重依次为35.03%、33.63%、31.34%，最后计算出各区域的农业现代化水平。为了分析方便，将表14-2中数据按区域又罗列一遍，计算结果见表 14 - 13 中各区域均值。

从表 14 - 13 中四个地区数据可以看出：农业投入水平，东部地区（0.970 36）→中部地区（0.531 68）→西部地区（−0.508 90）→东北部地区（−1.585 45）依次递减，东部地区比中部地区高 0.44 个标准差，其他区域之间都相差 1 个标准差；农民生活水平，东部地区（0.172 95）→东北部地区（0.147 81）→中部地区（−0.440 09）→西部地区（−0.559 36）依次递减，东部地区和东北部地区差异不大，中部地区和西部地区明显低于东部地区；农业产出水平，东北部地区（0.797 58）→东部地区（0.460 47）→西部地区（−0.323 29）→中部地区（−0.516 57）依次递减，东北部地区比东部地区高 0.34 个标准差，东部地区比西部地区高 0.78 个标准差，差异较大。

综合来看，农业现代化水平，东部地区（0.542 38）→中部地区（−0.123 66）→东北部地区（−0.255 70）→西部地区（−0.467 70）依次递减，只有东部地区显著高于全国平均水平，其他三个地区均低于全国平均水平，同时西部地区明显低于其他三个地区。

也正是基于以上计算和比较，再结合四个地区的区情和农情，著者将中国特色新型农业现代化道路的实践模式创新，大致设想为东部地区内外协同耦合驱动型模式、中部地区三不牺牲共赢发展型模式、东北部地区“四化”同步协调发展型模式、西部地区高效特色生态农业带动型模式。

表 14 - 13　四个地区农业现代化水平计算结果

区域	省份	耕地面积所占比重	农业人口所占比重	成分 1（农业投入水平）	成分 2（农民生活水平）	成分 3（农业产出水平）	四个地区及各省区农业现代化水平
东部地区	北京市	0.008 26	0.016 24	−0.257 72	3.005 18	−0.955 84	0.620 89
	天津市	0.016 69	0.014 80	0.520 82	1.682 39	−0.321 81	0.647 42
	河北省	0.249 03	0.193 32	0.793 25	−0.559 08	−0.287 68	−0.000 32
	上海市	0.007 28	0.016 24	0.695 09	2.795 82	−1.213 48	0.803 50
	江苏省	0.174 58	0.143 15	1.025 76	0.788 36	1.530 76	1.104 18
	浙江省	0.075 42	0.102 29	1.183 42	0.989 72	0.741 22	0.979 69
	福建省	0.051 04	0.078 17	1.203 98	−0.319 02	1.925 24	0.917 79
	山东省	0.290 52	0.225 98	1.142 64	−0.282 26	−0.007 76	0.302 89
	广东省	0.099 59	0.187 84	1.029 37	0.254 72	0.549 19	0.618 35
	海南省	0.027 60	0.021 95	−0.110 39	−0.515 64	2.912 24	0.700 57
	区域均值			0.970 36	0.172 95	0.460 47	0.542 38

（续）

区域	省份	耕地面积所占比重	农业人口所占比重	成分1（农业投入水平）	成分2（农民生活水平）	成分3（农业产出水平）	四个地区及各省区农业现代化水平
中部地区	安徽省	0.192 31	0.171 58	1.192 18	−0.671 95	−0.788 29	−0.055 43
	河南省	0.265 83	0.283 12	0.959 03	−0.722 26	−0.828 45	−0.166 61
	湖北省	0.171 91	0.142 22	−0.001 02	−0.022 98	0.636 91	0.191 51
	湖南省	0.135 97	0.185 88	1.500 51	−0.500 25	−0.236 26	0.283 32
	江西省	0.101 02	0.124 23	0.392	−0.103 98	−0.195 18	0.041 17
	山西省	0.132 96	0.092 97	−1.473 95	−0.119 83	−1.522 25	−1.033 66
	区域均值			0.531 68	−0.440 09	−0.516 57	−0.123 66
西部地区	甘肃省	0.130 56	0.081 78	−1.245 83	−0.515 16	−1.045 15	−0.937 20
	广西壮族自治区	0.106 81	0.142 27	−0.095 84	−0.809 02	−0.061 25	−0.324 86
	贵州省	0.110 09	0.112 42	−0.632 76	−0.918 73	−0.301 1	−0.625 00
	宁夏回族自治区	0.031 32	0.016 71	−0.866 74	−0.004 26	−0.825 63	−0.563 78
	青海省	0.014 32	0.016 25	−0.088 06	−0.809 38	−0.589 1	−0.487 68
	陕西省	0.096 95	0.096 45	−0.933 24	−0.211 88	−0.217 6	−0.466 36
	四川省	0.163 62	0.237 64	−0.144 05	−0.470 86	−0.160 59	−0.259 15
	西藏自治区	0.010 80	0.013 20	1.424 94	−1.721 01	−1.603 88	−0.582 32
	新疆维吾尔自治区	0.126 77	0.070 17	−0.112 72	−0.019 38	0.278 44	0.041 26
	云南省	0.150 86	0.148 55	−0.584 2	−0.879 94	−0.673 88	−0.711 77
	重庆市	0.057 90	0.064 56	−0.636 76	0.023 23	0.314 65	−0.116 63
	区域均值			−0.508 90	−0.559 36	−0.323 29	−0.467 70
东北部地区	黑龙江省	0.427 50	0.300 39	−1.834 73	−0.108 96	1.026 32	−0.357 69
	吉林省	0.188 62	0.233 14	−1.305 97	0.146 89	0.339 15	−0.301 77
	辽宁省	0.134 17	0.276 94	−1.118 08	0.373 69	0.865 04	0.005 13
	内蒙古自治区	0.249 70	0.189 53	−1.620 93	0.225 84	0.716 03	−0.267 44
	区域均值			−1.585 45	0.147 81	0.797 58	−0.255 70

第十五章　东部地区内外协同耦合驱动型模式

即在推进和实现农业现代化过程中，充分考虑和综合利用了东部地区特有的自然资源条件和社会经济条件，不仅兼顾内向型发展和外向型发展，而且基本上促成了内向型发展和外向型发展的协同和耦合，做到了充分利用国际、国内“两种资源”和“两个市场”来驱动现代农业发展进程和发展绩效，以及农业现代化水平的不断提升，达到目标和过程的有机统一。

一、东部地区的农业现代化发展背景

东部地区农业现代化的发展背景好，前景相当乐观。这一点，也得到了调查问卷的印证。调查问卷显示，东部地区的被调查者中 17.95％认为“明显领先位置”，26.79％认为“领先位置”，16.34％认为“比较领先位置”，三者合计占到了 61.08％，而只有 32.41％的被调查者认为处在“比较落后位置”、“落后位置”和“非常落后位置”（表 15－1）。

表 15－1　东部地区实现中国特色新型农业现代化过程中的水平和位置

选　项	调查问卷数量（份）	所占比例（％）	分类小计（％）
明显领先位置	1 005	17.95	
领先位置	1 500	26.79	61.08
比较领先位置	915	16.34	
比较落后位置	705	12.59	
落后位置	660	11.79	32.41
非常落后位置	450	8.03	
不知道	365	6.51	6.51
总数	5 600	100.00	100.00

调查问卷显示，东部地区的被调查者普遍认为，东部地区实现中国特色新型农业现代化过程中的优势条件，主要包括“经济发达或较发达”（19.73％）、

“粮食和重要农产品有效供给任务轻或较轻”（54.20%）、“工业基础好或较好”（45.98%）、“农民增收难度小或较小”（36.61%）等。见表 15-2。其中，最大的优势条件，是“经济发达或较发达”（19.73%）。见表 15-3。

表 15-2　东部地区实现中国特色新型农业现代化过程中的优势条件

选　　项	调查问卷数量（份）	所占比例（%）
人均耕地多或较多	1 605	28.66
粮食和重要农产品有效供给任务轻或较轻	3 035	54.20
经济发达或较发达	3 575	63.84
工业基础好或较好	2 575	45.98
“四化”差距小或较小	1 165	20.80
农民增收难度小或较小	2 050	36.61
生态环境保护任务轻或较轻	1 630	29.11

表 15-3　东部地区实现中国特色新型农业现代化过程中的最大优势条件

选　　项	调查问卷数量（份）	所占比例（%）
人均耕地多或较多	895	15.98
粮食和重要农产品有效供给任务轻或较轻	940	16.79
经济发达或较发达	1 105	19.73
工业基础好或较好	520	9.29
“四化”差距小或较小	520	9.29
农民增收难度小或较小	730	13.04
生态环境保护任务轻或较轻	890	15.89
总数	5 600	100.00

与此同时，东部地区的被调查者普遍认为，东部地区实现中国特色新型农业现代化过程中的劣势条件，主要包括“人均耕地少或较少”（55.00%）、“生态环境保护任务重或较重”（28.30%）、“农民增收难度大或较大”（25.45%）、“粮食和重要农产品有效供给任务重或较重”（19.46%）等。见表 15-4。其中，最大的劣势条件，是“农民增收难度大或较大”（22.95%）。见表 15-5。

而且，东部地区的被调查者普遍认为，该地区实现中国特色新型农业现代化过程中遇到的最大障碍或困难，是“投入不足或不及时”（22.32%）。见表 15-6。

表 15-4　东部地区实现中国特色新型农业现代化过程中的劣势条件

选　项	调查问卷数量（份）	所占比例（%）
人均耕地少或较少	3 080	55.00
粮食和重要农产品有效供给任务重或较重	1 090	19.46
经济不发达或较不发达	895	15.98
工业基础不好或较不好	1 065	19.02
“四化”差距大或较大	470	8.39
农民增收难度大或较大	1 425	25.45
生态环境保护任务重或较重	1 585	28.30

表 15-5　东部地区实现中国特色新型农业现代化过程中的最大劣势条件

选　项	调查问卷数量（份）	所占比例（%）
人均耕地少或较少	895	15.98
粮食和重要农产品有效供给任务重或较重	685	12.23
经济不发达或较不发达	605	10.80
工业基础不好或较不好	775	13.84
“四化”差距大或较大	675	12.05
农民增收难度大或较大	1 285	22.95
生态环境保护任务重或较重	680	12.14
总数	5 600	100.00

表 15-6　东部地区实现中国特色新型农业现代化过程中的最大障碍或困难

选　项	调查问卷数量（份）	所占比例（%）
政策法规不得力	660	11.79
科技弱支撑	7 165	16.34
投入不足或不及时	1 250	22.32
改革跟不上	4 480	17.05
人才稀缺	705	12.59
保险未落实	830	14.82
不知道	285	5.09
总数	5 600	100.00

（一）东部地区人均耕地少

根据第二次全国土地调查统计，北京市人均耕地仅 0.2 亩，天津市人均耕地仅有 0.72 亩，上海市人均耕地仅为 0.12 亩，在全国 4 个直辖市中人均耕地最少。河北省人均耕地 1.4 亩、江苏省人均耕地 0.86 亩，浙江省人均耕地 0.55 亩，山东省人均耕地 1.21 亩，福建省人均耕地 0.55 亩，广东省人均耕地 0.39 亩，海南省人均耕地 1.27 亩。由此可见，东部地区 7 省 3 市的人均耕地面积，均低于 1.52 亩的全国平均水平。尤其是，除了河北省、海南省、山东省之外，其他均大大低于 1.52 亩的全国平均水平。见图 15 - 1。

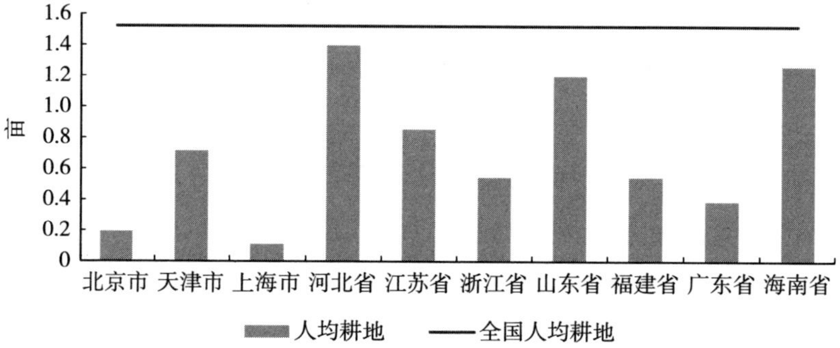

图 15 - 1　东部地区各省市人均耕地情况

（二）东部地区粮食安全和重要农产品安全有效供给任务轻

这不是因为东部地区没有这方面的任务，而是因为东部地区人均耕地本来就少，改革开放以来，东部地区由于城镇化、工商业、交通运输等的发展又占用了大量耕地，实在是已经无力保障粮食安全和重要农产品安全有效供给。见表 15 - 7。

表 15 - 7　2017 年我国分区粮食产量及占有量排行榜

区域	粮食产量（万吨）	省均粮食产量（吨/省市区）	粮食产量占全国比例（%）	人口（万人）	省均人口（人/省市区）	人口占全国比例（%）	人均粮食产量（吨/人）	人均粮食产量排名
东部地区	15 078	1 507.8	24.41	52 951	5 295.1	38.37	0.28	4
中部地区	18 458	3 076.3	29.88	36 709	6 118.2	26.60	0.50	2
西部地区	13 601	1 236.5	22.02	34 894	3 172.2	25.29	0.39	3
东北部地区	14 642	3 660.5	23.70	13 430	3 357.5	9.73	1.09	1

从表 15－7 可以看出，2017 年东部地区人口 52 951 万人，人口占全国比 38.37%，均排在是四个地区的第一位；粮食产量 15 078 万吨，粮食产量占全国 24.41%，省均人口 5 295.1 人，均排在四个地区的第二位；省均粮食产量 1 507.8 吨，排在四个地区的第三位；人均粮食产量 0.28 吨，排在四个地区的第四位。

根据国家统计局及 2017 年各省统计公报，2017 年全国总计粮食总产量为 61 779 万吨；其中产量排名进全国前十的东部地区省市只有山东省（4 723 万吨）、江苏省（3 539 万吨）、河北省（3 508 万吨），人均占有量进全国前十的东部地区省市只有山东（0.47 吨），其中海南、福建、浙江、广东、天津、北京、上海均粮食不能自给。见表 15－8。

表 15－8　东部地区各省市粮食自给率

省市	粮食自给率（%）
山东省	116.45
河北省	111.37
江苏省	106.46
海南省	56.23
福建省	43.98
浙江省	35.14
广东省	32.95
天津市	28.63
北京市	13.75
上海市	12.74

（三）东部地区经济发达

2017 年，我国 GDP 比上年增长 6.9%，总量超过 80 万亿元，达到 82.7 万亿元。按年平均汇率折算超过 12 万亿美元，占世界经济的比重为 15%左右，比 5 年前提高 3 个百分点以上，稳居世界第二位。东部地区（7 省 3 市）北京市 28 000.4 亿元、天津市 18 595.4 亿元、上海市 30 133.9 亿元、河北省 36 000 亿元、江苏省 85 900.9 亿元、浙江省 51 768.3 亿元、福建省 32 298.3 亿元、山东省 72 678.2 亿元、广东省 89 879.2 亿元、海南省 4 462.5 亿元（图 15－2），东部地区 GDP 总量 449 717.1 亿元，占我国总 GDP 的 54.37%（图 15－3）。

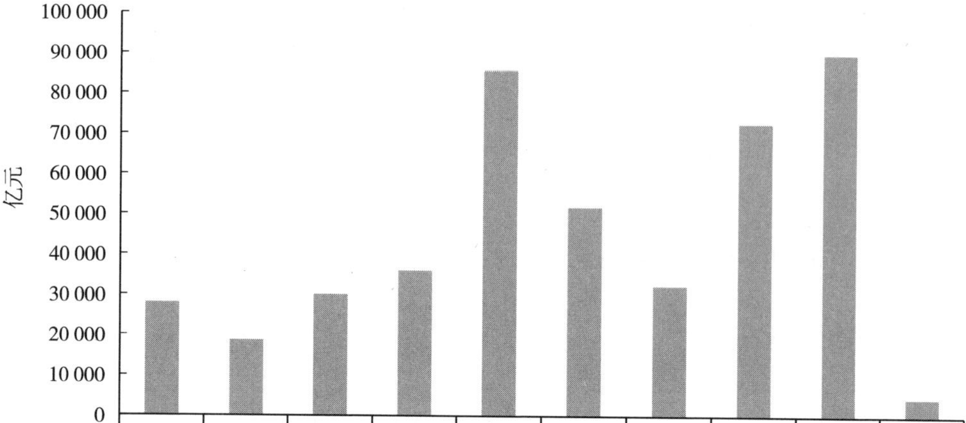

	北京市	天津市	上海市	河北省	江苏省	浙江省	福建省	山东省	广东省	海南省
GDP	28 000.4	18 595.4	30 133.9	36 000	85 900.9	51 768.3	32 298.3	72 678.2	89 879.2	4 462.5

图 15－2　2017 年东部地区各省市 GDP

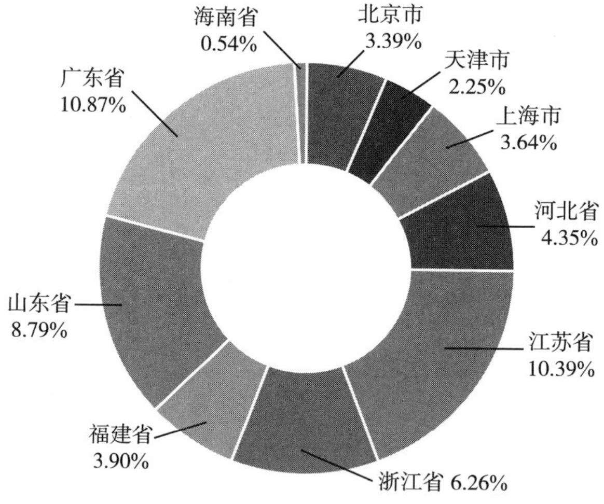

图 15－3　2017 年东部地区各省市 GDP 占总 GDP 比重

（四）东部地区地理位置优越

东部地区位于沿海地区，河流发达，水运方便。平原面积广大，地势平坦，有利于交通的建设，交通设施完善，有较多的沿海港口，对外的贸易频繁，人口众多，有富余的劳动力，还有国家政策的扶持和华侨的投资。就银行业金融机构地区分布而言，东部地区相对于中部地区、西部地区、东北部地区有绝对优势，2016 年资产总额占比 57.4%，比中部地区、西部地区、东北部地区的总额还多。见表 15-9。

表 15-9　2016 年末银行业金融机构地区分布

单位：%

	机构个数占比	从业人数占比	资产总额占比
东部地区	39.7	43.2	57.4
中部地区	23.8	21.5	15.9
西部地区	27.1	24.5	19.3
东北部地区	9.4	10.8	7.4
合计	100.0	100.0	100.0

（五）东部地区各省市有不同的定位

其中北部沿海经济区：包括北京、天津、河北和山东 4 省市。充分发挥人才、知识密集以及信息中心的优势地位，建设成为全国最有实力的高新技术研发和制造中心；以京津冀城市群和山东半岛城镇群为依托，加速区域一体化进程，形成了中国又一个具有世界影响的城镇群。东部沿海经济区，或长江下游综合经济区：包括上海、江苏和浙江三省市。建设成为具有国际影响力的世界性金融中心，全国最具影响力的多功能的制造业中心，特别是轻工业装备产品制造中心，以及高新技术研发和制造中心。东南沿海经济区：包括广东、福建、海南 3 省。建设成为全国最重要的外向型经济发展的基地，消化国外先进技术的基地，以及全国最大最重要的高档耐用消费品和非耐用消费品和生产基地，具有全国意义的高新技术产品制造中心。

（六）东部地区工业基础较好

东部地区邻近海洋，海陆交通便利，有利于更好地发展对外贸易；东部地区人口众多，劳动力丰富，消费市场广阔，且科教水平较高；东部地区率先实行改革开放，政策优势突出。东部地区的山东、江苏、广东、浙江等省，是我国农产品加工业的主要集聚地，四省共占全国农产品加工业销售产值的 40% 以上；我国农产品加工业从业人员数最多、出口交货值最多的，均为广东、山东、江苏、浙江和福建五省。

（七）东部地区农业现代化程度较高

这一点，已经能够从表 14-13 的量化计算得分中得到充分证实，不再赘述。

二、东部地区农业现代化内外协同耦合驱动型模式的主要特征

东部地区农业现代化内外协同耦合驱动型模式的主要特征，具体体现在同等重要地运筹和运用“两种资源”和“两个市场”，协同安排农产品生产、出口和进口，农业产业一体化与城乡一体化结合发展，更多运用创新驱动，正在率先实现农业现代化等方面。

（一）东部地区同等重要地运筹和运用“两种资源”和“两个市场”

东部地区正在强化政策创新，构建适应农业对外合作要求的财政、金融、保险、产业等支持政策；正在强化人才队伍支撑，健全培训计划，建立人才库，构建国际人才队伍体系；正在强化规范引导和风险防范，实现互利共赢；正在强化统筹协调，处理好政府和市场、农业现代化和农业国际化等关系。

（二）东部地区协同安排农产品生产、出口和进口

据2017年统计年鉴，按收发货人所在地分，东部地区进出口总额为283 479 343元，占全国的76.9%；按境内目的地和货源地分，东部地区进出口总额为280 858 791元，占全国的76.2%。其中广东省无论是按收发货人所在地分，还是按境内目的地和货源地分，均为东部地区货物进出口总额之最。见表15-10。

表15-10　2016年东部地区货物进出口总额

地区	按收发货人所在地分			按境内目的地和货源地分		
	进出口	出口	进口	进出口	出口	进口
全国	368 555 741	209 763 119	158 792 622	368 555 741	209 763 119	158 792 622
北京市	28 234 896	5 202 284	23 032 612	12 232 232	2 545 583	9 686 649
天津市	10 265 595	4 427 869	5 837 725	10 697 369	4 165 702	6 531 668
河北省	4 667 538	3 057 554	1 609 984	7 499 146	4 399 827	3 099 319
上海市	43 376 819	18 335 213	25 041 606	40 461 381	16 638 077	2 823 304
浙江省	33 657 591	26 786 375	6 871 216	34 344 920	27 344 970	6 999 950
福建省	15 682 619	10 367 799	5 314 821	13 680 368	8 722 975	4 957 393
江苏省	50 929 641	31 905 309	19 024 332	54 713 575	33 095 875	21 617 700
广东省	95 529 801	59 860 199	35 669 602	106 012 356	65 413 562	40 598 704
海南省	1 134 843	212 580	922 263	1 217 444	346 879	870 564

（三）东部地区农业产业一体化与城乡一体化结合发展

目前我国经济较发达的东部地区，已经具备了农业产业一体化与城乡一体化结合发展的基础，正在从依托田园综合体实现都市现代农业融合升级，依托建设特色小镇实现产城融合发展，依托发展农村集体经济缩小城乡公共服务差距，依托发展农村电商推动城乡要素流动一体化等四个方面促进“两化”结合发展。

（四）东部地区更多运用创新驱动

东部地区已经成为我国改革开放和创新驱动的高地。如北京的种业科技资源高度聚集，全国80%以上的国家级种业科研力量集中在北京，而且种业企业实力较强，北京的种子交易规模约占全国的10%以上。北京农科城每年近万项种业科技成果在其搭建的种业托管平台上实现信息成果登记，年交易额达200亿元。

（五）东部地区正在率先实现农业现代化

我国已经鼓励东部地区率先实现农业现代化。东部地区也抢抓机遇、乘势而上，尤其是在示范区现代农业建设方面取得了突破性进展，正在示范引领全国现代农业发展迈上新台阶。

三、已有雏形或典型案例——江苏省

多年以来，江苏省GDP排名全国第二，现代农业发展水平也居于全国前列。经多年探索，江苏省的农业现代化，已经初步形成了内外协同耦合驱动型模式。

（一）江苏省农业现代化内外协同耦合驱动的基本情况

一是技术创新水平不断提升。作为经济实力较强的江苏省，人多地少，无论是保证农产品的供给，还是促进农民增收，都需要不断地进行农业科技的技术创新。经过多年的持续努力，江苏省的农业科技创新已经成为提升现代化农业的催化剂，农业产业化发展的助推器，以及农村经济可持续发展的源动力。2017年江苏省技术进步贡献率达已达68%，高于全国平均水平8个百分点。

二是推广应用领域不断拓展。为明确江苏省农业技术推广导向，充分发挥科技在推进农业供给侧结构性改革、加快农业现代化建设中引领支撑作用，江苏省农委不仅拓展“特粮特经多元多熟高效种植模式”等农业重大技术推广计划，将品种多乱杂、种植模式单一的特粮特经作物，通过系列高效种植模式优良品种筛选，形成适宜不同区域的品种组合和高效复合种植新模式，而且通过推进耕地轮作休耕促进生态环境的改善和资源的可持续利用，使耕地土壤有机质含量增加，耕地质量明显改善，耕地肥力提高约 0.5 个等级。

三是示范应用典型不断涌现。江苏省各地立足自身实际不断探索创新，不仅推广应用了一批新品种、新技术、新模式，培育发展了一批农业新产业、新业态、新载体，而且形成了一批好的经验做法，涌现出一大批值得借鉴的特色类型和示范典型，成为带动各地农业结构提档升级、产业转型发展的重要力量。比如：全省确定的 121 个省休闲观光农业示范村和 105 个农业特色小镇，不仅涵盖了农业历史经典产业、非物质农业文化遗产保护、农耕文化、农家乐、创意休闲农业等多种特色，而且逐步实现农业特色产业由“特”转“强”、由“散”到“聚”、由“分”到“合”的升级。

（二）江苏省农业现代化内外协同耦合驱动的初步经验

一是转变农业发展方式，推进智能农业发展。江苏省不断推进农业供给侧结构性改革，转变农业发展方式，为现代农业发展注入科技活力。比如：该省将物联网与农业智能结合，创建省级智能农业示范基地 127 家，规模设施农业物联网技术应用面积占比超过 14%，即使在人多地少、耕地资源不足的情况下，仍然实现了农业持续增效、农村持续发展、农民持续增收。在苏州，仅阳澄湖大闸蟹就集聚 500 多家网店，年电商交易额超过 10 亿元。

二是创新农业经营体制，激发农村发展潜力。江苏省推动开放型农业发展，引导支持园艺、特粮制品、畜禽、水海产品等出口支柱产业发展和示范基地建设，培育一批出口农产品示范企业；在沿海、沿江等地区规划建设农业对外开放合作试验区、农产品加工物流园区和进口农产品集散中心，加快农业“走出去”步伐，支持有条件的农业企业在“一带一路”沿线、非洲及葡语国家建设一批境外合作示范区；推动远洋渔业企业兼并重组、提质增效，支持发展南极磷虾产业和境内外远洋渔业基地建设；建立农业对外合作联席会议制度，统筹协调全省对外农业投资合作重大事项；推动农村土地承包经营权有序转移，优化土地资源配置，促进农业生产经营的规范化和集约化。

三是加快工业反哺农业，推动农村产业融合。江苏省加大了公共财政的支农力度，贯彻落实好粮食直补、良种补贴、农资综合补贴、农机具购置补贴和家电下乡、建材下乡等一系列优惠政策措施，深入推进农村教育培训工程、农民健康工程、农村环境整治工程、农村文化建设工程、农村道路通达工程等"五大惠民工程"，并借助全省民间资本雄厚、工业经济发达的优势，引导更多内资、外资工商企业投资农业和涉足农业，促进农业的投资多元化发展和企业化经营。

四是促进信息引领生产，助推农业提档升级。江苏省大力发展互联网与现代农业的有机结合，加强农业信息化建设顶层设计，建立整合涉农信息服务平台，形成江苏省农业大数据中心，在各个农业园区、科技园区、农产品加工集中区、粮食物流园区以及规模种养基地之间推进系统互联互通、数据共建共享、业务协作协同；利用各种有效的信息推动科技、文化、艺术元素在农业生产中的运用，提升农业生产、经营、管理和服务水平，培育科技型、文化型、功能型、生态型、服务型创意农业新模式。全省已建设省级农业电子商务示范基地 145 个，新建省级农村电子商务示范镇 40 个、示范村 80 个，完善农村电子商务示范工程体系，使全省农产品网上营销额增长了 25%以上。

第十六章　中部地区三不牺牲共赢发展型模式

即在推进和实现农业现代化过程中，充分考虑和综合利用了中部地区特有的自然资源条件和社会经济条件，不仅做到了不牺牲农业和粮食、不牺牲生态和环境，而且做到了不牺牲农民利益，将不牺牲农民利益放到了非常重要的位置，并用农民利益的不断提高来带动农业和粮食、生态和环境的良性发展，以及农业现代化水平的不断提升，达到共同赢取和分享发展成果的目的。

一、中部地区的农业现代化发展背景

中部地区农业现代化的发展背景一般，前景较乐观。这一点，也得到了调查问卷的印证。调查问卷显示，中部地区的被调查者中 11.07%认为“明显领先位置”，15.12%认为“领先位置”，17.26%认为“比较领先位置”，三者合计仅占到了 43.45%，而却有 46.55%的被调查者认为处在“比较落后位置”、“落后位置”和“非常落后位置”。见表 16－1。

表 16－1　中部地区实现中国特色新型农业现代化过程中的水平和位置

选　　项	调查问卷数量（份）	所占比例（%）	分类小计（%）
明显领先位置	465	11.07	
领先位置	635	15.12	43.45
比较领先位置	725	17.26	
比较落后位置	845	20.12	
落后位置	660	15.71	46.55
非常落后位置	450	10.72	
不知道	420	10.00	10.00
总数	4 200	100.00	100.00

调查问卷显示，中部地区的被调查者普遍认为，中部地区实现中国特色新型农业现代化过程中的优势条件，主要包括“人均耕地多或较多”（73.57%）、

“粮食和重要农产品有效供给任务轻或较轻”（49.88%）、“工业基础好或较好”（49.05%）、“经济发达或较发达”（47.38%）等。见表16-2。其中，最大的优势条件，是“人均耕地多或较多”（17.74%）。见表16-3。

表16-2　中部地区实现中国特色新型农业现代化过程中的优势条件

选　　项	调查问卷数量（份）	所占比例（%）
人均耕地多或较多	3 090	73.57
粮食和重要农产品有效供给任务轻或较轻	2 095	49.88
经济发达或较发达	1 990	47.38
工业基础好或较好	2 060	49.05
“四化”差距小或较小	1 105	26.31
农民增收难度小或较小	680	16.19
生态环境保护任务轻或较轻	440	10.48
其他	35	0.83

表16-3　中部地区实现中国特色新型农业现代化过程中的最大优势条件

选　　项	调查问卷数量（份）	所占比例（%）
人均耕地多或较多	745	17.74
粮食和重要农产品有效供给任务轻或较轻	530	12.62
经济发达或较发达	500	11.90
工业基础好或较好	585	13.93
“四化”差距小或较小	520	12.38
农民增收难度小或较小	525	12.50
生态环境保护任务轻或较轻	540	12.86
其他	255	6.07
总数	4 200	100.00

与此同时，中部地区的被调查者普遍认为，中部地区实现中国特色新型农业现代化过程中的劣势条件，主要包括“粮食和重要农产品有效供给任务重或较重”（60.00%）、“经济不发达或较不发达”（55.36%）、“人均耕地少或较少”（51.67%）、“工业基础不好或较不好”（37.14%）等。见表16-4。其中，最大的劣势条件，是“经济不发达或较不发达”（17.38%）。见表16-5。而且，中部地区的被调查者普遍认为，中部地区实现中国特色新型农业现代化过程中遇到的最大障碍或困难，是“科技弱支撑”（16.43%）。见表16-6。

表 16-4　中部地区实现中国特色新型农业现代化过程中的劣势条件

选　　项	调查问卷数量（份）	所占比例（%）
人均耕地少或较少	220	51.67
粮食和重要农产品有效供给任务重或较重	2 520	60.00
经济不发达或较不发达	2 325	55.36
工业基础不好或较不好	1 560	37.14
“四化”差距大或较大	1 530	36.43
农民增收难度大或较大	765	18.21
生态环境保护任务重或较重	350	8.33
其他	5	0.12

表 16-5　中部地区实现中国特色新型农业现代化过程中的最大劣势条件

选　　项	调查问卷数量（份）	所占比例（%）
人均耕地少或较少	840	15.24
粮食和重要农产品有效供给任务重或较重	510	12.14
经济不发达或较不发达	730	17.38
工业基础不好或较不好	635	15.12
“四化”差距大或较大	435	10.36
农民增收难度大或较大	520	12.38
生态环境保护任务重或较重	440	10.48
其他	290	6.90
总数	4 200	100.00

表 16-6　中部地区实现中国特色新型农业现代化过程中的最大障碍或困难

选　　项	调查问卷数量（份）	所占比例（%）
政策法规不得力	132	15.71
科技弱支撑	138	16.43
投入不足或不及时	117	13.93
改革跟不上	98	11.67
人才稀缺	104	12.38
保险未落实	97	11.55
不知道	93	11.07
其他	61	7.26
总数	840	100.00

（一）中部地区人均耕地较少

2017 年统计年鉴显示，山西省耕地面积为 6 102.6 万亩，其中基本农田 5 118.5 万亩，人均耕地面积 1.78 亩；安徽省人均 1.3 亩，属耕地后备资源十分有限、建设占用耕地补充难度很大的 4 个省份之一；江西省人均耕地 1.045 亩，大大低于全国人均 1.52 亩的水平；河南省耕地 12 288 万亩居全国第三，小麦产量合计占全省粮食总产量的 58%，但人均耕地只有 1.23 亩，低于全国人均 1.52 亩的水平，更低于世界人均 3.38 亩的水平；湖北省人均耕地 1.3 亩，较全国人均 1.52 亩少 0.22 亩；湖南省人均耕地 0.9 亩，仅为全国人均耕地的 59.2%，不到世界人均水平的 1/5。见图 16-1。

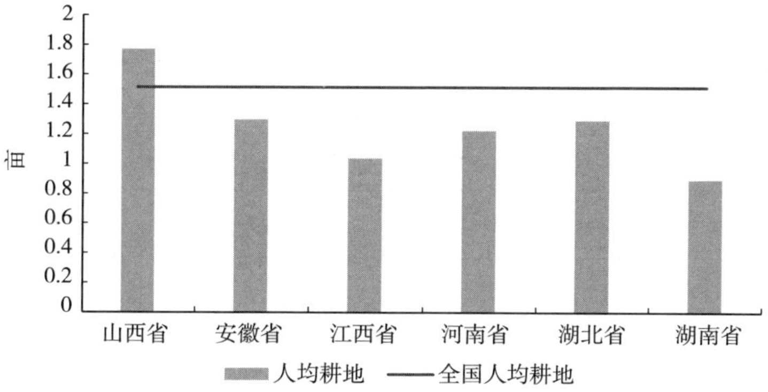

图 16-1 中部地区各省人均耕地

（二）中部地区粮食安全和重要农产品安全有效供给任务重

习近平总书记嘱托，中部地区要“扛稳粮食安全重任”，是国家重要的粮食主产区和粮食核心区。事实也是如此。2017 年中部地区粮食产量 18 458 万吨，省均人口 6 118.2 人，均排在四个地区的第一位；省均粮食产量 3 076.3吨，粮食产量占全国 29.88%，省均人口 36 709 万人，人口占全国 26.60%，人均粮食产量 0.50 吨，均排在四个地区的第二位。在全国 5 个粮食净调出省区中，中部地区就占了 2 个（河南省、安徽省），是中国名副其实的粮仓。

另据国家统计局及各省统计公报，2017 年全国粮食总产量为 61 779 万吨，河南省 5 973 万吨、安徽省 3 476 万吨、湖南省 2 984 万吨、湖北省 2 599 万吨、江西省 2 127 万吨、山西省 1 299 万吨，其中河南省、安徽省、湖南省产量位居全国前十，河南省、安徽省人均产量居全国前十（表 16-7）。

表 16-7　2017 年中部地区各省粮食总产量排行榜

排名	地区	总产量（万吨）	粮食全国占比（%）	人口（万人）	人均粮食产量（吨）	人均产粮排名
2	河南省	5 973	9.67%	9 532	0.63	4
8	安徽省	3 476	5.63%	6 196	0.56	6
9	湖南省	2 984	4.83%	6 822	0.44	14
11	湖北省	2 599	4.21%	5 885	0.44	13
18	山西省	1 299	2.10%	3 682	0.35	19
19	陕西省	1 216	1.97%	3 813	0.32	21

中部地区各省粮食自给率，河南省 149.87%、安徽省 137.32%、江西省 115.72%、湖南省 113.21%、湖北省 105.63%、山西省 88.21%，除山西省之外，其他五省粮食都能自给及有余。见表 16-8。

表 16-8　2017 年中部地区各省粮食自给率

省份	粮食自给率（%）	省份	粮食自给率（%）
河南省	149.87	湖南省	113.21
安徽省	137.32	湖北省	105.63
江西省	115.72	山西省	88.21

（三）中部地区经济较好

中部地区是全国经济发展的重要支撑。2017 年 GDP，山西省 14 973.51 亿元、安徽省 27 518.67 亿元、湖北省 36 522.95 亿元、湖南省 34 590.56 亿元、江西省 20 818.5 亿元、河南省 44 988.16 亿元（图 16-2），中部地区各省 GDP 总额 179 412.35 亿元，约占全国 GDP 的 22%（图 16-3），财政收入占全国的 80%，进出口占全国的 90%。河南省、湖北省、湖南省的经济总量均位居全国前列；江西省、安徽省虽然经济体量不大，但近几年增速领先，发展势头较好。

（四）中部地区工业基础较好

2017 年，我国第二产业增加值为 334 623 亿元，其中中部地区合计为 81 495.85亿元，占 24.35%。河南省、湖北省等都是农产品加工和食品工业大省。

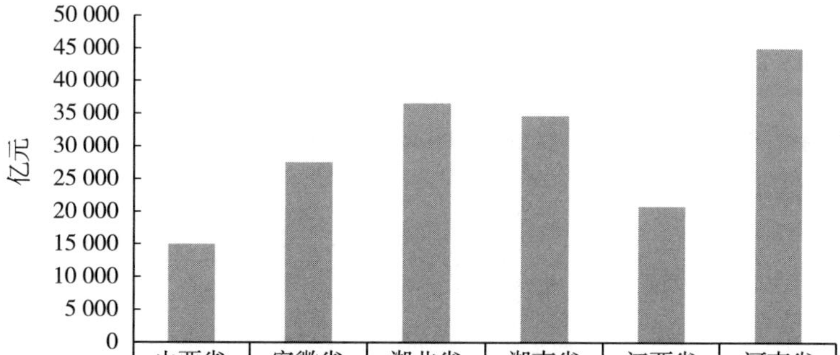

	山西省	安徽省	湖北省	湖南省	江西省	河南省
GDP	14 973.51	27 518.67	36 522.95	34 590.56	20 818.5	44 988.16

图 16－2　2017 年中部地区各省 GDP

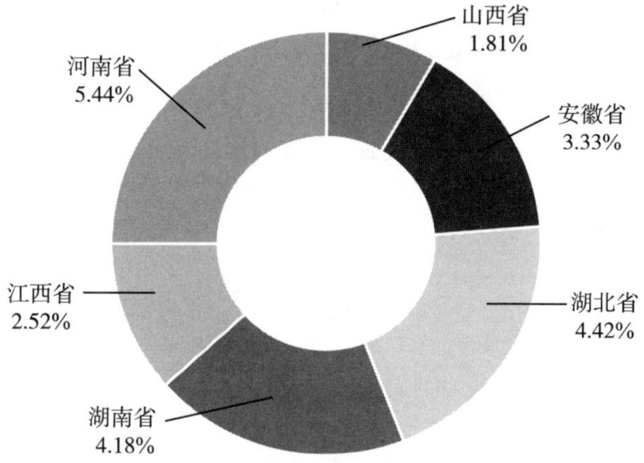

图 16－3　2017 年中部地区各省 GDP 占总 GDP 的比重

（五）中部地区农民增收难度较大

中部地区大多是传统的农业地区，大部分农民仍以种粮食为主，并以此作为经济的主要来源，加之人口众多、农业资源禀赋不够丰厚，农业就业人口偏多，因文化素质普遍较低难以从事工商业，以及小富即安思想导致致富欲望不强烈等，致使农民增收难度较大。

二、中部地区农业现代化三不牺牲共赢发展型模式的主要特征

中部地区农业现代化三不牺牲共赢发展型模式的主要特征，具体体现在中部地区发展农业现代化不以牺牲农业与粮食、生态与环境、农民利益三者为代

价，政策扶持农业农村优先发展，政府引导农村产业融合发展，较多地运用创新驱动等方面。

（一）中部地区发展农业现代化不以牺牲农业与粮食、生态与环境、农民利益三者为代价

中部地区是粮食生产的核心地区，肩负着粮食安全和重要农产品安全有效供给的艰巨任务。在国内外粮食安全形势均存在一定风险的情况下，中部地区在推进农业现代化进程中做到“三不牺牲”，既面临机遇，又充满挑战，这就要求中部地区必须走出一条具有中部特色的新型农业现代化之路。而且，中部地区的被调查者对“三不牺牲”的要求，无论是单项比较，还是平均水平比较，都要比其他三个地区强烈。见表 16－9。“不牺牲农业和粮食”方面，中部地区比西部地区高出 66.16％；“不牺牲生态和环境”方面，中部地区比东北部地区高出 1.60 倍；“不牺牲农民利益”方面，中部地区比西部地区高出 56.75％；三个方面的平均水平，中部地区比西部地区高出 90.20％。

表 16－9　中部地区对“三不牺牲”要求与平均水平和其他三个地区比较

选　　项	中部地区所占比例（％）	平均水平所占比例（％）	东部地区所占比例（％）	东北部地区所占比例（％）	西部地区所占比例（％）
不牺牲农业和粮食	52.14	39.44	43.48	32.38	31.38
不牺牲生态和环境	89.88	55.44	64.38	34.52	35.59
不牺牲农民利益	68.69	57.82	63.75	70.95	43.82
平均值	70.24	50.90	57.20	45.95	36.93

（二）政策扶持农业农村优先发展

坚持农业农村优先发展，是实施乡村振兴战略的总方针。中部地区作为传统的农业大区和粮食大区，只有坚定不移地坚持和实现农业农村优先发展，才能够加快现代农业发展步伐，才能够迅速提高农业现代化水平，真正地让农业成为先进的产业，让农民成为体面的职业，让农村成为宜居的家园。

（三）政府引导农村产业融合发展

近几年，中部地区各省先后出台了推进农村一二三产业融合发展的实施意见，并将新型农业经营主体的发展作为产业融合的重要载体。安徽省率先在全国普及发展了农业产业化联合体，到 2017 年已经达到 1 031 家。河南省也已经呈现出一些涉及农产品加工、商贸、供销、物流的二三产业与互联网融合的

新业态，而且这些新业态的发展势头良好。比如：从“猪倌儿”到生鲜供应链集成服务商的“鲜易控股”，便是在“互联网+”过程中打造智慧生鲜供应链，并实现华丽转身的样本企业。

（四）较多地运用创新驱动

湖北省实施现代种业提升工程，支持和培育一批实力雄厚的“育繁推”一体化种业集团，着力打造“中部地区种业中心”。湖南省大力推进“百片千园万名”科技兴农工程，加快科教兴村、农业科技进村入户等项目建设，促进产学研、农科教紧密结合，推动农业科技水平持续提高，2017 年全省农业科技进步贡献率达到 61.5%，比全国高出 4 个百分点。河南省积极应用现代信息技术建设河南省农业大数据中心，实施智慧农业工程，推进物联网示范应用，启动了“微农讯”农业信息精准服务项目，物联网、云计算、大数据这些高精尖的互联网科技，都将为全省“大农业”助力。

三、已有雏形或典型案例——河南省

被誉为“中国粮仓”的河南省，多年来 GDP 排名全国第五，现代农业发展也居于全国中等偏上水平。经过多年的实践和探索，河南省的农业现代化，已经初步形成了三不牺牲共赢发展型模式。

（一）河南省农业现代化三不牺牲共赢发展的基本情况

一是从追高产转变为求优质。据河南省统计公报，2017 年粮食生产十二连增后再获丰收，粮食产量达到 5 973.20 万吨，比上年增长 0.4%，属历史第二高产年份（图 16－4）。同时，以优质小麦、优质花生、优质草畜、优质林果等“四优四化”为主攻方向，农业结构不断转型调优。

河南省是全国重要的粮食主产区和核心区，多年来河南省粮食种植面积稳定在 1.4 亿亩以上的同时，积极扩大优质粮食种植面积。2017 年，河南省粮食种植面积为 10 135.5 千公顷，在全国仅次于黑龙江，占全国粮食总种植面积的 9%（图 16－5）。其中，优质专用小麦种植面积达到 800 千公顷，优质花生达到 1 466.67 千公顷，新增青贮玉米 200 千公顷，新增苜蓿等优质牧草 33.33 千公顷，发展优质林果 866.67 千公顷。

在优质草畜上，河南省建设了一批肉牛、肉羊、奶牛标准化规模养殖基地，如豫西、豫南地区的母牛养殖基地，平原农区的肉牛育肥基地，沿黄区域和豫东、豫西南地区的优质奶源基地，新增优质种牛 13 万头、优质饲草 200 万亩。

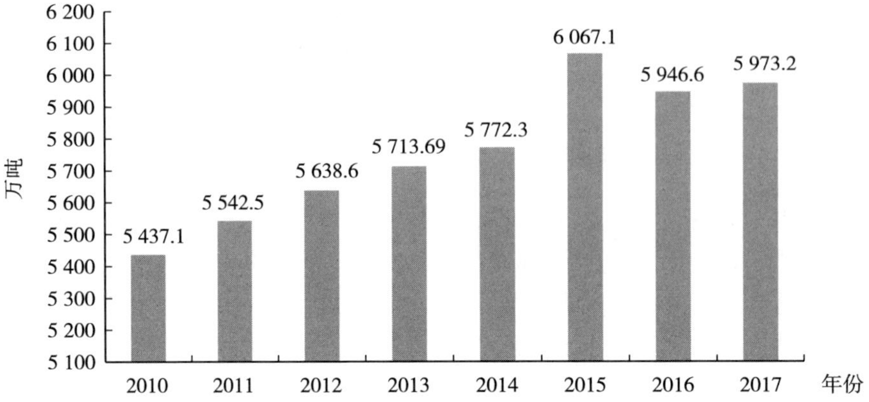

图 16-4 近些年河南省粮食产量

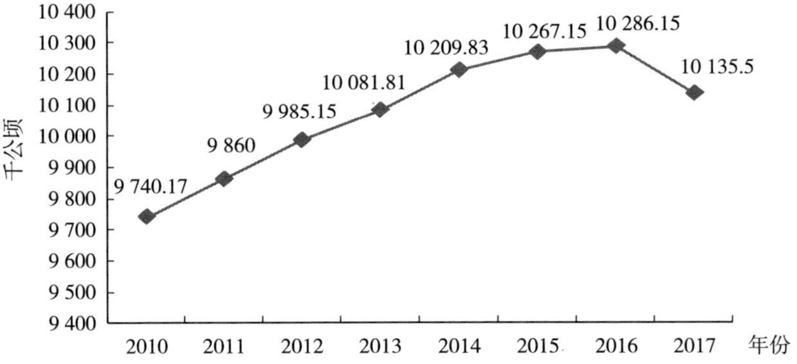

图 16-5 2010—2017 年河南省粮食播种面积

二是从要素驱动转变为创新驱动。从总体上看，河南省主要农作物良种基本实现全覆盖，小麦良种覆盖率和主要农作物耕种收综合机械化率达到 98% 以上，农业科技进步贡献率达到 56%，成为现代农业发展的决定力量。从农产品加工业看，河南省把食品工业做成了全省第一大支柱产业和战略王牌产业，大用集团开始生产并销售加热即食的中式营养餐，永达集团深入研究生产航天专用食品并多次为航天员提供食物，“三全”食品、“思念”食品引领全国速冻产业，双汇集团在开发分割肉的基础上已经成为世界领先的肉类供应商，“好想你”枣业在开拓大枣产业的基础上强势进军社交电商新零售，这些转变和跃升都是创新发展的果实。从农业科技创新和农业生产与科研衔接上看，河南省拓展科研院校、农牧企业与地方政府的合作领域，搭建合作平台，构建合作机制，着力推进农业科技的成果转化，如周口市扶沟县蔬菜局与河南农业大学联合成立了河南农大蔬菜研究院，通过推广农业先进技术和优良品种，带动扶沟蔬菜大棚亩均增收 400 元，还吸引美国、荷兰、以色列等国家的知名蔬菜种子公司将蔬菜品种放到基地试种，带动扶沟县蔬菜业向高端化发展。从推进信息进村入户看，河南省加快互联网与现代农业生产、经营、管理、服务的融合步伐，不仅缓解了农产品售卖困难，也为农业结构性调整提供了有力支撑，如鹤壁市浚县重点在农村经营店铺、专业合作社组织等农业经济主体中建设了 400 个村级信息服务站点——益农信息社，为农民提供专家咨询、购买农资、销售农产品、小额取款贷款、办理车险寿险等生产生活服务，使“互联网＋农业”迸发蓬勃生机。

三是从注重节能减排转变为走全面可持续发展道路。河南省许多地区积极推广将秸秆、沼气、养殖和无公害种植联结起来，走种养结合的生态循环发展之路，延长了产业链条，扩展了农业产业内涵。在生猪养殖方面，一些规模养殖场建造了大型沼气处理系统和配套发电机组，实行猪—沼—菜（果、瓜、粮）、猪—沼—鱼、猪—沼—肥—菜的生态循环，实现了零污染、零排放。在秸秆收集利用方面，周口市太康县永启养殖合作社等新型农业经营主体为周边农户低价收割小麦和玉米，以此服务获取免费秸秆，形成了秸秆—肉牛—林木—鸡鹅的产业链条。在粮改饲方面，鹤壁市浚县中鹤集团等农业产业化龙头企业改籽用玉米种植为饲用玉米种植，用青贮玉米和小麦秸秆发展规模化肉羊养殖，并创建了羊舍内养羊、房顶光伏发电、羊舍间隔种植葡萄的新型立体种养模式，初步形成了循环集约型产业体系。在再生能源方面，新蔡县未来再生能源股份有限公司等龙头企业夏收期间使用 120 多台打捆机在田间日夜忙碌，将 6 万吨打好捆的麦秆分批运到未来农业产业园，经过加工转化成为沼气资源，实现了秸秆粪便变能源、农村环境污染改善、有机果蔬生产的格局，形成了“废弃物—沼气—养殖—林果”、企业和农户双赢的“生态农业主导型”循环产业融合模式。

（二）河南省农业现代化三不牺牲共赢发展的初步经验

一是把提高农业综合生产能力作为硬道理。河南省在保持粮食高产的同时严把质量关，实现了从“种啥吃啥”到“吃啥种啥”、从“有啥吃啥”到“啥好吃啥”的根本性转变，重点发展强筋小麦、弱筋小麦等优质专用小麦，积极发展优质水稻和绿色水稻，适当调减籽粒玉米，适当扩种青贮、食用和加工玉米，既保证了农业综合生产能力不降低，又促进了质量兴农和绿色兴农。

二是把优化农业供给侧结构作为硬要求。河南省正在深入推进“四优四化”，推动农业提质增效，使农产品供给数量充足、品种和质量契合消费者的高端需要和个性化需要，真正实现结构合理、保障有力的农产品有效供给，并全面落实“调结构、提品质、促融合、去库存、降成本、补短板”等重点任务，减少中低端农产品及其加工制成品供给，增加中高端农产品及其加工制成品供给，实现供需两侧在更高水平上的再平衡。

三是把改善农民生活作为硬指标。在村庄建设上，河南省已开展新农村建设多年，农民住房和村容村貌有了很大改观。在农村环境上，河南省从农村生活垃圾入手治理，逐步完善公共基础设施、公共服务，让农村留得住青山绿水，记得住乡愁。在农民收入上，河南省正通过加大政策投入力度，给更多的福利和优惠政策等措施，多渠道促进农民增收，力争让农业成为体面的职业。

四是把优化生态环境作为硬规范。针对以前全省主要依靠增加化肥、农药、地膜等生产投入品而实现农产品和粮食增产等情况，河南省坚定地推进了化肥、农药的“零增长”行动和“负增长”行动，加大了有机农药、有机化肥的使用量，推动了清洁生产的开展。针对鹤壁、平顶山、漯河、焦作等畜禽粪便污染较为严重、耕地负荷较大的情况，河南省坚定地进行了面源污染防治，杜绝了农村生态环境污染，使农村环境宜居度不断提高。针对济源、焦作、洛阳等工矿业发达的地方，镉、砷、铅、铬、汞等“五毒”重金属污染严重的情况，河南省坚定地进行了重金属污染防治，基本上消除了对空气、水体、土壤的污染，规避了给人民健康带来的巨大隐患。

第十七章 东北部地区“四化”同步协调发展型模式

即在推进和实现农业现代化过程中，充分考虑和综合利用了东北部地区特有的自然资源条件和社会经济条件，不仅基本做到了新型工业化、信息化、城镇化、农业现代化同步发展，而且基本做到了信息化深度融合工业化、工业化良性互动城镇化、城镇化相互协调农业现代化，实现了经济效益、社会效益和生态效益的较好统一以及农业现代化水平的不断提升，达到了“四化”发展中和谐一致、配合得当等目的和目标。

一、东北部地区的农业现代化发展背景

东北部地区农业现代化的发展背景较好，前景较乐观。这一点，也得到了调查问卷的印证。调查问卷显示，东北部地区的被调查者中6.43%认为“明显领先位置”，21.19%认为“领先位置”，29.76%认为“比较领先位置”，三者合计占到了57.38%，而只有40.88%的被调查者认为处在“比较落后位置”、“落后位置”和“非常落后位置”。见表17-1。

表17-1 东北部地区实现中国特色新型农业现代化过程中的水平和位置

选　　项	调查问卷数量（份）	所占比例（%）	分类小计（%）
明显领先位置	135	6.43	
领先位置	445	21.19	57.38
比较领先位置	625	29.76	
比较落后位置	470	22.38	
落后位置	170	8.10	40.88
非常落后位置	220	10.4	
不知道	35	1.67	1.67
总数	2 100	100.00	100.00

调查问卷显示，东北部地区的被调查者普遍认为，东北部地区实现中国特色新型农业现代化过程中的优势条件，主要包括“人均耕地多或较多”

(63.57%)、“生态环境保护任务轻或较轻”（55.71%）、“工业基础好或较好”(50.95%)、“农民增收难度小或较小”（40.00%）等（表17-2）。其中，最大的优势条件，是“人均耕地多或较多”（25.48%）（表17-3）。

表17-2　东北部地区实现中国特色新型农业现代化过程中的优势条件

选　　项	调查问卷数量（份）	所占比例（%）
人均耕地多或较多	1 335	63.57
粮食和重要农产品有效供给任务轻或较轻	670	31.90
经济发达或较发达	785	37.38
工业基础好或较好	1 070	50.95
“四化”差距小或较小	445	21.19
农民增收难度小或较小	840	40.00
生态环境保护任务轻或较轻	1 170	55.71

表17-3　东北部地区实现中国特色新型农业现代化过程中的最大优势条件

选　　项	调查问卷数量（份）	所占比例（%）
人均耕地多或较多	535	25.48
粮食和重要农产品有效供给任务轻或较轻	335	15.95
经济发达或较发达	485	23.10
工业基础好或较好	170	8.10
“四化”差距小或较小	145	6.90
农民增收难度小或较小	160	7.62
生态环境保护任务轻或较轻	270	12.86
总数	2 100	100.00

与此同时，东北部地区的被调查者普遍认为，东北部地区实现中国特色新型农业现代化过程中的劣势条件，主要包括“经济不发达或较不发达”(74.05%)、“农民增收难度大或较大”（66.43%）、“工业基础不好或较不好”(61.19%)、“生态环境保护任务重或较重”（46.90%）等。见表17-4。其中，最大的劣势条件，是“经济不发达或较不发达”（27.14%）。见表17-5。

而且，东北部地区的被调查者普遍认为，东北部地区实现中国特色新型农业现代化过程中遇到的最大障碍或困难，是“改革跟不上”（27.86%）。见表17-6。

表 17－4　东北部地区实现中国特色新型农业现代化过程中的劣势条件

选　　项	调查问卷数量（份）	所占比例（%）
人均耕地少或较少	435	20.71
粮食和重要农产品有效供给任务重或较重	685	32.62
经济不发达或较不发达	1 555	74.05
工业基础不好或较不好	1 285	61.19
“四化”差距大或较大	840	40.24
农民增收难度大或较大	1 395	66.43
生态环境保护任务重或较重	985	46.90

表 17－5　东北部地区实现中国特色新型农业现代化过程中的最大劣势条件

选　　项	调查问卷数量（份）	所占比例（%）
人均耕地少或较少	355	16.90
粮食和重要农产品有效供给任务重或较重	170	8.10
经济不发达或较不发达	570	27.14
工业基础不好或较不好	335	15.95
“四化”差距大或较大	135	6.43
农民增收难度大或较大	320	15.24
生态环境保护任务重或较重	215	10.24
总数	2 100	100.00

表 17－6　东北部地区实现中国特色新型农业现代化过程中的最大障碍或困难

选　　项	调查问卷数量（份）	所占比例（%）
政策法规不得力	210	10.00
科技弱支撑	415	19.76
投入不足或不及时	170	8.10
改革跟不上	585	27.86
人才稀缺	195	9.29
保险未落实	440	20.95
不知道	85	4.05
总数	2 100	100.00

（一）东北部地区地较广人较稀

东北部地区各省区的人均耕地，辽宁省、吉林省、黑龙江省、内蒙古自治区分别为 2.85 亩、4.96 亩、4.71 亩、7.16 亩，不仅均高于全国平均水平，而且多数省份达到了全国平均水平的 3 倍以上，内蒙古自治区的人均耕地为全国平均水平的 4.8 倍，达到了全国人均耕地之最高水平。见图 17－1。

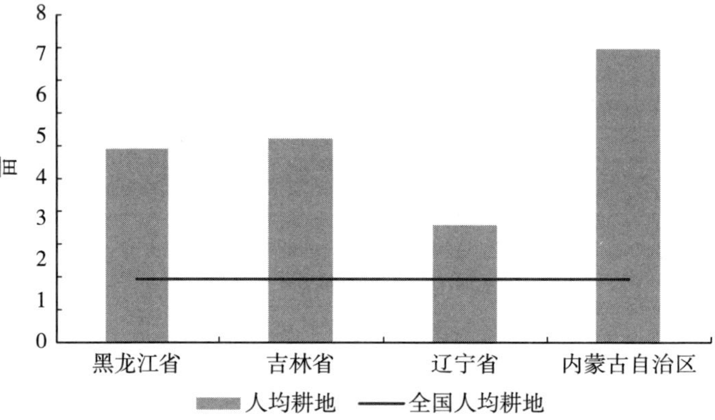

图 17－1　东北部地区各省区人均耕地

（二）东北部地区粮食安全和重要农产品安全有效供给任务重

从表 15－7 可以看出，2017 年东北部地区省均粮食产量 3 660.5 吨，人均粮食产量 1.09 吨，均排在四个地区的第一位；粮食产量 14 642 万吨，粮食产量占全国 23.70%，省均人口 3 357.5 人，均排在四个地区的第三位；人口 13 430 万人，人口占全国比 9.73%，均排在四个地区的第四位。尤其是黑龙江省、吉林省、内蒙古自治区的人均粮食产量，占领了全国前三甲（表 17－7）。在全国 5 个粮食调出省区中，东北部地区就占了 3 个（黑龙江省、吉林省、内蒙古自治区），东北部地区也是我国极其重要的粮仓。

根据国家统计局数据显示，2017 年全国各省市粮食总产量统计，黑龙江省粮食总产量 6 018 万吨，粮食产量全国占比 9.47%，自给率为 375.68%，人均产量和总产均为全国第一；吉林省粮食总产量 3 720 万吨，自给率为 303.91%，人均居全国第二；内蒙古自治区粮食总产量 2 768 万吨，自给率为 253.87%，人均居全国第三；辽宁省粮食总产量 2 768 万吨，自给率为 117.94%，人均居全国第八。见表 17－8。

表 17-7 2017 年东北部地区各省区粮食产量排行榜

排名	地区	总产量（万吨）	粮食全国占比（%）	人口（万人）	人均粮食产量（吨）	人均排名
1	黑龙江省	6 018	9.47	3 799	1.58	1
4	吉林省	3 720	6.02	2 733	1.36	2
10	内蒙古自治区	2 768	4.48	2 520	1.10	3
12	辽宁省	2 132	3.46	4 378	0.49	8

表 17-8 2017 年东北部地区各省区粮食自给率

省份	粮食自给率（%）	人均居全国位置
黑龙江省	375.68	1
吉林省	303.91	2
内蒙古自治区	253.87	8
辽宁省	117.94	3

（三）东北部地区经济基础比较差

据各省统计公报，2017 年 GDP，黑龙江省为 16 199.88 亿元、吉林省 15 288.94 亿元、辽宁省 23 942 亿元、内蒙古自治区 16 103.17 亿元（图 17-2），分别排在全国第 22 位、23 位、14 位、20 位；东北部地区 GDP 总额为 71 533.99 亿元，占全国总 GDP 的 8.65%，其中各省区所占全国总 GDP 的比重在 1.96%～2.95%（图 17-3）。无论是绝对额还是所占比重，均比较小。

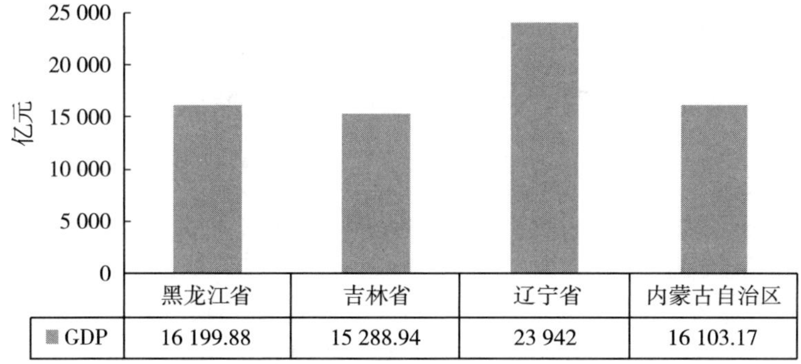

图 17-2 2017 年东北各省 GDP 统计

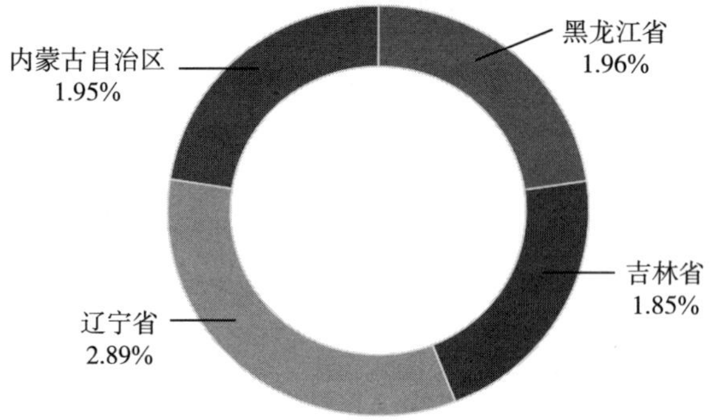

图 17-3　2017 年东北各省 GDP 占全国 GDP 的比重

（四）东北部地区工业基础较好

东北部地区是国内外著名的老工业基地。重工业是东北部地区的支柱产业，依托丰富的煤铁资源，东北部地区重点发展了钢铁、机械、汽车等工业部门。优越的地理位置，丰富的煤、铁、石油，便利的交通运输，较好的工业基础，使辽东南地区成为我国重要的重工业基地。大连是综合工业中心和造船工业基地，长春是著名的“汽车城”，沈阳是机械工业中心，鞍山和本溪是钢铁工业基地，抚顺是石化工业和装备制造业基地。东北部地区的装备制造业占工业的比重超过 20%，辽宁更超过 30%，沈阳市更达到 55%。

（五）东北部地区更多地运用创新要素

多元复合型的农业技术正逐渐成为东北部地区农业现代化发展的主要驱动力，生物技术、有机技术、工程技术在农业生产中的地位逐步凸显，微电子技术、光电技术、通信技术、遥感技术等科学技术在农业上的应用也正成为东北部地区农业现代化发展的一种趋势。

（六）东北部地区居民收入与东部地区差距逐步缩小

东北部地区城镇居民人均可支配收入一直稳居第 2 名，且与收入最高的东部地区的收入差距逐步缩小，2010 年东部地区城镇居民人均可支配收入是东北部地区的 1.46 倍，2017 年缩小到 1.38 倍。同时，东北部地区与全国平均水平也在逐步缩小，2010 年全国城镇居民人均可支配收入是东北部地区的 1.2 倍，到 2017 年缩小至 1.10 倍。从近十年的情况看，东北部地区农村居民人均可支配收入一直高于全国平均水平。

二、东北部地区农业现代化“四化”同步协调发展型模式的主要特征

东北部地区农业现代化“四化”同步协调发展型模式的主要特征，具体体现在东北部地区大力提高农业机械化和设施化水平，积极用“互联网＋”推进农业现代化，更多地运用创新驱动等方面。

（一）东北部地区大力提高农业机械化和设施化水平

2017年全国主要农作物耕种收综合机械化水平为32.0%，黑龙江达到96.8%，辽宁省达到86.6%，吉林省达到86.0%，内蒙古自治区达到84.0%，不仅均大大高于全国平均水平，而且继续领跑全国。

（二）东北部地区积极用“互联网＋”推进农业现代化

农业装备信息化、农业操作自动化、农业经营网络化等，正逐渐成为东北部地区农业现代化发展的主要驱动力。以信息咨询为主的农业现代化发展，已经成为东北部地区农村经济发展的必然趋势。信息系统、专家系统、决策支持系统等信息技术在东北部地区农业、资源、环境、灾害预防方面的研究和应用，也在东北部地区产生了巨大经济效益和社会效益。例如：小麦管理计算机专家决策系统的应用，使东北部地区小麦增产6%～25%，增加效益15%～30%。

（三）东北部地区更多地运用创新驱动

飞机喷施药剂在东北部地区农场已经较为普遍。东北部地区的很多农机，也已经装上GPS系统。耕地采取精量化测土配方施肥，针对性极强。通过电脑就能知道田间地头的温度和湿度，种植品种、发育时间也随时可查，大大减少了劳动力的浪费。

三、已有雏形或典型案例——黑龙江省

被誉为“北国粮仓”“中国大粮仓”乃至“中华大粮仓”的黑龙江省，多年来GDP居于全国中下水平，现代农业发展居于全国中上水平。经过多年的实践和探索，黑龙江省的农业现代化，已经初步形成了“四化”同步协调发展型模式。

（一）黑龙江推进农业现代化“四化”同步协调发展的基本情况

一是以推进农业现代化为引擎。黑龙江省位于我国最北部，冬季漫长而寒冷，夏季短促而日照充裕，耕地面积、农业人口人均占有粮食、林业面积均居全国第一位。近些年来，黑龙江省针对全省水利设施不足，农业机械化和农业劳动生产率不高，种植结构单一等短板，全力加大财政对“三农”的投入和支持，加快农业科技创新和推广应用，积极依靠采用生物科技、耕作技术、节水灌溉技术等科技成果，推动了全省农业现代化水平的持续提高，推动了农业发展方式的转变，打造了国家现代农业生产基地，建成了农业强省。

二是以信息化助推农业现代化。近些年来，黑龙江省根据信息化时代发展的要求，积极促进现代农业信息技术与传统农业发展的有机结合，在生物技术、良种培育、农业节水、防灾防火等方面，推动互联网、大数据、云计算和移动互联终端等新技术成果的广泛应用，在全省建设了 1 300 个互联网高标准种植示范基地，在全国率先挂牌成立农业大数据管理中心，开发了全省农业大数据综合服务系统，全面开展农业信息进村入户工程，辐射全省 9 000 多个行政村，实施了“互联网＋”农业，探索推广了多种互联网营销新模式，使现代信息技术逐步渗透到农业和农村经济发展的各领域和各环节。

三是以生态农业助推农业现代化。近些年来，黑龙江省珍惜本省拥有得天独厚的黑土地且地势平缓、人均耕地面积大等有利条件，不断加强黑土耕地保护和生态农业发展，已经使生态农业成为了全省农业可持续发展和农业现代化水平提高的必要条件和重要保障。比如：五常市正在建设全国县级最大、优质安全的绿色、有机农产品生产基地；北大荒进行的稻田养蟹、稻田养鸭等共作模式，改善了生态环境，节省了养殖成本，大大促进了生态农业的发展。

四是以科技创新助推农业现代化。近些年来，黑龙江省明确提出，全省的农业现代化必须要以科技创新为驱动，依靠科技创新和科技进步。全省积极整合科技创新资源，依托农业高等院校和科研机构，安排专项资金投入，组建产学研联合体，着力解决制约现代农业发展中的突出问题，形成了一些可复制、可推广的模式。比如：建三江这个我国“最早迎接太阳的垦区”，已经建成了现代化农业建设基地，享有“东方第一稻”和“中国绿色米都”之誉，正吸引越来越多的人前来参观学习。

（二）黑龙江推进农业现代化“四化”同步协调发展的基本经验

一是明确科技创新的投入重点。近些年来，黑龙江省不断加大科技园区建设力度，组织农业技术人员开展科技培训，深入实施科技人才优先发展战略，多数农场建立了以“农场＋管理区＋农户”的科技创新推广体系，加入了大数据＋智能化技术、互联网＋农业，有效地连接了实体经济和虚拟经济。

二是积极培育新型职业农民。近些年来，黑龙江省以提高农民、扶持农民、富裕农民为方向，以吸引年轻人务农、培养职业农民为重点，黑龙江省政府按照“科教兴农、人才强农、政策惠农、新型职业农民固农”的思路，科学遴选培育对象，创新培训方式，丰富培训内容，完善培训体系，通过培训提高一批、吸引发展一批、培育储备一批，加快构建了一支有文化、懂技术、善经营、会管理的新型职业农民队伍。

三是构建完善的财政支农体系。在基础设施方面，黑龙江省为了保持粮食连年增产，在生产、流通和收储各个环节上投入大量支农资金，加强供给与农业生产有关的基础设施等“硬性”公共物品，以及农业科技等“软性”公共物品，强力发挥财政投资的“乘数效应”。在资金整合和执行方面，黑龙江省制定了相应的产业体系，通过财税、金融、贸易、价格等多种政策工具协同作用，寻找政策的平衡点，妥善处理好政府与市场、生产与消费、增产与增收、进口与出口、资源消耗与环境保护等多方面关系，全力提高支农资金的整体合力。

四是加快“互联网＋农业”的广泛应用。近些年来，黑龙江省高度重视农业化信息建设，按照“统筹全省、营销全国”的理念，充分利用互联网与计算机技术，建设农业信息网络平台，提升了全省网络化、数字化进程，形成了“互联网＋经济主体”“互联网＋精准生产”“互联网＋科技”“互联网＋农业金融保险”“互联网＋营销”“互联网＋物流”一条龙的网络连接服务，走出了适合本省的产出高效、产品安全、资源节约、环境友好的农业现代化道路。

第十八章　西部地区高效特色生态农业带动型模式

即在推进和实现农业现代化过程中，充分考虑和综合利用了西部地区特有的自然资源条件和社会经济条件，不仅基本做到了高效特色生态农业发展，而且基本做到了生态平衡和环境保护，使高效特色生态农业发展寓于生态平衡和环境保护之中，实现了经济生态化和生态经济化的高度统一，以及农业现代化水平的不断提升，达到高效农业、特色农业、生态农业完全呈现出来，并能起到强烈带动作用的目的。

一、西部地区的农业现代化发展背景

西部地区农业现代化的发展背景一般，前景较一般。这一点，也得到了调查问卷的印证。调查问卷显示，西部地区的被调查者中 9.08%认为“明显领先位置”，11.38%认为“领先位置”，20.39%认为“比较领先位置”，三者合计占到了 40.85%，而却有 47.24%的被调查者认为处在“比较落后位置”、“落后位置”和“非常落后位置”。见表 18－1。

表 18－1　西部地区实现中国特色新型农业现代化过程中的水平和位置

选　　项	调查问卷数量（份）	所占比例（%）	分类小计（%）
明显领先位置	690	9.08	
领先位置	865	11.38	40.85
比较领先位置	1 550	20.39	
比较落后位置	1 885	24.80	
落后位置	1 075	14.15	47.24
非常落后位置	630	8.29	
不知道	905	11.91	11.91
总数	7 600	100.00	100.00

调查问卷显示，西部地区的被调查者普遍认为，西部地区实现中国特色新型农业现代化过程中的优势条件，主要包括“人均耕地多或较多”（34.08%）、

“粮食和重要农产品有效供给任务轻或较轻”（24.41%）、“农民增收难度小或较小”（20.92%）、“生态环境保护任务轻或较轻”（20.72%）等。见表 18-2。其中，最大的优势条件是“人均耕地多或较多”（18.49%）。见表 18-3。

表 18-2　西部地区实现中国特色新型农业现代化过程中的优势条件

选　　项	调查问卷数量（份）	所占比例（%）
人均耕地多或较多	2 590	34.08
粮食和重要农产品有效供给任务轻或较轻	1 855	24.41
经济发达或较发达	1 460	19.21
工业基础好或较好	1 240	16.32
“四化”差距小或较小	1 130	14.87
农民增收难度小或较小	1 590	20.92
生态环境保护任务轻或较轻	1 575	20.72
其他	390	5.13

表 18-3　西部地区实现中国特色新型农业现代化过程中的最大优势条件

选　　项	调查问卷数量（份）	所占比例（%）
人均耕地多或较多	1 405	18.49
粮食和重要农产品有效供给任务轻或较轻	925	12.17
经济发达或较发达	1 120	14.74
工业基础好或较好	1 170	15.39
“四化”差距小或较小	865	11.38
农民增收难度小或较小	895	11.78
生态环境保护任务轻或较轻	630	12.24
其他	290	3.82
总数	7 600	100.00

与此同时，西部地区的被调查者普遍认为，西部地区实现中国特色新型农业现代化过程中的劣势条件，主要包括“经济不发达或较不发达”（39.67%）、“工业基础不好或较不好”（31.18%）、“农民增收难度大或较大”（24.93%）、“‘四化’差距大或较大”（21.84%）等。见表 18-4。其中，最大的劣势条件，是“经济不发达或较不发达”（23.55%）。见表 18-5。

而且，西部地区的被调查者普遍认为，西部地区实现中国特色新型农业现代化过程中遇到的最大障碍或困难，是“科技弱支撑”（20.99%）。见表 18-6。

表 18-4　西部地区实现中国特色新型农业现代化过程中的劣势条件

选　　项	调查问卷数量（份）	所占比例（%）
人均耕地少或较少	1 405	18.49
粮食和重要农产品有效供给任务重或较重	1 010	13.29
经济不发达或较不发达	3 015	39.67
工业基础不好或较不好	2 370	31.18
“四化”差距大或较大	1 660	21.84
农民增收难度大或较大	1 895	24.93
生态环境保护任务重或较重	725	9.54
其他	30	0.39

表 18-5　西部地区实现中国特色新型农业现代化过程中的最大劣势条件

选　　项	调查问卷数量（份）	所占比例（%）
人均耕地少或较少	1 240	16.32
粮食和重要农产品有效供给任务重或较重	815	10.72
经济不发达或较不发达	1 790	23.55
工业基础不好或较不好	1 425	18.75
“四化”差距大或较大	955	12.57
农民增收难度大或较大	1 005	13.22
生态环境保护任务重或较重	335	4.41
其他	35	0.46
总数	7 600	100.00

表 18-6　西部地区实现中国特色新型农业现代化过程中的最大障碍或困难

选　　项	调查问卷数量（份）	所占比例（%）
政策法规不得力	1 140	15.00
科技弱支撑	1 595	20.99
投入不足或不及时	920	12.11
改革跟不上	1 275	16.78
人才稀缺	1 405	18.49
保险未落实	810	10.66
不知道	360	4.74
其他	95	1.25
总数	7 600	100.00

（一）西部地区人均耕地较多

据第二次土地调查统计，广西壮族自治区、重庆市、四川省、贵州省、云南省、西藏自治区、陕西省、甘肃省、青海省、新疆维吾尔自治区、宁夏回族自治区人均耕地分别为 1.31 亩、1.12 亩、1.12 亩、1.67 亩、2.05 亩、2.19 亩、1.59 亩、2.78 亩、1.53 亩、4.28 亩、2.8 亩（图 18－1）。其中，7 个省区（贵州省、云南省、西藏自治区、陕西省、甘肃省、宁夏回族自治区、新疆维吾尔自治区）超过了全国平均水平（1.52 亩），5 个省区（云南省、西藏自治区、甘肃省、宁夏回族自治区、新疆维吾尔自治区）超过了西部地区人均耕地水平（2.1 亩）。

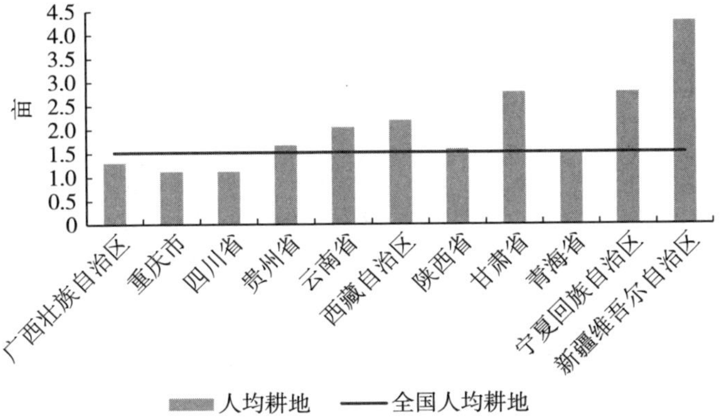

图 18－1　西部地区各省市区人均耕地情况

（二）西部地区粮食安全和重要农产品安全有效供给任务轻

鉴于西部地区土地资源中山地占有较大比例，耕地中坡地较多、土层薄、肥力低、设施不健全、产量低等原因，国家将西部地区的主体功能界定为限制开发区域和禁止开发区域，粮食安全和重要农产品安全有效供给任务轻。2017 年西部地区粮食产量、省均粮食产量、粮食产量占全国之比等指标，均排在全国第四位；人口、省均人口、人口占全国之比、人均粮食产量等指标，均排在全国第三位。另据国家统计局数据显示，2017 年粮食产量，四川省 3 498 万吨，云南省 1 929 万吨，广西壮族自治区 1 467 万吨，新疆维吾尔自治区 1 447 万吨，陕西省 1 216 万吨，贵州省 1 178 万吨，重庆市 1 167 万吨，甘肃省 1 128 万吨，宁夏回族自治区 368 万吨、西藏自治区 103 万吨，青海省 100 万吨（表 18－7）；2017 年粮食自给率，宁夏 144.90%，新疆维吾尔自治区 142.52%，甘肃省

107.61%，四川省 102.62%，重庆市 96.65%，云南省 93.86%，陕西省 82.94%，广西壮族自治区 79.29%，贵州省 77.46%，西藏自治区 77.11%，青海省 44.28%。整个西部地区，除了宁夏回族自治区、新疆维吾尔自治区、甘肃省、四川省之外，其他省市区粮食均不能自给（表 18－8）。

表 18－7　2017 年全国各省市粮食总产量排行榜

排名	省市区	总产量（万吨）	粮食全国占比（%）	人口（万人）	人均粮食产量（吨）	人均排名
7	四川省	3 498	5.66	8 262	0.42	16
14	云南省	1 929	3.12	4 771	0.4	17
15	广西壮族自治区	1 467	2.37	4 838	0.3	23
16	新疆维吾尔自治区	1 447	2.34	2 398	0.6	5
20	贵州省	1 178	1.91	3 555	0.33	20
21	重庆市	1 167	1.89	3 048	0.38	18
22	甘肃省	1 128	1.83	2 610	0.43	15
25	宁夏回族自治区	368	0.60	675	0.55	7
28	西藏自治区	103	0.17	331	0.31	22
29	青海省	100	0.16	593	0.17	26

表 18－8　2017 年西部地区各省市区粮食自给率

省市区	粮食自给率（%）	省市区	粮食自给率（%）
宁夏回族自治区	144.90	陕西省	82.94
新疆维吾尔自治区	142.52	广西壮族自治区	79.29
甘肃省	107.61	贵州省	77.46
四川省	102.62	西藏自治区	77.11
重庆市	96.65	青海省	44.28
云南省	93.86		

（三）西部地区经济基础、工业基础差

据各省统计公报，2017 年 GDP，广西壮族自治区 20 396.25 亿元、重庆市 19 500.27 亿元、四川省 36 980.22 亿元、贵州省 13 540.83 亿元、云南省 16 531.34 亿元、西藏自治区 1 310.63 亿元、陕西省 21 898.81 亿元、甘肃省 7 677 亿元、青海省 2 642.8 亿元、宁夏回族自治区 3 453.93 亿元、新疆维吾尔自治区 10 920.09 亿元（图 18－2），西部地区 GDP 总量 154 852.17 亿元，

占我国总 GDP 的 18.72%（图 18－3），排在西部地区前三的陕西省、广西壮族自治区、重庆市分别排在全国第 15 位、第 17 位、第 18 位，绝大部分省区处于倒数第一至倒数第七的位置，经济发展水平相对滞后，经济基础、工业基础相对于其他三个地区（尤其是东部地区）仍有较大的差距。

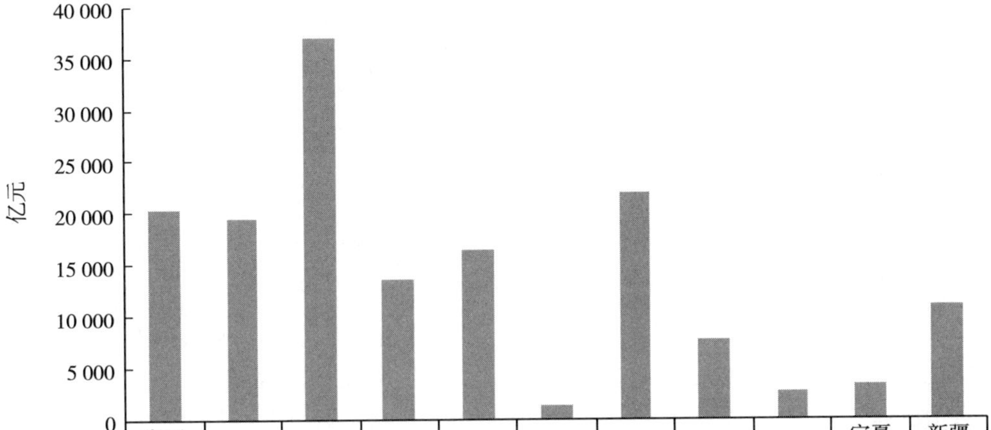

	广西壮族自治区	重庆市	四川省	贵州省	云南省	西藏自治区	陕西省	甘肃省	青海省	宁夏回族自治区	新疆维吾尔自治区
GDP	20 396.3	19 500.3	36 980.2	13 540.8	16 531.3	1 310.6	21 898.8	7 677.0	2 642.8	3 453.9	10 920.1

图 18－2　2017 年西部地区各省市区 GDP

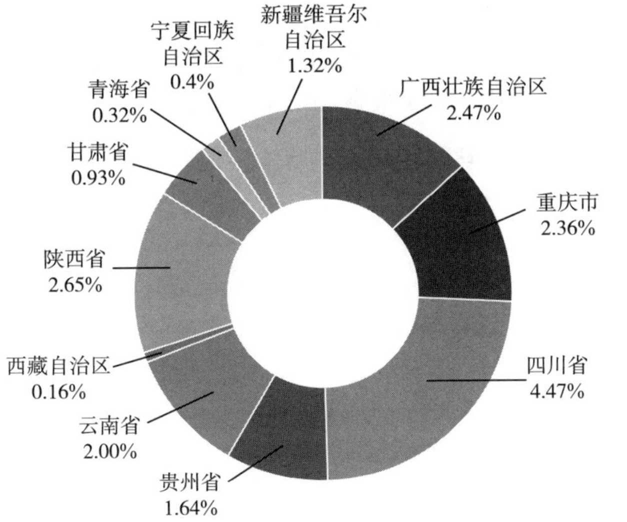

图 18－3　2017 年西部地区各省市区 GDP 占全国比重

（四）西部地区农民增收难度大

西部地区虽然地域辽阔，但其中戈壁沙漠和海拔 3 000 米以上的高寒地区较多，农业生产条件差，抵御自然灾害能力差，而从事农业是西部地区家庭收入的主要来源，本来农民增收难度就比较大，一旦遇到较大的自然灾害，即使是脱贫了，返贫现象仍时有发生。同时，西部地区工业发展不好，第三产业发展落后，二三产业的收入比重偏低，三次产业融合度低，经济基础薄弱，更使农民增收的不确定性加大。

（五）西部地区生态环境保护任务重

西部地区既是我国各少数民族聚居地区，又是我国生态安全保障地区。据西部地区各省市区林业局的数据，2017 年西部地区 6 个省市区（贵州省、云南省、四川省、甘肃省等 4 省，重庆市、广西壮族自治区等 2 市区）森林覆盖率平均达 30%，高出全国平均水平近 9 个百分点。但西藏自治区（14%）、宁夏回族自治区（12.6%）、青海省（6.3%）、新疆维吾尔自治区（4.7%）的森林覆盖率名列全国后列，新疆维吾尔自治区甚至名列全国末位。2017 年底西部地区个别省区（贵州省、云南省、青海省等 3 省，广西壮族自治区、西藏自治区、宁夏回族自治区、新疆维吾尔自治区等 4 区）各类自然保护区达 463 个，其中国家级自然保护区有 88 个，分别占全国总量的 16.9%和 20.6%，尤其西藏的国家级自然保护区面积占比高达 35%，位居全国第一。2017 年，除西藏外，西部地区个别省区万元 GDP 能耗和电耗平均降幅分别达 5.08%和 8.59%，其中，宁夏是全国唯一万元 GDP 能耗上升的地区，新疆是全国万元 GDP 电耗水平上升最高的地区，高能耗使其节能减排的任务艰巨。见表 18－9。

表 18－9　西部地区三省四区生态环境保护方面的任务

地区	自然保护区（个）		森林覆盖率（%）	万元 GDP 能耗下降（%）	万元 GDP 电耗下降（%）
	总量	国家级			
广西壮族自治区	78	22	62.6	5.1	5.62
贵州省	123	9	50	7.46	9.66
云南省	161	21	55.7	8.83	13.43
西藏自治区	47	9	14	—	—
青海省	11	7	6.3	4.26	15.89
宁夏回族自治区	14	9	12.6	1.2	4.16
新疆维吾尔自治区	29	11	4.7	3.63	2.75
全国	2 740	428	21.6	5.6	6.54

二、西北部地区农业现代化高效特色生态农业带动型模式的主要特征

西北部地区农业现代化高效特色生态农业带动型模式的主要特征，具体体现在大力发展高效特色农业，大力发展生态农业，大力开展农业产业扶贫脱贫，生态文明建设带动农业现代化水平同步提高等方面。

（一）大力发展高效特色农业

近些年来，西部地区强力发挥物种资源优势、自然资源优势和政策优势，大力发展高效特色农业，优质胡麻、油葵、橡胶、脱毒马铃薯、杂粮、杂豆、蚕桑、名贵中药材（川贝、天麻、杜仲等）、优质烟叶等特色种植业产品，鲜切花、球根花卉、花卉种子、优质反季节蔬菜、特色瓜果（哈密瓜、优质葡萄）等特有园艺产品，草业和优质牛羊肉、羊毛、羊绒、肉兔等草地畜牧业，稻田养鱼、养蟹、冷水性鱼类等高效生态特种水产养殖业，以及特色农产品加工业等均得到了长足发展，带动了传统农业转型升级为现代农业。

（二）大力发展生态农业

西部地区独特的区情，要求西部地区不仅要大力推行生态农业，而且要通过建立现代生态农业体系，夯实我国西部重要的生态屏障。其实这些年来，西部地区也正是这么做的，将因地制宜地发展生态农业作为促进农业农村经济发展的基本原则，把农业生态建设建立在坚实的科学基础之上，因时制宜、因需制宜地进行生态分区、生态评价和农业生态工程设计、农业生态技术应用，优化生态结构和产业结构，合理配置生态要素，合理配置资源，充分发挥生态和经济两大系统的整体功能效益。

（三）大力开展农业产业扶贫脱贫

多年以来，西部地区一直是我国脱贫攻坚的主战场。相关省市区充分发挥地域优势，积极围绕农业、旅游、光伏、电商等四大产业扶贫领域，因地制宜地开展产业扶贫，取得了骄人的成绩。比如：万达集团通过产业扶贫带动经济转型，有力地促进了丹寨县的全面脱贫步伐，被称为是中国扶贫模式的重大创新；宁夏回族自治区唯一的全域化贫困地区——固原市，沿着域内的五大河流形成了马铃薯、冷凉蔬菜、以肉牛养殖为主的草畜产业、苗木、中药材等五大产业带及多个特色品牌，产业扶贫成效显著。

（四）生态文明建设带动农业现代化水平同步提高

西部地区是我国生态文明建设的重要地区，也是国家重要的生态屏障区。在我国先后两批确定的共 100 个生态文明先行示范区中，西部民族地区有 22 个，占 22%，每个省区至少有 3 个。近些年来，西部地区围绕自然资源产权、生态补偿及领导干部考核等方面，积极探索符合区情的生态文明建设模式，其中云南省、贵州省和青海省成效较好。云南省和青海省还积极参加了我国国家公园试点实践，从各方面为西部地区乃至全国生态文明建设积累经验。

三、已有雏形或典型案例——宁夏回族自治区

被誉为“塞上江南”的宁夏回族自治区，多年来 GDP 居于全国下等水平，现代农业发展居于全国偏下水平。经过多年的实践和探索，宁夏回族自治区的农业现代化，已经初步形成了高效特色生态农业带动型模式。

（一）宁夏农业现代化高效特色生态农业带动的基本情况

一是紧抓区位优势，助推农业现代化快速发展。宁夏回族自治区是全国 8 个宜农荒地超千万亩的省区之一、全国十大传统牧区和全国 13 个商品粮生产基地之一。宁夏回族自治区地处中国西部地区的黄河上游以及新亚欧大陆桥国内段的重要位置，承东启西，连南接北，在我国与中东中亚交通联系中具有区位优势，虽然水资源较匮乏，但太阳能资源丰富，素有“塞上江南”“西部粮仓”等美誉。近些年来，宁夏回族自治区紧盯区位优势，狠抓农业综合开发，扶持了一大批农业产业化经营项目和部门项目，为进一步加快农业现代化发展、实现农业转型升级提供了有利条件。

二是聚焦“1+4”特色产业（优质粮食；草畜、瓜菜、枸杞、葡萄），力促特色产业提质增优。宁夏回族自治区坚持“三农”工作重中之重的地位不动摇，全面深化农村改革，以转变农业发展方式为主线，以增加农民收入为核心，以多种形式适度规模经营为引领，大力发展特色优势产业，积极探索“以特强农”的农业现代化道路。截至 2017 年底，特色农业产业占农业总产值的比重达到 86%，特色农业产业收入占农民总收入的比重达到 43%。

三是坚持质量兴农，推进农业机械化全面发展。宁夏回族自治区坚持走质量兴农之路，全程采用机械化耕种收、良种良法配套、稻渔立体空间种养模式，结合市场需求，新增 3 000 亩有机稻，生产高质量的富硒米、有机米，就经济效益而言，有机大米是普通大米的 10 多倍。

（二）宁夏农业现代化高效特色生态农业带动的初步经验

一是生态助农。宁夏回族自治区积极倡导使用农家肥和新肥料，促使生态农业与生态保护相得益彰。比如：牛场产生的牛粪被发酵处理，加工成有机肥、复合肥等，除供给自有的 3.2 万亩的青贮玉米生产基地外，还能满足周围农民种地需要；废水则经过反复沉淀和生物降解等流程后，被用来建生态荷花池，循环利用后进入农田，从而形成循环生态链。

二是特色强农。粮食生产推广绿色高产高效模式，草畜产业着力发展以优质奶牛、肉牛、滩（肉）羊为主的现代畜牧业，瓜菜产业努力提高种植规模化、生产标准化、服务社会化、营销品牌化水平。到 2017 年，宁夏回族自治区已经培育区域公用品牌 6 个、企业及产品品牌 30 个，正在把一批原字号、老字号、宁字号品牌做靓做强。

三是科技兴农。宁夏回族自治区正在以科技创新引领现代农业发展。比如：天缘种业有限公司的农业大棚内，移动式洒水车、自动化移动苗床、行走式喷灌机等现代化农机应有尽有，不仅节省了劳动力，而且种苗成活率高，降低了种植成本。基地每年育苗量达 8 500 万株，可满足 3.9 万亩蔬菜种植，占整个贺兰县蔬菜种植面积的 20%，直接辐射农户 1 200 户，使小农户实现了与现代农业发展的有机衔接。

第十九章　中国特色新型农业现代化道路实践模式创新的瓶颈障碍

中国特色新型农业现代化道路实践模式创新中，需要克服突破的瓶颈障碍，具体包括“五化”并存、“双高”凸显、“两紧”同在、“双小”齐困、“六低”相扰、“四制”不配等多个方面。

一、“五化”并存

“五化”并存，即农村空心化、务农者老龄化、要素非农化、农户兼业化、农业边缘化等“五化”并存。

（一）农村空心化

农村空心化，是指农村绝大部分有文化的青壮年劳动力转移到城市务工经商，村里逐渐变得空荡荡、静悄悄的，大街上、院子里、屋子里很难人声鼎沸，村庄占地多但大面积空置和浪费，农业产业也受到一定影响乃至严重影响的过程。据著者的典型调查，河南省行政村中存在空心村现象的比例为90%以上。

农村空心化的主要表现：一是人空了。由有文化的农村劳动力带领，纷纷到省外、省内“既离乡又背井”“既离土又离乡”就业，村里走的人越来越多。二是街空了。无论是白天和夜晚，大街上都行人稀少，农村生活的生机和活力渐弱，农村社会治安状况越来越差。三是屋空了。新房子盖得越来越少，老房子破旧失修的越来越多了，有的随时都有倒塌的危险，不仅影响到村容村貌，而且留下了不少安全隐患。四是业空了。留下的直接从事农业生产经营的适应不了发展现代农业和提升农业现代化水平的需要，还有一些地方因为安全感越来越差，不敢再从事名优特产的种植业和养殖业，长期停留在维持大宗农产品的简单再生产上，甚至不惜将耕地闲置和撂荒，使得农业扩大再生产、农村二三产业发展以及产业融合均难以开展。

农村空心化的主要成因：一是城市和工商业的吸引。城市发展日新月异，一片繁荣景象，同时劳动力比较欠缺，吸引着越来越多的农村劳动力前往，久而久之，也能让进城农民不断提高自身的文化科技素质和综合能力；城市的工商业能够获得较高利润，就业和获得现金收入的机会多，吸引着越来越多的农村劳动力加入，久而久之，也能让进城农民逐步实现从“旧五子登科”（挣票子、盖房子、娶妻子、生孩子、下馆子）到“新五子登科”（换脑子、闯路子、建厂子、创牌子、活样子）的质的飞越。二是农业比较效益和农民收入的落差。农业投入产出、成本收益之间不成正比，利润微薄，而现今社会生活成本又提升较快，越来越多的农民生活苦不堪言，农业也成为许多农业生产经营者无法改变生活质量的“苦行业”，驱使着越来越多的农村劳动力弃土又离乡，久而久之，也使农业比较效益和农民收入双低陷入僵化境地。三是农民改变命运的追求。我国农民自古就有吃苦耐劳、敢于拼搏的精神，奋勇直追、不甘人后的勇气，以及舍我其谁、敢闯敢干的豪迈，面对自身群体相对窘迫的生存环境，愈加坚定了通过努力奋斗、自强致富改变生活的决心。农业生产经营者尤其是粮农的使命，在于把地种好、把粮收好、确保粮食安全，但粮食的低附加值和分散经营的小农生产现状，使农业出现了高收益排斥性，决定了农业生产经营者不可能拥有较高的收入，从而使广大农民群体纷纷为改变落后的命运另谋他路。四是城乡融合发展的要求。城市的资源优势，城市发展一日千里，对乡村的精英人才具有很强的吸引力。与此同时，农业和农村发展比较缓慢，尤其是农村的资源匮乏，对乡村的精英人才具有向内排斥力和向外推动力，城乡发展差距也逐渐呈现出两极割裂的状态。久而久之，农村青壮年精英劳动力远离农村，并自主向城市靠拢，城乡的市场、劳动力、资源在不对等的状态下双向流通，城市资源堆积越来越多，农村在融合过程中愈渐势弱，从而使城市与农村在发展中融合、在融合中发展的紧迫性日益显著。

（二）务农者老龄化

务农者老龄化，是指从事农业生产经营的劳动力绝大部分都是已达老龄或接近老龄的人，即俗称的“386199 部队”（妇女、儿童、老人），无论是文化科技素质还是体力，已经越来越不适应发展现代农业和提升农业现代化水平的过程。

务农者老龄化的主要表现：一是农业从业者已达老龄或接近老龄。农村绝大部分有文化、青壮的劳动力转移到城市务工经商，农村留下的农业从业者大多是父母辈老人，且他们已经年迈无法完成高强度的农业生产活动。二是群体的文化科技素质普遍较低。已达老龄或接近老龄的农民，绝大多数是小学文化程度，甚至文盲和半文盲，文化水平和科技素质根本难以适应发展现代农业和实现农业现代化的人力资源现代化的需要。三是从事的多为传统的大宗农产品生产。传统农业生产以养家糊口为本，在生存前提下，以小麦、水稻、玉米等粮食作物作为生存口粮而反复种植，很少考虑经济作物生产。四是将“打的粮食够吃”和“带好孙子孙女”作为主要任务。

务农者老龄化的主要成因：一是大量青壮年劳动力的转移。农村本来就经济落后，从20世纪80年代起，兴起了去大城市闯荡的“打工潮”，农村年轻劳动力前仆后继地循着乡邻、亲朋的步伐走出家门，走出农村的封闭，去见识外面的大千世界，以期赚取一份全家生活的保障。二是人口生育率降低。1982年计划生育被宪法确定为我国的一项基本国策，20世纪90年代起，计划生育已经完全走进每一个城乡人的家庭里，正式步入最严格的实施期，某地方“一人超生，全村结扎”的标语，就是最典型的侧面反映。此后，我国新生人口出生率不断下降。三是人均寿命延长。随着平均生活水平的提高，人们获得一个温饱美满的生活环境，再加上，生物制药科技迅猛发展，在生命领域不断获得突破性进展，人们绝大部分的健康问题得到保障，人均寿命不断延长。四是农村人不愿意清闲。农村信息的闭塞性、人口流动的稳定性以及民风民俗的质朴性，决定了农村人自然而然地继承了中国古代劳动人民的辛勤智慧，一生任劳任怨，即使年老了，仍不愿空享清闲，这也是导致务农者老龄化的一种间接成因。

（三）要素非农化

要素非农化，是指本来存在于“三农”的各种生产经营要素，因为务农利润低、经营风险大、劳动强度大、投资回报率低、职业和行业歧视等各种各样的原因，自觉或不自觉地脱开“三农”，进而投入工业、城市、市民的过程。

要素非农化的主要表现：一是人才非农化。人才普遍逃离“三农”，无论是不识大字的老一代白丁农民，还是受过九年义务教育的新生代农民，甚至是受过大学教育的农家子女，都纷纷通过外出打工、白手起家、城市定居等多种途径，逃离于“三农”，想方设法脱掉“农家外衣”。二是资金非农化。资金普遍偏离“三农”，不论是国家金融机构的储备资金，还是社会投资机构的投资资金，甚至是农村人的自有资金，都纷纷通过规划城市建设、投资多金产业、进城买房买车等多种渠道，偏离于“三农”，想方设法另投他处。三是技术非农化。技术普遍绝离“三农”，不论是农技推广，还是农业院校，甚至是农业专业学生，都纷纷通过离岗怠岗、合并更名、考公转业等多种门路，绝离于“三农”，想方设法各奔前途。四是产业非农化。产业普遍游离“三农”，不论是高新科技型研发企业，还是传统粗放型销售公司，甚至是以家庭为单位的特色销售作坊，都纷纷通过弱化农业要素、缩减涉农规模、艰难维持现状等多种方式，游离于“三农”，想方设法维持生存。五是土地非农化。土地普遍脱离

“三农”，不论是用于林木生长的林地，还是用于牧草生长的牧地，甚至是用于耕作的耕地，都纷纷通过用于城市商业规划、高附加值产业发展、房地产楼盘开发等多种渠道，脱离于“三农”，想方设法谋取高利润收成。六是干群非农化。干部普遍脱离“三农”，不论是主政干部，还是农技专业干部，甚至是基层乡村干部，都纷纷通过热衷于商业金融开发、忙于摆花架子、不愿深入田间地头等多种路线，脱离于“三农”，想方设法避重就轻地厌农、躲农、弃农。

要素非农化的主要成因：一是农业是弱质产业。农业生产基础薄弱，面临着自然灾害的风险；农业经营主体脆弱，面临着市场冲击的风险；农业比较效益较低，面临着发展带来的风险。农业和农民在与其他产业和主体碰撞中，时常处于不利位置。二是农业是低效产业。农业季节生产周期长，土地面积生产总量有限，按自然条件生产效率低，不按市场导向生产效益低，还在生产过程中面临着物质基础上的低效性。三是农业是没有奔头的产业。农业生产成本居高不下，农产品供给质量持续走低，农业利润微薄使农民收入入不敷出，看不到致富希望。四是农民是没有吸引力的职业。农产品附加值较低，生产资料投入成本上涨不断拉低粮食产出利润，农民一直都比较贫穷，他们是为了吃饭和生计被动地选择了农业，也被动地烙下身份印记。五是在农村还不能安居乐业。农村基础设施还不完备，村民生活不如城市便捷；教育、医疗、卫生等还存在短板，村民生命健康还在遭受威胁；劳动力转移就业难，村民收入日渐微薄；好的家风乡俗建设还正在路上，一些陋习旧俗还在制约全面发展；造成了令人唏嘘的“门庭冷落鞍马稀”，老少留守空心村的现象。

（四）农户兼业化

农户兼业化，是指一些农户因等多种原因，不再一心一意地从事农业农村生产经营，而是仅仅把农业作为主兼项（俗称“一兼”，又叫“农业主业化”）或副兼项（俗称“二兼”，又叫“农业副业化”），边干农业边干其他产业的发展演变过程和从业状态。

农民兼业化的主要表现：一是农户把能否增加收入作为选择一兼或二兼的基本条件。在一般情况下，农户选择兼业，均是为增加收入，提高生活质量。据调查，务农收入相对较高的农户，暂时会选择一兼；而务农收入较低的农户，则会更倾向于选择二兼。二是一兼农户逐步减少，二兼农户逐步增加。根本原因还是农业比较效益相对较低。据调查，若按家庭收入多少进行排列，非农户大于二兼农户，二兼农户大于一兼农户，一兼农户大于纯农户。收入驱动就业转型，二兼农户所占比例也就逐渐大于一兼农户。三是农户用于农业的投入呈减少趋势。农业生产资料价格不断上涨，农业投入与产出之间很难呈现出绝对的正相关关系，甚至是“入不敷出”。既然从事农业生产经营赚不到钱，一些农户更多时候便把农业生产作为了满足自家自产自用口粮的渠道，从而也难以出现农户不计成本地投入农业生产经营的情况。四是农户对农业的重视程度呈下降趋势。改革开放后，市场经济在南方及沿海城市焕发蓬勃生机，农村居民纷纷涌入城市“找出路”，城里几个月“打工”收入远远超过家里一年到头的辛苦劳作。20 世纪 80 年代和 90 年代，出现了首个“民工潮”，越来越多的农民放下家里“一亩三分田”去城里寻找一份“高收入”工作。长此以往，农业不再是唯一养家糊口的出路，农户对农业的重视程度不断下降。五是兼业农户的农业发展一般呈萎缩趋势。兼业农户介于纯农户与纯农民工之间，他们既在农闲时候进城打工，又在农忙时候从事农业生产。兼业农户“脚踏两只船”的现状，决定其不可能抽出大量精力投入农业生产经营，长此以往，农田耕种质量下降，边际产出率不断降低，兼业农户的农业发展萎缩趋势在所难免。

农民兼业化的主要成因：一是务农风险大。农业生产高度依赖包括土壤、气候、水文、地形等在内的自然环境，包括技术新旧、品种更替、成果推广、成果应用等在内的科学技术，包括生产资料、行政干预、工业污染、农业政策、政局变化等在内的社会因素，包括供需不平衡、信息不对称、生产环节专业化、劳动生产率高低、金融投机等在内市场因素，因此，务农也就必须要承受自然风险、科技风险、社会风险和市场风险等多种风险，务农风险过大。二是务农收入低。农民收入首先来源于耕种粮食、培育果品、栽种蔬菜等家庭经营性收入，其次来源于“离乡不离土”的本地乡镇企业做工、“离土又离乡”的外出打工、“半离土半离乡”的兼业化工作等工资性收入，最后来源于国家财政农业补贴、老年人口养老金、国家贫困人口补贴等转移性收入，其中，家庭经营性收入短时间较难扭转现状，工资性收入逐渐成为农民主要收入部分，转移性收入等其他收入长时间占比仍较小。农民先天占有高等生产要素少，关系国计民生的农产品也存在着价格不能过高的“先天缺陷”，决定务农收入的偏低走向。三是务农工作辛苦多。春耕、夏耘、秋收、冬藏的辛苦劳作，给农民带来了身体苦；多投入、少产出、价格低、利润薄的内心煎熬，给农民带来了心血苦；还有一些地方同时存在穷山、恶水、瘠地、荒原的稀少资源，给农民带来了环境苦，身体苦、心血苦、环境苦长期叠加在一起，使农民难以承受。四是农民被市民歧视。农民衣着简陋、简单务实、省吃俭用等方面的生活观念和习惯，与广大市民截然不同；农民不懂城市公共规则、不求高档生活品位、不爱经营社会关系的生活方式，与城市格格不入；农民很难享受市民医疗、市民教育、职工社保等市民专属社会资源，也让市民拥有优越感。以上这些，都是农民被市民歧视的主要原因。

（五）农业边缘化

农业边缘化，是指一些地方在制定产业经济发展规划、进行重大经济决策或大批量的财政资金投入时，没有把农业放在国民经济基础的地位，而是仅仅把农业放在了边缘的位置，越来越无视乃至忽视农业投资和农业发展的演变过程。

农业边缘化的主要表现：一是主要领导对农业及农业发展不够重视，甚至看不起“三农”。一些地方主要领导，把精力用在了抓城市管理、经济建设、市场投资等领域，把“三农”作为了不起眼的弱势领域，不愿意在“三农”工作方面大有作为。二是不安排重大规划、重大决策、重大投资。一些地方主要领导，在安排重大规划、重大决策、重大投资时，大多重视重大工商项目、市政基础建设、商业发展等，而对投入多、产出少、周期长、见效慢的农业产业发展往往不加重视、不给机会。三是说起来重要，做起来次要，忙起来不要。一些地方主要领导，对农业的重要仅仅体现在“说”上，一旦“做”起来就“说”也不说了，甚至以“忙”为借口来搪塞其轻视和忽视农业发展的尴尬。

农业边缘化的主要成因：一是粮食和农业“过关”了。在粮食和农业发展方面，布置“学生作业型”任务，完成既定指标即可。二是主要领导头脑中没有绷紧“重中之重”这根弦。一些地方主要领导，嘴上说“三农”工作是“重中之重”，头脑中却根本不是这样想，并没有把做好“三农”工作放在心上，而是能拖就拖，能推就推。三是农业产值所占比例很低或越来越低。在国民经济发展过程中，农业产值所占比例很低或越来越低本来是正常现象，而一些地方的主要领导却常常拿这说事，因此推导出“农业不重要甚至越来越不重要”的结论，并且“有理有据”和“无可厚非”。殊不知，这正是其不懂经济发展规律，对农业发展不愿作为的表象。四是农业很难出政绩。“农业就是拖后腿的产业”“农业就是生产不值钱的粮食的产业”“农业先天性痼疾难以根除”“农业只有靠其他产业发展起来了带一带”等形形色色的认识、说法和做法，使一些地方主要领导形成了“无论怎样重视农业也很难给自己的政绩添彩”这样的结论，于是不发展也罢。

二、“双高”凸显

“双高”凸显，即高成本、高风险等“双高”凸显。

（一）高成本

成本有狭义和广义之分。狭义的成本是指农业生产经营者从事农业生产经营活动必须耗费资源的货币表现，具体包含材料、折旧、工资、管理等直接费用和间接费用。广义的成本除了狭义的内涵之外，还包括为进行农产品生产而放弃其他目的或用途所牺牲的经济价值。

农业的高成本，既包括从事农业生产经营活动必须耗费的材料、折旧、工资、管理等直接费用和间接费用在逐年提高，也包括为进行农产品生产而放弃其他目的或用途所牺牲的经济价值在逐年变大。

高成本的主要表现：一是农业生产资料的价格逐年提高。由于原料价格上涨、天然气能源价格上涨、国家污染控制政策出台等原因，造成农资生产企业成本普遍上升，农业生产资料价格逐年上涨，从而导致农业生产成本“地板”逐年抬升。二是农业机械的折旧逐年增大。机械的有形损耗，机械使用过程中的磨损折旧，机械遭受自然侵蚀，以及机械新技术设备的出现，都会使现有农业机械技术陈旧，使机械市场需求发生变化，并导致机械过时。所有这些因素，都在逐年增加机械折旧。三是工资支出逐年增加。新型农业经营主体中的种养大户、农业合作社、龙头企业等在生产过程中需要雇佣不同数量的工人，而这些年工人的工资都有不同幅度上涨，间接增加了经营成本。四是管理费用逐年上升。随着生产经营规模扩大，购入固定资产增多，折旧费用增加；固定资产陈旧，维修费用增加；经营的应酬变多，业务招待费用增加；管理计划不周全，重复地购置生产设备的费用增加。所有这些，均会导致管理费用全面逐年增加。五是机会成本问题越来越突出。现代农业生产经营与工商业生产经营相比，从事经济效益较低的农业生产经营，就等于放弃了经济效益较高的工商业生产经营，农业生产经营的机会成本较大，并且会随着时间的推移而日益显著。

高成本的主要成因：一是农资价格管控不力。近些年来，由于管理不力，控制不够，种子、肥料、燃油等生产资料价格如脱缰的野马，连年看涨，而农产品价格却止步不前，谷贱伤农的事时有发生。二是大中型农机具购置补贴不足。大中型农机少则十几万元，多则几百万元，且存在涨价趋势，这种价格远远超出普通农民的承担范围，而对农民的购机补贴相对整机价格而言只能算是杯水车薪，令绝大多数农民可望而不可即。三是劳动力存在局部或季节性短缺。特别是中西部外出人员多的省市区，农忙季节人力资源捉襟见肘。四是管理硬件设施及素质培训要求越来越高。现代农业生产经营，因为要不断引入高新科技参与生产，凸显出数字化、智能化特征，同时对于从事农业生产经营的人员素质的要求也在提高，这是未来农业生产经营的必然趋势。而许多地方的管理硬件设施和素质培训跟不上，均无法适应这种趋势。五是从事农业可获最大收入的机会成本越来越明显。在目前的情势下，干农业就意味着放弃更好的职业和收入，从事农业的人员的收入减去从事其他职业的人员的收入的“负值”不断拉大，代表着从事农业生产越来越需要付出高昂的机会成本。

（二）高风险

农业的高风险，主要体现在三个字上，一个字是“多”——从事农业生产经营可能遇到的风险种类繁多，包括自然风险、市场风险、社会风险、技术风险、政治风险等；第二个字是“重”——这些风险又有频繁、加重以及危害程度、造成损失均有加重的趋势；第三个字是“广”——受灾的面积往往比较大，遭受损失的农业生产经营者往往很多。

高风险的主要表现：一是自然风险时常突发，难以防范。农业生产对自然条件具有高度依赖性，降水过多、大风台风、严寒久冷、酷暑久旱等，均可对农业生产造成不可逆的伤害。二是市场风险日趋复杂，影响因素繁多。农资价格市场跌宕起伏，影响农业生产成本不定和农业生产成效不稳；农产品价格市场起起落落，造成谷贱伤民、货物积压、跟风种植等严重伤害农民自身和反过来伤害农业市场的严重后果。三是各种风险交错，产生严重负的累积因果效应。农业的弱质性导致各种社会生产资料向其他优质产业集聚，使弱质产业（农业）更加脆弱，优质产业更加优越；发达地区的人才、资金、技术等生产要素集聚，促使落后地区本来就稀缺的发展资源再次向发达地区靠拢，使落后地区更加落后，发达地区更加发达。综合得出，落后地区的弱质产业（农业）很难获得发展机会，而发达地区的优质产业不断发展壮大。四是农业保险覆盖面狭窄，管理落后。农业保险是现代农业发展的一大基础性建设项目，是关系到现代农业健康发展的支柱性工程。我国是世界上农业自然灾害较为严重的国家之一，灾害种类多，受灾面积广，成灾比例高，每年损失约占世界的1/4左右。2017年，全国农产品承保比例，粮食0.01%，棉花0.02%，大牲畜1.1%，奶牛3.6%，生猪0.8%，家禽1.3%，水产养殖2.5%，每年的农业保险补偿仅占农业损失的0.27%。即便如此，绝大部分的农业保险补偿也是龙头企业投保受益，农业保险覆盖面实在是太狭窄了。五是农业生产经营一旦遭遇大的风险往往血本无归，一蹶不振。农业生产成本高、投入大，上一年的收成扣除自家享用部分，其余绝大部分留作来年生产成本继续投入循环生产；农业生产周期长，遭受天灾人祸，预示着投入血本无归。农业生产经营者往往因为没有投保遭受严重损失，基本生活可能会受到严重影响，对农业生产经营即使有心，恐怕也无力再追加那么多投入了。

高风险的主要成因：一是反常天气增多，天气预报不及时。近年来，暴雪不止、暴雨连天、南旱北涝等异常天气频次不断增加，天气预报也来不及反应，反常天气使农业生产风险明显增高。二是市场预测不准，引导不力。农资市场散乱不一，各地各个时间定价高低不等；农产品市场疲软不振，国家定价监控不力，市场定价起伏不定，严重损害到广大农民的切身利益。三是风险意识不强，风险规避措施少。虽然农业早已步入现代风险社会范畴，但是农民对于传统农业生产“靠天收”的观念依然没有改变，当农业生产过程中面临“天灾”侵袭，除了措手不及地接受损失外，别无他法。与此同时，现实农业的脆弱性导致农业生产风险的随机性更加无法预测和掌握，现有状态的农民群体不可能为其经营的所有农业购买各种商业保险。四是农业保险业发展滞后，农业政策性保险还没有普及。我国现有农业商业保险业务发展尚处于“无影无踪无声”时代，农业的低效薄利导致农民对商业性质保险需求不足，没有农民主动要求承保，也无商业保险机构主动大力发展农险业务，可谓“两不主动”。而政策性农业保险一般服务于农业合作社、龙头企业等大型农业经营主体，尚还无力向下发展覆盖全部农民群体。五是农业生产经营存在侥幸心理，投保不积极。现在农民受限于专业素养、知识技能等硬性因素还无法完全向新型职业农民转型，农业生产能力和理念仍然停留在传统农业生产阶段，存在“和平年代风调雨顺”“灾祸哪能就被我撞上了呢”等侥幸心理。

三、“两紧”同在

“两紧”同在，即资源环境约束趋紧、青壮年劳动力紧缺等“两紧”同在。

（一）资源环境约束趋紧

资源环境约束趋紧，是指资源和环境对农业生产经营的束缚和限制越来越多、越来越大、越来越紧张了，直接影响到了农业的可持续发展和高质量发展。

资源环境约束趋紧的主要表现：一是耕地、水、森林、生物多样性等自然资源趋紧。2011 年我国在耕地面积为 18.26 亿亩的情况下划定了 18 亿亩的耕地红线，2018 年我国又划定了 15.5 亿亩的永久基本农田，几年间就少了 2.5 亿亩，中国耕地红线到底在哪儿？河流湖泊减少或枯竭、工业污水治理、推广滴灌和喷灌等，到底该如何节约和保护有限的水资源？意外火灾、工业砍伐、开辟空间等，森林还能被人类挥霍多久？生物灭绝、外来生物入侵、捕杀生物，生物多样性还剩多少？有限的资源正在被不断加速利用，资源渐渐减少，同时也导致资源约束增强。二是资金、技术、劳动力、创新等社会经济资源趋紧。财政资金辗转腾挪大多流向农业之外；农业高新技术转化率不足 1/3，其余的处在棚架状态；绝大多数农村青壮年劳动力远离家乡，到城市务工经商；各种生产要素回避农业，农业创新发展动力不足。三是生态和环境资源趋紧。多年来，农业的生态状况和生产经营环境，虽有好转但没有明显的改变，现代农业发展的关键要素越收越紧。四是农业生产经营受到严重影响。土地、资金、劳动力等农业资源短缺使农业生产潜力受限，水、土、大气等环境污染使农业生产支撑减少，农业生产经营有步入两难境地之疑虑。资源与环境对农业生产发展的约束趋紧，农业生产要素不断趋于枯竭，现代农业发展看不到源动力，到了不得不解决资源与环境问题的时候了。

资源环境约束趋紧的主要成因：一是人多地少的国情。我国以占世界 7%的耕地养活了占世界 21%的人口，堪称世界一大壮举。但人多地少、又不得不维持生存发展的结果，就是我国农业生产对资源环境的不断透支利用。二是自然资源的乱占滥用。我国很长一段时间处于传统农业生产社会，农业生产的粗放性和任意性完全是对资源环境的肆虐和无情的践踏，使农业生产资源环境不断恶化。三是社会经济发展不充分。经济上还普遍比较落后，致使投入不力只能依靠掠夺资源求发展；或将导致农业生产经营中抢占有限资源，加快了资源损耗。四是生态环境保护不力。长期以来，我国对生态环境立法迟滞，即使立法后执行也较松散，加之国民环保意识淡薄，致使生态环境长期保护不力。五是“绿水青山就是金山银山”的强烈意识尚未全面树立。一般只看眼前——短视，并采取“短平快”的发展措施——只要有收入哪怕是“绿水青山”也不惜毁掉，普遍缺乏长远发展意识，如何变“绿水青山”为“金山银山”的发展规划也不明确。

（二）青壮年劳动力紧缺

青壮年劳动力紧缺，是指在从事农业生产经营的劳动力中，男女青壮年劳动力的数量和质量呈现出逐渐下降、趋于紧张的趋势，数量越来越少，质量越来越差了，直接影响到了绿色兴农和质量兴农。

青壮年劳动力紧缺的主要表现：一是男女青壮年劳动力的数量越来越少。男女青壮年劳动力纷纷奔走他乡，另谋致富出路，农村滞留男女青壮年越来越少，农业从业男女青壮年劳动力所占比例越来越小。二是男女青壮年劳动力的质量越来越差。农村年轻一代人不仅缺乏老一辈人吃苦耐劳的精神，而且缺少进一步学习科学文化知识的动力，使男女青壮年劳动力质量不断下滑。三是农村留守劳动力整体素质下滑。有志气的农村男女青壮年劳动力差不多都外出寻求发展了，城市男女青壮劳动力厌恶去农村从事农业生产，留下的绝大多数都是没有劳动能力的人。四是绿色兴农和质量兴农的智力水平越来越低。绿色兴农和质量兴农要求匹配的智力水平越来越高，而农业产业的弱质低效留不住先进的科技人才，人才流失导致缺乏人才支撑的农业智力水平越来越低。五是乡村的安全感越来越低。农村年轻人口外流，农村留下的绝大多数是妇女、老人和孩童。这些人不仅要面对用电安全、用水安全、火灾安全、人身安全、医疗卫生安全、道路交通安全等安全威胁，而且面对盗抢农户和集体财产、散布封建迷信、宣传邪教的不法分子时，也会因为体力、智力、胆力等多种制约因素而缩手缩脚、束手无策，安全感严重不足。

青壮年劳动力紧缺的主要成因：一是大中城市可务工可经商且现金收入多的事实吸引相当多的农村男女青壮年劳动力流转至此。据资料显示，2017 年全年农民工总量 28 652 万人，外出农民工 17 185 万人，约占农民工总数的 60%。由此可见，大中城市对外地农村人口具有极大的吸引力。二是因收入低务农留不住农村男女青壮年劳动力。随着经济社会发展，微薄的务农收入已经难以维持青壮年劳动力正常家庭生活，务农本身对于青壮年劳动力具有较大排斥作用。三是农村青壮年劳动力“厌农”思想严重。年轻一代受到更多的现代教育，社会经济发展中务农者社会经济地位相对较低，比较之下，务农成为令人厌恶的职业。四是农村父母“望子成龙，望女成凤”的夙愿难以化解。老一辈农村父母继承了全部的传统农业生产活动，常年耕种，深知农业生产的艰辛与不如人意，为避免子女再走老路，千方百计送下一代走出“农门”，农村青壮年劳动力逐渐减少。

四、“双小”齐困

“双小”齐困，即小规模经营方式、小生产经营主体等“双小”齐困。

（一）小规模经营方式

小规模经营方式，是指目前相当一部分农户所从事的农业生产经营，无论是所经营耕地、所投入资源要素，还是所产出农产品数量及其产值，都还维持在小范围、小界限水平的生产方式。

小规模经营方式的主要表现：一是经营耕地面积小。20 世纪 80 年代以来，我国普及推广了联产承包责任制，以农户为代表的农业生产经营者占了主体。截至目前，以一家一户为基础的小规模经营方式，依然是农村主要经营方式。第三次农业普查数据显示，小农户从业人员占全体农业从业人员的90%，全国20.23亿亩耕地中约70%都归属小农户经营管理。然而，人多地少的基本农情，决定着户均经营耕地面积小，我国2.3亿农户，户均经营规模7.8亩，人均不到1.3亩地。二是经营资源要素投入少。农村大量劳动力转移至城市，剩余投入农业生产的劳动力较少；生产性资本配置少，农机设备的购买达不到现代农业的生产要求；农村信用社等金融机构每年投放约6 000亿元信贷资金给工商业等非农行业，贷款给农业生产经营者的只占很少一部分，农户贷款难，自有资金有限，总体金融资本投入少。三是产出农产品数量少。对于农户小规模经营来说，由于人力、物力、财力投入不够，经营规模、智力也明显受限，很难产出较多的农产品数量。四是产出农产品产值低。农户分散经营，大多追求的是农产品数量，而忽视提升质量，产出的低价值的大路货多，甚至出现有的农产品卖不出去，也难以达到持续增收的目的。五是生产经营仍有自给自足的嫌疑。小规模经营的目标存在“内生化”趋势，务农有时更多的是为“填饱肚子”和获取口粮，而不是开展商品生产。六是生产经营与现代农业发展衔接不充分。农业生产经营者尤其是单个小农户，很容易受物质技术装备、素质限制，或者受资源、信息约束等，无法与现代农业发展“挂起钩来”“牵起手来”。尤其是，农户在生产经营过程中，遇到自身解决不了，或难以合理解决经济的问题，缺乏现代农业服务组织的帮助，提高了生产成本，降低了产出效率，加剧了小农户在市场竞争中的弱势，难以与现代化农业发展紧密贴合。

小规模经营方式的主要成因：一是人口增加和耕地减少的悖逆变动。在我国，人口增加是大趋势，耕地减少也是大趋势，这一增一减的悖逆变动，在很大程度上决定着人均耕地减少也是大趋势，一家一户开展规模经营的难度越来越大。2018年，我国总人口已达139 538万人，人均耕地面积仅有1亩左右，人多地少的情况已经十分严重。二是家庭分散经营下耕地碎片化。在分配耕地时，为了表现公平，大面积的耕地被分解为碎片，分配给每家每户，形成了分散经营的局面。耕地破碎化是影响农业现代化发展的重要因素，碎片经营阻碍了机械化种植生产，比较明显地存在于西南丘陵地区。四川省农户户均有10多块土地，平均每块面积约0.5亩，俗称“巴掌地”“鸡窝田”。三是土地流转面临诸多障碍。由于人均耕地面积小，农户大多更倾向于选择兼业种植，而不是将土地流转。同时，一些农户欠缺到城镇的就业途径和技能，农业收入是其主要生活来源，农民不愿丢失自己的“保命田”。四是青壮年劳动力多向城市流转。随着新型城镇化、农业现代化的协同发展，越来越多的青壮年劳动力，因机会成本较高，而放弃继续留在农村进行农业生产，陆续转移至城市发展，从而造成了农业农村劳动力“青壮不接”的局面。五是农业规模经营发展缓慢。农业要达到规模经营，需要有充足的耕地资源。而现实中“三权分置”的基本经营制度还没完全普及，一些地方甚至还存在人为推动土地高价流转的情况，土地流转面临种种问题，农业用地集中困难，难以把分散的经营集中起来实现规模化。

（二）小生产经营主体

小生产经营主体，是指相当一部分农业生产经营者还是从事小生产甚至小而全生产的小农户，无法适应发展现代农业和提高农业现代化水平的要求。

小生产经营主体的主要表现：一是小的生产经营规模。主要表现在投入少、体量小这两方面。由于自身本金拥有量有限，风险承担能力不强，在资金投入、生产资料投入方面就得精打细算，相对来说所获利润也不多。缺乏“小生意、大事业”的格局和眼光，投入周期都很短，往往三年不到，大多一年的周期。每年的经营都得从头开始以此循环。二是以生产资料的个体所有制为基础。在生产关系中，大多个体劳动者“单打独斗”，以自己的劳动为基础，在经营过程中所涉及的决策、生产、销售等环节，都是个体劳动者自己完成，劳动成果和生产资料都归属个人占有的形式。三是以个体劳动为基础。在个体所有制的基础上，所进行个体劳动和个体经营，以每个家庭成员的劳动为基础进行生产活动。四是经营分散。生产活动和生产资料分配具有分散的特点，相对于集约化经营，分散经营虽然具有很大的灵活性和韧性，但也明显存在风险承担能力不足、信息不对称、缺乏集体力量的支持等方面的问题。五是技术落后。小生产经营主体劳动，大多以人工来完成，在农业机械化、信息化等方面，具有很大的差距，生产效率和生产质量跟不上现代生产需要，技术更新和升级也跟不上现代大市场大生产需要。六是伴有自给自足的韵味。古代的农民，受土地拥有量限制和传统思想约束，所生产的产品只需要满足于自身消费需要。而现代的农民，在跟随商品化经济发展的脚步上，依然保留着自给自足生活方式的影子。人们还是会在承包的耕地上，“小而全”地种植粮食、果蔬，喂养家禽，鱼虾等，在留足自己生活补给的基础上，才依靠农业获取一定的经济收入。

小生产经营主体的主要成因：一是家庭联产承包责任制后人均分配耕地面积小。以家庭联产承包责任制为基础的农村经营制度强调分产到户，有限的连片土地被分割成小块承包给约 2.5 亿农户分散经营，造成人均分配耕地面积小的局面。二是自有积累资金有限。由于农产品价格没有理顺，农资价格控制不理想，近些年农民务农收入有限，自有的积累资金也是有限的，而且，大部分用于了急需，投入农业生产的十分有限。三是习惯于小生产方式。几千年来，我国农户一直是精耕细作、自给自足的小生产方式，也习惯于日出而作、日落而息的生活与经营方式。四是缺乏土地流转能力。由于缺少完善的土地交易市场与机制，农民获取信息渠道不通畅，想要转让土地承包经营权的农民，与期待获得土地承包经营权开展规模经营的农民，难以完成有效的信息对接。五是缺乏长远目光和竞争观念。长期交通不便以及教育水平有待提升，造成了农民对外界信息接收与感知不灵敏，知识的获取缺乏，加之乡土社会的局限性，农民群体的思想是较为局部的、短期的。目光的局限性与长期闭塞的自给自足经济，使小生产经营主体缺乏长期的目标和良性竞争的观念，通常较为保守且不擅长合作，奋斗动力不足，导致落后与不发达。六是存在较严重的温饱即安心态。生存平稳安逸，经济自给自足，过上安居乐业的生活，始终是中国农民普遍的心态。

五、“六低”相扰

“六低”相扰，即低信息对称、低合作经营、低人力资本、低科技进步、低物质基础、低市场机制等“六低”相扰。

（一）低信息对称

低信息对称，是指农业生产经营者与农业生产资料销售者、农产品购买者、农产品加工者以及政府相关部门之间的信息传播渠道不畅通，农业生产经营者掌握的信息较少，其他主体掌握的信息较多，信息对称水平不高，从而对农业生产经营者带来多方面的不利影响。

低信息对称的主要表现：一是农业生产经营者与农业生产资料销售者信息对称水平不高。农业生产资料销售者接触到的农业生产经营者数量较多，农业生产经营者了解的农业生产资料销售者往往是固定的几家，在农业生产经营者与农业生产资料销售者之间，市场往往存在一定程度的垄断，农业生产经营者往往只能被动接受农业生产资料销售者的利益剥夺甚至商业欺诈。二是农业生产经营者与农产品购买者信息对称水平不高。农业生产经营者接触到的农产品购买者不多，农产品购买者接触到的农业生产经营者也不多，农业生产经营者常常不太清楚农产品购买者需要什么，农产品购买者也常常不清楚农业生产经营者供给什么，二者的信息对称度很低。三是农业生产经营者与农产品加工者信息对称水平不高。农产品生产经营者和农产品加工者之间，不仅隔着“一个市场”，还常常信息不对称。农业生产经营者往往只注重把农产品生产出来而且能够卖出去，至于能否卖出去、能否卖个好价钱则受信息不全面不及时乃至不准确的多重限制。农产品加工者则由于掌握了较多的农产品生产信息，而往往采取压级压价等手段，从农业生产经营者手里购买到质优价廉的农产品。四是农业生产经营者与政府相关部门信息对称水平不高。我国已经建立了自上而下的农业信息传播系统，如农技站系统，在一定程度上发挥了其作用，但是由于系统存在漏洞，如农技站通常只传播农业推广技术相关知识消息，而生产经营者需要获得市场等各方面的信息，政府部门获得和处理市场信息能力虽强，但往往缺位，所以二者信息对称水平不高。

低信息对称的主要成因：一是农业信息系统不健全。在我国农业信息系统建设中，许多省份只建设了区级和部分地市的农业信息网站，还有许多地市和县区一级没有网络系统覆盖，而且涉农部门的信息系统还没有全部联网，再加上农村互联网的“最后一公里”问题还不同程度地存在，农户获取外界信息是很困难的。二是信息收集、筛选、传播等不及时。农业生产服务信息渠道不通畅，如湿度、温度、降水、土壤环境、地质灾害等自然条件以及气象信息，并没有像农民期望的那样及时传达至生产第一线，导致农民只能在缺乏指导的情形下盲目生产。三是道德风险问题。比如说，有的保险公司隐瞒信息，只口头承诺给农民诸多保险方案，合同上却没有清楚地写明赔偿细节，或者合同中存在陷阱和漏洞，骗取了部分农民的保险本金。四是逆向选择问题。信息服务过程中存在的道德风险，渐渐淡化了农业生产经营者对信息服务主体的信任程度，加之监管不严、法律体系不完备，对有效信息的期待值降低，劣质信息充斥市场，优质商品会被逐渐挤出市场，导致逆向选择。五是欺上瞒下问题。比如：一些乡村干部一方面“欺上”，利用“发展的名义”，获取上级部门的资金和物资，做形式上的表面文章；另一方面又“瞒下”，利用各种借口、各个环节营私舞弊、赚取私利。再比如：一些合作经济组织获得了国家支持补贴，却隐瞒具体补贴信息，加入组织的农民得到的援助与实际不符合，向上报告却说完成了任务，监督时少部分人串通一气，隐瞒具体过程。

（二）低合作经营

低合作经营，是指农业生产经营者之间在经营上以契约合同或口头约定开展合作的不多，或者说开展合作性经营的还比较少，甚至还习惯于传统的“单打独斗”，从而对开展农业规模经营、抵御各种风险、共同打造知名品牌、形成名优特新产品带等多方面带来不利影响。

低合作经营的主要表现：一是契约式合营很少。在农村，主要表现为企业与当地合作，提供资金、技术或者设备，以及当地合伙人提供资源、场地、劳动力，为企业供给农产品的合作方式，双方平等互利。这种合作方式在农村很少，因为双方信任基础不牢靠。二是口头约定合作也不多。在农村，农民常用口头约定合作进行互帮互助，农忙时，共同完成一方的生产工作，结束后又去帮忙另一方，这种互换工时的工作方式，发生在好朋友或者亲戚之间较多。对于众多的生产经营来说，这种口头约定合作的不多。三是“单打独斗”者居高不下。在发展现代农业的今天，虽然农户单个家庭经营显得势单力薄，没有更大的能力去参与竞争和抢占市场份额，但一家一户的农民“懒散惯了”，“万事不求人”的心态和做派根深蒂固，在农业生产经营中“单打独斗”还大有人在，不愿意甚至不敢与他人合作。四是产生多种负面影响。低合作经营容易造成自满自足的经营表象，缺乏对比和学习榜样，时间久了进取力就不足了；低合作经营合作伙伴少，资金周转有时候可能会遇到麻烦，个人承担的风险也比较大；低合作经营面对强大竞争对手时，议价能力不足，时间久了很容易在市场上败下阵来；农户低合作经营大多规模小，资源整合力不足，吸引政府优先支持扶持的力度有限。

低合作经营的主要成因：一是订单农业发展不系统不充分。主要体现在订单的内容、形式以及执行三方面不够规范化、系统化。内容上，企业受益更多，农民缺乏市场预测能力、法律知识不足，与企业存在信息的不对称，条款设置明晰化低。形式上，口头订单与书面订单混合出现。执行上，少数地方存在由政府包办代签合同的漏洞。二是对合作经济严重失信。合作社属于典型的合作经济组织形式，当下普遍存在农民失信于合作社或合作社失信于农民的情况，合作社对于农民的约束能力有限，有的农民加入后短时间又退出，对合作社的组织团结造成了很大的影响。一些加入合作社的农户，不能按时按规定完成经营生产任务，造成“失信”现象，当次数和人数多了时，合作社“人合心散”，缺乏信任与利益联结，严重阻碍了生产效率。三是口头违约率高。因为口头约定法律约束力弱，在农业生产经营中，口头违约现象普遍存在。比如：当市场价格高时，农民考虑眼前利益会将商品售于口头约定之外的人；当市场价格低时，企业考虑眼前利益也会拒绝收购与农户口头约定的一定数量的农产品。四是个人和企业诚信问题。比如：借钱不还，合同不如约履行，销售中掺假售假，部分企业在收购农产品时借机压价损害农民权益，部分合作社不与农民分红，部分企业不把利润返还农民。五是全民征信体系建设问题。农村社会征信系统不能完全发挥效用，成员信用信息记录不全面；奖惩机制不健全，守信激励不足，同时失信成本较低，易出现信用陷阱。

（三）低人力资本

低人力资本，是指农业生产经营者中存在的具有经济价值的知识技能、文化程度、科技素质、健康状况等质量因素水平均不高，即处在比较低级的状态，从而对推广应用高新科技、提高农业劳动生产率、发展现代农业等带来不利影响。

低人力资本的主要表现：一是知识技能不完备。“术业有专攻”，理论与实践的结合才能更好地提高效率和发现修正错误。现代农业生产涉及方方面面的知识，显然人们在生产实践活动过程中，并不具有完备的理论知识和专业技能，也没有受到系统的培训和指导，积累的经验也大都不完整。二是文化程度有限。第六次全国人口普查数据统计，6 岁以上农村适龄入学人口平均受教育年限为 7.6 年，还没有达到初中文化学历。即使在经济较为发达的长江三角洲地区，农村平均受教育年限也仅为 7.7 年，而城市人均受教育年限为 10.5 年，城乡人口文化程度还有较大差距。三是科技素质不胜任。“科技是人类发展的引导者”，现代农业发展离不开高新科技的支撑。这就要求劳动者拥有一定水平的科学素养，能够运用科学的观点理解自然，并做出相应决定。然而，在现实生产过程中却存在一些劳动者科技素质难以胜任工作的状况。比如：既会使用又会维修先进农机的人员少，很多人不会操作无人机喷洒农药，很多人不会使用滴灌设备等。四是健康状况不理想。目前一线的农业生产经营者，以妇女、老人居多，他们不仅身累——从事较繁重的体力劳动，而且心累——方方面面都要操心，80%以上的农业生产经营者身体状况大都不太理想，都存在一定的劳损和身体隐患，总体来说健康状况不是很好。五是综合能力不适应。在土地流转的趋势下，越来越提倡规模经营和集中性经营，相比于传统的个体小规模经营，现代的经营手段和方式也是丰富多样的，那些传统的经营人员就有点跟不上现代农业快速发展的进程，存在各方面的不适应，综合能力远远不足。

低人力资本的主要成因：一是知识技能获取渠道少。一些乡村和地区，因为条件限制，很少有专门的培训学校和机构让人们去学习，在生产经营过程中没有平台去进行专业的知识性学习，也没有专业老师进行指导。二是农村教育水平低。农村地区基础教育设施较为落后，学校数量与软硬件配备方面与城镇地区相比均存在一定差距。在教育资源占有量方面，据统计城市初中生和县镇初中生平均计算机拥有量分别为 2.72 台和 1.58 台，而农村初中生平均拥有量仅为 1 台。这也是农村教育发展落后的一个重要原因。二是资金投入不足。建立完备的教育经费保障机制是改善农村教育现状的关键。受时代和地理条件限制，大多70后和部分80后，因家庭经济条件和兄弟姐妹多的原因，为了生计也为了家庭早早地放弃了学业，所受教育水平不高。大多80后和90后，受早些年打工潮的影响选择“下海”，他们所接受到的教育远远不够。三是科技培训机会少。对于农民来说，由于政府组织的培训并不多，农民的学习培训机会也就不多。同时，村集体组织能力不强，也很难提供覆盖全员的长时间科技培训。四是劳动强度偏大。即使是平原地区，其全程全面机械化程度也并不高。占国土面积2/3的山地和丘陵地区，农业生产还是以人工为主进行生产经营，需要很大的劳动量和劳动强度。比如：茶叶的采摘和制作，都是以人工来完成的，从生茶叶到最后的商品茶，中间经过几百道的制作工艺，这些工作的劳动强度都是很大的。五是综合能力培养缺失。在后天学习培养方面，很多农民还保留在初中水平、小学水平的阶段，存在着“够用就可以了”的思想，也保留着传统的耕种习惯。但是现代农业分工更明确，专业更细致化了，大多农民综合能力显得“不足，不够用了”；一些农民年龄大了，学不懂，一些年轻的农民又因为没有平台，没有企业和合作组织支持，很难能够有机会得到培养，综合能力得不到开发，缺乏系统的农业知识。

（四）低科技进步

农业科技进步，有狭义和广义之分。狭义的农业科技进步，仅包括自然科学技术进步；广义的农业科技进步，既包括自然科学技术进步，又包括农业政策、经营管理和服务等社会科学技术进步。

这里的低科技进步，是就狭义的农业科技进步而言的，具体是指农业科技创新、农业科技推广、农业科技应用、农业科技教育等环节还比较薄弱，还处在比较低级的水平，从而对农业科技进步贡献率、发展科技农业、加速农业高质量发展等带来不利影响。

低科技进步的主要表现：一是农业科技创新能力还不是很强。我国虽然已实现生产导向型农业向技术导向型农业转变，但在科技创新领域依然面临较大挑战。比如：生物育种领域，原创性育种研发技术不先进，没有深刻挖掘具有关键价值的基因品种，且育种效率偏低，难以满足农业高质量发展要求；新型投入品创制领域，农兽药创新投入少，依然处于仿制阶段，产品单一化同质化水平高，绿色化水平低；信息智能化领域，农业装备自动控制与感知技术瓶颈尚未突破。二是农业科技推广环节还比较弱化。基层专职的农业技术推广体系存在专业人才流失、经费短缺、基础设施不完善等问题，不同程度地存在着“线断、网破、人散”的情况，农业技术推广环节的弱化情况依然比较严重；农业局、农机局、科技局、畜牧局等涉农技术推广的部门，往往各行其是，管理层次多，运行成本高，执行难度大；农机推广中人、地、财三要素很难集中，难以进行大范围集成化技术的推广应用。三是农业科技推广还很不理想。“研—推—用”是实现农业推广的“三部曲”，目前研—推环节脱节问题较为突出，除农业投入品领域研究成果可直接转化应用外，其余多数科研成果难以转化为生产力，技术推广过程艰难；农业科技面临着理论技术转化成实际成果难、技术掌握使用难、技术扩散普及难等方面的问题，农业科学技术与农民的关系好比种子和土壤的关系，科技下乡了，广大农民学会了，才算把科技种子种在了土壤里，需要广大农业科技工作者继续去奉献。四是农业科技教育还不够扎实。我国的农业教育，虽然有高等农业教育、中等农业教育、成人农业教育等不同层次，但在教育过程中，农业科技教育还没有真正地系统化，而且具有滞后性，科技不能与时俱进。尤其互联网信息化的应用，知识技术更新很快，前沿性科技教育跟不上，大多农民没有接受过科技教育，这是农业农村科技应用的明显短板。五是农业科技进步贡献率还有较大差距。我国已经进入了科技创新推动农业农村现代化的新时代，农业科技进步贡献率也已由 53.5%（2012 年）提高到 57.5%（2017 年），但与发达国家 70%～80%的高水平相比，还相差 12.5～22.5 个百分点，差距极其明显。

低科技进步的主要成因：一是农业科技创新体制机制不顺。科技创新体系动力机制不充分，以政府引导、市场主导的激励协同机制，难以充分发挥涉农企业的主体作用。科技创新成果推广与转化机制不健全，农业科技考评制度未高度贴合生产，论文、立项指标所占比重较大，实际的科技创新成果转化率在评价体系中被忽视。二是农业科技推广体系不健全。我国的农业科技推广体系成熟于计划经济时代，保留下来的一些组织和方式已经不适应市场经济时代，缺乏灵活性。一些推广项目农民不具有决定意见，没有充分考虑农民的需求和调动农民的主动性和积极性，而是由政府制定，大多推广过程中农民处于被动接受的情况，推广的力度和推广的深度、推广情况和接受程度往往均有局限性。技术推广人员中薪水待遇有差别，如省市级技术推广人员的薪水待遇好，县乡级技术推广人员的薪水待遇低，也在一定程度上阻碍了推广效率。三是农业科技推广还存在“最后一公里”问题。农业科技推广“最后一公里”问题，实质上是基层推广出了问题。农业科技推广人员还存在缺员的情况，基层农业科技推广工作还存在因为经费不足而裹足不前的情况。推广人员还没有完全做到进村、入户、到田，一些农业技术农业生产经营者还没有全部掌握和普遍应用。四是农业科技教育整合度不够。大中型农业企业的一些高技术成果，不愿与农民共享，仅在产业园里供人欣赏，出现“盆景化”现象；各地区的农业科技教育各行其是，缺乏技术交流；各地区的科技教育资源千差万别，没有统一性和归纳性；区域间科技教育壁垒严重，如果没有国家引导与支持，很难拥有交流的主动性与互通性。五是提高农业科技进步贡献率意识不强。农民的科学素养水平低，对于农业科技创新的追求欲不高，同时地方政府也大多没有出台诸如颁发“农业科技进步贡献率提高奖”这样的激励措施，农业生产经营者从事农业生产经营活动，要么凭祖辈或自己积累的经验，要么运用当地的发明爱好者发明的农业“黑科技”，既不先进，也不系统，对于提高农业科技进步贡献率来讲，作用和意义都不大。

（五）低物质基础

低物质基础，就是在农业生产经营中以物质形态体现出来的经济基础还比较薄弱，尤其是传统经营主体——广大农户的资金积累有限，其他物质技术装备还比较差，还处在比较低级的水平，从而对农业基础建设、发展设施农业、提高农业机械化水平等带来不利影响。

低物质基础的主要表现：一是农业基础设施建设还不完善。农业基础设施建设具有“乘数效应”，能为农业发展带来高的经济效益。现阶段我国农村的道路、桥梁、水利、用电、通讯等方面，已经取得了较大的成绩，但是在农田建设、灌排、农田保护等方面，还存在诸多不足。比如：一些地区大水漫灌农业用水浪费严重，一些地区没有使用滴灌微灌等先进技术。二是农业物质技术装备水平还不高。现代农业发展，离不开先进物质技术装备的支持。目前，农业物质技术装备方面还有很大的改造空间，装备水平还需进一步完善。比如：动力设施中的拖拉机、发动机、内燃机等，还没有达到每户都拥有的程度；农业设施中的水井、水管、灌渠等设备，一些地区还没有建设，造成引水、浇水系统不稳定；生产工具老旧、更新慢，不少农户还在使用传统的农机具，新式工具不多且不实用；与智慧农业、物联网农业、工厂化农业、农村电商相配套的高新技术装备更是远远没有普及。三是农业信息化水平还比较低。农业信息化硬件方面，通信、宽带的建设与覆盖面不全，如也存在“最后一公里”问题；农业信息化软件方面，互联网技术手段的利用不足，如市场信息需求收集不及时，智能化信息设备装备不多，农业生产过程中的信息收集和采集设备缺失等。四是农业电商化水平还比较低。主要是互联网平台利用少，一方面是农民不懂如何使用计算机，不会操作交易业务流程；另一方面是互联网电商平台收费高，农民不相信能提高交易量，电商平台也不能完全保证网上销量。五是农业其他硬件设施还不完善。农业硬件设施除了主要生产设施外，还有其他辅助设施，如乡村道路、农田林网、农村电网、农村互联网、农产品晾晒场、仓储设施、副产品处理设施等，在这些方方面面，我国均存在不同程度的短板。

比如乡村道路，一些地方还没有真正地做到四通八达。

低物质基础的主要成因：一是农业生产经营资金积累不足。近些年，农产品价格不稳定，时高时低，大多鲜活农产品附加值低，能赚取的利润降低了，农业生产经营者多年积累下来的资金是有限的，扩大规模投资经营时自有资金不足，捉襟见肘。二是农业物质技术装备购买力不足。现在一台新型动力大马力拖拉机价格在 16 000～27 000 元，办完手续大概在 20 000 元左右，小型农用手扶拖拉机 3 000 元以上，这才只是动力部分。后续还需要搭配其他机械进行犁地、播种、打药、收割、运输，这些机械算下来也是一笔接近 50 000 元的投资，大部分农户是没有能力去购买承担的。三是农业信息化设施不健全。“家家有宽带，家家能上网”，在互联网时代，网络销售是必不可少的手段。而现实生活中，农村不少家庭还没通网。除此之外，农业信息化应用设施也是不完善的，例如智能灌溉设施、自动化环境监测设备等，农村就很少使用。四是农业电商平台普及不够。现在一些地方还使用着“走家串户”行销，即“走销”的销售模式，这些传统的销售方式，费时费力，覆盖范围小。而电商平台的使用，可实现网络直销，省时省力，方便快捷。但很遗憾，农村电商还远远没有得到推广和普及。五是农业其他硬件设施还无力顾及。比如：先进的智慧农业设施，对于广大农业区域来说，还存在着使用上的差距，不管是资金、技术还是人才，都还没有准备好；物联网技术设施的安装与使用，都需要时间去一一解决与革新。

（六）低市场机制

市场机制，是指市场上的要素之间互相联系、相互作用的各种关系和影响的总和。市场机制，包括一般的市场机制和特殊的市场机制。一般的市场机制，是指任何市场都存在，并发生作用的共性机制，具体包括供求机制、价格机制、竞争机制、风险机制等；特殊的市场机制，是指某类市场上特定的，并起独有作用的机制，具体包括金融市场的利率机制，外汇市场的汇率机制，劳动力市场的工资机制等。

农业的低市场机制，主要是就一般的市场机制而言的，是指在农业生产经营中价格、供求、竞争、风险等机制的作用，发挥或显示的还不是很充分，还处在比较低级的水平，从而对农业资源配置、发展市场农业、提高市场化水平等带来不利影响

低市场机制的主要表现：一是农产品价格调节机制还不完善。尽管国家对农产品价格进行了一些改革，但直到现在，从价格形成到控制价格再到调控经济行为，农业生产经营者都处于弱势；当市场上农产品的价格波动时，农业生

产经营者不能及时地调整现有农产品的价格及时售出，也不能参与议价竞争，处于被动的被价格绑架的地位。二是农产品供求调节机制还不完善。目前，我国农产品供给和农产品需求方面，政府引导不充分不均衡，市场引导不完善不及时，很难达到短期的市场均衡状态。在现实中，对于农业生产经营者来说，无论农产品是供大于求或是供小于求，都会造成一定的经济损失。比如：我国常常出现这样的怪象——南方种的柑橘在地里腐烂掉，北方的柑橘价格却居高不下，柑橘生产经营者痛心疾首，甚至砍掉了柑橘树。三是农业竞争机制还不完善。现代农业竞争，需要完善产业链、价值链和供应链，我国在上述“三链”建设方面均存在不足：产业链脆弱，难以形成产业优势集中区域，经不起国外绿色壁垒的考验；价值链孱弱，高端产品稀少，难以提供受人们欢迎的商品进入市场；供应链残缺，难以形成区域供给中心，更无法做到精准销售。四是农业风险防控机制还不完善。农业生产的产前、产中、产后都会受各种风险的影响，农业风险防控任务艰巨，不能有任何疏忽。而在这方面，我国还没有建立健全相关机制。比如：2018 年 8 月，山东寿光蔬菜受洪灾，造成了很大的经济损失，引起了市场动荡，其他地区的蔬菜价格，在短期内也出现了持续增长的现象。五是市场配置资源的决定性作用还没有显现。农业生产经营中，还没有把市场配置资源作为最有效的形式。农产品的价格、供求和竞争，首先考虑到的不是市场的配置作用。在生产过程中，不是看市场需求什么就生产什么，而是对其他生产经营者进行重复性效仿，也就不可能在市场中达到大的盈利面。

低市场机制的主要成因：一是市场化的农产品价格形成机制培育比较晚。对于农业生产经营来说，前期都需要“投石问路”地熟悉市场，这需要一个过程，而相当多的农业生产经营者却忽视了这个过程。另外，我国的农业早些年一直处于弱势地位，国内市场经常受到国外农产品低价高产冲击，没有形成稳定的市场化农产品价格机制，一直到现在这种机制也不够成熟。二是市场化的农产品供求调节机制培育比较乱。农产品生产和流通不协调，直接影响农业生产发展和消费市场扩大。国内市场是由每个区域市场组成的，各地的流通规律不一样，农产品供求调节机制很难统一，造成供求关系不稳定，供求机制也不成熟。三是市场化的农业竞争机制培育比较慢。不少农业生产经营者的市场化竞争意识严重不足，导致其行为上也是故步自封和停滞不前——还习惯于产加销的惯性思维，还是以生产定加工定销售，而不是运用贸工农的创新思维，改以销售定生产定加工，提升市场竞争力也就无从谈起。四是市场化的农业风险防控机制培育存在缺陷。在许多地方，农业风险防控还“仅仅是农业生产经营者一家一户的事”，政府既没有鼓励也没有参与，也没有同心协力地共同承担风险的强大能力，市场化的风险防控机制培育既不稳定也不普及。五是明确“使市场在资源配置中起决定性作用”比较迟。多年以来，学术界、理论界和政府部门，都在讨论和争议政府和市场“哪个大”，而且“政府大”的呼声多年占上风，农业生产经营中的资源配置也要“看政府的眼色行事”。2013 年虽然明确了“使市场在资源配置中起决定性作用”，但要改掉对政府的路径依赖，完全建立起依靠市场调节的资源配置机制，恐怕还需要很长时间。

六、“四制”不配

“四制”不配，即经济体制、产权制度、户籍制度、价格机制等“四制”不相称、不搭配、不匹配，并对农业生产经营产生一定程度的束缚。

（一）经济体制不配

经济体制，一般是指系统化的制度安排。

经济体制不配，是指一些系统化的制度安排与农业生产经营者的经济诉求不相称、不搭配、不匹配，从而对农业生产经营、现代农业发展、农业现代化水平提高等带来不利影响。

经济体制不配的主要表现：一是涉农的经济制度不完善甚至相互矛盾。现有的制度与农业经济增长的需求不匹配，特别是与农业中小企业的需求不匹配，高投入低产出的高运营成本经济增长模式，加速着自然资源的消耗，供求矛盾日益突出。农业投资制度改革滞后，仍停留在市场化中期，信息化、知识化和信用化制度欠缺，抑制农村经济发展和农民收入增长。土地产权制度不明确，约束了农业的市场化，所有权制度、使用权制度、农村公共物品供给制度不完善，农村金融制度存在结构性和功能性的缺陷，亟待进行供给侧结构性改革。二是农业管理的政出多门、多头管理。多部门相互间的推诿和扯皮，造成了管理秩序差，解决“三农”实际问题效率低下，管理责任不清，对中央政策措施的落实也难以到位。三是农业生产经营者的经济权益对外分割。农业产前、农业产后的利益，绝大部分分割给了第二产业、第三产业。同时，受农业、农产品外部性的影响，农业生产经营者权益得不到完全保障，在收益中仅占很少的一部分。四是农业生产经营者的利益分享机制不明确不健全。农业生产经营者辛辛苦苦生产经营一年，获得的纯利润微乎其微，甚至赔本，无法保障获得社会平均利润。同时，龙头企业、合作社等新型农业经营主体与农户的利益分配在法律上没有得到明确，农户依然处于弱势，利益联结机制不健全，不能保证农民土地承包经营权流转后的利益所得。五是农业生产经营者的信息交流结构还有待优化。农业生产经营者之间、农业生产经营者与政府之间、农业生产经营者与农产品购销者之间、农业生产经营者与农产品消费者之间的信息交流不畅通，存在严重的信息不对称问题，导致农民只能根据近期的农产品的市场信息来确定近期生产的产品，也导致农户的决策具有相似性、相应的农产品供大于求以及出现谷贱伤农、农产品结构单一的现象。

经济体制不配的主要成因：一是涉农经济政策的多层级化、多部门化乃至非利农。多个涉农的部门在制定农业经济政策时，不同的部门和层级差不多都是根据自身情况制定相应的政策，导致这些部门之间制定和出台的政策措施不配套甚至相矛盾，导致部分农业经济政策对农业发展没有起到促进作用。二是市场体系的非完全市场化。由于城乡二元体制的约束，农产品流通空间狭窄，使得市场发育非常缓慢，加之国家农产品价格政策、购销体制多样甚至多变，导致农业的生产经营还处于非完全市场状态，不但市场交易模式较为单一，而且与国际市场接轨度低。三是农业的管理机构和权限分散。本来，农业的管理权限是一定的，但由于管理机构种类复杂、数量较多，众多管理部门把农业管理权限分割，导致农业管理权责不清、权限分散、职责交叉，农业经济管理体制不能完全统一化。对一些事情，好像多个部门都在管、都能管，但其实谁也不愿管、管不了。四是产业链环把农业产前和产后分割给了二三产业。农业作为一个独立的产业，其全产业链的农业产前和农业产后是不能分割出去的，可事实上，我国长期以来都处在分割状态，导致农业把最能赚钱的环节拱手让给了工业和商业。五是农业利益中存在比较严重的“跑冒滴漏”现象。拿财政支农来讲，中央财政的财政支农资金到了市里、县里，经常出现这里“截一点”、那里“留一点”的情况，真正到农业生产经营主体手里的资金，所剩无几。

（二）产权制度不配

产权制度，一般是指制度化产权关系，或对产权制度化。

产权制度不配，是指一些制度化产权关系与农业生产经营者的产权诉求不相称、不搭配、不匹配，从而对农村产权保护、农业权益增加、农民收入提高等带来不利影响。

产权制度不配的主要表现：一是占有权不明晰不统一。以土地占有权为例，在《土地管理法》中，并没有土地占有权的概念，仅仅提到了农村土地是属于农民集体的，但这个集体到底是乡镇或是村组，比较模糊不清。二是使用权还没有完全放活。以土地使用权为例，由于农村土地归集体所有，土地使用权既可以是集体的，也可以是属于集体的农户的，土地使用权归集体时，即使使用权不用放活，也完全可以用来寻租。三是收益权还没有充分占有。以土地收益权为例，对于农村土地征收后的增值收益，前些年农民只能获得其中的5%～10%，而开发商则占一半左右，地方政府占20%～30%。四是农业生产者的支配权较小。以土地支配权为例，一些耕地被划定为永久性基本农田，粮食主产区的一些耕地只能从事粮食生产，即使是在务农、种粮比较效益低下的情况下，也不能从事农业或粮食之外的生产经营活动，农民的经济权益得不到保障，致使农业生产经营者对耕地缺乏投资积极性。

产权制度不配的主要成因：一是高层文件精神不统一。高层文件里没有统一的产权制度，产权制度不够明晰，下面执行起来糊里糊涂。二是“三权分置”才刚刚起步。我国先后于2017年、2018年推出了土地“三权分置”改革和宅基地“三权分置”改革，但无论是哪一种“三权分置”改革，开展的时间都不长，积累的经验并不多，甚至土地“三权分置”改革、宅基地“三权分置”改革中还存在许多这样或那样的问题，仍需要在实践中进一步探索和完善。三是存在比较严重的收益权分配不公问题。当农村土地改为建设用地时，土地用途发生改变所带来的土地价值提升，并没有给予出让土地的农民，在一般情况下，农民所获得的土地补偿，并没有考虑土地增值的情况，农民的收益权分配并没有得到充足保障。四是支配权还没有完全固化。即使是农民已经承包的土地，农民所在的乡镇或村组，有时也会越俎代庖地代替农民流转土地或签订土地流转合同，有时乡镇、村组干部甚至不惜动用行政手段横加干涉，致使农民对土地的支配权形同虚设。

（三）户籍制度不配

户籍制度，一般是指与土地制度直接相关的，明确户口所在地归属的人口管理方式。

户籍制度不配，是指现有的一些人口户籍管理方式及其附带的土地制度与农业生产经营者的户籍诉求不相称、不搭配、不匹配，从而对人力要素自由流动、加速城镇化进程、推动城乡融合发展等带来不利影响。

户籍制度不配的主要表现：一是长期存在“农”与“非农”的二元户籍“鸿沟”。在城乡二元结构下，政府根据城乡的差别代替市场进行社会资源的分配，导致了社会资源分配的不均衡，也导致了农村的经济发展、收入水平和增值速度都远远低于城市，严重控制户口的迁移，制约了农业经济和农村社会的发展。二是改革后户籍制度长期“乱象”。虽然户籍制度改革无可厚非，但目前的户籍制度的确存在“乱象”的情况，这主要体现在各省市区之间、某个省市区的不同城市之间，均存在不同的户籍制度，加上一人多户、有人无户、户口黑市并存，户籍管理还比较混乱。三是农业转移人口市民化的门槛依然很高。存在较高的经济门槛，在城市日常承担的经济成本较高，就业压力巨大，经济收入偏低；在享受基本权益和公共服务中存在各种障碍，城市住房、子女教育、大病就医等多个方面还存在不足。四是土地制度改革与户籍制度改革不协调不配套。在农业人口市民化后，形成了大量的“空心村”，农民的土地在市民化后不能转变为财富，宅基地无法交易限制了人口向城市迁移。

户籍制度不配的主要成因：一是改革前户籍制度长期过死。长期实施的旧户籍制度，使二元鸿沟和城乡利益的巨大差异固化，农业户口的基本利益被削弱，更是得不到保障，城市、工业、市民也不愿意让农村、农业、农民“分他们的一杯羹”。二是户籍改革缺乏明确化的“一盘棋指令”。各地实施的一系列户籍改革措施，虽然逐步打破了二元户籍制度的限制，但很多城市注重高学历人才落户，普通农民进城落户门槛依然较高，并且社会福利权利二元化仍然明显，户籍改革没有起到应有的作用，所取得的效果也褒贬不一，缺乏统一的“一盘棋式”的改革新思维和交口称赞的“改革真经”。三是农业转移人口市民化政策迟滞。农业转移人口市民化政策本身出台就比较晚，实施力度也不是很大，农业转移人口转出地政府与农业转移人口转入地政府又不一心，“口是心非者”并不少见，加之农业转移人口市民化成本分摊机制不健全，均不同程度地阻碍着农业人口融入城市的速度和质量。四是与户籍制度渊源深厚的土地制度滞后甚至“两张皮”。在户籍制度推进的同时，土地制度改革政策滞后，农民的土地财产无法得到保障。农民“双放弃”进城瞻前顾后，顾虑重重，难以下定决心，直接影响到农业转移人口市民化的进程。

（四）价格机制不配

价格机制，一般是指在竞争过程中，与供求关系相联系的，直接影响到市场价格形成、调节和运行的机制。

价格机制不配，是指在现有农业生产经营竞争中，农产品价格形成机制、农产品价格调节机制、农产品价格运行机制均与农业生产经营者的价格诉求不相称、不搭配、不匹配，从而对农产品定价、农产品价格变动、提高农业比较效益、增加农民收入等带来不利影响。

价格机制不配的主要表现：一是农产品价格形成机制不完善。农产品价格机制在完全自发的市场上运行受阻，高库存、高进口、高成本等问题日益突出，长期的农产品价格支持政策，也在一定程度上导致政策效果逐步减弱。二是农产品价格调节机制不完善。目前的农产品价格调节机制，无法解决因农产品生产成本上升，被迫提高收购价格所造成“天花板”价格的问题，并且农产品价格调节滞后，使农产品出现结构性矛盾，导致大量库存积压。三是农产品价格运行机制不完善。农产品价格还在受人为因素的影响，而农业生产资料价格、劳动力价格几乎全靠市场调节，于是就出现了农产品的价格增长速度低于农产品生产成本增长速度，农产品价格波动频繁等多种问题。四是农产品价格改革成效一般。最低收购价逐步干扰了农产品市场价格，成为了最高收购价，使得农产品价格偏离了真正的市场价格。同时，高成本低效率的改革政策和信息的不对称，也使农民无法享受到政策的实惠。五是国内农产品价格与国际市场明显脱节。虽然我国近年来进行了农产品价格改革，加大了市场调节的力度，但之前因保护价形成的累积因果效应，使国内主要农产品价格已经不同程度地高于国际市场上的价格水平，既缺乏国际竞争力，也难以在较短的时间内联系和衔接起来。

价格机制不配的主要成因：一是政府长期主导农产品价格形成。尽管政府因地制宜、因时制宜地采取的农产品保护价收购政策、临时收储政策、目标价格政策等均见到了一定成效，初衷是好的，但在市场经济背景下的政府干预，会扰乱到农产品的市场机制，农产品市场机制无法得到充分发挥，导致农产品的价格市场化程度低，也容易出现“谷贱伤农”的问题。二是基本由市场机制调节农产品价格的环境氛围还没有形成。目前的农产品价格调节还是由政府主导，其他市场主体参与农产品价格形成的积极性较低，市场机制的作用无法充分发挥。三是农产品价格运行中的管控手段往往成“马后炮”。前些年陆续出现的“蒜你狠”“豆你玩”“糖高宗”“姜你军”现象，无一不暴露出我国对农产品价格的管控仍然存在明显的滞后现象，不能及时地发现和预警，更不能立竿见影地解决问题。四是农产品价格改革有闭门造车的现象。尤其是农产品保护价，常常是在不了解播种面积和产量，不了解生产成本变动和未来市场价格等情况下，“先知先觉”地“先产”出台的，只要今年比去年高几分钱即可。五是与国际市场价格接轨且能保障国内农业生产经营者获得较高经济收益的价格政策还没有成形。之前国内在制定和出台农产品价格政策时，考虑国际市场价格因素及其如何与之接轨较少，考虑让国内农业生产经营者获得较高经济收益的重大改革措施也比较少，切实考虑并充分运用“两个市场”的思维定式还没有形成。

第四篇　构想篇：推进思路和发展取向

基于空间维度构想“中国特色”，基于时间维度构想“新型”，基于空间、时间两个维度构想“中国特色新型”，是中国特色新型农业现代化道路实践模式创新的重构基点。

第二十章　中国特色新型农业现代化道路实践模式创新的推进目标

中国特色新型农业现代化道路实践模式创新的推进目标，具体包括链全、群集、粮安、农富、貌变、差缩、技高、撑强、境优、可续等十个方面。

一、链全

这里，仅简述“链全”的涵义、研析及对策。

（一）“链全”的涵义

即，农业产品产业链、农业产业价值链、农业全产业链等农业产业链要完整、齐全，不能因为产业链环有所缺失而导致农业生产经营者经济利益的低下或缺漏。或者说，开展了包括产前、产中、产后齐全的农业产业化经营，构成了完整的完善的农业全产业链。

农业产品产业链是指农业产品由原料、生产、加工到销售各个环节组成的关联链条。与农业产品产业链相关的，还有与农业产品相关的价值链、生产链、供应链、商品链等若干概念。

农业产业价值链指农业产业由种植业、林业、畜牧业到渔业各个产业价值组成的关联链条，或种植业、林业、畜牧业、渔业其中一个产业各个环节价值组成的关联链条。

农业全产业链是指与农业初级产品密切相关的产业群的供给和需求关联构成的网络结构，包括为农业生产做准备的科研、农资等前期产业部门，农作物种植、畜禽养殖等中间产业部门，以及以农产品为原料的加工、储存、运输、销售等后期产业部门。健全的农业产业链是农业又好又快发展的基础和前提，也是发展建设社会主义新农村的有效实现途径。

（二）关于“链全”的研析

从我国农业产业链的现状来看，目前并不理想：一是农业产业链较短。农业产业链较短是指从链条起点到终点的环节较少，链条越短，中间环节就越少，所创造的利润和附加值也就越少，农业产业链的长度与产业的深度呈正相关，延长农业产业链就要想办法增加农产品的开发深度，增加农产品的附加价值，建立完善的农业产业链链条。我国农业产业链的短主要表现为上下游农产品加工、储存、销售等环节的发展滞后，几乎还是停留在出售初级农产品的阶段。二是农业产业链存在断裂现象。产业链断裂是我国农业产业链中较为突出的问题。农业产业链是由生产农产品的不同产业构成的，农业产业链发生断链一般是上下游之间距离过大，中间缺乏必要的衔接环节，从而导致链条的供给与需求之间的脱节。还有一种情况是产业链条上的供求不匹配，供过于求或者供不应求，从而制约上下游产业间的配合，导致资源的浪费，也制约了整条产业链的效能实现。三是农业产业链组织化程度低。生产的组织化程度低，我国农业的基本经营制度是以家庭经营为基础，统分结合的双层经营体制，以小农经营为基础就决定了农业生产较低的组织化程度；农民的组织化程度低，农民组织化是指根据特定的规则，将规模小，技术落后，经营分散的传统农民转变为现代农民的过程；农民合作经济组织发育程度低，农民合作经济组织是解决农业小生产与大市场矛盾，实现我国农村社会经济发展目标的需要。四是农业产业链利益协调机制不健全。农业产业链上分布着很多经济主体，生产、加工、销售等各环节都应该公平合理地分享产业链利益，各主体通过产业链联结成一个有机的经济系统的动因是追求利益的最大化，所以利益是整个链条的核心，我国农业产业链利益协调机制不健全，在很大程度上制约了农业产业链的健康发展。

尤其是，我国农业产业链断层，农民处于整个农业产业链的最底层，十分脆弱；产业链价值不合理，利润分配是主要给予处于产业链两端的农资供应商和农产品加工商，使得处于产业链最底层的农民无利可图；产业链风险失控，食品安全事故经常发生；产业链比较松，市场集中程度低；产业链连接不健全等。归根结底就是没有完整的农业产业链，缺乏持续发展的基础，主要表现为以下几个方面：一是农业产业链的两个次品市场。在农业产业链当中则存在着两个次品市场，一个是生产的次品市场，一个是消费的次品市场。这两个次品市场互为外部性，其交集构成了农业产业链的困境。次品市场的主要特征就是信息不对称，即在交易过程中一方对事情的进展比另一方知道得多。因此，处于弱势的一方害怕买到次品，就会做出逆向选择，从而使市场萎缩，甚至消失。在农业生产中，由于农资质量的隐蔽性、复杂性，处于信息劣势地位的小农很难判断农资的质量，而且搜寻合格农资产品的成本对小农户来说是不划算的，因此价格成为农户选择农资的主要标准。同时，在消费市场也存在着信息的不对称，农产品作为重要的食品原料，其质量同样很难辨别，食品或者是植物类产品其共同的特点就是质量的隐蔽性。这种隐蔽性使得农户不太愿意生产高质量的农产品，造成我国食品安全事件频频发生的状况，对整个农业产业链造成了极其严重的影响。农业产业链中的这种双柠檬市场现象，造成了农业产业链的恶性循环，产业链困境就形成了一个死结。二是农业产业链的低水平均衡。一方面，进入壁垒和退出壁垒是影响市场结构的重要因素，但是在我国的农业产业链当中，处于农业产业链上游的农业企业规模小，技术水平低，竞争力不强，市场占有率不高，这些原因综合导致了农业企业非常低的进入壁垒和退出壁垒，也可能导致市场过度竞争，环境恶化，产品质量不稳定，以及资源转换频繁，效率低下，不但阻碍了农业产业的持续发展，而且造成农业产业波动性大、竞争恶劣等问题。另一方面，我国实行家庭承包经营为基础、统分结合的双层经营体制，农村地区以小农经营为基础，加上居住分散，这些条件决定农户的进入和退出壁垒同样很低。农业企业和小农户是农业产业链的基础，突出存在着双低的问题，最终导致了我国农业产业链的低水平均衡。三是农业产业链市场主体的力量不对等。农业产业链由厂商、经销商和农户组成，它们的力量是非均衡的。农户是农业产业链当中力量最薄弱的，而农业企业是农业产业链中最具有实力的利益主体，无论是规模实力还是市场经验方面，处于企业和农户之间的是经销商，经销商是连接农户和农业企业的纽带，这样的作用也赋予了经销商越来越大的力量，其力量仅次于厂商。

（三）“链全”的对策

要解决上述的我国农业产业链中的诸多问题，实现“链全”，就要把农业产业链的理论基础——系统论、市场经济理论和产业划分理论，以及供应链的管理思想导入农业产业化中，全面提升农业产业化绩效和竞争力，促成农业产业链的构建和优化，全方位拓展农业产业链。

可采取的具体对策：一是尽可能延伸产业链的长度，提高农产品加工中精深加工所占的比重，实现价值增值和附加值增加；二是尽可能增加产业链的宽度，提高农产品的综合利用水平，使得各个产业环节和产品功能得到有效扩充；三是尽可能地扩大产业链的厚度，增加农业产业的规模，增强市场竞争力。具体表现为有关农业生产的各种资源由效益较低的农业行业转向高效益行业，由低生产率的农业向高生产率的产业转移。最主要的是加大培育农产品加工龙头企业，着力点是加强科技在农业中的应用，根本出路是农业产业的市场化，基础是培养高素质的新型农民。

二、群集

这里，仅简述“群集”的涵义、研析及对策。

（一）现代农业产业集群的涵义

即，现代农业以及与现代农业相关联的各种二三产业集聚起来，形成第一产业、第二产业、第三产业的各类企业密集地集中交错在一起。或者说，第一产业（农业）能够“接二（工业）连三（商业服务业）”，共同形成一二三产业融合和现代农业产业集群。

现代农业产业集群是指众多具有分工合作关系的不同规模等级的企业以及与其发展有关的各种机构、组织等行为主体集中于一定区域内，通过纵横交错的网络关系紧密联系在一起的空间集聚体，代表着介于市场和等级制之间的一种新的空间经济组织形式。现代农业产业集群有空间集聚概念，要比产业链概念内涵丰富。现代农业产业集群既包括产业间联系，还包括产业与其他相关产业间的联系，尤其是强调相同产业和关联产业在空间上的集聚。

（二）关于“群集”的研析

目前，我国现代农业产业集群虽然有了一定发展，但现状并不乐观，这主要体现在：一是现代农业产业集群起步晚，发展规模较小。自改革开放以来，农村实行家庭联产承包责任制解放了农村生产力，在很大程度上提高了农民的积极性，促进了农业的发展，但是经过几十年的发展，经济的发展出现了新的改变，已经要求农业体制进行改革。我国 20 世纪 90 年代就出现了农业产业集群，但一直没有得到很好发展，原因在于缺乏发展经验，仅仅是一种自由式发展，一直没有得到统一管理和规范运作。二是现代农业产业集群的配套措施不完善，不完全竞争和过度竞争并存。随着农村富余劳动力问题的日益显露和农产品价格的长期低迷，越来越多的农民舍弃本业，外出务工，使得农业产业集群缺乏必要的劳动力，同时，集群企业以中小型企业为主，配套设施不完善，基本上都是劳动密集型企业，突出存在竞争力低下、利润低、效益低等“三低”效应。三是现代农业产业集群抵抗自然风险能力差，没有同心同德。我国的农业产业集群没有统一的管理，绝大部分都是自发性的，农业产业集群内的企业购买需要的农产品，然后再加工出售或直接出售给其他企业，没有形成连片基地的机械化共同生产或所有土地集中统一生产，抵御自然风险方面没有共同行动，基本上是“各求自保”。

尤其是我国的现代农业产业集群还存在如下几个突出问题：一是现代农业对其关联产业的依赖性比较弱。产业关联性是产业集群的基础特征，也是其形成的基础。产业集群的竞争优势主要是其集群内部成员之间的密切合作与协同效应，成员企业之间的产业联系是协同效应的基础。但是我国目前传统农业和现代农业同时存在，农户既可以单独完成生产也可以联合生产，很容易使农业生产走向封闭，导致农业产业关联性产业得不到很好的发展。二是现代农业生产过程的连续性难以形成中间产品。产品生产过程的可分割性、离散性和中间产品的交易市场是产业集群形成的重要条件。农业产品生产过程与劳动过程会出现分离的情况，生产过程的连续性与劳动时间的间断性并存，这一特点限制了农业生产链自身的延伸。三是现代农业集群技术水平低，合作关系不稳固。产业集群的效益主要来自于企业集群内部之间的密切合作，但是在农业生产过程中，农业技术开发必须与当地有效结合，不确定因素远高于工业产品生产。集群企业空间的集聚带来长期的合作，能够加强企业未来的预期。但是农户、农产品加工企业和营销机构之间很难形成良好的合作关系，较容易破裂。四是缺少必要的机制条件。农业产业化集群需要与其相对应的制度保证，但是由于各种原因，我国产业集群发展机制相对滞后，同时企业缺少市场、技术和产品开发等方面的相关标准。尤其是，农产品较长的生产周期导致农业生产与市场之间容易脱节，利益分配不合理等是阻碍农业产业化经营长期坚持下去的瓶颈。因此，建立农户短期利益和有关组织长期利益的平衡机制是当务之急。

（三）“群集”的对策

要促进现代农业产业集群发展，实现“群集”，就要采取如下对策：一是壮大龙头企业，提升农业企业科技含量。要根据农业产业集群的发展，不断培育创建新的龙头企业，逐步形成龙头企业集群，并做好农业产业集群的拓展和延伸。既要重视提高整个企业集群在规模、设备、资本、产品等硬性方面竞争力，也要重视在管理、信用、品牌等软核心竞争力，大力发展龙头企业，使之成为现代农业企业的领头羊。二是搞好早期规划，打造地域品牌。在研究和制定农业集群建设初期，就要以市场为基础，选择具有较大发展潜力、具有本地特色的产业作为主导产业。因为内生的产业集群才更具有优先发展的优势，才能更好地形成本地的综合竞争力。产业集群应该更好地突出特色、优势、潜力，突出区域特色，增强科技含量，更好地带动农业产业发展。三是优化市场环境，打造物流平台。为了更好地发展现代农业产业，就必须打造现代化的农业物流，将更多的农产品生产加工企业更好地联系在一起，建设农产品专业市场。

三、粮安

这里，仅简述“粮安”的涵义、研析及对策。

（一）粮食安全的涵义

即，粮食能够得到充足而优质的可持续供给，地区和国家的粮食安全均能够得到及时有效的保障。或者说，保证所有人在任何时候都能得到数量充足质量优良的粮食，保障国家粮食安全。

粮食安全指能确保所有的人在任何时候既买得到又买得起他们所需的基本食品，这个概念包括：确保生产足够数量的粮食；最大限度地稳定粮食供应；确保所有需要粮食的人都能获得粮食。

（二）关于“粮安”的研析

中国作为一个拥有十四亿人口的国家，粮食安全关系到社会的稳定和经济的发展，长久以来我国都以世界上7%的耕地养活了22%的人口自居，这是中国创造的一个奇迹，但是我们也要注意到，伴随着经济的进一步发展而出现的问题，比如中国用了世界总量30%多的化肥和近一半的农药，从而导致食品安全问题频频发生。比如由于农业用水减少，气温的升高和耕地面积的减少，使得我国粮食产量的增加越发困难，并有减少趋势，据研究分析，中国2050年粮食总产量将比2005年下降14%～23%；再比如，气候变化导致的北方干旱和半干旱地区的水资源短缺问题更为严重，造成减产甚至绝收。面对这样的粮食安全问题，如何优化中国粮食产业结构，怎么样抵御外来风险，用什么办法守住18亿亩的红线，成为中国政府必须面对的问题。

归纳起来，我国粮食安全方面还存在如下问题：一是粮食供给处于紧平衡。我国粮食生产虽然已经实现“十八连丰”，粮食总产量突破1.2万亿斤，总体产能得到稳步提升，但是粮食供求仍然处在而且还将长期处在紧平衡的状态。紧平衡是指供需平衡或者基本达到平衡，但是剩余不多或储备不多，平衡在危险地段徘徊。一方面是我国庞大的人口基数，巨大的消耗能力，而粮食增长能力有限；另一方面是工业用粮的增加，使我国粮食进口呈现常态化。二是粮食价格风险较大。虽然我国近十年来粮食价格不断升高，甚至高于国际粮食价格，但是针对我国特定的国情来说，粮食价格仍然位于一个相对较低的位置。因为我国早期以工助农的政策，使农业长久以来得不到有效的发展，在我国经济快速发展的今天，农业的发展和丰收，关系到整个社会的稳定和整个国家的粮食安全，而且粮食价格极其不稳定，受国际粮价影响较大。例如2015年8月以来的玉米价格大幅度下跌，在部分地区跌幅达到40%，极大程度上影响了农民的种粮积极性，不利于全社会的粮食安全的保障。三是饥饿人口仍然存在。从世界范围看，仍有一些国家存在饥饿人口，我国在2021年取得了脱贫攻坚的伟大胜利，但在一些地区仍存在返贫的风险，粮食安全问题时刻也不能放松。

（三）“粮安”的对策

中国要确保粮食安全，实现“粮安”，可采取的对策包括：一是发挥比较优势调整粮食生产布局。农业生产具有很强的地域性和周期性，尤其是粮食生产，各地区要结合自身特点，发挥自身优势，打造出一条适合自己的农业发展之路，走中国特色新型现代化农业之路，全国、各省协调各地区内部之间，按照地区特色生产适合的粮食作物，调整粮食生产布局。二是加大农业科研和推广力度。科学技术是第一生产力，农业同样如此，新的科学技术的研发和应用能够快速地武装劳动者，提高生产力，增加全国粮食产量，进一步保障全国的粮食安全。科学技术转化成生产力的速度也在很大程度上影响农业的生产，做好农业技术推广的“最后一公里”也至关重要。三是确保粮食生产的可持续性。保护农业资源，改善生态环境，确保农业的可持续发展，对保障我国粮食安全至关重要。伴随着经济的发展，粮食产量的不断增加，我国出现了一系列的问题，土壤板结，药物残留，食品安全问题频发，化肥和农药的过度使用，水资源的浪费等，社会发展对农用耕地的不断蚕食，18 亿亩的耕地红线如何保住？保护农业资源，改善生态环境，人与自然和谐相处成为一条必然的选择。四是调整农业保护政策。进一步加强对农业的扶持，一方面是财政方面的扶持，另一方面也是更为重要的方面是对农产品价格的保护，实行国家收购和最低价格保护的措施，严格控制农产品价格波动幅度，给予农业以符合国际多边协议的有效保护。五是建立粮食安全预警系统。密切注意国际粮食市场动态及我国粮食安全状况，及早地消除国际粮食市场可能给我国粮食市场带来的不利影响，确保我国粮食安全。

四、农富

这里，仅简述“农富”的涵义、研析及对策。

（一）农富的涵义

即，农民能够通过发展现代农业和推进实现农业现代化获得比较体面的收入，真正地富裕起来。或者说，农民通过务农达到了经济宽裕，日子也随着农业现代化水平的提高一天天地兴旺起来。

农民的富裕是指农民的经济水平提高、充裕、富足。提高应该是刚性的、持续的、显著的；充裕应该是充足有余、宽余、宽裕；富足应该是丰富而充足。

（二）“农富”的研析

近些年来，我国农民收入状况显现出了如下几个态势：一是农民的收入构成和收入来源向多元化发展。随着经济社会的发展，我国整体经济实力和消费能力的增强，我国农民以传统种养业为唯一收入来源的格局被打破，越来越多的农民开始以农业为副业，外出务工才是他们的主要收入。农林牧渔及非农产业共同构成农民的收入来源，主要包括工资性收入、家庭经营收入、转移性收入和财产收入四部分，其中工资性收入和家庭经营收入比较重要，对农民的影响较大，其他两项影响较小。二是农民收入增加且增长幅度趋小。据国家统计局统计，我国 2007 年和 2008 年农民实际人均纯收入增长率分别为 11%和 10%，2013 年和 2014 年农民实际人均纯收入增长率分别为 9.2%和 6.6%，2017 年和 2018 年农民实际人均可支配收入增长率分别为 7.3%和 7.0%。随着农民收入基数的增加和其他各种影响，农民收入增幅有变小的趋势。三是农民收入不稳的同时实际购买力低。农民的收入受气候条件、国家各项方针政策、生态环境和突发事件等多方面因素的影响，这些因素导致其收入严重不稳定且没有保障。尤其是在部分地区难以做到旱涝保收，其种养业收入严重依赖于天气的影响。农民收入的不稳定从而决定了我国农民习惯性储蓄的生活方式，农民收入水平较低与物价的快速上涨相伴，导致农民的实际购买力不断下降。四是城乡居民收入差距缩小极其困难。随着改革开放战略的不断推进，市场化、信息化和城镇化的快速发展，我国经济得到了快速的发展，农民收入有了很大提升，但是相对于城市居民的高收入和快速增长而言，农民的收入无论是在总量还是增长速度上都不及城镇人口增长快，城乡居民收入差距进一步扩大。2015 年之后，情况略有改变——农民收入的增幅超过了市民收入增幅，城乡收入差距有所缩小。

（三）“农富”的对策

要促进农民增收，实现“农富”，可采取如下对策：一是提高农民素质。提高农民素质，是农民收入增加的一种重要方式，农民收入的高低和农民素质的高低呈正相关关系，基本上是农民素质越高收入越高。因此，我们要在推广义务教育的同时大力发展职业技术教育，扩大教育规模，培育有知识、有文化、懂技术的现代化新型农民。二是调整产业结构推进富余劳动力转移。调整产业结构，推进农业富余劳动力的转移，使农村富余劳动力转移到城市，更好地增加农民的收入。产业结构调整，各地区要根据自身实际，选择适合自身的路线，实现区域化布局、专业化分工、规模化生产，转变区域优势为经济优势，以更好地发展农业，使农民增收。农民的增收问题也就是农民的就业问题，除了种养业本身，我们要积极组织农村剩余劳动力的转移，继续扶持劳动密集型的乡镇企业，促进农民就地就业，就地转化剩余劳动力。重点发展农村二三产业，为农村富余劳动力提供更多的就业机会。三是建设现代化农业。大力推进农业现代化，建立农业信息化系统，是增加农民收入的基础。信息的不畅通、过高的流通费用和市场反应的滞后制约着农民收入的增加。为了解决这些问题，就要逐步推进现代化农业，打造农业信息化平台，发布农民需要的信息。改善农村的交通运输体系，实现生产销售一体化，减少流通费用，同时也使农民对市场反应更灵敏。四是发展农村旅游经济。随着经济社会的发展，人们生活水平的增加，生活节奏越来越快，压力也越来越大，越来越多的城里人喜欢到人口较少、空气质量好的农村地区去旅游，农家游等项目为农民增收增加了一条途径。

五、貌变

这里，仅简述“貌变”的涵义、研析及对策。

（一）“貌变”的涵义

即，乡村的面貌得到了全面的彻底的改变，真正地成为生态宜居的美丽家园。或者说，乡村不仅生态好起来了，环境改善了，而且变得更漂亮更好看了，更适合居住过日子了。

乡村样貌的改变，主要在于农村要美。大美乡村或美丽乡村是建筑美、道路美、穿戴美、河道美、行为美、田埂美、语言美、心灵美等多种美的集大成，应该用风景如画、景色秀丽等词汇来形容。再具体一些解释，有着完善的村庄基础设施，合理的村庄结构布局，浓厚的耕读并重气息等。

（二）“貌变”的研析

目前，我国乡村面貌与城市相比反差很大，突出地表现为“脏”“乱”“差”三个字上，“欧洲水平的城市，非洲水平的乡村”，在较长的一段时间内，这是社会上比较公认的观点。乡村之所以一度变为这样，一是因为农业农村经济发展中，以家庭承包责任制为代表的农村改革解决了农民的温饱问题，即“饱肚子”“暖身子”之后，由于长时间务农的比较收益低下，农民增收困难，导致"钱袋子鼓不起来"，乡村无法进行资金积累，也就无法进行危旧房屋改造，久而久之，乡村的残垣破屋越来越多，导致"脏"评。二是因为分田到户之后，集体经济原来修建的提灌站、大型水渠等灌溉基础设施无人看护，预制板、机器、铁铸件等零部件不断丢失，甚至将原来修建的水渠重新整平复垦，久而久之，原来修建的提灌站、大型水渠等不仅面目全非，而且给农业发展必备的排水灌溉能力造成了严重破坏，导致"乱"评。三是因为农村青壮年劳动力大量外流，人走了，挣到的相当一部钱也没有返回来投入农业农村，而是改投在城镇扩大务工经商，农村也就始终聚集不够"旧貌换新颜"的"本钱"，即使是自2005年年末开始，举国开展社会主义新农村建设之后，也无法见到十分明显的成效，导致"差"评。

（三）"貌变"的对策

要推进乡村改变"脏""乱""差"面貌，一要通过政策惠农、补贴利农、多投强农等综合性措施，千方百计地提高农业经营的比较效益和农民务农的经营性收入，使农民"腰包鼓起来"，进而有资本进行乡村产业发展、乡村基础建设和乡村振兴行动；二要借助乡村振兴战略的实施，对乡村建设、乡村产业及其具体的山水林田湖等进行统一的综合性规划，以政府财政资金投入为引导，恢复农业水利设施，完善田间道路建设，将绝大部分农田建设成为高标准农田和旱涝保收田，做到旱能浇、涝能排；三要通过政策引导，鼓励已经在城镇"打拼出一片天"的农民工，抱着对乡村既爱之又怜之的浓浓乡愁，返回农村创新创业，将在城镇挣到的"几桶金"反馈到乡村振兴大潮中，尽快改变乡村面貌。

六、差缩

这里，仅简述"差缩"的涵义、研析及对策。

（一）"差缩"的涵义

即，城市和乡村之间、工业和农业之间、市民和农民之间的职业地位、行业差距、收入水平等，全面地极大地显著持续缩小。或者说，城乡差距、工农差距随着现代农业发展和农业现代化水平提高，实现了缩小化、接近化乃至消失化。

城乡差距指居民人均可支配收入与农民纯收入之比，来表示农村和城镇二元结构之间的差距，包括城乡收入差距、城乡教育水平差距、城乡医疗差距、城乡消费差距、城乡就业差距和政府公共投入差距。

（二）“差缩”的研析

我国城乡差距自改革开放以来呈现波动形态，先是缩小，从20世纪80年代中期到20世纪90年代中期不断扩大，90年代中后期不断缩小，21世纪初开始城乡差距不断扩大，直至最近几年城乡差距进一步缩小。由于农民收入的基数较低，经济发展为之带来的增长速度也就较快。但是，同时要注意到，虽然这些年来城乡收入差距缩小，仅仅体现在比例关系上，城乡收入差距的绝对数不仅在扩大，而且还面临着城乡财产差距扩大的问题。

（三）“差缩”的对策

要全面缩小城乡收入差距，实现“差缩”，可考虑的对策有：一是建立和谐城乡关系。城乡之间如此大的差距，一方面说明我国在一段时间内具有较大的发展空间，另一方面也反映了我国经济增长的关键所在。统筹城乡发展要从以下几个方面出发：以政府为主体推动城乡统筹发展；坚持工业反哺农业，城市带动农村的发展道路；在统筹城乡发展的进程中，重视解决区域发展差异；在统筹城乡发展的过程中重视粮食安全；采取渐进式的改革方针逐步推进城乡统筹发展。二是推进农业结构优化升级。调整种植结构，在保障粮食安全的前提条件下，在粮食作物、经济作物和饲料作物之间寻求一个合理的比例，优化品种，提高质量，增加农产品效益。三是实行农村工业化战略。面对中国的城乡经济和社会发展的失衡问题，要积极从调整工业化战略入手，使资源的空间配置、产业的布局和经济社会结构得到较好的发展和优化。

七、技高

这里，仅简述“技高”的涵义、研析及对策。

（一）“技高”的涵义

即，农村推广使用的技术绝大部分都是高新技术，从事农业的劳动力也是掌握了各种生产加工技能的新型职业农民。或者说，是已经掌握了现代科学技术的新型职业农民在从事现代农业生产和推进农业现代化进程，农业生产经营活动、农产品及其加工制成品的技术含量高。

高新技术是指那些对一个国家或地区的政治、经济等各方面的进步产生深远影响，并能形成产业的高级的先进的技术构成的集群。本处所说的主要指涉农方面的高新技术的研发、推广和有效利用，以更好地服务农业生产，提高生产效益，建设中国特色新型现代化农业。

（二）“技高”的研析

自从20世纪70年代末改革开放以来，我国不断加强对农业方面的高新技术产业化发展的重视，经过40年的发展，已经取得了一定的成就，在农业高新技术的研究开发，推广和利用等环节取得了很大的突破，现代农业示范园区的发展初具规模，工厂化农业开始起步，设施园艺业得到快速的发展，发展出一批优秀的农业高新技术企业，无公害农业得到迅速推广和发展。随着信息化的发展，农业向高智能、高科技迈出了可喜的一步，出现了精准农业、信息化农业等一大批现代化农业新业态，但同时我们要注意到，高新技术在农业的运用中所存在的问题，比如科研支持力度不够，技术转化为生产力的比例小且转化速度慢，效率低，在农业推广中阻力较大，法律制度不健全等。

（三）“技高”的对策

要解决这些问题，实现“技高”，可以采取如下对策：一是建立健全法律法规政策。法律法规是一切活动的基础，农业高新技术产业化也不例外，只有以完善的法律法规为前提、基础，才能更好地促进高新技术产业的发展，我国已经形成了一批关于高新技术的法律法规，随着经济、科技的发展，在新时期，关于农业高新技术的内容越来越多，包括科技研发、成果转化、激励政策、人才培养和引进等多方面。因此，在上述法律基础之上有必要进一步完善关于农业产业化高新技术方面的法律法规，以进一步促进农业高新技术的研发和推广，使农业高新技术顺利地转向农业生产一线，真正将科学技术转化为生产力，用以提升农业的发展速度。二是结合自身实际情况制定发展规划。制定农业高新技术产业发展规划，一定要结合自身实际。现阶段，我们一定要清醒地认识到经过几十年的发展，虽然我国的农业高新技术得到一定程度的发展，但是仍然处于起步阶段，整体发展水平还非常低，与发达国家相比还有非常大的差距，尤其是在人才培养和人才引进机制方面，以及对外来农业高新技术发展方向的把握等方面，仍然缺乏系统、有效、可持续的规划。因此，在新时期，各地区要紧密结合自身特色，有针对性地建立健全人才培养和引进体系；要制定系统的、完善的农业高新技术产业发展规划，集中有限的资源，循序渐进地发展农业高新技术产业。三是加强农业科技示范园区的建设和发展。在高新技术推广，尤其是农业高新技术推广中，示范园区的作用极其重要，这一方法更有利于农民接受新技术，方便新技术更快速地转化为生产力。目前，我国已经建成一批成规模的示范园区，各地区也都在政府的支持下建成规模不等、内容各异的农业科技示范区，但是大部分都停留在展示功能上，也有一部分属于政绩工程。科技示范园区应该充分发挥的是科技示范作用，科技示范园区是为了更好地让农民接受新的科学与技术，是为了加速推广农业高新技术，加快技术转化为生产力的效率。

八、撑强

这里，仅简述“撑强”的涵义、研析及对策。

（一）“撑强”的涵义

即，硬件建设、软件建设均已经没有短板，发展现代农业和推进农业现代化的支撑能力强。或者说，无论是软环境还是硬环境，都对推进现代农业发展和实现农业现代化有强力的支撑。

软件建设或软环境是指物质条件以外的诸如政策、文化、制度、法律、思想观念等外部因素和条件的总和。硬件建设或硬环境是指地理条件、资源状况、基础设施、基础条件等“硬件”条件的总和。发展中国特色新型现代化农业缺少不了软环境和硬环境的支撑，尤其是农业现代化的各种先进技术设备的支撑。

（二）“撑强”的研析

我国现代农业发展虽然取得了一定的成果，但是总体发展水平还比较低，与发达国家相比差距很大，地区和产业发展严重不平衡，个别方向处于领先地位，但一部分方向的研究还比较稀少，大部分方向研究水平与发达国家还有一定差距，而且研究成果的转化利用率低，绝大部分成果仅限于科研成果，没有转化为实际的生产力，没有作用于最广大的农民的生产实践中，这其中主要是农业技术的转化和推广环节出现了问题；也有一部分具有实际利用价值的技术得到非常快的推广普及的案例，比如秸秆还田和玉米脱皮收割机的应用，极大减轻了农民的负担，提高了农业生产的效率，在农民中得到了普遍的认可。尤其是社会经济快速发展的当代，农村经济也得到了一定程度的发展，对现代化农业机械的接受程度较高，类似的实用技术推广也是比较容易的，我国要加大此类技术设备的研发和推广。在软环境方面有国家法律政策方面的支持，在硬环境方面有不断更新的机器设备、便利的交通设施、水利等硬件农业配套设施以及便捷的网络通讯设施。

（三）“撑强”的对策

我国要优化软件建设和软环境，主要应加快立法和加大政策的支持。建设中国特色农业现代化道路，需要法律法规和政策的支持，不仅是现有的法律法规，而且更需要针对我国特定现实制定有针对性的政策来促进我国农业现代化的发展。不断完善的法律法规是新型现代化农业又好又快发展的前提和基础。在政策方面需要在中央和地方的协作下，大力支持新型农业经营主体和农民，以更好地发展新型现代化农业。

我国要优化硬件建设和硬环境，主要应加大道路、水利、通信等基础设施建设。农业的现代化建设，离不开硬件设施的支持，像水利、电力设施是种植业发展必不可少的支持，是农业灌溉中所需要的资源，也是农村和农民生活所必需的资源，应该得到大力建设和完善；道路、桥梁的建设是为了更好地为生产和生活服务，也是为了更好地促进销售、消费的顺利进行；通讯设备的完善是为了更好地服务于生产和生活，更好更及时地得到农业生产所需要的必要的信息。

九、境优

这里，仅简述“境优”的涵义、研析及对策。

（一）“境优”的涵义

即，现代农业发展和农业现代化实现过程中的“三生”（生产、生活、生态）环境越来越优化，经济生态化和生态经济化相得益彰。或者说，“三生”环境得到了彻底的改善，在发展现代农业和实现农业现代化进程中，同时拥有和惬意分享青山绿水、更清新的空气、更洁净的水成为常态。

（二）“境优”的研析

目前我国乡村的“三生”环境并不优良，这主要体现在：一是生产上存在土壤板结、地力贫瘠、生产基础不配套等种种现象，生产环境不优；二是生活上存在街道坑洼不平、房屋年久失修、断壁残垣随处可见等种种现象，生活环境不优；三是生态上存在大量使用化肥、农药、薄膜、植物生长调节剂等农业生产资料，化学农业、石油农业的味道还很浓，农业面源污染和农村面源污染时有发生等种种现象，生态环境不优。

考究起来，造成乡村“三生”环境不优的主要原因，一是因为“有旧账要还”。改革开放初期，乡村乡镇企业发展中，出现了“村村点火、乡乡冒烟”的“大好形势”，尤其是直接危害到农业生产、农民生活、农村生态环境的小造纸、小化工厂、小煤矿、小炼油厂、小水泥厂等污染严重的“五小企业”得到了迅猛发展，虽然在短时间内当地经济发展小有起色，也使部分农民得到了一定的经济收益，但“五小企业”大量排放的废水、废气、废渣等“三废”，却给乡村造成了河流臭气熏天、河水严重污染、庄稼无法灌溉、农民无法正常呼吸等严重的面源污染。即使是我国后来下决心关停“五小企业”后，又不得不还了这么多年的“污染债”和“环境债”，直到如今乡村环境也还没有真正优起来。二是因为“有乱账要清”。多年以来，农民生产经营中大量使用化肥、农药、薄膜、植物生长调节剂等化学制品，虽然也在病虫害防治、单产提高方面发挥了一定作用，但长久以来，土壤酸化，土壤腐殖质减少，土壤肥力不可持续，土壤、水、空气受到玷污，白色污染加剧，农产品安全形势越来越严峻等副作用也表现得越来越明显。尽管近几年我国先后采取了化肥农药零增长行动以及化肥农药负增长行动，但在短时间内，很难达到环境优美的要求。三是因为“有新账要算”。自 2006 年以来，不少乡村趁着建设社会主义新农村之机，开始了较大区域乃至全省范围内的农村新社区建设行动，计划是拆除老村里的旧房屋后复垦所占土地，而让农民搬迁到新建的新社区楼房里。但由于农民心里有抵触、农民经济承受不了、政府主要领导变动等多方面的原因，只有很少一部分乡村计划实施成功了，而相当一部分乡村要建的新社区（新村），不仅新占了大片耕地，而且成了“半拉子工程”，农民不能搬迁进驻，仍然居住在旧村老屋，旧村也不能复垦，只是村庄发展“新，新不了”“旧，仍旧下去”，空心村、烂尾村兼而有之，农村环境怎么都优不起来。

（三）“境优”的对策

要促使乡村“三生”环境优化，一要“还清旧账”，把乡镇企业发展对环境造成的破坏根治下去，使生态环境逐步恢复；二要“减少乱账”，把化肥农药负增长行动坚决地贯彻落实下去，使生态环境逐步优化；三要“消除新账”，借乡村振兴战略把新社区建设工作做彻底，使生态环境逐步美好。

十、可续

这里，仅简述“可续”的涵义、研析及对策。

（一）“可续”的涵义

即，涉农的经济、社会、生态都是处于可以长久良好维持的过程和状态，或者说，农业经济可持续性、农村社会可持续性、农民生态可持续性同时得到了全面完美的体现。

（二）“可续”的研析

目前乡村的经济、社会、生态并没有完全处在可持续的状态，这主要体现在：一是农业经济可持续性受到严峻挑战。土地、水等自然资源，资金、新型职业农民等社会经济资源，都存在短缺问题；传统的大宗农产品种植业、养殖业，以及传统的农畜产品加工业，大都处在凋敝状态；农民从务农经营中获得的收入越来越微薄，难以持续进行资金的原始积累以及扩大再生产。二是农村社会可持续性受到严峻挑战。农村人口“386199”部队，即大多数为大龄妇女、儿童和老人，现代农业发展中，只能依靠他们来进行简单再生产，而无力进行农村基础设施建设。农民安家“三栖化”，即在老家、县城以及务工经商的城市都置了房产，农民工“打工在城市，老家在农村，新家在县城”，对农村家庭、社区乃至区域社会结构都产生广泛而深刻的冲击。农村青壮年劳动力差不多都转移到了城镇，给农村的社会治安带来严重负面影响，晚上偷盗甚至大白天盗抢农民财产、钱物的案件时有发生。一些地方为了保障人身安全，甚至不惜放弃了有独特优势的特色种植业或特色养殖业，农村平安堪忧。绝大部分农村青壮年劳动力离开农村后，留下的是留守妇女、留守儿童、留守老人，留守妇女身兼多重角色，既主内又主外，而她本人能力精力又有限，不仅劳动强度非常大，健康很容易受到损害，而且精神和情感时常空虚孤单，对子女的教育也常常处在疏忽的状态。留守儿童的比例有抬高的趋势，对他们监护不力、缺乏抚慰、疏于照顾，常常产生诸多身心健康问题，如身体不能正常发育，性格变得内向柔弱，心中产生严重自卑、孤独无靠、怨恨父母等心理情绪。留守老人经济收入低，生活常常简朴艰难，居住环境和生活质量差，他们的生活不仅缺少照料，存在诸多安全隐患，而且不少还承担着繁重的体力劳动和抚养教育孙辈的重任，承受着隔代育人的心理负担，精神缺少慰藉，自己的养老也变得更加艰难。三是农民生存可持续性受到严峻挑战。目前，农民的生存状态可谓是进退两难。就“进”而言，继续当农民、干农业，不仅体力劳动繁重，天天需要出力流汗，而且收入低下，同时还得承受世人的冷眼，“当农民丢人”、赶快离农的心态日趋严重。就“退”而言，多数人做工缺乏技术，经商缺乏资金和经营头脑，只能干一些城里人不愿意干的苦力活，不仅整天脏兮兮的，而且得到的却是最低级的酬劳，刨除吃饭和租房费用，每月的储蓄也不比在农村强多少，久而久之，就产生了疲态，消磨掉了斗志，返回农村又害怕别人嘲笑，于是就无奈地待在城市，不再锐意进取。

（三）“可续”的对策

要消除农业经济、农村社会、农民生存状态在一定程度上存在的不可持续性，一要保护性利用土地、水等自然资源，多渠道供给资金、新型职业农民等社会经济资源，变大宗农畜产品生产为市场紧缺农畜产品生产，变传统农畜产品加工业为迎合国内外消费者口味的特色食品加工业，并通过农业供给侧结构性改革和农村一二三产业融合，使农民的务农经营收入得到较大幅度提高，有能力进行资金的原始积累和扩大再生产。二要妥善解决留守妇女问题、留守儿童问题和留守老人问题，使留守妇女技有所长、心有所期、劳有所得，使留守儿童身有所健、心有所安、学有所教，使留守老人住有所居、病有所医、老有所养。三要以政策做担保，让农民能进能退、进退自由，进一步优化农民的生存状态，进一步拓展农民的就业空间、增收空间和财富空间。

第二十一章　中国特色新型农业现代化道路实践模式创新的推进机遇和规定性

一、中国特色新型农业现代化道路实践模式创新的推进机遇

中国特色新型农业现代化道路实践模式创新的推进机遇，具体包括党中央国务院高度重视，农业农村优先发展，实施乡村振兴战略，实施区域协调发展战略，推动形成全面开放新格局等机遇。

（一）党中央国务院高度重视的机遇

多年来连续的政策倡导和措施支持，为走好中国特色新型农业现代化道路提供了源源不断的指示精神和动力源泉。

2005 年中央 1 号文件，不仅明确提出把加强农业基础设施建设作为农业现代化的根本，而且明确提出坚持把“解决好三农问题作为全党工作的重中之重”作为现代化历史进程中必须长期坚持的一个重大方针。

2006 年中央 1 号文件，不仅明确提出加快农村全面小康和现代化建设步伐，而且明确提出把建设社会主义新农村作为我国现代化进程中的重大历史任务。

2008 年中央 1 号文件，不仅明确提出继续推进改革开放和社会主义现代化建设，而且明确提出走中国特色农业现代化道路。

2010 年中央 1 号文件，不仅明确提出协调推进工业化、城镇化和农业现代化，而且明确提出支持垦区率先发展现代化大农业。

2011 年中央 1 号文件，不仅明确提出努力走出一条中国特色水利现代化道路，而且明确提出以水利信息化带动水利现代化。

2012 年中央 1 号文件，继续强调同步推进工业化、城镇化和农业现代化。

2013 年中央 1 号文件，不仅明确提出促进工业化、信息化、城镇化、农业现代化同步发展，而且明确提出初步探索出一条中国特色农业现代化道路。

2014—2016 年中央 1 号文件标题中，不仅都有“农业现代化”的字眼，而且逐步提高了要求，依次是“加快推进”“加快建设”“加快实现”。尤其是 2014 年中央 1 号文件，不仅明确提出要“推进”“加快推进”“同步推进”农

业现代化，而且点明中国要走中国特色新型农业现代化道路。

2017 年中央 1 号文件，标题中虽然没有“农业现代化”的字眼，但文件中强调要“开创农业现代化建设新局面”。习近平总书记所做的十九大报告，不仅继续强调“农业现代化稳步推进”和“推动新型工业化、信息化、城镇化、农业现代化同步发展”，而且鲜明提出农村现代化要与农业现代化同步发展，特别明确要“建立健全城乡融合发展体制机制和政策体系，加快推进农业农村现代化”。

2018 年中央 1 号文件，不仅进一步强调“加快推进农业农村现代化”，而且进一步明确“2035 年农业农村现代化基本实现”。

2019 年中央 1 号文件，重点强调“推进大中型灌区续建配套节水改造与现代化建设”。

2020 年中央 1 号文件，重点强调“加强现代农业设施建设”。

2021 年中央 1 号文件，再一次特别强调“加快农业农村现代化”。

所有这些高层文件，不仅逐渐明晰了中国特色新型农业现代化道路的科学走向，而且为走好中国特色新型农业现代化道路提供了动力和鞭策，必将指导着、引领着全国各地生龙活虎地全力探索，在中国特色新型农业现代化的康庄大道上比学赶帮超和大有作为。

（二）农业农村优先发展的机遇

坚持农业农村优先发展是新时代加快推进农业农村现代化的必然要求，是新时代社会主要矛盾转化后加速解决农业农村发展不平衡不充分问题的内在需要，是新时代全国一道同步全面建成小康社会、全面实现乡村振兴的战略取向。

为此，党的十九大报告不仅明确提出要坚持农业农村优先发展，而且意味深长地将农业农村优先发展作为实施乡村振兴战略的首选方略，明示了农业农村优先发展的必要性、重要性、紧迫性和时代性。2019 年中央 1 号文件，又专门强调要坚持农业农村优先发展，从 8 个大的方面共分 35 条进行了精心的专题部署。

可以说，农业农村优先发展不仅是促进农业农村发展的应有之义和必然之举，而且是实施乡村振兴战略的前提条件和基础工程。在推进和实现农业现代化的进程中，只有抓住了农业农村优先发展的机遇，才能多快好省地走好中国特色新型农业现代化道路。

（三）实施乡村振兴战略的机遇

党的十九大报告，不仅把实施乡村振兴战略作为了“七大战略”之一，而且史无前例地真正摆到了战略地位，也为广大乡村振发兴举、增强活力，在 2020 年、2035 年、2050 年三个时间节点顺利完成各个阶段的发展目标指明了方向。

乡村振兴战略的核心，是实现“五个振兴”，其中产业振兴是乡村振兴的基础保证，人才振兴是乡村振兴的重要支撑，文化振兴是乡村振兴的动力源泉，生态振兴是乡村振兴的发展内涵，组织振兴是乡村振兴的制度保证。而无论是产业振兴、人才振兴，还是文化振兴、生态振兴和组织振兴，都与现代农业发展和推进农业现代化息息相关。只要很好地将推进和实现中国特色新型农业现代化寓于乡村振兴之中，就能使实施乡村振兴战略与推进和实现中国特色新型农业现代化相辅相成、相得益彰。

中国特色社会主义乡村振兴道路，是城乡融合发展之路、共同富裕之路、质量兴农之路、乡村绿色发展之路、乡村文化兴盛之路、乡村善治之路、中国特色减贫之路等“七条之路”。而无论是哪一条道路，都与现代农业发展和推进农业现代化密不可分。只要很好地将推进和实现中国特色新型农业现代化寓于乡村振兴战略之中，就能使实施乡村振兴战略与走好中国特色新型农业现代化道路如影随形、协同耦合。

（四）实施区域协调发展战略的机遇

党的十九大报告以及 2018 年 11 月中共“两办”出台的《关于建立更加有效的区域协调发展新机制的意见》，将区域协调发展战略作为了我国实施的“七大战略”之一，继续沿袭了中共十六届三中全会提出的“五个统筹”之一——统筹区域协调发展的精神。旨在使“四部”（东部、中部、西部、东北部）形成互促、互补、同发新格局，使“四区”（革命老区、民族地区、边疆地区、贫困地区）加快发展，建立健全更加有效的区域协调发展新机制。

区域协调发展战略中一个很重要的方面，就是通过对优化开发区域、重点开发区域、限制开发区域、禁止开发区域等四类区域的分类管理，明确各区域在发展现代农业的主体功能，以及推进农业现代化中的发展定位，分门别类地加以引导和促进，使中国特色新型农业现代化更有声有色地开展起来。

因此可以讲，区域协调发展战略与现代农业发展和推进农业现代化是紧密相连的。只要很好地将推进和实现中国特色新型农业现代化寓于区域协调发展战略之中，就能使实施区域协调发展战略与走好中国特色新型农业现代化道路跬步不离、共同前进。

（五）推动形成全面开放新格局的机遇

自 1978 年以来，我国制定并执行了改革开放战略，开放的大门越开越大，党的十九大以来更是达到了空前的高度，正在构筑陆海内外联动、东西双向互济的大格局，正在培育贸易新业态新模式，正在推进贸易强国建设，这就给中国特色新型农业现代化建设中更好地利用国际市场和国外资源提供了良好条件。

就更好地利用国际市场而言，随着2001年正式加入WTO，中国农业就开始严格遵循“三箱政策”（绿箱政策、黄箱政策、蓝箱政策）等WTO农业协议发展农业，主动规避导致价格扭曲的政策措施，主动放开国内农产品市场，主动拓展农产品贸易。这种形势，必将随着推动形成全面开放新格局而得到空前发展，比如说，“绿箱”政策的力度会逐步加大，“黄箱”政策的力度会逐步变小，尝试实施“蓝箱”政策。

就更好地利用国际资源而言，改革开放以来，我国农业战线已经引进了大量良种、技术、资金和设备，进口了大量的大豆、棉花、猪肉、牛肉等重要农产品，已经是世界上最大农产品进口国，许多农产品进口量世界第一。这种情况必将随着推动形成全面开放新格局而得到大大促动，比如说，随着知识农业、信息农业、开放型农业的发展，必将从国际上利用更多的人力资源、信息资源、高新技术资源等，从而加快中国特色新型农业现代化发展步伐。

问卷调查也显示，被调查者对实现中国特色新型农业现代化还是有信心的，“非常有信心”“有信心”“比较有信心”分别达到26.51%、32.64%、20.75%，三者合计达到了近80%；而“没有信心”“非常没有信心”分别占8.41%、6.79%。二者合计仅占15.2%。见表21-1。

表21-1　对实现中国特色新型农业现代化的信心程度

选　　项	被调查者所占比例（%）	全部分类小计（%）
非常有信心	26.51	79.90
有信心	32.64	
比较有信心	20.75	
没有信心	8.41	15.20
非常没有信心	6.79	
不知道	4.90	4.90
总数	100.00	100.00

而且，根据域情和农情，全国各地对实现中国特色新型农业现代化的信心程度也有所不同。一般情况是，经济比较发达地区（如东部地区）或者人均耕地和机械化水平比较高的地区（如东北部地区），其对实现中国特色新型农业

现代化的信心程度也比较高；反之，经济欠发达地区（如西部地区）或者人均耕地和机械化水平一般的地区（如中部地区），其对实现中国特色新型农业现代化的信心程度也比较低。见表 21－2。东部地区最高，高出平均水平（79.90％）14.92 个百分点；东北部地区偏上；西部地区偏下；中部地区最低，低出平均水平（79.90％）17.52 个百分点。

表 21－2　四个地区对实现中国特色新型农业现代化的信心程度比较

选　　项	全部分类小计（％）	东部地区分类小计（％）	中部地区分类小计（％）	东北部地区分类小计（％）	西部地区分类小计（％）
非常有信心 有信心 比较有信心	79.90	94.82	62.38	88.81	76.11
没有信心 非常没有信心	15.20	5.18	27.26	8.57	17.76
不知道	4.90	0.00	10.36	2.62	6.12
总数	100.00	100.00	100.00	100.00	100.00

二、中国特色新型农业现代化道路实践模式创新的推进规定性

中国特色新型农业现代化道路实践模式创新的推进规定性，既包括一般规定性，又包括中国特殊规定性。

（一）一般规定性

一是注重动态性。即，要重视农业现代化发展过程中所表现出的主要性质、基本特点、多种功能和发展情况，在主要性质上认知农业现代化所具有的与其他现代化不同的根本属性，在基本特点上认知农业现代化所具有的与其他现代化不同的特殊之处，在多种功能上认知农业现代化所具有的与其他现代化不同的作用效能，在发展情况上认知农业现代化所具有的与其他现代化不同的来龙去脉和情形情景。

二是注重概括性。即，要重视对农业现代化共同本质的归纳，以及农业现代化内在规律的总结，探寻出世界各国农业现代化的必由之路和共同经验等。

三是注重世界性。即，要重视农业现代化会超越国家和地区界限，影响到其他国家和地区，其直接影响和导致的粮食安全问题，甚至直接关系到整个人类生存与持续发展。

四是注重整体性。即，要重视把农业现代化看作是由各个要素构成的有机整体，从整体与部分的相互依赖中揭示农业现代化的特色特征，从整体与部分的相互制约中揭示农业现代化的运动规律，进而研究农业现代化的整体性质。

五是注重实践性。即，要重视在创造农业现代化发展思路的过程中，将创造性思维参与到实践当中，在实践中完善创造性思维，在实践中检验创造性思维正确与否。

（二）中国特殊规定性

一是要体现符合中国国情、社情、域情、农情的基本特点。国情方面，不能脱离国家的社会发展阶段，或有悖于国家的社会性质；社情方面，不能脱离社会经济的发展情况，或有悖于民生情况；域情方面，不能脱离区域的自然资源条件，或有悖于区域的社会经济发展水平；农情方面，不能脱离农业的自然再生产属性，或有悖于国家粮食安全的重大任务。

二是要体现传承中国传统农耕文化精华的文化特质。要传承趋时避害的农时观，尊重和利用自然规律，顺应天时，处理好天、地、人三者之间的关系；传承主观能动的物地观，精耕细作，培育地力，养护地力；传承变废为宝的循环观，保护自然资源，循环利用各种资源，发展循环农业和循环经济；传承御欲尚俭的节用观，取之有度，用之有节，发展生产和节制消费并重。

三是要体现把准经济社会发展趋向规律的时代特征。要把握社会主要矛盾的变化，紧跟时代消费节拍，迎合城乡居民对美好生活的需要，按照新时代的新要求，妥善解决农业和农村发展中客观存在的不平衡不充分发展问题，稳步推进农业现代化。

四是要体现全球化趋势下世界现代农业的一般特性。要参照世界上发达农业和高水平现代化的硬标准进行操作，努力追求高综合生产率、高可持续性、高商业化、高物质条件、高科技条件、高管理方式、高素质农民、高宏观调控机制等多重目标。

第二十二章　中国特色新型农业现代化道路实践模式创新的推进基础和支撑

一、中国特色新型农业现代化道路实践模式创新的推进基础

中国特色新型农业现代化道路实践模式创新的推进基础，具体包括农学思想上的差异、资源禀赋条件的差异、所处时代背景的差异、农业产业技术体系的差异、基本国情的差异等“五个方面的差异”。

（一）农学思想上的差异

就中外而言，农学思想上我国与世界上的文明古国和发达国家，都经历了古代经验型农学思想、近现代科学实验型农学思想、现代综合型农学思想等几个阶段。就古代经验型农学思想而言，我国先后出现了“天道”观、“地道”观、“人道”观等“三观”，“授时”、“物候”、“水土”等诸种论说，《吕氏春秋》农论，“代田法”“区田法”“铜马法”“地为人助”等方法论，以及精耕细作、循环农业、生态农业、多劳多肥、营养转化等思想，与古西亚、古埃及、古希腊、古罗马、古印度、古中南美洲、古阿拉伯地区以及欧洲中世纪的农学思想相比，虽然国内外的农学思想都博大精深，但中国相对较早期、较系统、较理性。就近现代科学实验型思想、现代综合型农学思想而言，我国的农学思想受我国近代社会变迁的影响，处在颠沛流离的状态，除了袁隆平的杂交水稻思想之外，基本上没有重大发现；而国外尤其是现代的一些发达国家，受科技革命的影响，农学思想也非常活跃，先后提出和发表了植物营养学说、土壤微生物学说、孟德尔遗传规律、农业机械化化学化智能化、克隆技术、转基因技术、农业系统观、农业可持续发展理论、现代育种、农业信息论、“三色农业”等农学思想，领导着世界农业发展新潮流。

就国内而言，中国古代的农学思想，体现了“天地人物相统一”等中国哲学思想对农业生产的影响，一些学者把这些思想概括为“十论”——“时气论”“土壤论”“耕道论”“物性论”“畜牧论”“树艺论”“粪壤论”“水利论”“农器论”“灾害论”等。一直到今天，这些论点都还存在难能可贵的弘扬之

处。只不过，目前我们所理解的“十论”的内涵，与先人的有所出入，其中多数论点的内涵是被继承和拓展了。但也有遗憾的，就是有些论点（如“物性论”）被曲解了，有些论点（如“粪壤论”）被忽视了，而推进和实现中国特色新型农业现代化，需要人与自然和谐共生，需要大力倡导和发展有机农业，因此，应该及时把“物性论”“粪壤论”等发扬光大，将实事求是和一切从实际出发作为中国特色现代农学思想的根本点。

（二）资源禀赋条件的差异

就中外而言，我国与世界上农业发达的国家相比，资源禀赋条件存在比较明显甚至迥异的差异，即我国人均的各种生产要素普遍较少，因此，很难学习西方发达国家所走过的，进行土地的大规模流转，达到土地连片集中化、规模经营化，实现高度机械化、水利化、电气化、信息化、互联网化的路子，而只能依据本国的资源禀赋条件，走中国特色新型农业现代化道路。

就国内而言，各省市区不仅自然地理状况、人均各种生产要素大不相同，而且生产力水平、经济基础也参差不齐。尤其是，一些丘陵山区，不仅地块零散，而且崎岖不平，土地根本无法流转和集中，更不能实行连片化的规模化经营，致使零星的分散的小农户家庭经营，仍将是农业发展的主要形式。因此，在推进农业现代化进程中，也很难按照一个模式“齐步走”。

（三）所处时代背景的差异

就中外而言，到了新时代，我国已经不能再走西方发达国家所走过的石油农业、化学农业的老路，即不能再以廉价石油为基础发展高能耗方式经营的农业，不能再在生产中大量使用化肥、农药等多种化工产品，而应该以新发展理念为指导，积极开展农业清洁生产，大力推进绿色兴农和质量兴农。

就国内而言，到了现代农业发展阶段，我国已经不能再走传统农业靠手工劳动方式、靠世代传统经验来发展农业，也不能再以自然经济的自给自足为发展目标，而应该广泛地运用现代物质装备、现代科技和现代管理经验来发展农业，以工业理念谋划现代农业发展，以市场经济的高度商品化为发展目标。

（四）农业产业技术体系的差异

就中外而言，世界上农业发达的国家不仅早就建立了比较完善的现代农业产业技术体系，而且运作机制良好，运转效果优良，切切实实地推进了本国农业现代化的发展。我国一直到 2007 年才开始建设现代农业产业技术体系，不仅起步晚，缺乏建设经验，而且建设面狭窄，建设成效不够明显。

就国内而言，我国建设的现代农业产业技术体系，由产业技术研发中心和综合试验站二个层级构成。每一个农产品，设置一个国家产业技术研发中心和若干综合试验站。试图突破人才配置困局，按产业链部署人才链；试图突破经济与科技“两张皮”困局，按产业需求部署创新链；试图突破财政投入僵化困局，按资金缺口部署财政投入。时至今日，虽然见到了一定的成效，但还存在待健全的经费管理机制和岗位竞争机制、待营造的产业领域交流氛围、待优化的关联主体工作协调、待健全的岗位竞争机制、待完善的考核评价体系、待提高的成员工作积极性等短板，急需健全协商机制和岗位激励机制，急需构建和谐文化，急需强化项目资金管理和知识产权管理，急需促进产业发展的联系和沟通。

（五）基本国情的差异

就中外而言，我国虽然地大物博，但可以用于发展现代农业和推进农业现代化的自然资源条件不甚理想，人多地少、人多水少、经济基础较差、生产力水平较低、科技水平较低、文化素质较低等基本国情，决定了我国不能学美国、法国等发达国家所走过的“大国大农”模式、“大国中农”模式，而只能走中国所特有的“大国小农”模式。

就国内而言，人口、耕地、水资源、经济基础、生产力水平、科技水平、文化素质等基本域情，决定各个省市区也不能一刀切地发展同一种农业现代化模式，而应该因地制宜地创造出具有地域特色的新型农业现代化模式。

二、中国特色新型农业现代化道路实践模式创新的推进支撑

中国特色新型农业现代化道路实践模式创新的推进支撑，具体包括集约化家庭经营与产业化合作经营相结合的新型农业双层经营体系，主导产业集群化与三次产业融合化相结合的新型农业全产业链体系，农业园区化设施化与农业水利化生态化相结合的新型农田基础建设体系，产学研相结合与农科教相结合的新型农业科技创新服务体系，农业信息化与农业机械化相结合的现代农业装备体系，高绿色安全性与高品质营养性相结合的新型农产品质量安全保障体系，电商组织化联合化与营销规范化有序化相结合的新型农产品市场流通体系，资源合理利用与环境科学保护相结合的新型农业资源环境保护体系，政府有力政策支持与法律有效规范保护相结合的新型农业政策法律体系等“九大体系”。

（一）集约化家庭经营与产业化合作经营相结合的新型农业双层经营体系

集约化家庭经营，特指家庭经营再也不能走粗放经营的老路，即使是在家

庭分散经营的情况下，也要投入更多的生产资料、物化劳动、科技成果、创新要素等，以多投入换取多产出，朝着质量经营、规模经营、效益效率经营、高科技经营、人才经营等方向迈进。

产业化合作经营，特指在开展农业产业化经营中，要鼓励和促成各种农业生产经营主体、新型集体经济组织通过签订合同建立起较稳定的合作经营关系，并承担和完成好农业产业化经营链条中各自的责任和义务，并按合同约定利益均沾和风险共担。

集约化家庭经营与产业化合作经营相结合的新型农业双层经营体系，特指依托并有别于原有的“统”“分”结合的双层经营体系而存在的新型农业双层经营体系。在这个新型农业双层经营体系中，集约化家庭经营能解决集约化、规模化问题，产业化合作经营能解决组织化、社会化问题，集约化家庭经营与产业化合作经营实现了有机结合，就能很好地构建起以集约化、规模化、组织化、社会化为主要特征的新型农业经营体系。

（二）主导产业集群化与三次产业融合化相结合的新型农业全产业链体系

主导产业集群化，特指主导产业再也不能走分散布局的老路，即使是在经济基础还不是十分雄厚的情况下，也要通过强化基础设施建设，使主导产业及其关联产业朝着空间集聚的方向迈进。

三次产业融合化，特指在农业经济发展的过程中，不要再单一地思考怎样把农业种植业、养殖业发展好，而应该把农业产前、农业产后贯通进来，通过顺向融合或逆向融合，切实地实现第一产业的“接二连三”。

主导产业集群化与三次产业融合化相结合的新型农业全产业链体系，特指有别于原有的相对比较单一乃至简单的农业产业链体系而存在的新型农业全产业链体系。在这个新型农业全产业链体系中，主导产业集群化能解决产业集群形成壮大问题，三次产业融合化能解决三大产业协同互动问题，主导产业集群化与三次产业融合化实现了有机结合，就能很好地构建起摆脱分散布局、产业割裂的新型农业全产业链体系。

（三）农业园区化设施化与农业水利化生态化相结合的新型农田基础建设体系

农业园区化设施化，特指再也不能走“露天作业”的老路，即使是在常规生产经营的情况下，也要像农业园区建设一样完善工程设施，使农业生产经营朝着园区化、设施化的方向迈进。

农业水利化生态化，特指在农业生产经营中，不要再过多地“看老天的脸”，而应该把农业的旱涝保收夯实起来，通过完善水利设施和生态保护措施，切实地实现农业的水利化和生态化。

农业园区化设施化与农业水利化生态化相结合的农田基础建设体系，特指有别于原有的相对比较粗糙乃至原始的农田基础建设体系而存在的新型农田基础建设体系。在这个新型农田基础建设体系中，农业园区化设施化能解决庄园发展、设施农业问题，农业水利化生态化能解决旱涝保收、生态保护问题，农业园区化设施化与农业水利化生态化实现了有机结合，就能很好地构建起摆脱“露天作业”“望天收”的新型农田基础建设体系。

（四）产学研相结合与农科教相结合的新型农业科技创新服务体系

产学研相结合，特指再也不能走农业产业、农业教育、农业科研平行运转、互不联系的老路，即使是在分设独立的情况下，也要促使三者有机地结合起来，朝着协同与集成、对接与耦合的方向迈进。

农科教相结合，特指在现代农业发展中，不要再过多地依靠传统经验，而应该把农业生产、农业科研、农业教育串联起来，通过形成紧密型的合作关系，切实地把现代农业发展转移到科技进步和素质提升的轨道上来。

产学研相结合与农科教相结合的新型农业科技创新服务体系，特指有别于原有的各自独立、鲜有往来的农业科技创新服务体系而存在的新型农业科技创新服务体系。在这个新型农业科技创新服务体系中，产学研相结合能解决产学研相长问题，农科教相结合能解决科教兴农问题，产学研相结合与农科教相结合实现了有机结合，就能很好地构建起科教兴农、质量兴农、绿色兴农的新型农业科技创新服务体系。

（五）农业信息化与农业机械化相结合的现代农业装备体系

农业信息化，特指再也不能走“道听途说”“他说己随”的老路，即使是在家庭分散经营的情况下，也要促使通信技术、计算机技术在农业生产经营中得到普遍应用推广，朝着网络化、综合化、全程化的方向迈进。

农业机械化，特指在现代农业发展中，不要再过多地依靠畜力人力，而应该尽快用现代物资技术装备武装起来，通过大幅度提高劳动生产率和降低劳动强度，切实地实现农业部门生产作业、产品运输和加工、农业基本建设施工等方面全部由机械来完成。

农业信息化与农业机械化相结合的现代农业装备体系，特指有别于原有的各领风骚、少有交集的农业装备体系而存在的新型现代农业装备体系。在这个新型现代农业装备体系中，农业信息化能解决信息化农业发展问题，农业机械化能解决机械化农业发展问题，农业信息化与农业机械化实现了有机结合，就能很好地构建起“互联网＋农业机械化＋现代农业”的发展模式，很好地解决农机监管、运维服务、精准作业、农业智能化等问题，从而以农业信息化为跳板，提高农业机械化的工作效率。

（六）高绿色安全性与高品质营养性相结合的新型农产品质量安全保障体系

高绿色安全性，特指将绿色作为现代农业发展的底色，将推进农业绿色发展作为一场深刻革命，以“绿水青山就是金山银山”、绿色发展等理念为指引，坚持绿色导向，积极实施绿色兴农战略，切实推动资源利用方式的变革，推动现代农业走上资源节约型、环境友好型、生态稳定型的绿色发展道路，确保生态、资源、环境、农产品、消费者等的多方面安全。

高品质营养性，特指将提供高品质、高营养的农产品及其加工制成品作为农业发展的出发点和落脚点，将推进消费升级和农业供给侧结构性改革作为一场深层变革，以“靠品质取胜”“靠营养取胜”等理念为指引，坚持高品质高营养导向，积极实施质量兴农战略，切实推动农产品质量、农业质量的提升，推动现代农业走上高质量发展道路，实现现代农业的优质化、特色化、品牌化发展，改善现代农业的产品质量和营养结构，达到产品好、营养高等目标。

高绿色安全性与高品质营养性相结合的新型农产品质量安全保障体系，特指有别于原有的产量优先、忽视质量、非清洁生产、轻视品质营养的农产品保障体系而存在的新型农产品质量安全保障体系。在这个新型农产品质量安全保障体系中，高绿色安全性能解决现代农业的可持续绿色化、安全化发展，高品质营养性能解决现代农业的优质化、特色化、品牌化发展，高绿色安全性与高品质营养性实现了有机结合，就能很好地树立起以质量、品质、营养胜出的科学合理的发展取向，很好地解决绿色兴农、质量兴农等问题，从而以高绿色安全性与高品质营养性相结合为抓手，催动农业高质量发展。

（七）电商组织化联合化与营销规范化有序化相结合的新型农产品市场流通体系

电商组织化联合化，特指要改变目前农产品电子商务发展还处在自我发展、自生自灭、各自游离、缺乏组织衔接和沟通联合的状况，尽快组织起来、联合起来和团结起来，同心同德推动农产品上线，积极拓展两个市场。

营销规范化有序化，特指要改变目前营销业务还处在单打独斗、自建渠道、自我发展、缺乏信息沟通和恶性竞争的状况，尽快规范起来、有序起来和凝聚起来，积极共建农产品品牌，合力拓宽营销渠道。

电商组织化联合化与营销规范化有序化相结合的新型农产品市场流通体

系，特指有别于原有的电商与营销很少关联、各顾各、互不往来、缺乏合力的农产品市场流通体系而存在的新型农产品市场流通体系。在这个新型农产品市场流通体系中，电商组织化联合化能解决鲜活农产品上线难问题和特色化营销问题，营销规范化有序化能解决农产品的品牌化营销和规模化营销问题，电商组织化联合化与营销规范化实现了有机结合，就能有机地形成农产品销售中的渠道拓展、信息传输、品牌共建共享、精准销售等良好态势，很好地解决现代营销手段、营销绩效等问题，从而以手段改善与绩效提升为抓手，推动市场农业蓬勃发展。

（八）资源合理利用与环境科学保护相结合的新型农业资源环境保护体系

资源合理利用，特指把各种自然资源、社会经济资源合乎道理、合乎事理、合乎情理地运用到农业经济和农村社会发展中来，防止自然环境、生态环境和生存环境变劣变坏，确保农业经济和农村社会的可持续发展。

环境科学保护，特指把环境保护当作维系国计民生的大事，在农业经济和农村社会发展中，以科学的方法和手段保护环境，使农业经济和农村社会发展与环境保护的关系协调起来，使人类的生存环境以及农业经济和农村社会的发展环境越来越好。

资源合理利用与环境科学保护相结合的新型农业资源环境保护体系，特指有别于原有的资源合理利用和环境保护都有要求，但资源合理利用与环境保护“两张皮”，尤其是资源合理利用与环境科学保护“两张皮”的农业资源环境保护体系而存在的新型农业资源环境保护体系。在这个新型农业资源环境保护体系中，资源合理利用能解决资源无限制地乱采滥伐、不计成本地滥用、不可再生资源消耗过快等问题，环境科学保护能解决农业经济和农村社会发展中现实或潜在的环境问题，资源合理利用与环境科学保护实现了有机结合，就能有机地形成资源与环境统筹考虑、人与自然和谐共生等发展格局，很好地解决资源环境同步、资源环境同向、资源环境共赢等问题，从而以资源可持续利用与环境可持续优化相结合为抓手，促进现代农业绿色发展。

（九）政府有力政策支持与法律有效规范保护相结合的新型农业政策法律体系

政府有力政策支持，特指为了促进现代农业发展和早日实现农业现代化，政府应该源源不断地制定和出台给力的政策手段和对策措施，大力支持农业经济和农村社会发展。

法律有效规范保护，特指为了促进现代农业发展和早日实现农业现代化，国家应该因时制宜地制定和出台有效的法律制度和法律规范，全力保护农业经济和农村社会发展。

政府有力政策支持与法律有效规范保护相结合的新型农业政策法律体系，特指有别于原有的政策和法律均有，但二者“牵手不紧密”，衔接性、配套性较差，有时政策甚至与法律相悖的农业政策法律体系而存在的新型农业政策法律体系。在这个新型农业政策法律体系中，政府有力政策支持能解决现代农业发展走向、现代农业发展质量等问题，法律有效规范保护能解决现代农业发展护航、现代农业发展保障等问题，政府有力政策支持与法律有效规范保护实现了有机结合，就能有机地实现政策与法律良性互动、相辅相成、相得益彰，很好地做到政策与法律同步、政策与法律同向、政策与法律共勉，从而以政策支持力度越来越大与法律保护力度越来越大相结合为抓手，形成现代农业发展的双臂支撑和双重保障。

第二十三章　中国特色新型农业现代化道路实践模式创新的推进趋向

中国特色新型农业现代化道路实践模式创新的推进趋向，具体包括产业精致化、规模精准化、产品精优化、分工精细化、农地精耕化、加工精深化、技术精新化、装备精良化、环境精美化、主体精英化、竞争精锐化等“十一精”。

一、产业精致化

这里，简要探讨产业精致化的涵义、障碍和措施。

（一）产业精致化的涵义

即，农业产业及其关联产业群朝着精巧细致、精美工巧的方向迈进，达到了劳动密集与技术密集的完美结合，同时实现了农业产业价值链提升和农村一二三产业融合发展。

（二）产业精致化的障碍

推进产业精致化的障碍：一是农业工人欠缺技能，尤其是缺乏发展现代农业和提高农业现代化水平的技术和能力，动不动就出错或不知所措；二是农业服务不甚专业，尤其是还停留在多而杂的非专业化服务层次上，动不动就套用老一套；三是引领龙头缺乏规模，尤其是达不到大而精的惊人效果，动不动就习惯于傻大笨粗；四是专业组织无法联动，尤其是各种专业组织各行其是，动不动就出现竞争乱象；五是监督管理粗放化，尤其是不能开展全过程、全产业链的有效管理，制定的各种标准及其配套技术等成了摆设。

（三）产业精致化的措施

推进产业精致化的措施：一是推进农业工人技能化，尤其是要帮助农业工人尽快提高发展现代农业和提高农业现代化水平的技术和能力，能够胸有成竹、从容不迫地进行产业精致化生产经营；二是推进农业服务专业化，尤其是要发展少而精的专业化服务，运用适用、实用的现代高新科技指导农业生产经营；三是引领龙头规模化，尤其是要尽快达到，不但有既大又精的傲人绩效，而且能够树立起小巧精细经营的现代理念；四是专业组织联动化，尤其是要协调各种专业组织开展联合服务，能够形成“服务质量好——经营效益高——服务质量更好——经营效益更高”的良性循环；五是推进监督管理精湛化，尤其是要开展全过程、全产业链的严格管理，使各种标准及其配套技术得到不折不扣的执行。

二、规模精准化

这里，简要探讨规模精准化的涵义、障碍和措施。

（一）规模精准化的涵义

即，农业生产经营规模朝着精炼准确的方向迈进，达到了生产规模与市场空间的完美结合，同时实现了农业适度规模经营和规模经济、规模效益的有机统一。

（二）规模精准化的障碍

推进规模精准化的障碍：一是规模不适度，大多是偏小，无法求取规模经济和规模效益的统一；二是市场不确定，大多数情况是市场研判不准确，以为有市场却难以找到真正的消费市场；三是生产规模与市场容量脱节，大多数情况是生产规模偏大，市场根本容纳不了。

（三）规模精准化的措施

推进规模精准化的措施：一是讲求适度规模经营，做到大小适宜，能够同时求取较好的规模经济和规模效益；二是讲求市场确定性，精准地开展市场研判，把应有的消费市场开发和巩固下来；三是讲求生产规模与市场容量的有效衔接，做到供求基本平衡，并较好地运用市场价格形成机制。

三、产品精优化

这里，简要探讨产品精优化的涵义、障碍和措施。

（一）产品精优化的涵义

即，农产品及其加工制成品朝着精良优质的方向迈进，达到了产品种类和产品质量与消费要求和消费层次的完美结合，同时实现了农业供给侧结构性改革和安全高质量产品供给。

（二）产品精优化的障碍

推进产品精优化的障碍：一是习惯于生产大宗产品，多以不好精细管理为借口，对产品种类和产品质量缺乏精良优质要求；二是习惯于生产大路货产品，以廉价为借口，放任产品质量不精不优；三是习惯于生产低档产品，以好销为借口，无视高档的消费要求和消费层次。

（三）产品精优化的措施

推进产品精优化的措施：一是着眼于产销小宗产品，以精细管理手段，全力满足消费者对产品种类和产品质量的精良优质要求；二是着眼于产销特色货，以限销为手段，全力满足产品质量和产品价格“双赢”；三是着眼于生产高档产品，以俏销为手段，全力满足消费者高档的消费要求和消费层次。

四、分工精细化

这里，简要探讨分工精细化的涵义、障碍和措施。

（一）分工精细化的涵义

即，分工朝着精美细腻的方向迈进，达到了生产分工与人力资本的完美优化结合，同时实现了人尽其才、才尽其用和农业劳动生产率、农业全要素生产率的大幅度跃升。

（二）分工精细化的障碍

推进分工精细化的障碍：一是没有分工或不愿意分工，农业生产经营活动都混着干，只管出勤出工不管出力出效；二是虽有分工但不精不细不实，责任心、责任制均不到位，人力资本无法充分发挥作用；三是督查奖惩机制不健全，缺乏定期或不定期的督促检查，也没有实行明确的奖励政策和惩戒措施。

（三）分工精细化的措施

推进分工精细化的措施：一是进行明确分工，农业生产经营活动都改为有职责划分，独立化地既出勤出工又出力出效；二是进行精细分工，通过普及责任制鞭策农业生产经营牢固树立起责任心，使人力资本充分发挥出来；三是健全督查奖惩机制，开展定期或不定期的督促检查，并厉行明细的奖励政策和惩戒措施。

五、农地精耕化

这里，简要探讨农地精耕化的涵义、障碍和措施。

（一）农地精耕化的涵义

即，农村土地和农业用地朝着认真细致耕作的方向迈进，达到了耕地修养与耕作制度的完美结合，同时实现了单位面积产量最大限度提高和土地生产率的大幅度跃升。

（二）农地精耕化的障碍

推进农地精耕化的障碍：一是耕作手段发生变化后，脑子里还是以前依靠畜力耕田才能精耕细作的烙印，不知道该怎样持续开展农地精耕；二是在人口增长、耕地减少的悖逆变动背景下，保粮食安全的压力很大，通过开展精耕细作使耕地休养生息很难；三是在机械化水平日益提升的情况下，还没有来得及建立适应性强的精耕细作制度，也使得农地精耕化不能按部就班地开展起来。

（三）农地精耕化的措施

推进农地精耕化的措施：一是组织科技专家，研讨制定现代大中型农机开展精耕细作的技术规范和操作流程，指导新时代的农地精耕；二是实施藏粮于地战略，通过适度进口保粮食安全，运用休耕轮作促进耕地休养生息；三是由相关部门组织人员制定和发布机械化形态下的精耕细作制度，并将精耕细作制度不折不扣地贯彻执行下去，使农地精耕化有标可查、有章可循。

六、加工精深化

这里，简要探讨加工精深化的涵义、障碍和措施。

（一）加工精深化的涵义

即，农产品加工朝着精密深奥、精湛高深的方向迈进，达到了加工精度与产品价值的完美结合，同时实现了多精品、高价值、长链条和系列化。

（二）加工精深化的障碍

推进加工精深化的障碍：一是精深加工意识不够强烈，习惯于卖原棉、卖原粮，没有通过开展农业产业化经营实现加工长链条和产品系列化；二是精深加工设备层次不够，加工精度不够，加工产品价值不高；三是精深加工技术不系统、不全面、不高精尖，导致加工工艺落后和加工产品落伍，不能满足国内外市场多样化、多层级、高层次要求。

（三）加工精深化的措施

推进加工精深化的措施：一是筑牢精深加工意识，彻底改变卖原棉、卖原粮的陋习，强力通过开展农业产业化经营实现加工长链条和产品系列化；二是通过引进或自我研发全面更新升级尖端精深加工设备，大幅度提升加工产品精度和价值，追求产品精品化和高价值化；三是组织专家研发集成化的高精尖加工技术，升级加工工艺和加工产品，充分满足国内外市场多样化多层级高层次要求。

七、技术精新化

这里，简要探讨技术精新化的涵义、障碍和措施。

（一）技术精新化的涵义

即，农业生产技术和农产品加工技术朝着精妙新颖的方向迈进，达到了生产加工技术与科技创新进步的完美结合，同时实现了农业技术创新和农业技术进步的与时俱进化、前沿化以及先进化。

（二）技术精新化的障碍

推进技术精新化的障碍：一是习惯于运用传统的农业生产加工技术，对高新技术的渴望度低，主动追求科技创新和科技进步的动力不足；二是农业生产加工技术研发与现实需求脱节，供不应需或需不应供，精新化技术的推广应用和转化率低；三是科研人员的引导机制和激励机制不完善，引导机制上重学术研究轻符合需求和实践应用，激励机制上重成果鉴定轻成果推广规模和实际效益。

（三）技术精新化的措施

推进技术精新化的措施：一是在传承运用传统农业生产加工技术的基础上加大高新技术重大作用的宣传，支持农业生产经营者推广应用高新技术，积极跟踪科技创新前沿和科技进步步伐；二是调控农业生产加工技术研发与现实需求的有效衔接，促成供必应需或需必有供，下工夫提升高新技术推广应用的转化率；三是完善科研人员的引导机制和激励机制，引导机制上变学术研究为学术研究与生产实践应用并重，激励机制上变重成果鉴定为重成果推广规模和实际效益。

八、装备精良化

这里，简要探讨装备精良化的涵义、障碍和措施。

（一）装备精良化的涵义

即，农业生产装备和农产品加工装备朝着精致优良的方向迈进，达到了生产加工装备与创新理念的完美结合，同时实现了农业生产全过程机械化和农产品加工装备升级化以及国际领先化。

（二）装备精良化的障碍

推进装备精良化的障碍：一是小农户对精良化的装备有敬畏之心，觉得自己文化科技素质有限，根本“玩不转”那些精致优良的农业生产加工装备；二是精良化装备需要的资金投入太大，许多农业生产经营者因资金积累有限，根本无力承受而难以购置和使用；三是我国在农业生产加工装备方面的创新理念还没有真正树立起来，精良化的农业生产加工装备研发落后，更难以达到跳跃式发展及与国际化水准接轨。

（三）装备精良化的措施

推进装备精良化的措施：一是鼓励小农户使用精良化的装备，提高他们的文化科技素质，使他们能够“玩转”那些精致优良的农业生产加工装备；二是提高财政补贴、银行贴息贷款等政策支持力度，减轻农业生产经营者添置精良化装备的资金压力，使他们既能够买得起又能用得上精良化装备；三是下大力气夯实农业生产加工装备方面的创新理念，推进精良化的农业生产加工装备联合研发，实现精良化装备技术创新和产品制造的跳跃式发展及与国际化水准接轨。

九、环境精美化

这里，简要探讨环境精美化的涵义、障碍和措施。

（一）环境精美化的涵义

即，农业生产环境以及农村居住环境、农民生活环境等朝着精致美好的方向迈进，达到了“三生”环境与生态保护的完美结合，同时实现了农业绿色化生产、农村生态美丽宜居以及农民安居乐业。

（二）环境精美化的障碍

推进环境精美化的障碍：一是农村“三生”环境没有通盘考虑，往往是“头痛医头，脚痛医脚”，缺乏统筹化的改善举措；二是城乡环境没有通盘考虑，往往是“马路警察，各管一边”，没有充分防范城市污染对农村的转嫁；三是生态改善与环境优化的说和做没有通盘考虑，往往是说得多做得少乃至仅仅停留在口头上，根本无法满足“三农”高质量发展的要求。

（三）环境精美化的措施

推进环境精美化的措施：一是统筹考虑和谋划农村“三生”环境的改善和优化，按照一体化的整体思路，制定统筹化的改善举措；二是统筹考虑和谋划城乡环境，按照一盘棋的整体思路，对城乡污染“齐抓共管”；三是统筹考虑和谋划生态改善与环境优化的说和做，按照言行一致的基本思路，将说得多和做得好同时发扬光大。

十、主体精英化

这里，简要探讨主体精英化的涵义、障碍和措施。

（一）主体精英化的涵义

即，农业生产经营主体朝着精华英才的方向迈进，达到了高经营能力与好经营绩效的完美结合，同时实现了新型职业农民的全面普及和农村人力资本的质变性跃升。

（二）主体精英化的障碍

推进主体精英化的障碍：一是农业生产经营主体队伍不健全，多数为妇女、老人甚至儿童，青壮年劳动力偏少；二是农业生产经营主体综合素质待提升，文化程度偏低，科技素质偏弱；三是农业生产经营主体职业技能待提高，一专多能者就很少，多专多能者就更少。

（三）主体精英化的措施

推进主体精英化的措施：一是依靠“春雁行动”等政策措施鼓励大学毕业生和城市农民工返乡创业，健全农业生产经营主体队伍，尽快改变青壮年劳动力偏少的不利局面；二是依靠“阳光工程”对农业生产经营主体进行综合素质培训，提高他们的文化程度，增强他们的科技素质；三是依靠“新型职业农民培育工程”，提高农业生产经营主体的职业技能，培养造就数量众多的一专多能、多专多能的复合型人才。

十一、竞争精锐化

这里，简要探讨竞争精锐化的涵义、障碍和措施。

（一）竞争精锐化的涵义

即，农业竞争朝着精良锐气的方向迈进，达到了农业竞争与开放发展的完美结合，同时实现了充分利用国内国外“两个市场”“两种资源”的“双赢”。

（二）竞争精锐化的障碍

推进竞争精锐化的障碍：一是竞争活力不足，要么思想上缺乏自觉的竞争意识，要么行动上没有考虑到如何参与和应对国际竞争；二是竞争能力不足，要么能力水平一般，要么能力发挥失常；三是竞争执行力不足，要么个人执行力不力，要么团队执行力不强。

（三）竞争精锐化的措施

推进竞争精锐化的措施：一是激发竞争活力，通过引入和培养领军人物，打造高素质竞争人才队伍；二是提升竞争能力，抬升能力水平，锤炼能力发挥；三是强化竞争执行力，个人层面充分展现目标、计划、实施、反馈、改进等能力竞争关键因素，团队层面充分展现目标要明、纪律要严、沟通要畅、人力要尽、机制要公、作风要硬等合作竞争方略。

第五篇　方略篇：推进机制和政策制度

把握政策制度设计，把握集成化耦合协同，把握“一盘棋”整体联动，是中国特色新型农业现代化道路实践模式创新的成功之道。

第二十四章　中国特色新型农业现代化道路实践模式创新的推进机制

中国特色新型农业现代化道路实践模式创新的推进机制，具体包括农业基础设施建设机制、农业科技进步支撑机制、农业可持续发展机制、农业经营方式转变机制、农产品价格形成和调控机制、两个市场两种资源利用机制、宏观经济政策导向机制、人力资本提升机制、风险防范保障机制、法规约束规导机制等“十种机制”。

一、农业基础设施建设机制

这里，扼要梳理农业基础设施建设机制的含义、建立健全过程中需要解决的问题以及有效途径。

（一）农业基础设施建设机制的含义

农业基础设施建设机制，是指促进农业生产经营中，建立、设置基础性公共服务设施的各种机构、功能、关系及其制度、方法等的总和。

建立健全农业基础设施建设机制的目的，是为了加快农业基础设施建设，完善农业基础设施建设程度，保障农业基础设施适应和满足发展现代农业和实现农业现代化的客观要求。

（二）建立健全农业基础设施建设机制过程中需要解决的问题

一是资金投入不足，甚至有杯水车薪之嫌；二是实物管理和设备管理落后，甚至是有建无管；三是保障能力不足，甚至是经常“掉链子”；四是建设速度落后于发展需要，甚至是多年“难解渴”；五是规划布局不合理，甚至是设计就有先天缺陷；六是综合效益不高，甚至是“赔本赚吆喝”。

（三）建立健全农业基础设施建设机制的有效途径

一是始终坚持农业农村优先发展这个总方针，在农业基础设施建设中严格践诺资金先行和足额拨付；二是强化对农业基础设施的实物管理和设备管理，切实做到建管兼顾；三是维护和保持农业基础设施的保障能力，确保在关键时刻发挥出应有作用；四是加快农业基础设施建设速度，看齐于经济社会发展水平；五是把握布局的科学性和合理性，保证农业基础设施建设质量；六是挖掘使用潜力，大幅度提高农业基础设施的综合效益。

二、农业科技进步支撑机制

这里，扼要梳理农业科技进步支撑机制的含义、建立健全过程中需要解决的问题及有效途径。

（一）农业科技进步支撑机制的含义

农业科技进步支撑机制，是指促进农业科技进步中，支持、维持用先进农业科技代替落后农业科技的各种机构、功能、关系及其制度、方法等的总和。

建立健全农业科技进步支撑机制的目的，是为了加快农业科技创新和农业科技推广应用，提高农业科技进步贡献率，保障农业科技进步适应和满足发展现代农业和实现农业现代化的客观要求。

（二）建立健全农业科技进步支撑机制过程中需要解决的问题

一是科研体制上资源配置不够合理，科研活动仍然以计划指导为主；二是资金投入上总量不足，又分散使用；三是技术推广上基层农技人员严重不足，农业科技成果转化率严重偏低；四是业绩考核上陷入了“争课题、项目鉴定、评职称”的怪圈，许多成果因为不能立即转化为现实生产力而直接影响到农业科技进步的广度和深度。

（三）建立健全农业科技进步支撑机制的有效途径

一是建构符合市场经济要求的科研体制，在农业科技进步中高度信仰“科学技术是第一生产力”理念；二是建构多层次多主体的投资体制，广开农业科技进步投资渠道；三是完善基层农技推广队伍，大幅度提高农业科技成果转化率；四是以转化应用绩效作为首选考评奖励指标，增强科技研发人员的生机与活力。

三、农业可持续发展机制

这里，扼要梳理农业可持续发展机制的含义、建立健全过程中需要解决的问题及有效途径。

（一）农业可持续发展机制的含义

农业可持续发展机制，是指促进农业可持续发展中，增大、扩大自然资源、社会经济资源科学保护和合理利用力度的各种机构、功能、关系及其制度、方法等的总和。

建立健全农业可持续发展机制的目的，是为了合理使用和保护自然资源，实行社会经济资源的利用变革和机制改革，确保建立起支持当代人及后代人对农产品的多种需求，持续保持可持续发展状态的技术上可行、经济上活力的农业生产经营系统，保障农业可持续发展适应和满足发展现代农业和实现农业现代化的客观要求。

（二）建立健全农业可持续发展机制过程中需要解决的问题

一是政策扶持不完善，相关法律法规和执法监督不健全；二是科技与人才支撑不力，投入力度和政策扶持不够；三是改革与创新乏力，资源配置机制和节能减排理念没有深入人心；四是国际市场与资源利用不足，对外开放质量亟待提升；五是部门协调机制欠优化，政绩考评体系欠完善。

（三）建立健全农业可持续发展机制的有效途径

一是完善扶持政策，健全相关法律法规及执法监督力度；二是夯实科技与人才支撑，切实加大投入和政策扶持；三是推进改革创新，建立健全市场化资源配置机制和节能减排理念；四是用足用好国际市场资源，提升农业对外开放质量；五是强化部门协调，完善政绩考评机制。

四、农业经营方式转变机制

这里，扼要梳理农业经营方式转变机制的含义、建立健全过程中需要解决的问题以及有效途径。

（一）农业经营方式转变机制的含义

农业经营方式转变机制，是指促进农业经营方式转变中，转换、改变经营技术条件、经营权利结构、经营组织形式的各种机构、功能、关系及其制度、方法等的总和。

建立健全农业经营方式转变机制的目的，是为了促成传统的经营方式向现代的经营方式转变，改善经营技术条件，优化经营权利结构，改革经营组织形式，求取生产经营绩效，挖潜和增加综合效益，保障农业经营方式适应和满足发展现代农业和实现农业现代化的客观要求。

（二）建立健全农业经营方式转变机制过程中需要解决的问题

一是土地所有权与经营权分离，集体不能很好地为农户提供及时有效的服务；二是农业生产经营的效率偏低，难以与国外大农业开展竞争；三是农户分散经营难以求取规模经济，在市场竞争中处于弱势地位；四是多数生产经营者还没有开展农业产业化经营，不能分享产前、产后丰厚的利润；五是经营决策存在“随大流”等跟风惯性和盲目性，市场行为趋同化态势难改。

（三）建立健全农业经营方式转变机制的有效途径

一是推进家庭经营模式创新，强化集体经济发展中的统一服务；二是发展农户联合经营与合作经营，提高生产经营者的组织化程度；三是发展形式各异的规模经营，为开展市场竞争全力降低成本；四是普及推广农业产业化经营，健全利益联结机制；五是鼓励生产经营者开展产业前景预判和潜在市场锁定，引导市场行为多元化。

五、农产品价格形成和调控机制

这里，扼要梳理农产品价格形成和调控机制的含义、建立健全过程中需要解决的问题以及有效途径。

（一）农产品价格形成和调控机制的含义

农产品价格形成和调控机制，是指促进农产品价格形成中，调节、控制农产品价格合理生成和合情变动的各种机构、功能、关系及其制度、方法等的总和。

建立健全农产品价格形成和调控机制的目的，是为了充分运用市场的决定性调节作用，使农产品价格合情合理，既保持在适度水平，又与国际市场较好接轨，保证生产经营者有利可图，有从事农业生产经营的积极性和主动性，保障农产品价格适应和满足发展现代农业和实现农业现代化的客观要求。

（二）建立健全农产品价格形成和调控机制过程中需要解决的问题

一是现有价格政策虽为理想化设计，实践中却难以达到理想效果；二是分品种施策和分区域施策造成苦乐不均，不利于平等地开展市场竞争；三是市场机制作用发挥不到位，生产经营者不习惯于市场调节；四是价格波动较大，农业生产经营风险有加剧趋势。

（三）建立健全农产品价格形成和调控机制的有效途径

一是打出农产品价格政策“组合拳”，完善农产品价格政策体系；二是重点关照粮食生产核心区和重要农产品供给基地，着力支持家庭农场、农业合作社等新型农业经营主体；三是积极发挥市场的调节功能，引导生产经营者自觉研究和运用市场经济规律；四是预警和防控农产品价格大幅度波动，帮助生产经营者防范和规避各种风险。

六、两个市场两种资源利用机制

这里，扼要梳理两个市场两种资源利用机制的含义、建立健全过程中需要解决的问题以及有效途径。

（一）两个市场两种资源利用机制的含义

两个市场两种资源利用机制，是指促进市场拓展、资源占用中，运筹、统揽国内外市场和国内外资源同时发挥效用的各种机构、功能、关系及其制度、方法等的总和。

建立健全两个市场两种资源利用机制的目的，是为了充分运用国内国际两个市场，充分运用国内国际两种资源，实现两个市场的协同互动，实现两种资源的协调互补，防控市场萎缩和资源枯竭，促进农业可持续发展，保障国内外市场和资源适应和满足发展现代农业和实现农业现代化的客观要求。

（二）建立健全两个市场两种资源利用机制过程中需要解决的问题

一是着眼点仍在国内，国外市场拓展和资源运筹不力；二是国际交流偏少，互学互鉴不够；三是开放服务水平不高，“引资、引智”不力；四是对外合作发展缓慢，国外高精尖装备和高新技术吸收借鉴不力。

（三）建立健全两个市场两种资源利用机制的有效途径

一是将着眼点更多地放在国外，谋划更多地利用国外市场和国外资源；二是拓展国际交流，推崇互学互鉴；三是提高开放服务水平，把“引资”“引智”摆到重要办事日程；四是强化对外合作和“学中干”，尽力将国外高精尖装备和高新技术为我所用。

七、宏观经济政策导向机制

这里，扼要梳理宏观经济政策导向机制的含义、建立健全过程中需要解决的问题以及有效途径。

（一）宏观经济政策导向机制的含义

宏观经济政策导向机制，是指促进、推动农业现代化发展中，供给和运用宏观经济政策指导、指引现代农业发展方向、农业现代化实现方向的各种机构、功能、关系及其制度、方法等的总和。

建立健全宏观经济政策导向机制的目的，是为了有意识地提供和使用特定的政策工具，如鼓励现代农业发展，调节农业经济运行，搞好农业供给侧结构性改革，促进农业高质量发展，实现农业产业振兴，保障宏观经济政策适应和满足发展现代农业和实现农业现代化的客观要求。

（二）建立健全宏观经济政策导向机制过程中需要解决的问题

一是宏观经济政策具有一定的偏颇性，甚至出现了象征性政策；二是宏观经济政策具有一定的滞后性，甚至出现了“马后炮”政策；三是宏观经济政策具有一定的缺失性，甚至出现了“空对空”政策；四是宏观经济政策具有一定的非协调性，甚至出现了“打仗式”政策。

（三）建立健全宏观经济政策导向机制的有效途径

一是力求宏观经济政策的公开公平公正，用足用好实质性政策；二是力求宏观经济政策的前瞻性，重视反馈梳理和持续完善；三是力求宏观经济政策的完善性，慎重对待制定和实施；四是力求宏观经济政策的协调性，及时纠正政策相悖之处。

八、人力资本提升机制

这里，扼要梳理人力资本提升机制的含义、建立健全过程中需要解决的问题以及有效途径。

（一）人力资本提升机制的含义

人力资本提升机制，是指提高、升级人力资本中，促进、促使农业生产经营者提高知识技能，提高文化科技素质，改善健康状况的各种机构、功能、关系及其制度、方法等的总和。

建立健全人力资本提升机制的目的，是为了改善对农业生产经营者的教育支出、卫生保健支出和国内流动支出，以及产权激励、地位激励和文化激励，提高农业生产经营者的整体素质和综合能力，使生产力中最活跃的因素真正地活跃起来和强大起来，使“活资本”更具有创新性和创造性，使人力资本创造出更多的经济价值和社会价值，使体现在农业生产经营者身上的资本得到明显提高，保障人力资本适应和满足发展现代农业和实现农业现代化的客观要求。

（二）建立健全人力资本提升机制过程中需要解决的问题

一是投资强度不够，主要体现在教育投资、在职培训投资、健康投资均偏低；二是体制有制约，主要体现在教育体制、经济体制方面；三是环境不是很宽松，主要体现在没有做到人尽其才、人力资本机会价值没有充分显现等。

（三）建立健全人力资本提升机制的有效途径

一是确保投资强度不断加大，把教育投资、在职培训投资、健康投资作为“绿箱”政策给予最大力度支持；二是加快体制改革进程，使教育体制、经济体制完全适应和满足新时代人力资本提升的需要；三是营造宽松环境，下决心用好人力、筹好人智。

九、风险防范保障机制

这里，扼要梳理风险防范保障机制的含义、建立健全过程中需要解决的问题以及有效途径。

（一）风险防范保障机制的含义

风险防范保障机制，是指防备、戒备多重风险中，保护、保证自然风险、市场风险等收益、成本代价的不确定性对农业生产经营造成损害的各种机构、功能、关系及其制度、方法等的总和。

建立健全风险防范保障机制的目的，是为了完善措施和方法，主动进行风险回避，主动搞好损失控制，主动做好风险转移，消灭或减少风险发生可能性，消灭或减少风险发生造成的损失，保障风险防控适应和满足发展现代农业和实现农业现代化的客观要求。

（二）建立健全风险防范保障机制过程中需要解决的问题

一是市场风险的复杂性正在增加，而且常常与突如其来的政治风险伴生；二是多种风险因素交叉错杂，既相互联系又相互影响；三是农业风险管理要求大步走向市场化，而我国才刚刚起步；四是农业风险管理要求手段必须多样化，而我国还在积累经验。

（三）建立健全风险防范保障机制的有效途径

一是加大市场风险评估和预防力度，前瞻性地考虑和解决政治风险可能带来的市场风险；二是针对错综复杂的各种风险因素，健全和完善多种立即可以实施的风险防控预案；三是搞好农业风险管理，推进农业保险市场化、政策化；四是学习和借鉴先进国家的多样化做法，丰富风险管理手段。

十、法规约束规导机制

这里，扼要梳理法规约束规导机制的含义、建立健全过程中需要解决的问题以及有效途径。

（一）法规约束规导机制的含义

法规约束规导机制，是指管束、限制类法律法规中，规范、引导农业生产经营主体、农业关联企业以及各级政府部门行为的各种机构、功能、关系及其制度、方法等的总和。

建立健全法规约束规导机制的目的，是为了通过完善法律法规，并充分利用法律法规手段，加强农业执法，对农业生产经营主体、农业关联企业以及各级政府部门的行为进行制约和规范，转变农业生产经营方式，促进农业关联企业发展，确保各级政府部门行为科学合理，不缺位、不越位和不错位，保障法律法规适应和满足发展现代农业和实现农业现代化的客观要求。

（二）建立健全法规约束规导机制过程中需要解决的问题

一是该有的农业法规缺失，如《合作经济法》《农业保险法》还没有出台等；二是已有的农业法规力度不够，如《食品安全法》《农产品质量安全法》等经济惩处措施乏力；三是不同农业管理部门的农业法规互相矛盾，如农业农村部、国土资源部涉及农业基础设施建设用地的相关法律法规之间不统一；四是有些农业法规弱于执行，如《农业技术推广法》《基本农田保护条例》等的贯彻落实不理想。

（三）建立健全法规约束规导机制的有效途径

一是尽快补充完善应有的农业法规，如将《农民专业合作社法》升级为《合作经济法》，早日出台与农业保险实践相适应的《农业保险法》；二是修订完善已有的农业法规，如放大《食品安全法》《农产品质量安全法》中经济惩处力度，必要时也可强化法律惩治措施；三是梳理、调解和化解不同农业管理部门的农业法规之间的矛盾，如将农业农村部、国土资源部涉及农业基础设施建设用地的相关法律法规统筹考虑，尽可能地统一起来；四是持续强化农业法规的执行，如加大《农业技术推广法》《基本农田保护条例》等法规的贯彻落实力度，并严格追究实施效果。

第二十五章　中国特色新型农业现代化道路实践模式创新的推进途径

要推进中国特色新型农业现代化道路实践模式创新，就要在包括坚持“三个导向”，着力“四新培育”，实施“六维激励”，注重“五项防范”等方面发现新方法和找出新路子。

一、坚持“三个导向”

需要坚持的“三个导向”，具体包括以解决好地怎么种为导向加快构建新型农业经营体系，以解决好地少水缺的资源环境约束为导向深入推进农业发展方式转变，以满足吃得好吃得安全为导向大力发展优质安全农产品。

（一）以解决好地怎么种为导向加快构建新型农业经营体系

为什么要以解决好地怎么种为导向加快构建新型农业经营体系呢？一是因为我国粮食生产成就虽然显著但面临严峻问题。我国是一个农业大国，近十年来粮食产量都取得了极好的成果，据有关部门工作人员称，我国目前的粮食生产能力已达到 1.2 万亿斤，粮食的综合生产能力取得了相当好的成就，但在现存的生产能力的背后面临着许多严峻的问题，如粮食优质品种供给不足，耕地和水资源难以满足，农业生产高新科技难以支撑等，这些问题严重阻碍了农业现代化的道路，因此，加快构建新型农业经营体系迫在眉睫。二是因为从事农业生产人口众多但老龄化严重。随着城镇化水平的提高和经济的发展，农村中越来越多的人外出务工，尽管我国目前从事农业劳动的人数众多，但大多数为中老年人和妇女，这类人群生产能力及劳动积极性都不是很高，接受新鲜事物的能力也没有那么强，大多以传统农业的生产方式进行生产，一方面制约了粮食供给，另一方面又严重污染水土资源，因此必须要以解决好地怎么种为导向加快构建新型农业经营体系。三是因为耕地规模小且高度分散。大多数农户承包的耕地规模相对来说没有那么大，较细小，而且分散度较大，导致了生产效率难以大幅度提高，抵御自然风险和市场风险的能力不强，受资源环境的约束较大。这些因素严重制约农业的发展，迫切需要加快构建新型农业经营体系。

就我国目前以解决好地怎么种为导向加快构建新型农业经营体系方面的现

状来说，解决好地怎么种的问题，不可避免地要解决好“人、财、物”三个方面的制约因素。2014 年发布实施的中央 1 号文件，为加快推进农业现代化提出了新要求。在解决“谁来种地”这一问题上，国家主要从培育新型职业农民，增加农技推广人员两个方面来进行推进。传统农户的耕作方式较落后，思想较保守，信息较闭塞，传统生产方式如大量化肥的施用对土壤造成极大的污染，国家政府通过培育新型职业农民，丰富他们的思想，改变耕地规模小且分散的现状，使他们走合作化、集体化的道路，专业合作社、种粮大户等新型农业经营主体应运而生。通过增加农技推广人员的投入，进一步为这些农业经营主体提供技术支持和服务，加快构建新型农业经营体系。同时，2014 年中央 1 号文件对扶持新型农业经营主体出台了一系列政策，这些政策涵盖了财政补贴、金融支持等方面，如“允许财政补助形成的资产转交合作社持有和管护”“鼓励地方政府和民间出资设立融资性担保公司，为新型农业经营主体提供贷款担保服务”等，这些都为加快培育新型农业经营主体起了很好的支撑作用。另外，在物资设备方面，不断增加农业基础设施投入，强化农田水利基础设施建设，为农户提供有利于农业生产的物资装备，提高了农业生产效率，提高了新型农业经营主体的现代化发展水平。通过鼓励新型农业经营主体运用先进的物资装备和技术发展农村电子商务和“互联网＋”农业，提高了新型农业经营主体的生产经营效率。但还存在着经营主体意识不足、经营方式及科技创新力度不够、经营规模不适度等问题，在解决地怎么种的过程中必须要加以解决。

就具体的以解决好地怎么种为导向加快构建新型农业经营体系的对策措施来讲：一要从基本国情农情出发，切合实际。我国农业生产的主体相比于家庭农场、种粮大户来说，更大部分是由分散的一家一户的小农家庭组成的，人均种植面积较小，规模较分散，各地区或者同一地区内的农户之间存在差异，因此在制定相应的政策措施时要明确这一农情，从实际出发，因地制宜。在基础设施薄弱地区兴修水利设施，改善道路状况；在信息流通较差地区加快培育农技人员，增加人才投入，进行农业信息的传播。同时还要发挥村民委员会这一基层组织的作用，提高农民对于新型农业经营体系的认识以及参与构建新型农业经营主体的积极性。二要创新农业经营体系。创新发展，旨在着力提高发展质量和效益。农业经营体系创新旨在提高农业生产的质量和效益，切实解决地怎么种的问题。可以通过创新农业经营方式和创新科技等现代要素支撑体系等方式来创新农业经营体系。创新农业经营方式就是要改变以往的自给自足的小农户生产方式和单独的合作社方式，依靠农业社会化服务体系的支持，发展多种形式的合作，如“合作社＋农户”“合作社＋农户＋公司”。这种形式具有机械化、专业化、高效化等特点，切实服务于农户，旨在提高农业发展效率。创新科技等现代要素支撑体系就是要引进科学技术装备，依靠大量机械替代农村劳动力，引入收割机、插秧机等机械装备提高农业收割、播种的劳作效率，同时还利用相关仪器设备精准测量土壤肥力等指标，有计划有针对性地对土壤进行改良，提高农民科学种田的技能。通过创新农业经营体系，完善现代农业体制机制，推动农业现代化实施进程。三要开展适度规模经营。新型农业经营主体开展适度规模经营，可以降低成本，提高生产效率，实现产业化、规模化、市场化经营，从而可以改善传统经营方式利用率及产出率低的特点。但在解决地怎么种为导向加快构建新型农业经营体系的过程中，规模经营应该与当地农业转移人口情况、农业技术进步状况、农业社会化服务水平相适应，结合多方面的实际情况进行适度规模经营，通过对土地、水资源、劳动力等要素的优化配置实现农业生产效率的最大化，实现农业现代化。

（二）以解决好地少水缺的资源环境约束为导向深入推进农业发展方式转变

为什么要以解决好地少水缺的资源环境约束为导向深入推进农业发展方式转变呢？一是因为耕地和水资源分布不均。据了解，我国的耕地主要在东部平原和低缓的丘陵地区，耕地面积不足全世界一成，而随着工业化、城镇化进程的加快，又将占用更大的耕地面积，为了保住粮食供给，不得不过度利用农业资源，过度依赖化肥农药，造成了严重的污染。我国的水资源分布规律为南多北少，东多西少。耕地和水源的分布呈现出了一种“有水的地方地少，有地的地方水少”的尴尬局面。长江以南地区水资源约占全国的70%，耕地面积仅占全国的31%，长江以北地区水资源仅占全国的30%，耕地面积却占全国的69%。另外，由于建设用地、工业用地的不断扩大，严重缩减了农用耕地面积。为了打破这种局面就要深入推进粮食生产方式转变。据2016年中国国土资源局公布的相关数据显示，截至2016年末，全国耕地面积为13 495.66万公顷（20.24亿亩），较2015年又有一定面积的减少。二是因为农业受气候制约严重。受到季风的影响，我国南方普遍多雨，易发生洪涝，而我国北方容易发生干旱。在一些缺水的地方一旦发生干旱很有可能颗粒无收。在这种资源环境约束下，我国农业就必须改变以往“依赖苍天”的习惯，利用科学技术装备实施各种输水调水工程，推进粮食生产方式转变。三是因为水土资源污染日益严峻。据统计，我国的耕地面积虽然占全世界比例不大，但化肥的使用量却是全世界化肥使用量的近四成，单位面积农药使用量是世界平均水平的2.5倍。用化肥农药来保障农产品产量，导致土壤肥力下降，并造成了严重的水污染，从而制约了农业的可持续发展。据2016年《中国国土资源公报》显示，全国耕地平均质量等级为9.96等。其中，优等地、高等地面积仅占全国耕地评定总面积的 29.4%；中等地、低等地面积占全国耕地评定总面积的 70.5%。见图 25－1。由所占比例可见，我国大部分耕地为中低等地，优等地和高等地所占比例较少。

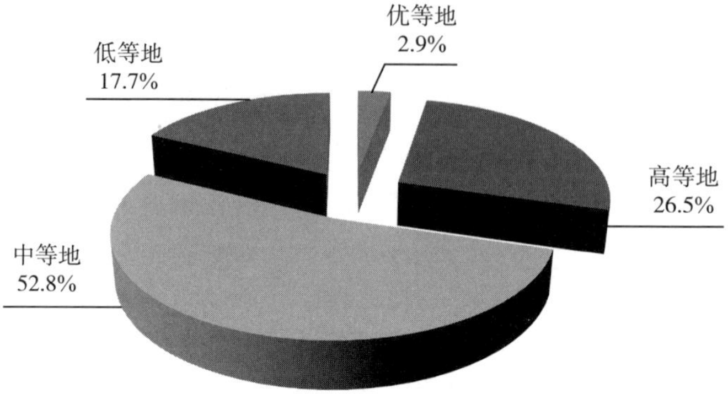

图 25－1　全国耕地质量情况

就我国目前以解决好地少水缺的资源环境约束为导向深入推进农业发展方式转变方面的现状来说，自从提出建设“资源节约型、环境友好型”的农业发展方式以来，我国从方方面面进行努力，并取得了很大的成效。为了达到资源节约，积极努力地改善灌溉水有效利用率低的局面，渐渐摒弃大水漫灌的灌溉方式，实施节水灌溉，同时开展小微型水源工程，2017 年全年新增耕地灌溉面积 109 万公顷，新增高效节水灌溉面积 144 万公顷，极大地缓解水资源短缺局面。另外，无土栽培也取得了很大的成效。促进环境友好型农业发展，立足于保护我们国家的“18 亿亩耕地红线”不动摇的政策，实行最严格的耕地保护制度，强调不能以任何理由占用耕地面积。为了改善农业用地环境，实施严格的农药、化肥管控力度，尽最大可能减少农药化肥的使用面积，同时对已受污染的水源、面源展开整治修复，加大生态保护建设力度。但在粮食生产中仍然存在着资源消耗大、土壤水源污染严重、物质技术装备落后、生产经营人员素质不高等问题。这些不足阻碍了我国农业突破地少水缺的资源环境约束的进程，因此务必要针对这些问题采取相应的对策措施来推进粮食生产方式的转变。

就具体的以解决好地少水缺的资源环境约束为导向深入推进农业发展方式转变的对策措施来讲：一要促进农业发展由主要依靠资源消耗向资源节约型环境友好型转变。我们过去传统农业的发展主要是依靠对土壤的不断开发，对化肥农药大量使用的方式，而这种方式不仅造成了土壤水源的污染，而且对于农产品的质量和数量都产生了一定的危害，既影响了我国农产品的供给，也对我国农产品的国际竞争力产生了一定的影响。伴随着农业现代化的提出，这种生产方式显然不符合时代的要求，因此必须要促进农业发展由主要依靠资源消耗向资源节约型环境友好型转变。在进行农业生产注重产量的同时也要注意环境的保护，资源的节约，改变以往的生产方式，在进行农业生产时多采用科学技术装备，减少资源的消耗和对环境的损害。二要促进农业生产条件由主要靠风调雨顺吃饭向提高物质技术装备水平转变。靠风调雨顺吃饭，标志着气象、气候条件对农业的影响较大。农作物收成的好坏取决于当年的气候条件。气候好，风调雨顺，庄稼就会有好收成，气候不好，发生旱涝灾害，那么庄稼的产量就会受到很大的损害，这种“依靠老天脸色吃饭”的农业生产方式非常不利于粮食生产的稳定，也不利于粮食质量的提高，随着国内国际市场的不断发展，必须促进农业生产条件由主要“依靠老天脸色吃饭”向提高物质技术装备水平转变。通过一系列节水灌溉设施提高有效灌溉面积，通过科学测算土壤情况进行有针对性的调节，改善耕地质量，通过提高农业科技贡献率来保持农业的平稳发展。三要促进农业劳动者由传统农民向新型农民转变。随着工业化、城镇化的加快发展，农村中越来越多的人外出打工，导致留在农村从事农业生产的多为中老年人和妇女，他们文化程度较低，素质相对不高，不懂得现代科学技术，从事农业劳动时多以传统方式进行。要想推进农业发展方式转变必须促进农业劳动者由传统农民向新型农民转变。有知识、懂技术的新型农民熟悉掌握“三农”政策方针与要求，懂得应用最新的技术、最前沿的信息、最科学的手段来进行农业生产，对促进农业现代化具有很大作用。

（三）以满足吃得好吃得安全为导向大力发展优质安全农产品

为什么要以满足吃得好吃得安全为导向大力发展优质安全农产品呢？一是因为吃得好吃得安全关系着千家万户的切身利益。俗话说“民以食为先”，吃饭对于人们来说是必不可少的。在20世纪80年代人们面临的主要问题是解决温饱问题，填饱肚子是每个人每天必须要面对的问题，那个时期不存在食品安全问题。中国经济高速发展之后，城乡居民生活水平的提高对于食物的要求更高，人们并不仅仅满足于吃得饱，而更加注重吃得好，开始由普通食品转向追求营养健康的食品，这对于我国大力发展优质农产品提出了更高的要求。二是因为我国农产品面临严峻的质量安全问题。中国加入世界贸易组织后，中国经济得到迅猛增长，但也正是在这个阶段，食品安全问题变得越来越突出，“大头娃娃”“瘦肉精”等也让人们从吃得好转向更加注重吃得安全。近年来，随着化肥农药的使用，我国农产品的质量安全受到威胁，严重制约了农业现代化的发展，因此，在推进中国特色新型农业现代化道路进程中务必要以满足吃得好吃得安全为导向大力发展优质安全农产品。三是因为有机农业市场潜力大。随着消费者对于优质安全农产品需求的不断加大，促进了有机农业在全球的快速发展，有机农业是解决全球食品安全的有效方式。尽管中国有机农业起步晚，但发展很快。虽然中国有机食品市场是国际上公认的增长较快的市场，但我们国家在发展优质安全农产品的过程中仍然存在着科技手段落后，违法成本较低，监管体系不完善等问题。

就我国目前以满足吃得好吃得安全为导向大力发展优质安全农产品方面的现状来说，我国已经出台了新政策。比如说，在发展优质安全农产品方面，我国将严格按照2017年中央1号文件中关于农业供给侧结构性改革中的有关要求，由注重农产品数量增长向数量质量效益共同增长转变，在农业生产中更多地应用生物技术来提高农产品的质量，满足农业发展需求。同时不断提高耕地质量和加强水源污染的防治，减轻农药化肥的使用，努力生产"吃得放心吃得安心"的优质安全农产品。2018年中央1号文件要求，提高现代农业发展质量，必须坚持质量兴农、绿色兴农，必须以农业供给侧结构性改革为主线，必须实施食品安全战略。2019年中央1号文件要求，必须围绕"巩固、增强、提升、畅通"深化农业供给侧结构性改革，必须推动农业农村绿色发展，必须实现化肥农药使用量负增长。

就具体的以满足吃得好吃得安全为导向大力发展优质安全农产品的对策措施来讲：一要通过科技手段培育良种，加快发展优质农产品。科技是第一生产力，现代社会农业的发展和农产品质量的提高离不开科技手段。通过科技手段培育良种，推广良种良法来大力发展优质安全农产品，利用生物技术手段加快发展无公害农产品、绿色食品和有机农产品。通过科技手段可以实现在播种前培养筛选优质良种，在农产品生产过程中实现农药化肥的合理利用，以及减少农药化肥在农产品中的残留，确保农产品的质量安全。二要提高违法者违法成本。作为农产品、食品的生产经营者，应当按照相应的法律法规进行生产，但目前存在的一个问题就是违法者违法成本较低，生产劣质农产品所需要付出的代价远远低于其带来的收益，因此，有些农产品生产者以次充好，售卖所谓的绿色食品或者有机食品。在中国食品安全问题变得越来越严峻的环境下，消费者愿意选择有机食品等优质产品，但又受到产品真实性的制约，由此对于农产品的质量和数量的提高都产生了很大的阻碍。因此，应该借鉴国际上其他一些国家的做法，提高违法者的违法成本，使他们不得不提供优质安全农产品，以保证消费者吃得安全。三要实施更为严格的安全监管制度。不断加强我国食品安全监管体系的建设和完善食品安全法律法规，明确各部门的职责和分工，真正将食品安全的监管落到实处，实施更为严格的食品安全监管责任制和责任追究制度，赋予相关执法部门一定的权力，使之有能力对所发生或将要发生的食品安全问题进行处罚。切实保障消费者吃得好吃得安全的消费需求，鼓励生产者提供优质安全农产品，切实保障农业现代化安全稳定的推进。

二、着力“四新培育”

着力“四新培育”，具体包括培育新型农业经营主体，培育新型农业产业集群，培育新型职业农民，培育新型农业服务体系。

（一）培育新型农业经营主体

之所以要培育新型农业经营主体，一是因为培育新型农业经营主体是发展现代农业的必然要求。目前我国正处于传统农业向现代农业转变的阶段，而转变必然依靠新型农业经营主体的培育。对于现代农业发展正面临农村空心化、务农老龄化、要素非农化、农民兼业化、农业副业化、青壮年劳动力紧缺等阻碍因素，必须全力构建包括新型农业经营主体、新型农业服务主体等在内的集约化、专业化、组织化、社会化相结合的新型农业经营体系，进一步突破制约现代农业发展的各种瓶颈障碍，有效解决耕地谁来种，农业谁来兴的问题。二是因为培育新型农业经营主体是提高农产品质量安全的迫切要求。专业大户，家庭农场等新型农业经营主体拥有较多资金、较强的技术实力、较为先进的市场意识和安全意识，他们懂得以先进的技术手段和科学的生产理念进行农产品生产，提高农产品质量。现阶段，培育家庭农场，龙头企业等新型农业经营主体是提高农产品质量安全的迫切要求。三是因为培育新型农业经营主体是应对资源环境约束的客观要求。我国耕地和水资源短缺，土壤污染、水资源污染等问题逐年加剧，城镇化也会占用更多土地和水资源，这些问题进一步加剧了农业生产对于水土资源的迫切要求。在资源环境约束下，我国农业生产必须实现由粗放型向集约型、节约型的转变。家庭农场、合作社等新型农业经营主体，更容易接受先进科学技术和生产手段，能提高资源利用率和农业产出率，因此培育新型农业经营主体对实现农业集约化经营，有效应对资源环境约束具有不可替代的作用。

我国培育新型农业经营主体方面，已经小有成效。在党的十九大报告中提出，要实施乡村振兴战略就要构建现代农业产业体系、生产体系、经营体系，发展多种形式的适度规模经营，培育新型农业经营主体，实现小农户和现代农业发展有机衔接。通过近几年的政策支持和各方面的有利条件的支撑，我国的新型农业经营主体得到了很好的发展。登记注册的农民合作社的数量，家庭农场的数量，规模种粮大户的数量都有较大幅度的增长。2016 年，全国农业经营户 20 743 万户，其中规模农业经营户 398 万户；全国农业经营单位 204 万个；在工商部门注册的农民合作社总数 179 万个，其中，农业普查登记的以农业生产经营或服务为主的农民合作社 91 万个。见表 25－1。

表 25－1　农业经营主体数量

单位：万户、万个

	全国	东部地区	中部地区	西部地区	东北部地区
农业经营户	20 743	6 479	6 427	6 647	1 190
＃规模农业经营户	398	119	86	110	83
农业经营单位	204	69	56	62	17
＃农民合作社	91	32	27	22	10

目前，我国培育新型农业经营主体方面存在的问题主要有：一是经营结构“小而全”。部分种养大户、家庭农场等新型农业经营主体“靠天收”的心理习惯还比较严重，在这种思想的影响下，不管是传统农业经营主体还是新型农业经营主体，种植的农作物种类较多较杂较乱，“小而全”特征极其明显，不仅难以形成规模经营和开展产业化经营，而且使得地区的比较优势难以发挥出来。二是辐射带动作用难以发挥。虽然“互联网＋”的广泛应用促进了新型农业经营主体的蓬勃发展，但总体来看，新型农业经营主体的辐射带动效应却没有达到理想的效果。无论是农民专业合作社还是农业产业化龙头企业，与农民在利益分配方面并没有达到完全的一致。农民专业合作社、农业产业化龙头企业往往都更加注重于自己的利益，与传统农户没有形成紧密的经济利益共同体。比如说：农业产业化龙头企业，虽然数量已经比较可观，但他们所起到的辐射带动作用却并不那么巨大，影响、带动的农户数量有限，难以“挑起大梁”。尤其是，全省的国家级农业产业化重点龙头企业仅占 7.5％，毕竟还是少数。不少地方龙头企业数量有限，已有的龙头企业生产经营规模大多偏小，科技创新和科技进步能力不足，市场竞争和拓展能力较弱，根本无力承受龙头企业应该具有的带动作用和辐射效应。三是科技创新和进步能力不足。目前存在着相当大的农业科技成果研发与农业科技推广脱节的问题。相当一部分农业科研成果研发出来之后，还停留在项目研究、科技研讨、学术会议、出版著作等当中，没有及时地最大程度地普及推广。农业产业化经营乃至现代农业的发展和农业现代化的实现，一靠政策，二靠科技，三靠投入，但归根结底，还是要依靠科技兴农。但从河南省目前的情况看，农业科技成果转化应用的难度很

大。从科技推广上看，传统的一家一户的分散经营，既不利于科技含量高的大中型农用机械设备的推广应用，又为综合化、集成化先进农业科技的应用和转化造成极大麻烦，规模化、集约化农业受到阻碍，制约了产业化、现代化的农业规模经营发展。四是经营资金存在较大缺口。新型农业经营主体内许多企业没有办法实现资源的共同使用，企业普遍存在"融资难"，金融服务等市场服务欠完善的问题，许多中小企业发展困难，难以做大做强。究其主要原因：一是农业产业化龙头企业与农民利益分配制度有待完善；二是生产、加工、销售相互脱节，农户与农户、龙头企业与农户、龙头企业与相关企业等之间联系不紧密，更没有以契约的形式形成经济利益共同体，相关的企业主体之间难以形成配套的合作与联系，许多有关投融资的细节性问题没有得到解决。三是抵押贷款政策难以落实，贷款难成为惯常。这些都导致了新型农业经营主体的经营资金产生较大的缺口。

我国完善培育新型农业经营主体采取的政策措施可以是：一要普及农业产业化经营理念。对于当前直接从事农业生产的妇女和老人，要充分考虑他们多半文化程度不高、基本不懂什么是农业产业化经营的情况，多宣传、多普及农业产业化经营的基本知识。对于受传统文化影响较深的传统农民，要充分考虑他们多半存在保守主义、不敢尝试新生事物的情况，要鼓励、支持他们完善产业链条，将农产品加工、农产品及其加工制成品销售与农产品生产同等看待和对待，甚至更高看待和更高对待，尝试着由产加销思维转变为销加产思维。二要健全农业产业化经营的利益分配机制。健全和完善农民专业合作社、农业产业化龙头企业等新型农业经营主体与农民的利益分配机制，对于实现和扩大农业产业化经营规模有很大的促进作用。而要大力发展农民专业合作社、农业产业化龙头企业与农民之间紧密的利益联结关系，可通过多种形式促成传统农户与农民专业合作社、农业产业化龙头企业之间签订稳定的合作协议，既可以是资产整合型、利润返还型，又可以是合作经营型、中介服务型，还可以是价格保护型、市场交易型。无论采用哪种形式，都应该是紧密型的。如果貌合神离，健全农业产业化经营的利益分配机制也就成了"笑谈"，农业产业化经营就不能顺利开展。三要加强农业科技成果研发推广。要改变农业科技研发人员眼睛"朝上"不"朝下"的传统习惯，紧密贴合农业生产、农产品加工等方面的需要，抓紧发明创造"接地气"的高新农业技术，彻底解决农业科技供给与农业科技需求"两张皮"问题。要通过鼓励和支持农业科技研发人员直接推广应用、基层农业技术推广站间接推广应用以及其他科技中介组织推介应用等多种形式和途径，把已有的农业科技成果大流量、宽幅度地"送到田间地头"，落实到农业生产、农产品加工等的"第一线"，实实在在地见到成效。四要强力解决融资难问题。对于解决新型农业经营主体融资难这一问题，要从多方面拓宽融资渠道。比如说：从政府层面来说，要制定和实施对新型农业经营主体的支持政策和补贴政策，切实保障新型农业经营主体的发展质量和发展利益。又比如说：可以借鉴普惠金融等金融创新，或借助第三方金融机构的支持，积极引进多方面力量来改善融资难的现状。通过多方金融支持，可以有效地改善现存的金融信贷倾向于重点龙头企业的尴尬局面，可以切实促进龙头企业、农民专业合作社、种养大户、家庭农场的蓬勃发展。

（二）培育新型农业产业集群

之所以要培育新型农业产业集群，是因为现代农业产业集群是农村经济发展的高级阶段，是由企业主体及各种要素资源等交叉联系在一起的复杂综合体，具有多层次性、耦合性等主要特征。其最终目的为了能够不断优化网络内各主体之间的联系，强化供应链等价值链建设，不断推进其规模化和专业化发展，创造更高的经济效益。现代产业集群所呈现出的多层次耦合性，改变了传统的农业经济的单一维度的组织模式，成为农业发展的一种新的趋势。农业产业集群内部以企业作为主体，企业根据其各自的生产状况进行分工协作，每个企业分别分布在育种、加工、营销、运输等环节，企业用各自所拥有的先进技术、市场开拓能力、掌握资源的能力等因素共同实现产品价值最大化，进而根据自身的贡献分成，这种合作的模式非常有利于提高规模经济效益，提升产业整体实力。另外龙头企业主导的链接模式、农业科技园区主导的链接模式等的新型农业产业集群的发展模式也有利于塑造地域品牌，扩大区域竞争力，从而增加农民收入，加快城镇化进程，实现城乡统筹发展。从长远和未来来看，我国必须建立健全世界级的现代农业产业集群，这既是走好中国特色新型农业现代化道路的需要，也是建成现代农业强国的需要。

我国培育新型农业产业集群方面，取得了一定成效。目前现代农业产业集群的发展，主要有龙头企业主导的链接模式、农业科技园区主导的链接模式、竞争合作主导的链接模式等几个常见的链接模式。相对于同类型企业，龙头企业规模较大，技术更加成熟先进，产品更具代表性，因此成为行业的领导。政府有关部门曾对农业龙头企业的重要性给予评价，认为具有标杆意义的农业龙头企业集中拥有资金、人才、专利技术等生产工具，让其指导普通小微型农业种植户坚持走稳健、规范、集中的发展之路，对组建当代新型农业产业体系具有特殊指导意义，同时也是促进农作物生产规模化发展的核心环节。农业科技园是现代农业产业集群的重要结点，依托该结点，政府、中介组织、企业等相互联系在一起，不断形成了有竞争力的农业产业集聚区。比如我国比较知名的农业科技园区主要有山东寿光、河南许昌、新疆生产建设兵团、浙江嘉兴及北京昌平农业科技园区等。这些产业园在政府的主导下，结合地区的特色，不断走出了一条带动地方农业生产结构转型、农业产量不断提升、农业价值链不断增加的道路。在农业产业集群不断发展和变革进程中，我国各地区的农民在国家的引导扶持下，按照平等互利的法则创建了类似农业合作社的合作经济组织，这对改善个体农业种植户参加竞争交易的形式产生了积极的影响，加快推进了农业生产走上规范、平稳的发展轨道。此外，在集群的成熟阶段，通过农业品牌的塑造，也增强了农户及企业之间的集体观念，促进农业产业向积极的方向发展。

目前，我国培育新型农业产业集群方面存在的问题有：一是协调机制不完善。农业产业集群内部以企业作为主体，企业根据其各自的生产状况进行分工协作，各个企业之间可能具有竞争或合作关系，在更多情况下，往往是一种动态的竞争与合作共存关系。就其合作关系而言，作为一个集群的组成部分，企业的目标是一致的，即实现产品价值最大化，进而根据自身的贡献分成；就其竞争关系而言，作为一个独立法人，企业之间又存在着一定的竞争关系，比如在产品运输、加工等方面，由多家企业共同承担，这就存在成本高低的问题。适当的竞争环境可以对绝大多数企业产生正向激励作用，使其提高产出效率、改善服务质量、保持经营活力，但在目前的竞争中存在着许多的恶性竞争，非常不利于集群的平衡与发展。当企业之间出现难以解决的问题时，就需要有相应的协调机制协调解决，但在我国新型农业产业集群的培育过程中还没有特别正规的调节机构或者部门来进行协调集群内各企业间的关系，严重制约产业集群的健康发展。二是政府主导作用不明显。集群的健康发展需要一个适宜的行业环境，就需要政府建立好相应的规章制度，通过完善集群的政策法规，规范企业正当经营。但目前在构建集群文化氛围的过程中，地方政府的宣传力度还不够，无法有效地限制垄断、鼓励良性竞争，没有有效地营造一个良好的制度政策环境。同时，政府还不能够为集群的发展壮大提供功能齐全的基础设施服务，还不能够提供全方位的公共服务。由于农业产业具有地域性差异，地方政府必须结合实际，根据实际情况进行本地化管理，在了解该地区现有农业产业特点的基础上，对产业集群加以规范和引导，提供相应的配套设施。三是金融机构支撑体系不完善。产业集群的形成并不是企业之间简单地集中在一起，而是企业之间具有紧密联系的集聚，其中必不可少的一个部门就是金融机构，金融机构为企业提供必要的投融资、抵押、信用评级等金融服务，以保障产业集群中各企业生产经营活动的持续运行。但目前相关金融机构基本的营利操作和措施与新型农业产业集群中很多企业的运营条件都有所冲突，所以很多金融机构参与新型农业产业集群的金融服务积极性并不是很高。同时，新型农业产业集群中有些企业的信用等级达不到金融机构的要求，还款能力有一定的风险。因此，从金融机构角度来看，对新型农业产业集群进行金融服务风险高、收益不确定，导致了金融机构支撑体系不完善。

我国完善培育新型农业产业集群采取的政策措施可以是：一要建立完善的协调机制。产业集群内成员之间如果出现恶意的竞争和合作，将不利于该集群的平衡与发展，因此产业集群内成员之间的竞争或合作，都应保持在健康合理的范围之内，以有利于整条价值链作为标准。这时就需要建立一整套完善的协调机制进行调节。当企业之间出现难以解决的问题时，该机制会发挥作用，协调解决；该协调机制的核心文化是团队协作，号召集群内的企业遵从集群的长远利益，集群的稳定性与否则取决于企业执行政策的可执行性。建立行业协会也是符合经济社会发展趋势的一个举措，行业协会负责制定行业规范及活动标准，处理本行业企业的规范问题，协调各企业的经营关系。行业协会严格按照规范和标准，对管辖范围内企业的竞争是否正当、信用水平是否合规等实施监督，维护运行秩序。二要加大政府培育新型农业产业集群的力度。政府要建立好相应的规章制度，通过完善集群的政策法规，规范企业正当经营。政府通过制定相应的法律，限制垄断、鼓励良性竞争，从而营造一个良好的制度政策环境；要为集群的发展壮大提供功能齐全的基础设施服务，从集群建设选址、建厂等规划，到水、电、气及道路等设施，都要由政府统一规划，制定全方位的基础设施服务计划。另外，政府还应该提供全方位的公共服务，通过建立联系高等院校、科研院所及企业科研部门的长效机制，鼓励产学研结合，提升集群的知名度。地方政府应当根据实际情况进行本地化管理，在了解该地区现有农业产业特点的基础上，对产业集群加以规范和引导，提供相应的配套设施。三要促使金融机构对新型农业产业集群开展金融服务。面对日益增长的新型农业产业集群对金融服务的需求，各金融机构要对接广大产业集群中企业的需求，加强创新步伐，提升服务能力，应当促使相关金融机构加大对新型农业产业集群中的相关主体贷款投放力度，继续精准发力，充分优化企业信用环境，为企业提供必要的投融资、抵押、信用评级等金融服务，确保新型农业产业集群有序稳健地推进。

（三）培育新型职业农民

之所以要培育新型职业农民，是因为全国大多数地方直接从事农业生产经营者的“一线农民”，呈现出了年事高、文化程度低、女劳动力多、受过专业培训的少等“一高一低一多一少”特点，与中央所要求的有文化、懂技术、会经营的新型农民尚有不小的差距。要想推进农业发展方式转变，必须促进农业劳动者由传统农民向新型农民转变。新型农民熟悉掌握“三农”政策方针与要求，懂得应用最新的技术、最前沿的信息、最科学的手段来进行农业生产，对促进农业现代化具有很大作用。同时，在新农村的建设中新型职业农民发挥着不可取代的作用，是推进新农村建设的关键。新型职业农民科学环保的生产方式可以在很大程度上确保粮食安全和农产品的有效供给，是推进农业现代化的迫切需要。

我国培育新型职业农民方面，已经取得了一定成效。近些年来，中央出台了一系列重要文件进行部署安排，2012—2019 年连续 8 个中央 1 号文件对新型职业农民培育工作提出要求。2012 年以来，全国共培育各类新型职业农民 400 多万人，大多成为家庭农场、农民合作社、农业企业等新型农业经营主体带头人和骨干。据了解，2017 年以来全国新型职业农民培育和信息化各项工作稳步有序推进，进展顺利，新型职业农民培育前期工作顺利完成。中央财政 45 亿元资金和任务基本到位；全国农业科教云平台运行良好，平台一期规划功能全部实现并上线试运行，有效解答农民问题 66 万条。

目前，我国培育新型职业农民方面存在的问题主要有：一是农民接受意识不强。传统农村内的生产者多为传统意义上的农民，他们小富即安、自给自足的封闭思想观念比较浓厚，对于新型职业农民和农业现代化的认识仅仅停留在表面，并不是那么容易接受。比如：在推进农业现代化和培育新型职业农民的过程中难免要进行土地流转，他们因担心未来生计得不到保障不愿意对土地进行流转，更不愿意改变习惯的生产与劳动的方式。这在很大程度上加大了政府开展工作的难度，极大地阻碍了培育新型职业农民的进程。二是培育及推广人员队伍力量薄弱。虽然 2017 年以来新型职业农民培育资源建设成效显著，入库师资 6.3 万人，基地库入库近 9 000 个，形成了一支拥有近 2 万名专职人员和 5 万余名兼职教师的农民教育培训专业队伍，但相比于我国从事农业生产的传统农民来说，这些教师的数量还不能够满足需求。虽然我国已经有相当大数量的农技推广人员，但有很大比例的农业技术推广人员并没有深入田地，切实解决农民的真实需求。而且在一些地方，许多的农技推广人员的技术与素质并不符合农民的要求，这些都严重阻碍了新型职业农民的培育。三是政府宣传规划力度不够。多地政府在培育新型职业农民时缺乏科学合理的长期规划。发展新型职业农民，需要科学的专业化发展规划，而许多农区在开展新型职业农民培育时，普遍缺乏长期科学合理的宏观规划，对新型职业农民应该达到什么样的要求没有认知，使新型职业农民的培育数量及质量远远落后于农业现代化发展需要。同时，对于新型职业农民的宣传力度还远远不够。由于信息的闭塞和思想的保守，有些地方政府部门对于新型职业农民的宣传达不到应有的力度，大部分的农民不了解什么是新型职业农民，甚至是没有听说过这个名词，这对进一步改善农民的思想，提高他们的积极性都产生了很大的阻碍。

我国完善培育新型职业农民采取的政策措施可以是：一要更新及创新农民观念。培育新型职业农民就要更新和创新传统农民的观念，必须使传统农民清楚地知道，农业生产不能只是依靠天收，提高农业生产力的方式不只是施用化肥农药，也要通过科学技术来进行农业生产。更新及创新农民观念，使其认可新型职业农民的理念和生产方式，主动参与到培育新型职业农民的进程中来，真正成为能用现代化、生态化的生产经营理念，用先进的科学技术、设施装备来进行农业生产，不仅能够实现农业现代化，而且可以切实解决地谁来种、地怎么种的问题。二要打造强硬的师资力量队伍。加强教育科技培训。加快培养村干部、农民专业合作社负责人、到村任职大学生等农村发展带头人，以及种养大户、农机大户、经纪人等农村生产经营型人才。通过对他们的教育培训，使他们发挥应有的带头模范作用，用他们的亲身感受及经历去带动其他农民，潜移默化地改变其他农民的思想与看法，大力培育新型职业农民。另外，农业技术推广人员也是加快培育新型职业农民的一个有力途径。应该加强各地农技站的主体作用，加大对农技推广人员的投入与教育，切实做到农技推广人员渗透到有需要的农村中去，为培育新型职业农民创造科学合理的技术环境。三要加大规划及宣传力度。在加快培育新型职业农民的过程中，地方政府必须紧扣新型职业农民内涵要求，制定科学长期的发展规划，高屋建瓴地进行顶层设计，设置好各个发展阶段应该达成的目标。对于不同地区，要制定符合当地实际情况的方案措施，不能做到多个地方一个方案。同时精准开展对种养大户、家庭农场主、合作社负责人、龙头企业骨干、农机手、农民信息员、农村返乡创业者为重点的农村实用人才的宣传及培训，加快建立教育培训、规范管理和政策扶持“三位一体”的新型职业农民培育体系，培育造就一大批以农业为职业、占有一定资源、具有一定专业技能和资金投入、收入主要来自农业的新型职业农民。

（四）培育新型农业服务体系

之所以要培育新型农业服务体系，是因为目前我国的粮食生产面临着质量低下，从事农业生产的人口老龄化，耕地规模细小且分散等问题。我国加快培育新型农业经营主体，并且取得了不错的成效，新型农业经营主体的繁荣发展对农业服务提出了更高的要求，必须要培育新型农业服务体系。培育新型农业服务体系是发展现代农业的必然要求。农业现代化、现代农业的发展要求必须转变原有的农业生产方式，必须用现代的物质条件来支撑农业，用先进的科学技术手段来发展农业，通过培育具有现代经营发展理念的新型职业农民来发展农业，以此来提高农产品质量，提高资源利用率和农业生产效率。而新型职业农民的培育、科学技术手段的引进、现代物质条件的提高，都必须依靠于新型农业服务体系来提供支撑。为了更好地发展现代农业，必须加快培育新型农业服务体系。

我国培育新型农业服务体系方面取得的成效，还是比较显著的。从2004年开始，连续18个中央1号文件几乎都对“健全农业社会化服务体系”提出明确要求；党的十七届三中全会为“构建新型农业社会化服务体系”指明了方向、明确了任务、确立了重点，要求“加快构建以公共服务机构为依托、合作经济组织为基础、龙头企业为骨干、其他社会力量为补充，公益性服务与经营性服务相结合、专项服务和综合服务相协调的新型农业社会化服务体系。”在全国各地的重视支持和共同努力下，我国以公益性服务为主体，以经营性服务为补充，以农技推广、农经管理、农机服务、农资供给、动植物疫病防疫、农产品质量安全、农产品流通等为重点的农业社会化服务体系不断完善，在促进传统农业向现代农业转变过程中发挥了重要作用。全国已初步形成了以家庭承包经营为基础、以政府公共服务机构为主导、多元化市场主体广泛参与的农业社会化服务体系。

目前，我国培育新型农业服务体系方面存在的问题主要有：一是农业服务经费不足。虽然近年来我国对于培育新型农业服务体系投入了较多的资金，但这些资金与农业服务体系的人员和设施需求相比，仍存在着经费不足的问题。一些地方在机构改革时，盲目缩减相关机构的资金投入与支出，降低了某些农业服务人员的工资和活动经费，农业服务人员受到了限制，而这些受到限制的农业服务人员越来越愿意从事其他的工作。另外，经费的不足导致了农业服务体系设施配套的不完善，严重降低了农业服务人员进行农业服务的效益与效率。二是农业服务人员匮乏。受之前提到的经费的限制，一部分农业服务人员选择了转行，机构改革之后，基层社会化服务机构精简了人员，实现了农业服务人员的分流，对今后农业服务人员的工作产生了更大的挑战。此外，现代农业的发展，对于农业服务人员的技能有了更高的要求，而现存的农业服务人员的技能和水平显然在很大程度上满足不了要求。另外，随着城乡发展的差异性，越来越多的具有高学历水平、高能力的人选择了在城市工作，不愿意回到农村。“里边的人想出去，外边的人不想进去”，造成了基础农业服务人员匮乏的局面。三是农村社会化服务手段落后。随着信息化进程的加快，计算机网络技术得到了很大程度的普及，逐渐被应用到各行各业，农业也不例外。在农业中建立起的门户网等信息网络，极大地提高了农业社会化服务的能力。但在农村，农业社会化服务手段还比较落后，一般还是通过服务人员口头传达，亲自下基层进行服务，极大地降低了服务的效率，即使建立了相关网站，也出现了利用率低，点击率低等问题，严重降低了社会化服务体系的服务效率。

我国完善培育新型农业服务体系需要采取的政策措施可以是：一要加大财政支持力度。加大财政金融对于新型农业服务体系的支持。通过加大对新型农业服务体系的财政支持，可以引进更多的人才到农村进行农业服务工作，可以有更多的钱用于服务设施的投入，提升农业服务人员进行农业服务的装备水平，提高农业服务的效率。要充分发挥农业金融和保险服务体系的支撑作用，更好地服务于农业技术推广体系、农产品质量监管体系、农业信息体系等其他体系，切实为新型农业服务体系的发展提供安全保障。二要加大服务人员投入力度。基层农业服务人员的素质直接关系着服务农民、服务农业生产的水平和成效，关系着能否切实有效地解决农民的问题。因此，一方面要加大对现有的农业科技人员、农业推广人员、农业信息人员的培训力度，通过定期培训、外出进修等方式不断地提升他们的认识和知识，提高他们的业务水平；另一方面，也要加大服务人员的引进力度，如大学生村官、农业人才等，想尽一切办法吸引人才，为建设新型农业服务体系注入新的活力与生机，使其更好地适应社会的要求，更好地服务于农业现代化。三要加大服务设施建设力度。加大服务设施建设力度可以从完善农业科技服务设施、加强农用机械化设备水平等方面进行改善。在农业科技服务设施方面充分利用计算机网络带来的便利性，充分利用信息网络和大数据的优势，健全完善农业信息网，使农民和服务人员可以更便捷地进行信息交流，提高服务的效率。农用机械设施方面，贯穿于产前、产中、产后各个方面，如土壤测试、育秧机、粮食烘干机等农用设施，可以帮助农机服务人员更好地进行农业服务，提高新型农业服务体系的质量。

三、实施“六维激励”

需要实施的“六维激励”，具体包括激励“四化”同步发展，激励科教兴农，激励农业基础建设，激励发展生态友好型农业，激励发展多功能农业，激励开展农业政策性保险。

（一）激励“四化”同步发展

之所以要激励“四化”同步发展，是因为“四化”之间相互联系，相互促进。工业化是城镇化和农业现代化发展的动力，可以为二者提供必要的技术装备，既可以实现农业生产方式的转变，促进传统农业实现农业现代化，又可以加快推进城镇化。城镇化为新型工业化和农业现代化的发展提供了条件，农业现代化是工业化和城镇化的重要保证，信息化又为新型工业化、城镇化、农业现代化起到了一定的催化作用。“四化”同步发展有利于集合资源，加快转变经济发展方式，推进社会主义现代化建设。“四化”同步发展不是等量发展，而是彼此之间能够协调推进，用优势来弥补劣势。如果“四化”发展不同步，不利于经济的发展、社会的进步，也会对建成“富强民主文明和谐美丽的社会主义现代化强国”的奋斗目标产生一定的不利影响。

我国激励“四化”同步发展方面，也已小有成效。比如说，面对经济快速发展需转型，农业生产方式需转变，工业化、城镇化进程需推进，我国积极发展“四化”，“四化”同步发展取得了不错的成效。得益于工业化、信息化的发展，城镇化水平不断提高，这点可以通过城镇化率清楚地显现，2011 年城镇人口比重即城镇化率为 51.27%，2016 年城镇化率为 57.35%，2017 年城镇化率为 58.52%，较 2016 年增长了 1.17 个百分点，由此可见城镇化取得了良好效果，城镇化的提高带动了工业产业的发展，为工业化发展带去了更多的人才，同时工业反哺农业，城镇化、工业化的提高为农业发展提供了科学的物质装备，先进的技术手段，推动着农业朝着农业现代化方向发展。计算机网络、信息技术的快速发展，使得农业、工业和城乡得以运用信息技术，使得信息化、工业化、城镇化、农业现代化相互融合，不断跟上全球信息化的步伐。

目前，我国激励“四化”同步发展方面存在的问题主要有：一是城镇化质量不高。虽然 2017 年我国的城镇化率已经达到了 58.52%，但受到观念和规划落后，城乡发展失衡，基础和服务滞后等问题的制约，我国的城镇化率数值高但质量却不高。传统农区内的生产者多为传统意义上的农民，他们小富即安、自给自足的封闭思想观念比较浓厚，对于新型城镇化的认识仅仅停留在表面，并不是那么容易接受。这在很大程度上加大了政府开展工作的难度，极大地阻碍了新型城镇化的进程。从全国来看，各地区之间的新型城镇化率差异较大，区域间发展不平衡，实现义务教育、公共卫生和基本医疗、基本社会保障、公共就业服务等基本公共服务全覆盖和均等化仍是困难重重，严重制约了城镇化水平。二是农业现代化滞后于新型工业化和城镇化。我国农业受制于农业劳动者素质低、农业生产成本大、农业生产经营风险大、农业基础设施不完善等因素，还不能完全实现农业现代化，农业现代化进程滞后于工业化和城镇化发展进程。从自然风险看，极端天气频繁发生，农业自然风险日渐凸显。从市场风险看，农产品不仅价格波动增大，而且农产品“卖难”问题时常出现。这些都造成了农业现代化发展进程的缓慢。三是信息化水平不高。我国的信息产业的数量越来越多，具有了一定的规模，但和发达国家相比，中国信息产业发展水平还比较低。与经济发达国家和工业化国家的信息化水平相比，我国的信息技术产品在国际市场上的占有率不高，竞争力较弱。主要的原因是技术创新能力较差，缺乏自主创新产品，我国信息技术开发能力不足，不少产品生产技术要依靠于从别国进口，另外，信息技术人才的缺失，研发创新资金投入的不足，信息维护和应用水平的低下等都阻碍了我国信息化水平的提高，在很大程度上减弱了信息化对工业化、城镇化、农业现代化的促进作用。

我国完善激励“四化”同步发展采取的政策措施可以是：一要着力推进新型城镇化进程。地方政府必须紧扣新型城镇化内涵要求，以五大发展理念为发展指南，坚持节约资源和保护环境，科学地高屋建瓴地进行顶层设计，设置好各个发展阶段应该达成的目标，制定科学长期的发展规划。加强新型农村社区建设，将新型农村社区建设作为推进新型城镇化、缩小区域城镇化水平差距的一个有力途径，通过产业集聚区的引导及有关乡镇村庄的搬迁建立一批生态宜居、绿色节约的新型农村社区，成为新型城镇化的重要补充。另外，还要强化基础设施建设，努力实施节水灌溉、乡村道路、农村水电等工程，在生态环境方面打造生态宜居的新型城镇，在基础设施方面实现城乡基础设施一体化，为实现新型城镇化打下基础。二要加快推进农业现代化。加快推进农业现代化，就要突出抓好农业基础设施建设。狠抓农田水利建设，抓紧实施病险水库除险加固，加强耕地保护和土壤改良，继续加强生态建设。着力强化农业科技和服务体系基本支撑，加快推进农业科技研发和推广应用。要加强教育科技培训，加快培养村干部、农民专业合作社负责人等农村发展带头人，农民植保员、水利员、信息员等农村技能服务型人才，种养大户、农机大户等农村生产经营型人才，大力培育新型职业农民。三要强力提升信息化支撑保障水平。一方面要加大对自主创新的投入，不断提高我国信息技术的自主创新能力，不断提高在国内国际两个市场的竞争力和占有率；另一方面，联合技术部门、高校等单位，大力培养具有高素质、高创新能力的人才，提高我国自主研发能力。要加大信息技术在工业化，城镇化和农业现代化建设中的应用，提高信息化转变传统生产生活方式的能力，以信息化融合为关键，发挥信息化对工业化、城镇化和农业现代化发展的催化、加速作用。

（二）激励科教兴农

之所以要激励科教兴农，是因为传统农户的耕作方式较落后，思想较保守，信息较闭塞，传统生产方式如大量化肥的施用对土壤造成了极大的污染，以传统农业的生产方式进行生产，一方面制约了粮食供给，另一方面也污染了水土资源，严重降低了农业抵御自然风险和市场风险的能力。从根本上讲，解决农业问题要靠科学技术，这是实现农业发展、推进农业现代化的出路所在。如用育种新技术培育推广优质新品种，利用滴灌、喷灌等节水灌溉技术实现科学用水，利用科学技术研制高效、安全、长效的化肥与农药等，促进科技与农业有机结合，向农民普及农业科技知识，培养农业科技人才，切实解决农业发展中的各种制约问题。

我国激励科教兴农方面，也小有成效。围绕着“科教兴农”这一战略的任务和要求，我国努力使科技和教育覆盖农业生产的方方面面。加大了良种良法的引进和培育，引进了多个优良新品种，提高了粮食作物的产量和质量。重视推广新技术，如栽培技术、嫁接挂果技术等。同时，进一步完善了科教兴农的教育途径与方法，各地政府建立农业技术推广网站，致力于实现网络办公与实地办公相结合。加大科学技术设施投入，如水利设施和节水灌溉系统，并取得了可喜的效果，2017 年全年新增耕地灌溉面积 109 万公顷。新增高效节水灌溉面积 144 万公顷。通过科学技术的引用，很好地实现了资源的合理利用。在人才方面，我国加大资金投入引进，培训农业技术推广人员和新型职业农民，对实现农业现代化起到了很大的促进作用。

目前，我国激励科教兴农方面存在的问题主要有：一是农民意识观念落后。从事农业生产的多为中老年人和妇女，这类人文化程度大多不高，思想较保守，难以接受新鲜事物。一方面他们感觉科技设施难以操作，不愿使用；另一方面他们不想花费时间去接受科技教育，在他们的观念里，接受推广人员的帮助以及参加教育培训肯定会花费一定的钱财，即使在农业生产过程中遇到问题，他们也不愿意向农技推广人员进行咨询，更多的还是依赖于传统的农业生产方式进行生产，这种观念严重阻碍了科教兴农战略的实施。二是农业科技推广服务不完善。科教兴农战略的实施离不开农业科技推广人员利用各种农业技术推广服务设施为农业和农民进行服务。虽然近年来我国农业科技推广人员的数量已经相当大，但与更大数量的农户相比，还不能做到广泛均等地配备农技推广人员，一名农技推广人员往往少则负责十几户，多则几十户，工作强度之大也限制了农业技术服务的效率和质量。另外，进行科学技术推广时往往要借助于一定的农业技术服务设施，如局域网、门户网站等可以提高科教兴农的进度，但从现状来看，服务设施还不够完善，如网络还达不到全覆盖，教育设施还不能完全普及，这些都非常不利于科教兴农战略的推进。三是科技创新能力不足。虽然我国在农业生产中培育和引进了许多优良品种，新增了许多的科学技术设施，但与发达国家相比，存在着一个明显的不足，即科技创新能力不足，优良新品种较多靠引进，农业设施技术较多靠借鉴，自主创新能力较差，在某些农业科技技术上还不能有所突破，如基因工程、病虫害防治、降低农药化肥残留等方面的研究还存在着很大的进步空间。

我国完善激励科教兴农采取的政策措施可以是：一要加强农民科学务农的思想观念。政府有关部门要加大宣传力度，可以采用线上线下的方式，线上通过各种网络媒体，宣传科教对于农业发展的重要性与必要性，线下可以通过开展专家座谈会，经验交流会，通过成功案例来增强农民对于科学技术的认可度。另外，在村庄内放置宣传展板，提高农民对科教兴农的认识，加快培育新型职业农民，加快培育以家庭农场、种粮大户等为主体的新型农业经营体系，改善农民的知识结构与认识内容，使人们能够自主地运用科学思想、先进技术进行农业生产。二要实施科技创新驱动战略。要明确农业科技创新方向，突出农业科技创新重点，完善农业科技创新机制，改善农业科技创新条件，着力抓好种业科技创新。要在重视新品种培育的同时，更加注重现存的病虫害、农药化肥残留严重等问题，有重点、有针对性地进行科技创新。完善农业科技创新机制，发挥多方力量，集合一切能利用的资源共同致力于改善农业科技创新条件。以科技创新驱动农业发展，以夯实科教兴农战略对于推进农业现代化的支撑强化作用。三要提升农业技术推广能力。强化基层公益性农技推广服务，引导科研教育机构积极开展农技服务，培育和支持新型农业社会化服务组织，支持发展农村综合服务中心。要加大对农业技术推广的资金投入，积极引进新技术新设施，提高农业技术推广能力。在不断推广良种良法时，也要注重加大农业技术推广人员的投入和培训力度，提高农业技术推广人员的素质和业务能力。

（三）激励农业基础设施建设

之所以要激励农业基础设施建设，是因为完善农业基础设施建设，可以提高农业生产的质量和效率，从而提高农民的收入，促进经济的增长。农业基础设施薄弱，如农田水利设施的不健全、田间道路的不完善等，都会制约现代农业发展和农业现代化水平提高。建设农业基础设施，如农田水利、电力、机械设备等，能够促进实现农业现代化，转变农业生产方式，提高农业生产能力，实现农业的可持续发展。另外，乡村道路、污水处理、垃圾处理等设施的建设会极大地改善农业农村的生态环境，有利于实现生态友好型农业，促进农业协调可持续发展。在实施乡村振兴战略的背景下，完善农业基础设施建设同时也会促进新农村的建设，进而有利于把我国建成富强民主文明和谐美丽的社会主义现代化强国。

我国激励农业基础建设方面，成效还是比较显著的。近些年来，我国努力加强农业基础设施建设，使农业机械化水平和农田水利等农业基础设施条件得到了显著的改善。第三次全国农业普查主要数据公报显示，2016 年年末全国拖拉机 2 690 万台，耕整机 513 万台，旋耕机 825 万台，联合收获机 114 万台，播种机 652 万台，排灌动力机械 1 431 万台（表 25－2）；全国调查村中能够正常使用的机电井数量 659 万眼，排灌站数量 42 万个，能够使用的灌溉用水塘和水库数量 349 万个。全国灌溉耕地面积 61 890 千公顷，其中有喷灌、滴灌、渗灌设施的耕地面积 10 018 千公顷。

表 25－2　2016 年全国主要农业机械数量

单位：万台、万套、万艘

农业机械	全国	东部地区	中部地区	西部地区	东北部地区
拖拉机	2 690	758	888	582	463
耕整机	513	70	163	240	40
旋耕机	825	148	183	430	65
播种机	652	108	258	126	160
水稻插秧机	68	9	11	6	42
排灌动力机械	1 431	442	521	384	84
联合收获机	114	33	45	16	20
机动脱粒机	1 031	134	271	600	26
饲草料加工机械	409	23	37	303	46
挤奶机	10	2	1	5	2
剪毛机	5	1	1	2	0.5
增氧机	194	125	42	23	3
果树修剪机	49	21	13	14	0.6
内陆渔用机动船	28	13	10	3	1
海洋渔用机动船	25	22	0.0	1	2

目前，我国激励农业基础建设方面存在的问题主要有：一是农业基础设施建设规划不当。有些地区在进行农业基础设施投入时，事前没有深入实地调查当地的实际需求，而是根据总体建设目标来对农业基础设施进行投资建设，比如在一些急需改善田间道路的乡村加大建设农田水利设施，造成了资金和资源的浪费，同时，这些“不合时宜”的设施逐渐地老化，无法发挥其应有的作用与功效，对当地农业的发展没有任何的作用。二是建设资金投入不足。进行农业基础设施建设的投资主体主要是政府，受制于农业地位和农业收入，很少有

企业对农业基础设施进行投资。另外，政府与农民沟通效率的低下，导致了农民积极性不高，主体意识不强，更不愿意出资建设农业基础设施。虽然政府在不断地加大对农业的支出，对于农业基础设施建设的资金投入逐年增加，但进行农业基础设施建设筹资渠道的单一化无法满足农业发展对于农业基础设施建设提出的更高要求，政府的资金投入相比于建设成本与需求来说明显不足。三是建设设施老化严重。在我国大部分地区，农业基础设施存在着老化严重的问题。这些设施往往投入建设已久，年久失修，基于农业基础设施为公共物品的特性，农民对它的维护力度不够，导致了这些设施严重老化，对农业发展极其不利。如水利设施的老化会导致灌溉面积的减少和土壤质量的下降。电力设施的老化、供电设施的落后和设备的陈旧，导致了供电设施性能低下，供电可靠性严重降低，对于农业生产的安全性产生了很大的隐患。污水处理设施、垃圾处理设施的老化严重影响了农业生产的环境，非常不利于农业可持续发展，影响建设生态友好型农业。

我国完善激励农业基础建设采取的政策措施可以是：一要合理规划农业基础设施投入。在建设农业基础设施时，需要相关政府部门和农民的共同努力与配合。在设施投入之前，政府有关部门负责人员应该深入农村调查当地的农业设施需求，了解农民的需求以及该地农业基础设施的建设和维护情况，制定合理的设施投入规划，规划一批合适的农业基础设施建设项目，明确每一阶段的投入建设目标，实现资源的合理利用。同时，要求农村居民能够配合政府部门工作，真实有效地反映需求，帮助政府部门实现农业基础设施的有效投入。二要加大农业基础设施建设资金投入。对于农业基础设施建设的资金支持，不能只靠政府相关部门的努力，还应该发挥市场机制，社会各方共同努力，加大资金的投入力度。充分认识到仅靠政府的投入远远不够，应该发挥政策的引导作用，激励发挥市场调节的作用，拓宽筹资渠道，实现多元化筹资，积极估计相关企业注入资本，提高农民的主体意识和建设积极性，使农民真正参与到设施的建设规划与维护之中。三要加强农业基础设施的维护与改造。农业基础设施的老化与落后，非常不利于农业的可持续发展，必须进行维护和改造。对水利设施进行维护，增加农田可灌溉面积，对中低产田进行改造与改善，提高土壤肥力。重点排查维护农业供电设施，替换陈旧的设备，修理性能低下的设备，提高供电的可靠性和安全性。发挥农民的主体作用，加强宣传与教育，使其能够做到在日常的农业生产与生活中自发主动地对农业基础设施建设进行维护和监督，继而提高农业基础设施的使用质量和使用年限，更好地服务于农业生产。四要创新运用 PPP 投融资模式。PPP 是 Public - Private - Partnership 三个英文字母的缩写，基本意思是“公私合作（营）关系”。其中，Public是指公共的或公有性质的，既可以是政府，也可以是社团组织、学校、合作经济组织等；Private 是指私有的、私人的，既可以是私营企业，也可以是私营企业主；Partnership 是指伙伴关系、合作关系。因此，只要是“公”与“私”合作（营）的投融资模式，都可以被称为 PPP 投融资模式。而要创新运用 PPP 投融资模式，首先要跳出一些学者把 Public 等同于 Government 的狭窄思维模式，只要是“公”的机构和组织，均可以开展 PPP 投融资；其次要跳出一些学者把 Public 等同于 Public Investment 的狭窄思维模式，“公”的机构和组织投入的既可以是投资，也可以是荣誉、称号、冠名权等；再次要跳出一些学者完全市场化运作的狭窄思维模式，“公”与“私”合营既可以是完全市场化运作的，也可以是半市场化运作的、非市场化运作的。完全市场化运作的，“公”出部分资金，吸引“私”投入大部分资金，农业基础设施建成后，“公”让“私”开展市场化经营，先收回成本，再获得一定利润，然后收归“公”有；半市场化运作的，“公”出少部分资金和荣誉、称号等，吸引“私”投入绝大部分资金，农业基础设施建成后，“公”一边授予“私”较小的荣誉、称号，一边让“私”开展市场化经营收回成本，然后收归“公”有，即所谓的“花点钱买个小名”；非市场化运作的，“公”仅仅出荣誉、称号、冠名权等，吸引“私”投入全部资金，农业基础设施建成后，“公”通过授予“私”较大的荣誉、称号、冠名权等，将建成的农业基础设施直接收归“公”有，即所谓的“花大价钱买个大荣誉”。而且，中国许多地方的村民均认可，修桥铺路是积德行善的好事，只要引导方法好、方式得当，在农业基础设施建设中，创新运用 PPP 投融资模式是完全可以大有作为的。

（四）激励发展生态友好型农业

之所以要激励发展生态友好型农业，是因为随着我国环境质量的下降和经济新常态发展的要求，我国提出了要建立“资源节约型、环境友好型”社会，相应地随着我国农业生产环境的恶化，我国提出要激励发展生态友好型农业。发展生态友好型农业符合生态文明建设的要求，可以确保粮食安全，提高粮食生产的质量和效益。通过对环境、资源的整治和处理，可以提高农业资源保护水平和利用效率，提高农业可持续发展水平。发展生态友好型农业可以改善我国粮食优质品种供给不足、耕地和水资源污染严重等农业生产存在的问题，提高农业抵御自然风险和市场风险的能力；改善土壤和水资源的质量，提高农田的生产能力。不发展生态友好型农业必然会加剧我国粮食生产所面临的严峻问题，制约农业的发展，因此必须要不断激励发展生态友好型农业。

我国激励发展生态友好型农业，已经见到了成效。随着经济社会的发展和居民食品安全意识的提高，发展生态友好型农业已经是大势所趋了。比如，现在超市里有机蔬菜等绿色产品的专柜越来越多了，很多品牌农产品都把无农药、有机肥作为宣传卖点。一些农业基地的温室中，通过采用滴灌和喷灌的水肥一体化工程、生物天敌和物理防控病虫害、农业废弃物综合利用等措施，减少农药使用量。比如：通过螟黄赤眼蜂代替化学药物防治甘蔗螟虫，广西壮族自治区在 7 年时间里实现总经济效益 4.4 亿元以上，减少化学农药用量 30 吨以上，我国已有 20 多种天敌昆虫实现了产业化应用，在保障农产品质量和产量的同时，大幅减少了水、肥和农药的使用。

目前，我国发展生态友好型农业存在的问题主要有：一是对生态友好型农业认识不够。在发展“资源节约型、环境友好型”农业的过程中，受地方政府和农民认识不足等因素的制约，政府在开展工作时可能只是加大了对水源面源污染的治理程度，而没有对农药化肥的施用量进行严格的控制。认识的不足导致了地方政府不能很好地进行顶层设计，不能合理规划耕地保护制度和农业生态保护建设力度，地方政府认识的缺乏对农民的意识和行为具有一定的影响，农民同样做不到对农业用地环境的保护，很难做到深入推进农业发展方式的转变。二是农业生态环境遭到破坏。受到工业化、城镇化建设进程加快的影响，我国的耕地面积和耕地质量受到了很大的影响。废气、污水的排放严重污染了农业用地和用水，工厂的建设又占据了一定面积的耕地，为了保障粮食供给，不得不过度利用农业资源，过度依赖农药化肥，对农业生态环境产生了非常不利的影响。受到自然资源和气候环境的影响，洪涝干旱、水土流失等时常发生，这对于农业资源的保护提出了更高的要求。三是农产品质量存在威胁。传统的“靠天吃饭”的生产方式，不利于粮食生产的稳定，也不利于粮食质量的提高，化肥、农药的大量施用，造成了农产品中农药化肥的残留，不管是对农产品的质量，还是对消费者的身体安全，都存在着很大的威胁。虽然我国一直在大力发展有机食品、绿色食品等优质安全的农产品，但在国际市场上的竞争力却不尽如人意。同时，农产品质量安全保障体系、监管体系的不完善，也为农产品的质量埋下了隐患，发展生态友好型农业必须要提高农产品的质量，提高农产品的吸引力和竞争力。

我国完善激励发展生态友好型农业采取的政策措施可以是：一要提高建设生态农田促进农业生产能力的认识程度。以建设高标准绿色生态农田为核心提高农业综合生产能力。坚持粮食主产省地位不动摇，坚持保障国家粮食安全责任不动摇，按照“稳定面积、主攻单产、确保总产”的发展路径，实施“藏粮于地、藏粮于技”战略，统筹利用各级财政资金，集中支持以“田地平整肥沃、灌排设施配套、田间道路畅通、科技先进适用、优质高产高效”为内容的高标准绿色生态农田建设，着力提升农业生产能力。二要强化农业生态环境保护。以发展绿色低碳循环农业为核心强化农业生态环境保护。树立绿色、低碳发展理念，积极发展资源利用节约化、生产过程清洁化、废弃物利用资源化等生态循环农业模式，着力推进农业节肥、节药、节水和清洁生产以及推广微灌、滴灌、喷灌技术，全面实施美丽乡村创建、农业标准化生产、畜禽清洁生产、绿色植保农药减量、测土配方施肥、农村沼气建设等行动，努力促进和实现资源节约型农业发展，着力提高农业生态力，巩固绿色低碳循环农业发展态势。三要提高农产品质量安全水平。以发展生态友好型农业为核心提高农产品质量安全水平。按照质量安全和绿色生态理念，完善农产品质量安全保障体系，建立省、市、县三级农产品质量安全举报机制，加快建立“乡速测、县定量、市监督、省预警”监测机制，建立健全省、市、县三级农产品安全事件应急指挥机构和运行机制，创建一批省级农产品质量安全县，建立农产品质量安全监管信用平台，大力推进农产品质量安全监管，着力提高农业竞争力，增强我国农产品的吸引力。

（五）激励发展多功能农业

之所以要激励发展多功能农业，是因为面对日益严重的土壤、水资源污染，农业基础设施建设薄弱，技术设施投入不足等制约因素，传统农业发展所带来的效益越来越少，农民在从事农业生产中所获得的收入也越来越少，农业对人们越来越没有吸引力，吸取其他国家农业发展的经验与教训，我国必须要鼓励发展多功能农业。发展多功能农业可以充分发挥农业在经济、社会、文化、政治、生态等方面的功能，通过发展有机农业、生态农业、休闲观光农业、都市农业等多功能农业，最直接的结果首先是增加农民的收入，其次是增加农产品的有效供给，提高农村可持续发展能力。发展多功能农业是对传统农业和传统产业的突破和创新，符合五大新发展理念的要求。发展多功能农业，可以有效地解决我国农业发展中遇到的问题和障碍，对于推进农业现代化建设和实施乡村振兴战略，都具有重要的战略意义。

我国激励发展多功能农业方面，成效越来越大。我国积极推进绿色生态农业、设施农业、智慧农业、休闲观光农业的建设，充分结合乡村振兴战略的具体要求，引进科学技术设施和投入资金致力于发展多功能农业。重点打造一批集农业生产、农耕体验、文化娱乐、科普教育、生态环保、加工销售于一体的休闲农业园区，将创建现代农业庄园和发展庄园经济作为推进农业与旅游业相结合的具体实践，作为带动新型农业现代化的重要抓手，作为发展农业、建设农村、富裕农民的重要载体，以国家倡导为契机，迅速开展省级、市级现代农业庄园建设工作。另外我国不断加大对设施农业、智慧农业、都市农业的投入，极力缩小因“二元经济结构”所带来的城乡差距。依托于乡村振兴战略的实施和新农村建设的要求，我国积极开展特色小镇的建设，形成了一批集旅游与农业观光采摘，农副产业共同发展的特色小镇，如巩义市的竹林小镇等，极大地促进了经济发展、社会进步、文化传承和农业生态保护。

目前，我国激励发展多功能农业存在的问题主要有：一是发展多功能农业科技条件相对落后。虽然我国实施了科教兴农的战略，强调要用科学技术来武装农业发展，确实也取得了较好的效果，但与发达国家相比，我国在发展多功能农业的过程中还存在着农业科技条件落后的问题。如受制于科学技术，我国设施农业的发展水平远远不如其他国家。在推进都市农业的进程中由于技术水平的限制难以实现城乡与农业的完美结合，同样，能源农业也因为技术条件的原因而不能得到很好的发展。另外，虽然建立了一些典型的农业科技示范园，但这些农业科技示范园的带动作用还不是那么明显，对于多功能农业的发展还不能起到很好的技术保障作用。二是多功能农业发展环境急需改善。多功能农业发展环境的恶化体现在许多方面。在生态农业发展过程中，农民意识观念的落后、自然环境的约束、基础设施的不足等造成了土壤肥力的下降、水土资源的污染，严重影响了农业的生态可持续发展。城镇化的加快，促进了更多工厂的建立，随之而来的是耕地被占用，环境被破坏。多功能农业发展环境得不到解决的话，对于文化农业、能源农业、都市农业的发展都百害而无一利。三是发展多功能农业资金投入不足。资金投入的不足，制约了有机农业的技术引进，阻碍了生态农业基础设施建设的投入，影响了旅游观光农业服务质量的提高，降低了能源农业对于技术人才的引进力度，对多功能农业的发展非常不利。单就目前休闲观光农业的发展来说，在一些地区政府的投入少之又少，银行等金融机构贷款门槛又太高，多半资金只能是通过当地居民出资，而居民的投资又有限度，难以支撑这一产业的长久运行，非常不利于旅游农业的持续发展。

我国完善激励发展多功能农业采取的政策措施可以是：一要健全科学技术保障体系。政府要出台并完善农业科技政策，发挥政策的引导作用，鼓励引导形成现代农业技术体系，发挥农业科技示范园的带动作用。按照做强核心区、提升示范区、扩大辐射区要求，统筹谋划、梯度推进现代农业科技示范园区建设，发展绿色生态农业、设施农业、智慧农业和休闲观光农业“四型农业”，切实将现代农业科技示范园区打造成现代农业产业的集聚区、现代农业科技与装备应用的展示区、现代高效农业发展与农业功能拓展的先行区。着力提高农业科技对于发展多功能农业的支撑力，使科教兴农战略落到实处。二要发展绿色低碳循环农业。以发展绿色低碳循环农业为核心强化农业生态环境保护。树立绿色、低碳发展理念，积极发展资源利用节约化、生产过程清洁化、废弃物利用资源化等生态循环农业模式，着力推进农业节肥、节药、节水和清洁生产以及推广微灌、滴灌、喷灌技术，全面实施美丽乡村创建、农业标准化生产、畜禽清洁生产、绿色植保农药减量、测土配方施肥、农村沼气建设等行动，努力促进和实现资源节约型农业发展，着力提高农业生态力，巩固绿色低碳循环农业发展态势。三要完善农村金融信贷体系。面对财政支农资金难以满足需求，招商引资力度不大等资金投入方面的问题，必须不断完善农村金融信贷体系。政府要在继续加大对农业发展资金投入的同时，完善健全农业保险政策，切实保障农业发展；要鼓励社会力量广泛参与，如农民积极参与筹资，地方政府积极引进资金项目；要引导银行等金融机构降低对农业贷款的门槛，针对旅游观光、生态农业等开展优惠贷款业务，推进多功能农业的进一步发展。

（六）激励开展农业政策性保险

之所以要激励开展农业政策性保险，是因为开展农业政策性保险，对于农业发展、农民增收、农村脱贫具有不可替代的作用。农业生产面临着自然风险与市场风险的制约，自然风险主要是洪涝灾害、干旱、水土流失等不可抗因素，市场风险主要是价格不稳定，农产品易出现难卖等问题。这些问题与风险的出现会严重降低农民的收入，影响人们的生活。因此，必须开展农业政策性保险，使农民在粮食生产遇到问题时能够得到国家政府的相关补贴，弥补自己的损失，既能保证农业的发展，又能促进经济的发展。

我国的农业政策性保险发展取得了很好的成效。开展农业政策性保险的工作机构不断完善，在保险过程中，成立政策性农业保险领导小组和工作组，规划引导工作的开展。同时，与地方各级政府相互沟通，相互协调，相互配合，共同服务于农业政策性保险的实施。保险覆盖的范围不断扩大，涉及水稻、玉米、渔业等方面，极大地减少了农户的经济损失。2016 年，我国农业保险原保险保费收入为 417.71 亿元，同比增长 11.42%，参保农户 2.04 亿户次，提供风险保障 2.16 万亿元。这种情况，还远远满足不了发展现代农业和实现农业现代化的需要。

目前，我国激励开展农业政策性保险存在的问题主要有：一是农业政策性保险宣传不到位。有些地方政府的工作人员不清楚不了解农业政策性保险实施的目的和规划，更不清楚政策性农业保险的收费标准，很多认为政策性农业保险的实质就是乱收费，没有什么实质性的作用，因此开展农业政策性保险工作的积极性不高。而大多数的农民更不清楚农业政策性保险的存在，不知道它的覆盖范围，不知道投保的过程和结果，也不知道农业损害到什么程度才能够申请保险，这都严重影响了农业政策性保险的实施和推广。二是法律法规不健全。农业政策性保险的实施需要依靠于法律文件的支撑，而我国目前还没有专门的关于农业政策性保险的法律法规。因为缺少相应的法律法规，进行理赔的标准和衡量方法难以确定，导致了理赔过程中出现难度大、成本高的问题。三是投保需求明显不足。本来受自然风险和市场风险的损害，农民进行农业生产往往是高投入、低收入，从农业生产上获得的收入较低。而因为进行农业政策性保险理赔过程的难度大、成本高等因素，农民进行参保时需要交纳较高昂的保费，这难免会让人们放弃参保的想法。而且，大多数农民的意识观念落后，风险意识淡薄，不愿意将多余的钱放到农业政策性保险上来，这些都导致了投保需求的不足。

完善激励开展农业政策性保险采取的政策措施可以是：一要加大农业政策性保险的宣传力度。加大对地方政府工作人员的培训力度，使他们充分了解这项政策，了解参保与理赔的条件与流程，这样有利于他们工作开展的速度与效率。同时，要通过电视、媒体等方式对基层农民进行宣传教育，使他们真正了解这项政策，还可以通过展板、政府公告、下乡推广与答疑等方式，提高农民的信赖度，提高农民参保的积极性，促进农业政策性保险工作的展开。二要健全法律法规。要想保证农业政策性保险的顺利推广，就要建立健全相应的法律法规，目前我国相应法律法规的不健全严重影响了政策实施的进程和效果，因此必须以法律文件的形式对相关概念和实施法则与流程进行规范，充分发挥政府的主导地位，可以借鉴其他国家的成功经验，建立健全相应的法律法规，真正做到在实施过程中有法可依和有理有据。三要加大财政的支持力度。农民投保需求的不足在很大程度上是由于保费金额太大，农民难以接受。农业生产本身的收益就少，许多农民把从事农业生产看成是“食之乏味，弃之可惜”的“鸡肋产业”，自然不愿意在农业上再投入其他的成本。为了改善这一现状，政府部门可以加大财政的支持力度，出台相应的政策措施，由政府财政部门承担一部分农业保费，降低农民的保费金额，提高农民参保的积极性。同时，还要通过财政支出增加保险风险分析人员的数量，提高农民的风险意识，增强他们对于农业政策性保险的认可度，继而产生投保的需求。

四、注重“五项防范”

需要注重的“五项防范”，具体包括防范外资并购风险，防范外来生物入侵，防范耕地非农化，防范质量安全风险，防范舍弃传统农耕文化精华。

（一）防范外资并购风险

之所以要防范外资并购，是因为外资并购对于我国农业产业的发展是一把“双刃剑”，有利也有弊。外资并购企业往往资金雄厚，能够在很大程度上改善我国农业资金不足的困境，能够将大量资金用于农业发展各方面的建设，提高我国农业的可持续发展能力。可以通过提升企业的经营管理水平来促进农业产业的结构优化，加快农业产业化步伐。同时，也有利于发展外向型经济，增强产品的国际竞争力，带动当地经济的发展。

但是，在外资并购的过程中也会出现一系列的风险问题。外资并购后的企业往往在资金、技术、人力方面的实力比较强大，会迅速地占据市场，渐渐地占据优势地位，通过对生产要素的占有对市场进行垄断，逐渐地将许多中小企业挤出市场。同时，外资并购在很大程度上会弱化我国农业企业的自主创新能力，非常不利于我国农业的健康发展，因此必须加大对外资并购风险的防范。

我国防范外资并购风险方面，成效不是十分明显。为了防范外资并购风险，我国相继出台了《外商投资产业指导目录》《反垄断法》等法律法规，并且建立了国家安全审查制度。《外商投资产业指导目录》是我国指导外商直接投资的重要产业政策，自1995年首次颁布以来，根据经济和对外开放需要，每隔一段时间适时进行修订。目录将外商对农业的投资分为鼓励类、限制类和禁止类，对粮食收购和大型农产品批发市场的建设、经营进行限制，对转基因生物研发等进行禁止，规划了外资企业的运营。《反垄断法》和国家安全审查制度的建立，也为防范外资并购风险起到了很好的作用，不断推动着我国农业产业的健康发展。

目前，我国外资并购方面存在的问题主要有：一是监管审查机制不完善。我国对于外资并购的法律法规界定不明确，规范条例不健全，在外资企业入驻时没有很好地对企业并购的动机等进行监管审查，导致了一部分外资企业的恶意进入，严重影响了我国农业产业的稳定发展；我国在相关条例中也没有对外资并购的投资、限制条件进行限定，没有对市场进行很好的监管，导致外资并购企业在生产、加工等环节的控制力度越来越大，对我国中小企业的发展产生了严重的挤出效应，非常不利于我国企业的健康持续发展。二是削弱我国企业的竞争力。外资企业通过注资随后并购我国农业相关企业后，利用其资金优势、技术优势等不断地对农业生产、加工、销售等环节进行控制，甚至对某些生产要素进行垄断，不断控制市场，使我国企业逐渐丧失了市场定价权和生产材料的采购权，使得我国企业只能不断地削减农产品的生产和销售空间，这既导致了产业的畸形发展，又对我国企业的国际竞争力产生了很大的不利影响。三是粮食供给安全受影响。目前，我国的许多农业中小企业在资金、技术等方面的实力还不强，外资企业的不断并购，对市场进行控制，决定着市场定价权和销售权，通过对要素的控制打压我国企业农产品生产和销售的空间。外资并购企业不断地加大农产品的进口量，影响我国的粮食供给，使得我国许多农业企业不断减少种植面积，严重制约了我国粮食生产的水平。同时，外资并购企业还严重影响了我国农业企业的自主创新能力，阻碍了农业科技的发展。

我国完善防范外资并购风险采取的政策措施可以是：一要健全完善监管机制。对市场展开广泛深入的调查，了解外资并购企业的投资条件、运行状况，健全相应的规范条例，引导外资并购企业健康有序发展。严格执行《反垄断法》，为企业创造良好的竞争环境，防范恶性竞争垄断行为。健全完善生产要素等的市场监管机制，合理规划要素的投入。在各地成立相应的监管审查工作小组，时刻规范引导竞争市场的运行，发挥外资并购企业带动地方经济发展作用的同时，加快我国农业产业化步伐，促进产业结构优化升级。二要激励中小企业发展。虽然我国中小企业的发展程度还不是很好，但在很大程度上带动了农业产业的发展，促进了农民的就业。在外资并购风险日趋严峻的环境下，必须加大中小企业的扶持发展力度。一方面，通过降低市场进入门槛，鼓励更多中小企业发展，削弱外资企业的控制性优势地位，改善企业竞争环境；另一方面，通过加大对中小企业的资金和人力投入，提高企业的自主创新能力，创造自己的特有优势，不断争夺农产品生产市场，提升企业的经营管理水平，增强企业的竞争力。三要提高粮食生产水平。通过培育新型职业农民、增加农业推广投入、加大农业基础设施建设、强化农田水利设施建设、提供科学先进的物质装备等方式，提高农业生产效率；通过加快农业生产经营方式的转变提高农产品的质量，提高粮食生产的数量和质量，稳定粮食生产能力。提高粮食生产水平，稳定粮食生产供给，对防范外资并购风险具有不可替代的作用。

（二）防范外来生物入侵

之所以要防范外来生物入侵，是因为外来生物入侵的最直接危害，就是破坏当地的生物多样性。外来生物引入后，由于在当地缺乏天敌或者竞争生物，会在很短的时间里快速繁殖，继而占据其他生物的生存环境，使其他生物数量急剧减少甚至是灭绝，破坏生态平衡。另外，一些外来生物还严重危害人们的健康，如豚草散发的花粉就对我国人民的身体健康产生了很多危害。外来生物入侵之后，会影响我国农林牧渔业的发展，使农作物的产量降低，造成巨大的经济损失。如我国每年因打捞水葫芦的费用多达 5 亿～10 亿元，由于水葫芦造成的直接经济损失接近 100 亿元，每年因外来生物入侵带来的经济损失约 2 000 亿元。为了维护生态平衡，保护生物多样性，减少经济损失，必须大力防范外来生物入侵。

我国防范外来生物入侵方面，成效比较明显。从我国立法情况来看，我国有多部法律法规涉及外来有害生物入侵的管理。如《进出境动植物检疫法》《野生植物保护条例》等，基本实现了防范外来生物入侵的依法管理。检验检疫部门每年从进境货物、运输工具、旅客携带物中截获大量外来生物，有效地防止了大批外来有害生物的传入。另外，形成了多个部门协调机制，充分发挥各部门的职能和职责，相互帮助，相互推进，共同防范外来生物的入侵，减少了经济损失。

目前，我国防范外来生物入侵方面存在的问题主要有：一是防范外来生物入侵的投入不足。在政策投入方面，虽然我国已经有《进出境动植物检疫法》等法律法规的支撑，但和美国及其他国家相比，我国还没有建立一套完善的《外来生物入侵管理法》。在资金投入方面，政府的资金投入还不能支撑外来生物入侵的整治工作，最重要的是无法支撑对于外来生物入侵造成的经济损失的弥补，我国在防范外来生物入侵方面的投入急需加大。二是技术设备手段落后。我国技术设备的落后导致了相关检疫人员无法很好地展开工作，仅靠一些技术落后的设备无法对外来生物的特性进行彻底的检查，我国的监测预警设备的自主创新能力还较低，与其他一些发达国家相比滞后。在引入外来生物以后，对其的监测工作无法全面展开，在外来生物的适应性和危害性越来越大的环境下，必须加大我国对于外来生物入侵的监测检疫设备的研发和引进，更好地防范外来生物入侵。三是公民防范意识不足。在外来生物的引进阶段，公众的风险预测能力不足，对外来生物入侵的危害性认识不足，往往只是被外来生物的外在所吸引，无法很好地了解其造成危害的一些特性。如被喻为“生态癌症”的水葫芦，它的引进就是因为它美丽的外表。在引进以后人们缺乏监测防范意识，只有在产生危害，造成越来越大的经济损失之后才会采取行动去整治，但这已是“亡羊补牢，为时已晚”了。因此，必须提高公民的风险防范意识，维护生态平衡。

我国完善防范外来生物入侵采取的政策措施可以是：一要加大资金和人力投入力度。加大对防范外来生物入侵风险的投入力度。要加大对外来生物引进的检疫和引进后的监测力度，就要一方面加大资金投入引进先进的检疫工具和手段，提高检疫部门工作人员工作的效率和精准度；另一方面加大资金投入研发监测预警设备，有助于及早发现外来生物入侵的危害，降低风险。另外，还要加大外来生物入侵监测人员的投入力度，切实保障对外来生物全方位、多领域的防范。二要用先进技术设备提高监测能力。三要运用先进的技术设备，帮助检测人员顺利进行工作，能够最快地监测外来物种的特性，同时，利用网络数据的方便快捷性为外来生物建立相关数据库，实时监测外来生物的生长状况，还可以和其他国家进行协调，实现数据互通，多国之间进行经验借鉴，降低风险损失。另外，还要提高我国的自主创新研发能力，研发相关的监测预警设备，在风险发生之前成功预测，及时采取措施，将风险程度降到最低。四要提高公众意识。通过相关法律法规的普及，提高公众的认识，了解外来生物入侵的风险，提高公众的危机意识。我国外来生物入侵的一个重要途径，就是居民出国旅游回来时会携带一些水果、工艺品等，这些都是一些外来生物的聚居地，一旦检疫部门检疫不出，由游客带入境内，很有可能会产生意想不到的后果。可以通过普法宣传和教育，提高人们的意识，了解外来有害生物的种类、特性，了解外来生物入侵造成的生态破坏和经济损失，使人们树立防范意识，全社会共同行动防范外来生物入侵。

（三）防范耕地非农化

之所以要防范耕地非农化。是因为耕地关系着我国广大农民的切身利益，农民通过耕地从事粮食生产，保证我国的粮食供给，又通过粮食的商品化获得利益，促进我国经济社会的发展。近年来，随着土地流转，我国城镇化、工业化的发展与农业发展存在的矛盾越来越大。耕地的非农化非常不利于农业的发展和农业现代化的推进，耕地的工业化、非农化更是不利于农业、农村的生态文明建设，不利于经济社会持续健康发展。从近几年的耕地面积变化情况来看，我国的耕地面积的走势是不断下降的，原因主要有建设占用、灾毁、生态退耕、农业结构调整等。耕地非农化程度的不断加大，对于我国社会的发展存在着一定程度的隐患，必须要加大耕地非农化的防范力度。

我国防范耕地非农化方面，成效比较明显。2010 年 1 月中央印发的《关于农村土地征收、集体经营性建设用地入市，宅基地制度改革试点工作的意见》，标志着我国农村土地制度深化改革进入试点阶段。习近平同志也多次强调，要实行最严格的耕地保护制度，依法依规做好耕地占补平衡，规范有序推进农村土地流转。2016 年，全年开展并验收土地整治项目 13 406 个，建设总规模为 333.73 万公顷，新增耕地 17.58 万公顷，总投资 618.75 亿元。2016 年全国共发现土地违法案件 74 055 件，涉及土地面积 2.69 万公顷，立案查处违法用地案件 4.71 万件，收回土地 1 618.17 公顷，罚没款 10.50 亿元。从这些数据可以看出我国正在不断加大对违法用地的整治力度，从立法与行动两个方面系统全面防范耕地非农化。

目前，我国防范耕地非农化方面存在的问题主要有：一是监管力度不到位。通过土地流转方式，越来越多的工商资本注入农村，通过承包土地，成立农民经济合作社和发展休闲农业等，工商资本在给农村带来资金、技术的同时，也对我国耕地的面积及质量产生了不利影响。由于监管审查机制不健全，审查力度小等原因，不能有效地对某些工商资本土地承包的经营用途、时间及规模进行监管审查，导致工商资本为了获取利益不断地加大对农业用地的占有，基于粮食生产效益低的特点，他们又通过改变农业用途来达到获利的结果，对于我国耕地面积和质量的保护非常不利，因此必须进一步加大完善工商资本监督审查机制的力度。二是政策规范不严。由于近年来粮食生产与供给方面存在的矛盾越来越大，粮食库存量的增多，使得我国的粮食价格难以达到人们的预期，而土地流转过程中土地租金越来越高，人们在粮食生产上获得的收入远不如把耕地用于其他用途得到的收入多，于是许多人选择将土地流转出去或者将土地闲置起来，靠着土地流转租金或者农业补贴来获得收益。政府在这方面的规范力度不大，难以对农民耕地的用途进行合理的规划及强制的限制，这样既造成了耕地的非农化又加大了我国的财政负担，对经济社会的发展极其不利。三是城镇化和工业化建设与农业发展不协调。城镇化、工业化进程的加快，对于土地的需求越来越多。每年有越来越多的耕地被用于建设，从 2015 年有关部门公布数据来看，2015 年全国建设用地总面积为3 906.82万公顷，新增建设用地 51.97 万公顷。为了维护农民的利益和平衡城镇化、工业化与农业的发展，在占用农业用地时要求做到“多用多补，少用少补”，占用一定面积的耕地，需要用同等质量和面积的土地进行弥补，但在现实中，存在的许多只占不补的现象，即使补也是用质量低下、面积不足的土地进行弥补，在推进城镇化、工业化发展的同时严重损害了农业的发展与农民的利益。

我国完善防范耕地非农化应采取的政策措施可以是：一要完善监督审查机制。加大耕地非农化的防范力度，很重要的一个途径就是要加大对于工商资本流转土地的监督审查力度。在土地流转之前要对工商资本进行土地承包的经营用途进行了解，要鼓励发展生态友好型、劳动密集型的农业。要对工商资本对于土地的承包时间和规模进行限制，防止对耕地的无限使用。在工商资本经营过程中也要不断地审查监督其运营过程，禁止其改变农业用途，利用耕地从事农业以外的其他产业。二要加大政策规范力度。政府要加大对于耕地非农化防范的制度投入，完善农业补贴政策，对于进行不正当的土地流转和恶意土地闲置的农民或者一些农业经营主体采取停发农业补贴、停止享受相关农业生产扶持政策等措施，完善永久基本农田保护政策，严守 18 亿亩耕地红线，防范耕地非农化。三要规范地方政府的工作方式，建立土地流转信息平台，规范行政执法人员，多个部门协调推进，全方位、多角度防范耕地非农化。四要推进新型城镇化建设。新型城镇化的核心特点在于不以牺牲农业和粮食、生态和环境为代价，在推进新型城镇化的过程中难免要进行土地的流转。推进建立新型城镇化，就要完善土地流转制度。农民最在乎的是土地，农民最宝贵的是土地，农民最大的资源仍然是土地。只有明确土地权属，做好合法、规范、有偿的土地流转工作，切实保护农民合法权益不受侵害，才能更好地保证在推进新型城镇化建设时不损害农业和农民的利益，避免耕地非农化。

（四）防范质量安全风险

之所以要防范质量安全风险，是因为“民以食为天，食以安为先”，食品的安全性对于人们的生活具有非常重要的作用。由于耕地面积不断被占用，耕地面积越来越少，为了保证粮食产量不得不施用大量的农药化肥，但农药化肥的利用率较低，残留率较高，造成了农产品质量的下降。农产品质量安全风险对我国农业、农产品的市场竞争力具有很大的损害。另外，随着近几年“三聚氰胺”等事件的发生，人们对于高质量、高安全性的食品需求大幅度增加。在购买相关产品时，人们由于对国内产品质量的不放心，往往更倾向于购买别国产品，极大地挤压了我国食品的市场占有率。据统计，我国几乎每年都是世界上因产品质量问题受通报较多的国家之一，每年因此造成的直接和潜在的经济损失约 500 亿美元。防范质量安全风险，提升我国食品的质量安全水平，可以有效地保证群众的身体健康，继而提高市场竞争力及市场占有率。进口的农产品和进口食品的安全也存在着极大的质量安全隐患，如果不加以防范，对我国居民的身体健康及生命安全都会产生巨大的威胁，因此必须大力防范质量安全风险。

我国防范质量安全风险方面，成效巨大。通过质检部门、安全监管部门以及企业和人民群众的努力，我国防范农产品、食品质量安全风险方面有了很大的成效，近两年没有发生重大食品问题。据农业农村部数据显示，2017 年全国农产品质量安全例行监测总体合格率达 97.8%，继 2016 年全国化肥施用量接近零增长之后，2017 年化肥施用量又有了较大幅度的下降。同时，我国质检部门还加大对进口食品的安全监管审查。2016 年共从 82 个国家（地区）检出不符合我国法律法规和标准的未准入境食品 3 024 批，3.5 万吨，5 654.2 万美元，同比分别增长 8.4%、325.2%和 135.5%，缓解了我国食品安全问题的发生。为了进一步提升农产品质量，在全国推进质量兴农绿色兴农品牌强农工作会议上，提出了启动 2018 年农业质量年行动，切实推进农产品质量安全风险防范工作。

目前，我国防范质量安全风险方面存在的问题主要有：一是防范意识不够。一些食品安全事件的发生既对人们的身体健康和生命安全产生了很大的危害，也对我国经济造成了很大的损害。这些事件的发生显示了社会各界对于质量安全风险的防范意识还不足。对于质检部门来说，在食品安全危机发生之前缺乏应有的危机预警机制，缺乏对市场的深入了解，没有及时发现风险；在事件发生之后，更是处于被动的地位，对风险的处理不到位。对于生产企业来说，只重视利益，忽略产品的安全性，对于产品质量重要性以及风险发生后的后果认识不够。对于群众来说，往往倾向于认为进口食品的安全性高于本国产品，盲目轻信进口食品，缺乏相应的防范意识。二是质检排查力度不够。质检部门对于关乎人们日常生活的重要产品，重要企业缺乏相应的排查。排查力度的不到位使得有些企业钻空子，贸然大胆地对投入生产的材料动手脚，而质检的松懈导致了残次商品流入市场，这样既危害了消费者的权益，也使群众对于质检部门的信任度大幅下降，对质检部门产品怀疑。同时，质检相关部门还应该对于自身的工作人员队伍和工作质量进行排查。而现在往往出现机构人员与企业相互勾结，包庇隐瞒，徇私枉法的情况。排查审核力度的不足，也使质检监管人员与企业里通外合严重破坏我国的食品安全系统。三是防范工作难落实。对于《食品安全法》等法律法规的制度落实不够，执法人员难以完全了解这些法律法规的规定，对于制度的认识存在着一定的偏差或者盲区，造成了对于某些制度措施难以落实的困境；有些机构部门会提前制定防范措施以规避风险，但市场的不确定性和多变性对于防范措施的落实增加难度；责任追究难落实，相关部门中的责任分工不太明确，没有做到各负其责，在开展工作时出现“踢皮球”的现象，相互推卸，难以实现“谁主管、谁负责”的责任落实。

我国完善防范质量安全风险采取的政策措施可以是：一要提高相关人员意识。可以通过加大相关知识的普及来提高社会各界人士质量安全风险的防范意识。提高质检部门的监管意识，使他们明白质检的把控监测功能对于提高食品安全的重要性。对违法企业加大处罚力度，对依法规范生产产品的企业进行奖励，促进企业建立诚信体系，维护市场的正常运行。对于人民群众来说，可以通过相关案例的教育与宣传，让人们了解质量安全风险对于自己切身利益的损害，为人们敲响警钟，购买产品时提高防范意识。二要加大排查力度。质检部门要加大对重要产品、重要企业的审查排查力度，排查范围要涉及产品生产的各个环节，全方位，无死角地对企业进行监督。同时，通过问卷、访谈的方式深入市场对消费者和经营者进行了解，加大对市场产品的排查力度，遏制违法行为的发生。要对本部门的工作质量进行排查，了解工作人员的工作方式和进度，及时发现工作中不合理的地方，加大风险监测力度，规范合理地制定符合部门工作进度和当地实际情况的监测计划，有效推进质量安全风险防范工作的开展。三是加大防范落实程度。一方面要加大对于防范措施的落实力度。针对质量安全风险事件，质检部门会提前制定预警措施，随后依据事件的发生进程调整规范措施；另一方面要规范部门中的责任落实情况，明确各分部门的职责与分工，使各部门能够发挥自己的功能与作用，在处理风险时有计划有纪律地开展工作，切实做到工作有人做，责任有人负，能够尽快地发现问题的所在，具体问题由具体负责人员处理，提高防范质量安全风险工作的进度和效率。

（五）防范舍弃传统农耕文化精华

之所以要防范舍弃传统农耕文化精华，是因为传统农耕文化值得发扬光大。传统农耕文化是指在人类社会发展中，由农民在长期农业生产中形成的一种风俗文化。传统农耕中人们遵循着“日出而作、日落而息”的精耕细作的方式进行农业生产，没有机械设备，多靠人力投入进行耕作，以其独特方式成为我国文化的一种类型。但随着经济社会的发展，人们对于生产效率越来越看重，经济利益逐渐取代社会效益和文化效益，人们逐渐舍弃了传统农耕中的一些生产方式，如改施用农家肥、人工除草为使用农药化肥，对农业发展的生态环境造成了极大的损害。传统生产方式中文化精华的遗失，致使了解传统农耕文化这一中华文化的人越来越少。我国是一个农业大国，必须要大力防范传统农耕文化精华的丢弃。传统农耕文化精华符合今天环保、低碳的生态理念，有利于推进建设农业强国。同时防范舍弃传统农耕文化精华，创新传统农耕文化传承方式，对于丰富人们的文化生活，维护世界文化多样性具有重要的作用。

我国防范舍弃传统农耕文化精华方面，成效较大。政府不断加大对于防范传统文化遗失的管控力度，在多次会议都提出要汲取传统农耕文化精华，推进农业可持续发展，弘扬中华优秀传统文化。习近平总书记指出，农耕文化是我国农业的宝贵财富，是中华文化的重要组成部分，不仅不能丢，而且要不断发扬光大。近些年来党和国家对于弘扬传承传统文化给予了高度重视，提高了人们防范传统农耕文化精华遗失的意识，纷纷行动起来，保护传承中华优秀传统文化。仅就农耕主题的博物馆建设来说，不仅显现了古代农耕文明发展史，而且还重视农耕文化嬗变，如中国农业博物馆、华东农大创办的中华农业文明博物馆、西安的关中农耕文化博物馆、湖北保康的尧治河农耕文化博物馆等，通过参观博物馆，体验农耕过程，使用传统农耕工具，加深了人们对于传统农耕文化的认识，促进了传统农耕文化的传承与发展。

目前，我国防范舍弃传统农耕文化精华方面存在的问题主要有：一是防范舍弃传统农耕文化精华的手段单一。现在向人们传播传统农耕文化的方式主要是依靠实体博物馆，但现代人们生活节奏加快，不愿意将极其有限的空余时间放在参观博物馆上面，达不到宣扬传统农耕文化的效果。而且这些博物馆大多建立在城市或者高校中，对于更有效传承传统农耕文化的基层农村却少有涉及，基层农村居民体会不到传统农耕文化的重要性，自然不会传承。另外这些博物馆的建立具有一定的地域性和独特性，仅仅参观一个或少数几个根本达不到传统农耕文化弘扬的作用。二是传统农耕文化吸引力不足。由于农业地位的不断弱化，人们对于农业的态度并不是那么积极，仅靠单纯的概念普及和传承呼吁根本提不起人们的兴趣。相比于中华优秀传统文化中的其他领域，传统农耕文化的传承明显不足。必须要将传统农耕文化与当代人们感兴趣的事物结合起来，提高人们的参与度与认识度，不然防范舍弃传统农耕文化精华的工作会更难展开。三是传统农耕文化与当代农业发展契合度不高。传统农耕文化讲究的是精耕细作，为了做到不污染环境，需要人工进行除草，使用的肥料也多是农家肥，但这些耕作过程需要耗费大量的人力，而当代农业发展的过程中，大多使用机械设备代替人力，用农药化肥代替农家肥，传统农耕文化更多讲究的是生产质量和环境保护，而在现在的农业生产过程往往更加看重的是生产产量。为了提高产量，人们逐渐舍弃了传统农耕方式，通过机械设备投入和农药化肥的大量施用来提高产量。传统农耕文化显然不符合当今高效率、高收入的生产特点，在弘扬传统农耕文化与发展现代农业之间往往做不到合理的结合，限制了传统农耕文化精华的保存。

我国完善防范舍弃传统农耕文化精华采取的政策措施可以是：一要丰富传承传统文化的手段。仅靠实体博物馆显然不能达到预期的效果，必须丰富传承传统文化的手段。依托于人们对于电子产品的依赖性和浏览信息的快捷性要求，借助于当今大数据时代的便捷性，推广建立数字博物馆或者智慧博物馆，使人们随时随地可以浏览农耕工具的图片，观看农耕方式的生产过程。要发挥微信、微博等信息传播媒介的作用，设立微信公众号、官方微博等，提高人们的浏览量与转发量。针对于基层农村来说，可以通过加大电视、广播等媒体传播力度，向人们传播农耕文化，提高农村居民的认识。二要创新传统农耕文化传承方式。可以借助于发展火热的多功能农业中的休闲观光农业，实现休闲旅游业与农耕文化的有效结合，通过博物馆的参观与浏览使人们对于传统农耕文化有一个大致的了解，之后亲身体验农耕过程，如除草、采摘等，以及亲身使用农耕工具，让人们对于传统农耕文化的认识更上一个层面。如西安高陵大型农耕文化体验园就将农耕文化与休闲旅游业很好地结合在一起，既获得了经济效益也获得了很好的社会文化效益。同时，还可以多途径创新传统农耕文化的宣传途径，利用现代传媒、教育、文学作品等，切实推进传统农耕文化的传承与发展。三要以传统农耕文化精华促进现代农业发展。随着历史的演变，传统农耕文化并不全部符合要求，我们要发展现代农业，推进农业现代化，如果能够做到传统农耕文化精华与现代农业结合，那么对于农业的可持续发展和生态环境的改变都将具有很重要的作用。传统农耕文化中精耕细作等方式非常符合今天的发展生态友好型农业的要求，可以借鉴传统农耕文化中的绿肥、有机肥的使用以及保护土壤承载力的方式来发展环保农业和生态农业，对于通过使用传统农耕方法来确保农产品质量的农民，给予农产品质量安全补贴，激励人们弘扬传统农耕文化精华，树立保护自然、尊重自然的农业生态观，以传统农耕文化精华来推进农业现代化。

第二十六章　推进中国特色新型农业现代化道路实践模式创新的政策制度体系

著者认为，加速实现中国特色新型农业现代化最根本的依靠，应该是政策制度体系。因为创新和推进中国特色新型农业现代化道路，是非常复杂的系统工程，必须实现集成化耦合协同和“一盘棋”整体联动。要推进中国特色新型农业现代化道路实践模式创新，就要在创新“十大政策”、完善“六项制度”等方面，建立和完善系列化、配套化、集成化的政策制度体系。

一、创新“十大政策”

需要创新的“十大政策”，具体包括土地流转集中政策，粮食综合生产能力提高政策，现代农业产业体系构建政策，现代农业功能布局优化政策，粮食主产区利益补偿政策，强农惠农富农政策，农业保护体系建设政策，农业基础设施建设政策，农业科技创新与进步政策，以及农业农村体制改革政策。

（一）土地流转集中政策

土地流转集中政策，是指为了促进农村土地通过流转，逐步达到和实现适度的集中，从而可以发展适度规模经营的政令和策略。

之所以要制定和出台土地流转集中政策，是因为在我国目前的土地经营方式中，传统农户的分散经营方式仍然占据着主导地位。且不说传统农户的分散经营方式，与大型农业机械的使用、大面积的高新科技推广、主导产业形成、知名品牌创建等不适应，更是与种养大户、家庭农场、农民专业合作社、农业产业化龙头企业以及农业产业化联合体发展的要求不适应。在目前乃至今后的很长一段时间内，即使是不能大规模地推进土地流转和集中，也有必要通过政策引导促进部分土地的流转和集中。

农地流转问题是解决当前中国农村经济发展关键因素，解决好农地流转问题对于促进农民增收、农村经济发展以及现代农业发展具有重要意义。事实上，我国早就有了相关的土地流转集中政策。2004 年 10 月，国务院颁布《关于深化改革严格土地管理的决定》，其中关于“农民集体所有建设用地使用权可以依法流转”的规定，强调在符合规划的前提下，村庄、集镇、建制镇中的农民集体所有建设用地使用权可以依法流转。2005 年 3 月，农业部出台了《农村土地承包经营权流转管理办法》，进一步规范农村土地承包经营权流转行为。2005—2006 年中央 1 号文件，也都对此进行了引导和部署。2007 年以来，中央制定和出台了促进土地流转和集中的新政策，一直到实施土地“三权分置”，目的都是促进土地流转和集中，设法扩大经营规模，提高劳动生产率（表 26－1）。

表 26－1　近年来我国土地流转政策演变

时间	文　件	主要内容
2007.10	十七大报告《高举中国特色社会主义伟大旗帜　为夺取全面建设小康社会新胜利而奋斗》	努力建立健全土地承包经营权流转市场
2008.10	《中共中央关于推进农村改革发展若干重大问题的决定》	要求搞好农村土地确权、登记和颁证工作，建立健全农村土地承包经营权的流转市场
2013.11	《中共中央关于全面深化改革若干重大问题的决定》	完善农村土地流转政策，规范土地流转市场
2014.01	2014 年中央 1 号文件《关于全面深化农村改革　加快推进农业现代化的若干意见》	将土地承包经营权进一步明确划分为承包权和经营权；要引导和规范土地经营权在市场中的有序流转
2015.02	2015 年中央 1 号文件《关于加大改革创新力度　加快农业现代化建设的若干意见》	健全农村产权保护法律制度
2014.11	《关于引导农村土地经营权有序流转发展农业适度规模经营的意见》	稳定完善农村土地承包关系，规范引导农村土地经营权有序流转，加快培育新型农业经营主体，建立健全农业社会化服务体系
2016.07	《农村土地经营权流转交易市场运行规范（试行）》	明确市场交易主体、条件和品种，规范交易具体事项，更加注重保护农民的权益
2017.09	《关于完善农村土地所有权承包权经营权分置办法的意见》	坚持土地集体所有权根本地位，严格保护农户承包权，加快放活土地经营权
2019.02	2019 年中央 1 号文件《中共中央国务院关于坚持农业农村优先发展做好“三农”工作的若干意见》	深化农村土地制度改革，完善落实集体所有权、稳定农户承包权、放活土地经营权的法律法规和政策体系，深入推进农村集体产权制度改革
2020.01	2020 年中央 1 号文件《中共中央国务院关于抓好“三农”领域重点工作　确保如期实现全面小康的意见》	推动温室大棚、养殖圈舍、大型农机、土地经营权依法合规抵押融资

（续）

时间	文　件	主要内容
2021.01	2021年中央1号文件《中共中央　国务院关于全面推进乡村振兴　加快农业农村现代化的意见》	坚持农村土地农民集体所有制不动摇，坚持家庭承包经营基础性地位不动摇，有序开展第二轮土地承包到期后再延长30年试点，保持农村土地承包关系稳定并长久不变，健全土地经营权流转服务体系

伴随着我国一系列土地流转政策的出台和落实，我国土地流转市场逐步建立和完善，农业经营规模也有所提高。然而，截至目前这些战略措施似乎没有收到预期的效果，我国农地流转率依然较低。虽然近年来我国土地流转水平已经有了较大幅度提高，但是整体水平仍然偏低，农业生产经营仍然以传统散户经营为主，户均耕地面积较小，在较大程度上不利于农业适度规模经营，制约了农业现代化、产业化经营，不利于资源的优化配置和农户收入的提高。

尤其是，在实际操作中所取得成效，没有预期的那么理想。基本的情况是：经济发达地区的土地流转集中，比较早、比较快、比较好，因为经济发达地区非农产业发展、农业劳动力转移情况比较好；经济落后地区的土地流转集中，比较晚、比较慢、比较差，因为经济落后地区非农产业发展、农业劳动力转移情况比较差。目前，经济发达地区的土地流转集中基本上已经完成，而经济落后地区的土地流转集中仍有漫长的路要走。即，绝对不能“毕其功于一役”，而要在政策上顺应大势，因势利导。

2017年，我国仍有近41.48%的人口在农村，农村人口数量依然比较庞大，人均耕地资源十分有限，农地资源配置远未达到最佳的状况，是缺乏效率的，仍存在帕累托改进的地方。目前，部分农户决策行为的不理性，比如宁可让土地撂荒或进行粗放经营，也不同意流转土地，从而使想多耕种土地的农业生产经营者无法租到更多土地，导致耕地资源利用效率较低、土地收益率较低。这对农户而言，不利于农户增收；对社会而言，不利于土地资源合理配置、不利于农业现代化的发展，对国家粮食安全也形成隐患。

要完善土地流转集中政策，就必须充分考虑如下几点：

一是进一步明晰和强化土地权属政策。在明确“三权分置”的情况下，坚持确保所有权、稳定承包权、搞活使用权的原则，维护农民的权益，坚持“自愿、有偿、依法”的原则。比如说：集体土地所有权的主体只能是农民集体，到目前为止还没有全国范围的统一主体，到底是村民小组集体土地所有，还是归村集体土地所有、乡镇集体土地所有，学术界、理论界莫衷一是、没有定论，实际工作中没有一致意见，形形色色、五花八门。有些地方，村民小组集体土地所有、村集体土地所有、乡镇集体土地所有大约各占 90%、5%、5%，而从管理权限来看，属于村集体土地所有权的由村集体经济组织或者村民委员会经营、管理，属于村内农民所有的分别由村内的农村集体经济组织或者村民小组经营、管理，属于乡镇的则由这一级的农村集体经济组织经营、管理。管理权属不清，一方面给实际工作带来了困惑，另一方面还会发生越俎代庖之事。尤其是当农村土地被征用所产生的收益，绝大部分都应该归承包该土地的农民所有，但有些乡镇、村组总是可以找出这样或那样的理由，“先分一杯羹”。只有土地权属政策进一步明晰和强化，才能更有利于土地流转和土地集中，更有利于保护农民的经济权益。

二是进一步明晰和强化土地整治政策。在认知土地流转不等于土地集中的背景下，出台土地整治政策，加大土地整治力度，通过土地整治促进土地流转和土地集中。在这方面，我国可以学习和借鉴国内外的一些经验做法。在国外：德国 1949 年之前农场平均规模小于 10 公顷，就是因为德国政府专门制定了《土地整治法》，通过参加者联合会等公众参与，使破碎的土地得到了充分调整，到 2002 年之后，平均农场规模达到了 30 公顷以上；日本就是因为专门制定了《土地法》《土地利用增进法》，通过合作经济组织等公众参与和修建水利设施，使破碎的土地得到整治和权属调整，实现了土地向“认定农业生产者”聚集；美国就是因为专门制定了《宅地法》，通过自下而上逐级汇总等公众参与，调整了土地权属，集中了碎片土地，发挥了市场作用，促进了家庭农场节约集约利用土地。在国内：2012 年广西壮族自治区贵港市，在土地确权登记的基础上，通过小块并大块和以奖代补，农民将土地流转到了合作社，进行了规模经营，农民土地以股份制入股；2008 年江苏省常州市薛埠镇，在土地确权登记的基础上，通过整村推进实现了土地流转和集中，农民变成了“产业工人”，能获得租金和工资，一些荒地也变成了肥田；2010 年安徽省合肥市官亭镇，在土地确权登记的基础上，通过整理宅基地和完善配套设施，使耕地增加，土地流转到了大户手里，农民的收入也增加了；2010 年黑龙江省农垦总局建三江管理局，在土地确权的基础上，通过整理破碎农田和完善配套设施，使土地流转率提高了，流转规模扩大了；2010 年湖北省咸宁市，在土地确权登记的基础上，通过整体推进，提高了土地流转率，土地流转到企业和种植大户，产业结构调整速度也加快了。

三是进一步明晰和强化土地利用和改良政策。比如：为了夯实耕地红线，确保国家粮食安全，要严格禁止永久性基本农田“非农化”“非粮化”；再比如：为了扎实实施藏粮于地战略，确保土地的可持续产粮能力，要鼓励开展土地改良和粮田的休耕轮作。

四是进一步明晰和强化法律环境和保障政策。根据实际调研发现，政府推动土地流转的政策能够增强农户流转意愿，因此，政府部门在制定相关政策时，尽可能通过宣传教育方式，促使农户对政府部门的政策有深入了解，提高政府部门在农户心中的公信力，增强农户的未来预期，提高其流转意愿。合理的制度能够激发各种生产要素活力，完备的法律法规是保护参与主体切实利益的保障。在供给侧结构性改革背景下，积极推动相关法律法规创新，提供较好的政策法规供给，激发农户参与积极性。不断稳定土地承包权，明晰土地使用权，确保土地有序流转，保障在流转过程中各个参与主体的经济利益。可以借鉴日本模式，制定一系列财政金融政策鼓励土地流转。比如通过各种补贴、技能培训或发放生活补贴等方式，鼓励没有耕地意向或耕地意向不强的农户自愿放弃农地。同时，对于大面积转入土地的经营者给予金融政策优惠，为其从事农业经营活动提供资金支持，保障其生产经营活动有序进行；完善相应的法律法规，规范土地流转合约，对流转主体的经济行为规范形成约束。

五是进一步明晰和强化合理规划和宏观指导政策。目前我国土地流转虽然取得了一定成效，但是各方面基础薄弱，还存在各种问题，政府部门应该发挥宏观调控、决策和引导作用，深化农村土地制度改革，完善农业保险保障体系，增强农业经营者抗风险能力；全面摸排、搜集各地农村土地流转信息，在此基础上组织规划，加强基础设施建设，结合地区实际制定土地流转长短期目标，为推进我国农地流转制定合理规划。

六是进一步明晰和强化土地流转和平台服务政策。发挥“互联网＋农业”融合效应，充分发挥大数据优势，从供给侧发力，为土地转出农户和有意向转入土地的经济主体提供一个通畅、高效的信息化平台。然而我国农村地区相对比较广阔，不同农村地区实际状况差异较大，因此应协调市、县、乡（镇）三级相关部门，立足实地调研，做好本地土地流转统计工作，将相关信息录入信息系统，初步建立土地流转信息数据库，发挥该平台引导和宏观调控功能，规范和完善土地流转手续。同时，可以借鉴证券交易所或其他交易机构组织架构，建立农村土地交易所，初期可以在我国东、中、西部及东北部地区选取试点，尝试将农村闲置土地挂牌交易，完善土地流转市场，为土地供求双方提供一个现货交易平台。交易所可以及时发布交易信息，根据市场供求关系合理估价土地，优化土地资源配置。待试点地区土地交易所运营成功以后，逐步向周边地区辐射，最后全面普及，这也是目前土地流转政策的一个创新方向。

（二）粮食综合生产能力提高政策

粮食综合生产能力提高政策，是指为了满足人口对口粮的刚性需求，确保粮食安全，促进技术经济条件充分改善和全部发挥，不断提高粮食产出能力的政令和策略。

之所以要制定和出台粮食综合生产能力提高政策，是因为到了新时代，我国的粮食安全面临着多重制约。提升粮食综合生产能力，是实现我国粮食生产可持续发展，确保国家粮食持续有效供给的关键。目前，我国粮食综合生产能力逐步提升，但是粮食生产过程中仍存在一些问题，比如耕地资源约束与土壤污染问题并存、农业科技转化率不高等问题，很大程度上制约着粮食生产能力的提高。因此，创新粮食综合生产能力提高的政策，不仅完善了“三农”政策体系，而且能够保障粮食充足、及时供给。

要完善粮食综合生产能力提高政策，就必须充分考虑如下几点：

一要优化农业科技研发和推广机制。提高农业竞争力和效益，离不开农业科技的支持。农业科研机构和相关高校，要在做好农业科研的同时，积极做好科研成果转化工作，大流量、高转化率地将科研成果运用到农业生产实践当中，建立健全高效的、快捷的农技推广网络。具体措施有：一方面，要建立健全农业科技研发和推广体系。我国农业科技成果的转化率，相对来说还比较低，大约只有35%左右，而欧盟国家、美国等发达国家，却是我国的2倍。其中一个最主要的原因，是科研成果与生产实际脱节，科研成果供给与需求不匹配，导致转化率不高。各个科研单位在进行农业科技的研发时，应该考虑到我国农业实际发展情况，再判断该项研究是否具有可行性、普适性和应用性。鉴于此，我们要因地制宜地建立农业科技研发和推广体系。我国应结合农业、农村情况和农业科研机构实际能力，严格控制相关科研项目审批关，应结合农户实际需求，重点支持具有较强应用性和普适性的科技项目。同时建立“省—市—县—乡”不同层级农业科技推广服务网站，以及与此相匹配的农业科技推广体系。在农业科技成果源源不断的前提下，实现农业科技与农业发展更好地匹配。创新农技推广体制，在原有农技推广体系基础上，我国农村地区建设“一人一村”农技推广工程，即在一个行政村或自然村配备一名农技推广人员，建立农技人员负责制，每一层级对上层负责，并受上层监督，落实绩效挂钩考核机制，力争做到“权、责、利”真正结合。定期或不定期对农技推广人员进行培训，学习先进的农业推广技术，提高农技推广效率。另一方面，要改革和创新农业科技投融资体制。我国农业科技投入占农业生产总值的比例不足1%，低于世界平均水平（1.5%），更低于发达国家的水平（2%～4%）。原因主要在于，科技投入偏少，农技推广机构不健全，服务体系不完善，组织化程度不高。因此，应改革和创新农业科技投融资体制，建立多元化投融资机制。目前农业科技成果大多为“公益产品”，投资者看不到预期经济效益，其投资积极性不高，因此依靠企业进行投资的状况难以维持，导致必须依靠政府进行投资，增加了财政压力。同时，政府部门还应充分调动社会资本参与，并能得到投资回报，以激励社会资本参与。

二要创建农业产业化机制。政府应充分发挥引导、带动和监督作用，为实现农业产业化经营提供必要条件。在具体实践中，应充分尊重农业生产经营者的意愿，对他们进行引导和参谋，不对他们进行误导和决策。鼓励引导新型农业经营主体，学习其他国家的先进经验，提高自身产业化和组织化水平。农业经济合作组织能够将分散农户组织起来，调动农户积极性，扩大农业生产的规模，改变其弱势群体地位。考虑到目前河南省农村人多地少的省情、农情，可以借鉴日本农协成功经验，通过农协组织将分散的农户组织起来，在分工协作、建立“风险共担、利益共沾”利益联结机制的基础上，通过开展同样或同类经营，扩大产品生产经营面积，进行规模化大生产，提高机械化水平和生产效率。龙头企业是带动各乡村地区农业产业化经营的重要力量，各地应培育一批产业关联性强、具有较强经济实力的龙头企业，坚持农业农村优先发展，充分带动各个乡村产业升级，提升农业生产经营效率和效益回报。具体措施有：要构建动态的补偿机制，明确补偿原则、目标、主体和客体，并建立健全绩效监管机制，使补偿效果得以保障，充分调动粮食生产经营者的种粮积极性；要构建粮食产业链，积极培育粮食加工龙头企业，采取“公司＋农户”方式，通过整合资源激发企业内部动力，提高农民收益；要推广粮食标准化生产，建立健全标准化粮食生产体系，将粮食产、加、销各环节都纳入标准化流程，全面提高粮食产业专业化程度。

（三）现代农业产业体系构建政策

现代农业产业体系构建政策，是指为了重塑现代农业发展架构，促进农业现代化水平提升，建立健全农产品产业体系、多功能产业体系、现代农业支撑等多个产业体系的政令和策略。

之所以要制定和出台现代农业产业体系构建政策，是因为从党的十九大报告，到2017—2019年中央1号文件，都提出要构建现代农业产业体系。由此可见，构建现代农业产业体系已经成为解决“三农”问题的焦点政策之一。现代农业产业体系要求突破传统农业低市场化的局限，以现代科技作为支点，大力发展农业生产力。

当前我国经济进入高质量发展阶段，农业发展亦是如此。然而传统农业发展模式已经不能适应农业高质量发展要求，过去粗放式生产方式对现代农业产业创新发展起到一定的阻碍作用。因此，应根据市场需求变化，树立新工业理念，推动制度创新、科技创新、模式创新，完善利益联结机制，着力发展新型城镇化，立足于三次产业的融合发展，创新农业生产经营者的利益联结机制，推进农业供给侧结构性改革，形成农业、农村、农民协调发展的崭新格局，全面推动新农村建设，积极构建现代农业产业体系。

要完善现代农业产业体系构建政策，就必须充分考虑如下几点：

一要建立相关农业支持配套服务政策体系。根据农作物特点，实行差异化的技术支持、金融支持、市场支持等服务支持体系建设。生产环节要配套提高专业技术人员服务保障能力，给农业经营主体提供有效技术支持；完善财政支农政策和金融服务支持体系，为农业经营提供稳定的资金投入；同时还应完善市场服务体系，提高农资产品和农产品供给能力，构建农产品和农资销售服务平台，健全农产品产销有机衔接机制。通过推进农业生产全程服务体系，为农业经营主体提供全方位的支持，提升农户抗风险能力，提高农户种植积极性。

二要持续增加农业设施投入。在新时代，我国农业基础设施还有很大的进步空间。政府应该从长远的眼光对待农业的发展，加大财政投入力度，建立健全农业基础设施，例如水源工程、大中型灌溉设施、大中型灌区续建配套和节水改造等；对新型农业经营主体购买设施装备，补贴范围要不断拓宽，贷款贴息规模要不断加大，尤其要大力支持购置设施农业发展装备，为现代农业发展奠定坚实的物质基础。

三要创新现代农业科技。科学技术的进步是发展现代农业的决定性力量和根本途径。现代产业服务体系是建立在科学技术进步基础之上的，改进现代农业生产方式和延长并提升现代农业产业链。构建农业科技创新体系是改造、提升传统农业的关键。依据我国国情促进现代农业科学技术向生产力的快速转化。对农业发展具有重大作用的科技计划和创新项目，如国家转基因重大专项、公益性科研专项等，政府务必要加大支持和保障水平。加强国际间的农业科技项目的学习、交流和合作，引进国外先进农业技术，提高科技发展现代农业的能力。

四要健全农业生产经营体系。虽然我国粮食可以满足自身发展的需要，但是对粮食安全依然需要重视。一方面，目前我国农业生产不能满足消费者多样化的需求；另一方面我国农产品科技含量比较低，销售价格过低，农民收入不乐观，对农产品再加工需求比较高，我们应该改变以前的农业生产经营方式，尽可能把农产品产业链留在县域，告别农村卖原料、城市搞加工的发展模式，大力扶持家庭农场和农民合作社，支持在本地进行农产品初加工，县域发展农产品精深加工，形成农村产业链。同时，要构建现代化物流骨干网络和冷链物流体系，推动农产品的流通和销售；加快发展乡村特色农产品，打造专属品牌，推进产业园、产业融合示范园、农业特色小镇等的发展；健全产业利益联结机制，使农户真实得到产业融合发展红利。

五要打造生态循环农业体系。改革开放 40 多年以来，随着我国的农业经济效益的提升，资源浪费和环境污染等生态问题也日益严重，例如养殖场的粪便污染问题等。在“绿水青山就是金山银山”理念感召下，大力发展特色生态农业、生态循环农业，解决农业废弃物资源综合利用等问题。发展生态科技养殖、生态循环农业，将养殖和种植结合起来。例如初步探索出“猪—沼—农作物”循环农业发展新模式，该模式是集种植、养殖、废弃物再利用为一体的新型农业循环，为解决资源浪费和环境污染等生态问题，促进农业可持续健康发展，实现乡村振兴提供一条发展的道路。发展生态循环农业，重视农业自身发展需要的生物多样性，既能提高农业资源的利用，从根本上解决了养殖带来的空气污染问题，也使得果实的农药残留污染问题得到解决，帮助农民培育肉质鲜美、绿色健康的畜禽产品，提高农民收入和生活质量。

（四）农业农村优先发展政策

农业农村优先发展政策，是指为了弥补“四化同步发展”中农业现代化水平较低这一短板，明确农业农村的发展放在其他方面的发展之前，在待遇上给予优先考虑和占先安排的政令和策略。

之所以要制定和出台农业农村优先发展政策，是因为当前我国进入全面建成小康社会决胜阶段，“三农”问题还存在一些深层次矛盾，在经济压力下行、外部环境变化的复杂形势下，为加快农业农村发展步伐，发挥农业的压舱石作用，我国不仅在十九大报告中明确提出要“坚持农业农村优先发展”，而且在近几年中央“1 号文件”中又对农业农村优先发展具体工作进行了全面部署。农业农村优先发展，既是政府的战略导向，也是国家结合当前农业农村存在的突出问题和深层次矛盾提出的政策导向。只有农业农村优先发展，并坚持不懈地贯彻落实开来，才能满足广大农民对美好生活的需要，化解农业农村发展不平衡不充分之间的矛盾，才能体现“重中之重”的政策底蕴，才能促进现代农业和农业现代化的迅猛发展，才能顺利地实施好乡村振兴战略。

要完善农业农村优先发展政策，就必须充分考虑如下几点：

一要树立农业农村优先发展理念。长期以来，我国形成了不利于乃至严重阻碍农业农村发展的二元经济体制，重工轻农、重城轻乡的路径依赖根深蒂固，导致大量的农业农村生产要素向城镇单向流动，造成农业农村资源配置不合理，农业农村发展滞后。到了新时代，“三农”要与全国一道步入小康、实现全面振兴，就要从根本上改变造成农业农村滞后发展的思想和做法，牢固树立农业农村优先发展理念，在资源配置、政策支持、生产要素流动、科技人才扶持等多个方面，促进相关政策向农业农村适度倾斜。

二要加大对农业农村政策支持力度。要进一步完善农业补贴政策，变“补地”“补价格”为“补粮”“补收入”，进一步明晰农业补贴指向性和利农性，进一步求取农业补贴精准性。尤其是，为了确保粮食安全，国家应加大对粮食生产核心区的补贴力度，提高农业发展质量，切实提高补贴的效用，使粮农利益得以保障。同时，补贴政策方面，应严格按照WTO农业补贴政策，由较多的“黄箱补贴”转变为更多的“绿箱补贴”，增加良种、良畜、环保等补贴；补贴方式方面，应适应发展方式转变，由较多地注重生产转变为更多地注重生态保护、农产品质量安全和品质及农业经营规模，以加强农村基础设施建设，彻底改善农业生产、农民生活环境；政策支持方面，应强化目标导向，在科技兴农、教育兴农的基础上大力倡导绿色兴农、质量兴农，使农业农村支持保护体系日益完善。

三要引导要素资源踊跃投向农业农村。我国长期形成的城乡二元体制放大了城市的虹吸效应，农业农村发展处于严重“失血”“贫血”状态，必须引导和支持人才、资金、科技等要素资源，踊跃地投向农业农村，促进农业向深度和广度发展，促进农村向安康和富裕发展；必须全面激活农村要素、市场和主体，培育和强化农业农村发展内生活力和动能；必须强化科技推广，完善人才引进和使用政策以及人才下乡就业或人才返乡创业的激励政策，为农业农村发展输送强力支撑和“新鲜血液”；必须充分发挥政府财政资金的作用，引导和鼓励社会资本进入农业农村，并给予一定的政策支持和财政优惠，为农业农村发展注入活力。同时积极发展农村普惠金融，鼓励金融机构创新，为农业领域经营主体提供多元化、广覆盖、可持续的金融服务。

（五）粮食主产区利益补偿政策

粮食主产区利益补偿政策，是指为了保障粮食主产区不至于因为生产经营粮食而放弃其他生产经营在经济上吃亏或机会成本过大，对粮食主产区的经济利益给予一定合理补偿的政令和策略。粮食主产区利益补偿政策，是在约束性保护政策、建设性保护政策的基础上，实行的一种更加公平合理的激励性保护政策。

之所以要制定和出台粮食主产区利益补偿政策，是因为粮食生产是一个社会效益远远高于经济效益的产业。只有充分调动粮食生产经营者的积极性以及对粮地保护的主动性，才能保障粮食产业不萎缩，才能保障粮食安全。

当前，我国粮食安全虽然不受严重威胁，但是随着城镇化进程的加快和人口的快速增加，使粮食生产受到约束，粮食需求将会出现刚性增长，未来我国粮食供给可能出现紧张的状态。为保障国家粮食安全，必须实施严格的耕地保护措施，也是实现我国长治久安的客观需要。通过“激励性”保护政策，一方面必将极大地调动农民种地的积极性，提高耕地资源的可利用率；另一方面有利于加快“两区”建设，并缩小粮食主产区粮食生产经营者的收入差距。

要完善农业农村优先发展政策，就必须充分考虑如下几点：

一要推出法律化的粮食主产区利益补偿政策。在这方面，我国可以借鉴农业发达国家在粮食生产者利益补偿方面的成功经验。农业发达国家一般采用先立法后实施的方法，先制定有关粮食生产者利益补偿的法律法规，保障粮食生产者利益补偿政策的顺利实施，保障粮食生产者利益有法可依。要明确界定粮食利益补偿给付主体，包括哪些省市区、哪些生产经营主体等；要明确界定粮食利益补偿给付办法，包括补偿标准、补偿方式等；要明确界定粮食利益补偿管理制度，包括补偿基金筹措、发放、监管等。

二要建立耕地保护激励约束机制。要制定严格的耕地保护目标责任制，将耕地保护任务完成较好、补偿资金落实及时到位的地区树立为优秀模范典型，并予以嘉奖；要制定严格的耕地保护失职惩戒制度，对建设占用耕地超标、耕地补偿资金监管不力的单位和个人，要给予通报批评、行政警告、撤职降级等惩罚；要制定严格的耕地保护指标，对区域内的“非农化”占地指标严格控制，力保不超标、不破线；要制定严格的耕地保护质量监督制度，强化耕地质量监管，全力推行化肥、农药的负增长行动，维持和保护地力，保障我国粮食安全。

三要完善粮食生产政策性保险机制。农业属于易遭受自然灾害的产业，而这些年来，自然灾害频发已经成为既定事实。再加上，我国粮食生产经营者的抗风险能力不强，粮食生产经营又具有正外溢性，就使得粮食主产区在冒巨大生产经营风险的同时，还要在利益上对主销区“倒贴”。只有健全完善的粮食生产经营保险机制，使粮食生产经营者遭受的风险降到最低乃至得到控制，才能不会影响农民种粮的积极性。因此，国家应积极建立完善的粮食生产保险机制。建立完善的粮食生产保险机制，政府应给予粮食生产者一定的粮食保险补贴，尽量减少自然灾害以及市场价格的波动所带来的巨大损失；政府也应给予粮食主产区农业保险和商业保险公司相应的政策倾斜和扶持，当面临重大自然灾害时，对于超过商业保险公司赔付限额的部分，政府应积极给予相应补贴或由再保险支持；政府还可以借鉴美国粮食生产的成功经验，对粮食灾害适时适度地实施政策补贴，使粮食生产经营者的风险损失降到最低。

（六）强农惠农富农政策

强农惠农富农政策，是指为了确保达到农业强、农村美、农民富的目标，一系列更多样更直接地促使“三农”变得强大、得到惠泽、富裕起来的政令和策略。

之所以要制定和出台强农惠农富农政策，一是因为“强农”是国民经济发展的根本，对于一个国家，农业和国民经济发展是相辅相成的关系，农业弱则国力弱，农业强则国力强；二是因为“惠农”是推动社会主义社会和谐发展的保障，农民和社会和谐发展是相得益彰的关系，农民得不到实惠则社会和谐度低，农民得到实惠则社会和谐度高；三是因为“富农”是实现全面小康和全面乡村振兴的目标，农村和全面小康、全面振兴是珠联璧合的关系，农村富则全面小康、振兴易，农村穷则全面小康、振兴难。

要完善强农惠农富农政策，就必须充分考虑如下几点：

一要强化保障粮食安全政策。习近平总书记要求，中国人的饭碗要装中国粮，道出了粮食安全的极端重要性。的确如此，如果一个人没有满足生存问题，怎么谈发展？一个国家也是如此，要想发展，一定要保障粮食安全。必须任何时候都要坚持粮食生产是第一位的。粮食生产是粮食安全的“咽喉”，必须抓紧抓实抓好。为此必须做到：国际市场的粮食进口量，必须控制在可接受范围；耕地资源数量的减少和质量的下降，应该严格管控；粮食生产经营扶持政策，应该再加强。

二要强化加快实现农业现代化政策。农业现代化的实现，一方面依赖于农业科技进步，另一方面需要以与时俱进的农业经营体系为支撑。尽管我国农业科技取得了不少重大成果，但是与发达国家相比，还有一定差距。为实现农业现代化的发展，我们必须重视农业科技的进步。以家庭承包经营为基础的双层经营制度，解放了农村生产力，促进了“三农”的发展，但已经不能满足现代农业发展的要求。应通过政策强化，依托新型农业经营体系的建立推进实现农业现代化。

三要强化推进农业供给侧结构性改革政策。农业供给侧结构性改革是指优化农业资源配置，调整农业供给结构，适应市场需求，减少无效供给，扩大有效供给。经过多年的努力探索和持续改革，我国农业农村发展成绩斐然。但对于我国的农业供给侧来说，迈入新时代之后，对人民美好生活需要的安全化、营养化、个性化、美味化诉求应接不暇，低档低价低值农产品供过于求，高档高价高值农产品供不应求，不仅存在比较严重的供需失衡，而且影响到现代农业发展和农业现代化实现，亟待通过进行结构性改革，以及深入实施藏粮于地、藏粮于技战略，实现农产品及其加工制成品的高层次的供求均衡。

四要强化健全农业农村基础设施政策。经过多年的不断努力，尽管我国农村基础建设取得一些业绩，但仍然存在一些问题，譬如说农村交通不便利，水利、电力和信息等基础设施没有保障。只有健全农业农村基础设施建设政策，才能使农业农村“强身壮骨”，才能实现农业农村的可持续发展，才能使广大农民增加获得感、幸福感、安全感。

五要强化改善农村居住环境政策。部分地区农村生活环境比较差，污染严重，村容村貌需要加大改善。各地区政府要响应党的号召，因地制宜地选择容易实施且长期有效的治理模式。要建立地方投资为主、中央补助为辅的模式，对农村人居环境整治先进县给予奖励；要允许县级按规定统筹整合相关资金，集中用于农村人居环境整治；要鼓励社会力量积极参与，将农村人居环境整治与发展乡村休闲旅游等有机结合；要广泛开展村庄清洁、美丽宜居村庄、最美庭院等活动，确保到 2020 年实现村庄环境基本干净整洁有序。

六要强化提升农村公共服务水平政策。当前农村公共服务水平非常落后，主要体现在：农村教育方面，基础设施落后，师资力量缺，师资待遇低；医疗卫生方面，医疗设施差，看病难，因病致贫或因病返贫的案例比较常见；社会保障方面，社会救助不力，残疾人、无家可归者没有生活保障；农村老人方面，老无所养，老无所依；文化体育设施方面，要么根本就没有，要么十分简陋。要提升农村公共服务水平，就要在上述几个方面积极努力：要设立农村教育专项资金，加大对农村教育的投入，改善农村落后的教育设施；要加快标准化村卫生室建设，完善和升级医院器材，控制药品价格，使农民看得起病，能够治好病；要完善社会救助和最低生活保障，使残疾人、无家可归者摆脱生活困境；要关心关爱农村老年人，使他们老有所养，老有所依；要建设农村基层综合性文化服务中心，增加农村人的幸福感。

七要强化培养新型农民队伍政策。目前我国还有很多人群集中在农村，农业发展大多数还是一家一户的生产经营方式。要想改善农民的生活水平，真正能够让农民摆脱贫困，走向富裕还是要从根本上实现农业现代化的发展。其发展趋势是将家庭经营、专业户等集中起来，形成新型农业经营主体，形成规模化、集约化、高效化生产。作为现代农业经营者，一定要具备一定的经营能力，例如农作物以及品种的选择，生产要素的选择和提高收入的计划等，提高农民的科技文化素质，提高农民的专业能力，真正做到农民富裕。农业农村部制定的《全国新型职业农民科技培训规划》，目的是培养一批觉悟高、懂科技、善经营、能从事专业化生产和产业化经营的新型农民。培养新型农民，提高农民的科技文化素质，就要按照农业生产岗位规范要求培养农民，增强农民的专业化程度；就要对农村优秀青年开展以科技为主的综合培训，培养农村致富带头人和建设社会主义新农村的中坚力量；就要对农村富余劳动力转移就业进行引导和示范性培训，提高农民进城务工的就业素质和技能。

八要强化实施精准扶贫政策。贫困问题能否解决，直接关系到我国全面小康的成败。而精准扶贫和脱贫攻坚，又是解决贫困问题至关重要的一步。习近平总书记不仅精辟地阐述了精准扶贫思想，而且鼓励全国人民积极参与。要实施精准扶贫，各级政府就要积极贯彻总书记的精准扶贫思想，精准发力，决胜脱贫攻坚战。为此，一要落实已有政策部署，坚持现行贫困标准，精准识别贫困人口；二要不断完善贫困地区和贫困人口脱贫致富的政策体系，实施具体的扶贫措施，如特色产业扶贫、金融扶贫、社会帮扶等；三要对深度贫困地区加大财政支持，支持深度贫困地区发展和壮大长效扶贫产业，着力提高贫困人口的经济受益水平；四要加大对贫困地区义务教育、医疗保险、大病保险、医疗救助等基本保障的投入，避免因贫失学辍学，让下一代从根本上全面脱贫，减轻贫困家庭看病经济负担，避免因重大疾病致贫或者返贫。

（七）农业保护体系建设政策

农业保护体系建设政策，是指为了达到农业风险抵御能力强劲，农民收入持续增长，农业发展活力旺盛，现代农业健康发展，农业现代化如期实现等目标，所采取的一系列保护使农业免受来自自然风险、市场风险、政治风险等方面阻止、伤害、破坏的政令和策略。

之所以要制定和出台农业保护体系建设政策，是因为农业具有经济、社会、环境、文化等多方面功能。改革开放以来，我国为片面追求经济的快速发展，根据比较利益的原则决定耕地的用途，使得我国耕地面积一直不断减少，再加上农业投入比较少，农业保护体系还不完善，使得我国农业发展一直远远落后于发达国家。尤其是，确保粮食安全始终是中国头等重要的大事。耕地面积的减少使政府意识到农业的重要性，随后出台了一系列的农业保护政策，尽管从实际效果看尚存一定的缺憾，但政府一直在努力改善，正在朝着对农业进行不遗余力保护的正确方向前进。

要完善农业保护体系建设政策，就必须充分考虑如下几点：

一要建立健全农业保护制度。一直以来我国政府在农业支持方面给予了很多的支持，但在农业保护方面做得不够好，我国农业保护体系的建立比较晚，我们可以借鉴其他国家，尤其是农业发达国家的经验，再依据我国国情和国内外市场的变化，建立健全必要的农业保障制度。一要制定科学合理的农业保护政策。严格遵循 WTO 农业协议，尽量采取对我国现代农业发展最有力的措施，扩大农业保护政策的范围。二要充分建立促进农产品发展的经济保障政策。对本国农业给予支持，提高农业生产经营者的积极性，保障农业发展的外部环境。三要强力完成高标准农田规划和建设任务。通过修编总体规划和合理部署，使高标准农田与其配套的山水林田路相辅相成，不断增强粮食生产能力。四要夯实农田水利建设。采用大中型灌区续建配套节水改造，为保护农业和粮食产业的发展，提供良好的基础设施。五要改善农业种植环境。对重金属污染的耕地进行重点治理修复，因地制宜调整和优化农业种植结构，还可以采用先试点再推广等办法，发展紧缺和绿色优质农产品生产，例如大豆振兴计划、油菜生产计划、奶业振兴行动等。

二要加强农业贸易预警和贸易救济体系建设。我国农业具有分散和小规模生产的特性，在国际市场上没有很强的竞争力，再加上其他国家霸权主义带来的影响，我国农业贸易容易遭受伤害。因此加强农业贸易预警，完善贸易救济体系建设也是我国应对国际市场的客观要求。鉴于农业贸易预警和救济工作还不够完善，我国要尽快健全农产品贸易风险预警机制，加强对农产品国际市场的动态跟踪和形势研判；要建立健全贸易救济体系，以维护中国农业稳定持续发展；要培养解决农业贸易争端、精通农业贸易救济措施的高端人才，出现贸易问题时，及时做好应对。

三要强化政府公共服务功能。政府公共服务功能，具体包括基本公共服务功能、经济公共服务功能、公共安全服务功能、社会公共服务功能等多种。目前，在我国农产品出口中，明显地存在着品种多、批量少且以中小企业为主、出口市场较为集中等特点，也正是由于这些突出特点，直接导致了出口成本高、营销难度大、经济收益小、品牌开创和市场拓展积极性不高等问题，同时又面临着越来越多的贸易壁垒限制。因此，政府必须行使好自己的职能，为农业的发展提供良好的公共服务，加大对农产品出口的支持力度和农产品贸易促进。

（八）农业基础设施建设政策

农业基础设施建设政策，是指为了保证农业生产、农产品加工和产品流通销售的各种公共服务设施，具体包括物质基础设施和社会基础设施等，能够为农业产业发展提供一个良好的生产生态环境，有利于实现现代化农业，所提出和采取的一系列对这些设施进行改善、完善的政令和策略。

之所以要制定和出台农业基础设施建设政策，是因为物质基础设施维系农业产前、产中、产后之需要，社会基础设施维系素质教育、信息收集和传播、科技推广使用之需要。离开了哪一类农业基础设施，农业产业发展就将成为无源之水和无本之木。相反，各类农业基础设施配套了、系统了、优化了、升级了，就能为现代农业发展和农业现代化实现提供坚实基础和强劲动力。

要完善农业基础设施建设政策，就必须充分考虑如下几点：

一要支持农业物质设施建设。要加快推进作为农业命脉和基础的水利设施建设，使现代农业发展不再“看老天脸色”，实现旱涝保收；要加快推进对现代农业发展的作用越来越重要的农村能源设施建设，使现代农业发展能够使用上越来越多的清洁能源和生物质能源，实现生态环保；要加快推进满足农村市场经济持续发展需要的农村交通运输体系建设，使现代农业发展绝不出现“路梗阻”，实现路路通。

二要支持现代农业科教发展。一方面，要重视科学技术研究。科学研究表明，科技对农业的贡献占比越来越高。某些发达国家在 21 世纪初，涉农科技对农业的贡献高达 20%，而现在更是高达 60%～80%。由于我国人多地少所致的耕地资源等的限制，必须加强科技的投入力度。另一方面，要注重科技教育和科研成果应用。通过科技教育提高农民科技素质，是转变农业增长方式的关键。以农业类高校和科研院所为中心，建立农业科技培训基地，打造农业培训综合体系，使农民掌握先进实用的农业新技术，才能进一步提高农业科技成果转化率，使科技成为促进农业进一步发展的动力和源泉。

三要深化产权改革。目前，我国在市场机制下投资农业基础设施建设的利益驱动力严重不足。只有通过产权改革将其外部效应内部化，鼓励民间资金投入，才能使得投资者积极参与农业基础设施领域的投资。因此，可以从以下两个方面解决农业基础设施问题：一方面，遵循“谁建设、谁所有、谁投资、谁受益”的原则，做到产权明晰；另一方面，政府需通过财政补贴和税收优惠政策，补偿投资农业基础设施相关企业的外溢效益，积极引导民间资本采取联合、联营、入股等方式参与设施建设。

（九）农业科技创新与进步政策

农业科技创新与进步政策，是指为了给发展现代农业、实现农业现代化插上“科技翅膀”，有目的地制定和出台的一系列有利于促进现代科技创新，加速农业科技进步的政令和策略。

之所以要制定和出台农业科技创新与进步政策，是因为我国现代农业发展水平、农业现代化水平与世界发达水平还有较大差距，就是农业科技创新尤其是重大创新不多不够，农业科技进步尤其是重大进步不足不快。比如说，2017 年我国农业科技进步贡献率虽然已经升至 57.5%，但与发达国家的 70%～80%相比，还落后 12.5～22.5 个百分点。可以说，任重而不能道远，时不我待。我国要促进现代农业发展，要早日实现农业现代化，非强化实施科教兴农战略不可，非要在科技方面加快赶超步伐不可。

要完善农业科技创新与进步政策，就必须充分考虑如下几点：

一要深化农业体制改革。我国农业科技创新相对于其他农业发达国家而言，还存在一定的差距。在深化农业科技体制改革的基础上，一定要借鉴发达国家农业科技创新体系建设的经验，瞄准国际发展趋势，因地制宜，结合各个地区的资源禀赋，全面建设由“国家农业科技创新中心—区域创新中心—区域农业试验站—区域农技推广服务中心”垂直构成的科技创新体系。尤其是，农业科技创新体系的建立，除了要结合各地区的真实情况外，还要尊重农业科技自身规律，先解决目前我国农业科研层次不清、区域分工不明、研究低水平重复、科技资源浪费等问题，提高我国农业科技创新的整体效率。

二要加大农业科技投入。农业是具有高社会效益、低经济效益的产业，这就决定了农业科技投入具有高社会效益、低经济回报、高投资风险的特点。相对于农业发达国家而言，我国农业发展还有很大的进步空间，要想实现农业现代化，必须加大农业科技的投入。近年来，财政投入存在分配不合理的情况，在农业投入资金的使用方面，很大一部分投入资金被占用，这使得农业科技研究缓慢。要解决这些问题，就要增加农业科技投入的总量；就要调整农业科技投入的结构，重点投向公共科研机构及公益性强的农业科学基础研究、应用基础研究以及高新技术、综合技术的联合攻关；依据农业科研的不同特点确定与之相匹配的投入形式和方式。

三要改革农业科技管理体制。当前中国科技管理体制落后，使得经济增长中来源于技术进步贡献的部分不足30%，突出表现为：科研经费配置失衡，且使用效率较低；科技成果评价过于强调先进性，忽视了实用性。因此，必须改革农业科技管理体制，提高农业科研开发效率。根据农业科技特点和中国农业实际状况，改变项目立项制度，变申报为主为现实需要为主；改变经费投入方式，变分散的条框分割为跨部门、跨学科的协作攻关；改变少数大专家掌握某些项目大量经费的状况，变首席专家负责制为经费评估制；健全成果产权制，尊重人才，尊重劳动，尊重创造，赋予科研人员科技成果所有权，鼓励科技成果的转化，给予有科技创新成果的人才物质奖励和精神奖励，并根据成果的研究用途，给予一定嘉奖，鼓励人才继续创造创新。

（十）农业农村体制改革政策

农业农村体制改革政策，是指为了促进农业生产力发展，增强农业农村发展活力，给足农业农村发展正能量，有条不紊地将那些阻碍农业农村发展的不利因素剔除掉，将激励农业农村发展的有利因素增补上的政令和策略。

之所以要制定和出台农业农村体制改革政策，是因为目前农业生产发展滞后，农民的种田积极性不高，要实现农业现代化，实现美丽乡村等发展目标，必须构建符合现代发展要求的制度和政策，全面改革和完善农村土地改革政策、新型农业经营体系以及符合市场经济体制的农村产权制度。

要完善农业农村体制改革政策，就必须充分考虑如下几点：

一要完善农村土地制度改革。目前各地土地利用效率存在降低的趋势，个别地区还出现了土地撂荒、强行占用农民土地等不良现象。对此，2019 年中央 1 号文件明确指出，要深化农村土地制度改革，确保政策衔接和平稳过渡。为此，要保持现有农村土地承包关系，稳定且长久不变；要做好土地、宅基地各种权利的确权登记工作，稳心且长久有效；要健全土地流转规范管理制度、土地纠纷调解制度和仲裁制度；要探索发展土地银行，稳妥且长久放活。

二要推进产权制度改革。产权制度改革，是农业和农村体制改革的重中之重。必须把“还权赋能”作为核心，把“确权”作为基础，把“流转”作为关键，赋予农民清晰完整的财产权利。要做好农村集体资产清产核资记录工作，完善落实集体所有权，建立健全集体资产各项管理制度；要完善集体产权的各种权能，加快推进股份合作制改革；要健全产权交易市场，推动产权流转规范运行。

三要完善农村基本经营制度。要以培育和壮大新型农业经营主体为基础，建立健全新型经营体系，使双层经营体制的内涵不断地丰富起来；要建立健全支持家庭农场、农民合作社发展的政策体系和管理制度，突出抓好家庭农场和农民合作社两类新型农业经营主体；要落实扶持小农户和现代农业发展有机衔接的政策，完善“农户＋合作社”“农户＋公司”利益联结机制；要建立健全公益性服务与经营性服务相结合的新型农业社会化服务体系，坚持农业农村优先发展，为新型农业经营提供良好的社会化服务。

四要完善农业支持保护制度。农业是具有高社会效益、低经济效益的产业，这就决定了农业是一项弱势产业。尤其是，随着农业与其他产业收入差距的拉大，农业生产经营者务农营农的兴趣有降低态势，如果任凭这种态势发展下去，将会对我国现代农业发展带来难以估量的影响。因此我国要进一步完善农业支持保护制度，提高农业生产经营者的务农营农积极性。完善农业支持保护制度，可以从以下几个方面着手：要增加可利用耕地的总面积，鼓励各个地区开垦荒地，严格限制土地的使用，减少建设用地或者其他方面的使用规模；要以提升农业质量效益和竞争力为目标，以强化高质量绿色发展为导向；要加快构建新型农业补贴政策体系，根据 WTO 协议保护农民利益、支持农业发展的原则，完善农业支持保护政策；要健全农业信贷担保费率补助和以奖代补机制，研究制定担保机构业务考核的具体办法，加快做大担保规模，按照“扩面、增品、提标”的要求，完善农业保险政策。

二、完善“六项制度”

需要完善的“六项制度”，具体包括土地流转市场化，农地产权主体化，农业转移人口市民化，城乡户籍一元化，城乡发展一体化，财政资金倾农化。

（一）土地流转市场化

土地流转市场化，是指在土地经营权、使用权流动转移的过程中，逐步形成市场运行机制，建立健全统一的市场体系的过程。

推进土地流转市场化的原因和目的：土地资源是从事生产活动的最基本的物质基础，中国是农业大国，土地问题的解决至关重要，如何在土地承包关系的基础上促进土地经营权的市场化流转，是我国农村面临的紧迫而且重大的课题。我国的土地实行两种公有制，即全民所有制和集体所有制。我国的土地流转，主要集中在集体所有制方面，是指具有土地承包经营权的主体，将土地承包经营权依法流转给其他农业生产经营者的行为，具体包括转让、入股、出租等。土地流转市场化，就是以市场机制为导向，对土地资源的流转进行合理配置。

我国推进土地流转市场化过程中存在的问题：一是土地产权不明确。推动土地流转市场化发展，必须明确市场所配置的资源种类和性质等，即需要明确土地产权。然而，我国土地的所有权归属，目前并不十分明确，与之相关的土地产权关系，目前也不是十分清晰，这在一定程度上阻碍了土地流转市场化进程。例如，《土地管理法》虽然规定农村土地归集体所有，然而该集体是指村集体经济组织，还是村民小组，并没有明确的规定和解释。二是土地流转法律不健全。目前我国大部分农村土地的流转都是经村委会登记，流转双方之间以口头协议为准，村民依法签订合同的意识有待增强，所以一旦出现纰漏便得不到有效解决。而且我国目前对于土地流转过程及由此产生的纠纷，相关的法律规定出台滞后，依法开展农地流转在一定程度上无法可依。三是土地流转服务机构不健全。四是农民观念传统保守。近些年来，越来越多的农民离开农业农村，走上了“弃农从工”或“弃农从商”的路子，但即使如此，绝大多数务工经商的农民工也并不愿轻易将土地流转给他人，目的在于以备不时之需，重新返乡务农，因此这在一定程度上导致农村土地利用率低，土地流转市场化程度低。

推进土地流转市场化的有效举措：一是赋予农民完整的土地使用权。只有赋予农民完整的土地使用权，土地流转的空间才能得到扩展，土地资源才能得到合理的配置。目前我国应加快农村土地使用权转让市场的建设，使土地转让中的价格、方式等，都由转出方、转入方当面协商，依靠市场机制调节，充分发挥市场的决定性作用。二是健全土地流转法律制度。要强化全民，尤其是农民的法律意识；要根据市场规律制定土地流转的管理规则，使土地流转公平公正地进行；要完善农村土地流转的司法工作，为无法预见的问题提供司法保障。三是建立农村土地流转中介组织。建立农村土地流转中介组织，为农户提供丰富充足的市场流动信息，完善市场机制。当农业生产经营者遇到法律问题时，中介组织可以帮助他们；当农业生产经营者对土地流转信息不了解时，中介组织也可以帮助他们。这样一来，不仅降低土地流转成本，更维护了各方利益。四是更新农民思想观念。农民是农村土地流转市场化过程中的主体，要及时并不断更新农民的思想观念。因此，要增加对农民的教育投入；要对农民进行土地流转市场化的知识培训，让农民体验到土地流转的好处；要扩大普法宣传，提高农业生产经营者的法制意识和依法维权意识。

（二）农地产权主体化

农地产权主体化，是指将寓于农地之中的其他人得不到的独享权利，包括所有权、使用权、租赁权、抵押权、继承权和地役权等农村土地财产权利，与其他财产权一样得到法律的认可和保护的过程。

推进土地流转市场化的原因和目的：简而言之，农地产权是涉及农地制度的一个核心政策问题。我国农村现行的家庭联产承包责任制，规定农地归集体所有，以农户家庭为单位自主经营，即农地产权的主体为农民集体。新中国成立前后，我国农地产权主体化大致经历了如下五个阶段的演变历程：第一阶段，新中国成立之前，土地改革是为了消灭地主剥削阶级，于是就把地主的土地分给农民，农民对土地具有完整产权，个体农户就是农地产权主体。第二阶段，20 世纪 50 年代初，我国改革了生产资料私有制，通过农业合作化运动，把农民的土地私有制消灭殆尽，进而确立了农村土地的集体所有制，人民公社制度的成立最终实现了政权和产权的合一。这一时期的农地产权名义上为集体所有，但实际的农地产权主体为国家政府。第三阶段，20 世纪 80 年代初，家庭联产承包责任制在部分省市地区实验成功，随后在全国范围内全面推行，从而使得农地产权，首次实现了部分分离——所有权归集体，而承包经营权归农户家庭。第四阶段，2008 年我国重新启动了农地产权改革，政府开始鼓励自愿性的土地流转，以便与实行的市场经济体制相协调，更好地利用市场调节实现土地资源的优化配置，并把社会闲散资金和工商业资本吸引到农业农村。第五阶段，2018 年 12 月之后，我国又实行土地的“三权分置”政策，农地产权结构再次发生变化——所有权仍然归于集体，承包权仍然归于农户，经营权和使用权则可以归于其他各种各样的新型农业生产经营主体。自此以来，我国的农地产权，迈入了多元化主体年代。但即使如此，我国也没有完全解决农地产权主体化问题。

我国推进农地产权主体化过程中存在的问题：一是农民的土地使用权多方受限。当前农民承包经营的土地，其所有权和使用权是分离的。于是，农民在土地所有权行使过程中，既会受到所有权约束，还会受到行政权影响。尤其是，地方政府一些激进的不规范的流转行为、租赁行为和征地行为，使农民的失地风险猛增。二是农地产权残缺不全。我国目前实行的农地集体所有制，非国家完全所有，而是由国家管控制、由集体管运营。这种制度虽无可厚非，但也存在一定的缺憾：国家、集体都管，集体的监管附属在国家监管之下，集体监管者的积极性不一定很高；集体经济组织中的“农民”和“村集体”，虽然是土地的承包经营者，但其权利也只是有限权利。三是征地制度不合理。一方面，征地行为具有强制性。而且常常以服从国家、地方重大建设工程或项目为由，以权、以势逼迫农户放弃已经承包经营多年的土地；另一方面，征地价格具有强制性。而且土地征用是低成本的，与城市用地的差价巨大，要么是降低了“农转非”的土地增值，要么是侵占了农村土地价值，村集体和农户的经济利益通常受损严重。

推进农地产权主体化的有效举措：一是放宽农民的土地使用权。通过土地的“三权分置”，不仅能使土地的经营权全面放活，而且使土地承包经营权的抵押贷款权全面放宽；坚决禁止、制止乡镇政府、村委会、村民小组等，枉顾农民的意愿，越俎代庖地与第三方签订土地流转合同，减少乃至杜绝行政权对土地流转的影响。二是健全农地产权。赋予农村土地的所有者——集体经济组织更多更大的管理权限，并鼓励和督导集体经济组织更好地发挥出引领生产经营，盘活资源配置，壮大新型集体经济，完善集体统一性服务等“统”的职能；赋予农村土地的承包经营者农户更多更大的使用权和收益权，并鼓励和督导他们千方百计地用足用好农地产权，并依托农地产权获得更多更大的经济利益。三是完善征地制度。一方面，禁绝野蛮粗鲁的强制性征地行为。即使是非征不可的土地，也不能以权、以势压迫农户和村组集体，而应该多做农民的思想工作，以理服人。另一方面，倡导对农民征地补偿的利益最大化。既要根据土地性质、地理位置、土地承载物情况等科学合理地对被征土地进行估价，也要防范和规避降低“农转非”的土地增值或侵占农村土地价值，保证村组集体和农户的经济利益不受损失。

（三）农业转移人口市民化

农业转移人口市民化，是指以人为核心，将已经或即将脱离农业农村、转移到城市工作生活的农业人口，在社会保障、文化消费、生活方式等方面与城市及城市居民共享、互适、相融的过程。

推进农业转移人口市民化的原因和目的：农业转移人口市民化，是中国新型城镇化建设的重中之重，加快推进农业转移人口市民化意义重大。多年来，我国一直在推进农业转移人口市民化，党的十九大又将其提升到一个新的高度。促进城市化首先要考虑农业转移人口市民化，这是促进城市化和提高城市化率的实质条件。政府应把农业转移人口城市化作为经济发展的一项重要任务，优化城乡经济结构，推进城镇化进程，促进经济健康平稳可持续发展。近年来，我国各级城市先后出台了促进城乡人口转移的政策措施，并且积累了一定的经验。但相比其他发达国家或地区，中国城市化水平仍处于中等阶段，而其主要原因则是进城务工农民长期处于不平等的经济和社会地位。当前我国农村户口居民转化为城镇户口的速度较低，城市的城镇建设速度远远快于人口的城市化速度，大量城市设施和服务满足当地城镇居民，造成公共资源浪费。而这种长期的不平等则容易造成阶级矛盾冲突，影响社会和谐和经济的稳定发展。在未来可预见的时限里，必须着眼于有序推进和平稳促进农业转移人口城市化建设，并通过体制机制的创新促进城市化的健康发展。综合各方面的情况来看，农业转移人口市民化是大势所趋。近些年来，国家一直在出台文件和政策积极推进，力求加速这一过程。为了追求更高的生活质量和水平，大量农民工从农村迁移到城市，从事工业和城市建设工作，成为城市建设和工业发展的主力军。虽然农民工对城市建设的突出贡献有目共睹、有口皆碑，但滞后的户籍制度却使他们失去了公平享受城镇公共资源与公共服务的权利和机会，而且使他们更加缺失归属感和对城市的认同感，这将不利于社会的和谐安定发展。因此，加快推进农业转移人口市民化有利于维护人民享受公平的基本权利和社会资源，实现城乡融合化。事实上，我国加快推进农业转移人口市民化方面，也已经取得了显著绩效。改革开放尤其是 20 世纪 90 年代以来，中国的城镇化发展迅速，1978 年与 2018 年相比的城镇化率，从 17.9%提高到了 59.6%，增加了 41.7 个百分点，年均增加 1 个多百分点；1978 年与 2018 年相比的城镇常住人口，由 1.72 亿人提高到了 8.31 亿人，增加了 6.6 亿人，年均增加 1 650万人。城市完善的基础设施和便利的生活环境吸引了大量农村居民举家搬迁到城镇生活和发展，同时满足更多的劳动力需求，为经济发展作出了巨大贡献。但至目前为止，中国城市化水平与质量总体并不高，突出表现为农业转移人口城市化滞后。据有关数据估计，到 2020 年，中国农业转移总人口将达到 3.2 亿左右。2013 年城市蓝皮书第 6 期指出中国农业转移人口的城市化前景不容乐观。因此，加快农业转移人口的城市化是中国城市化健康可持续发展的迫切需要，也是中国经济社会持续健康发展的必然要求。

我国推进农业转移人口市民化过程中存在的问题：一是存在意识形态障碍。农民的思想观念还是传统的，恋家情结比较重，也意识不到农业转移人口市民化的诸多好处与美好前景；农民的生产生活方式还是落后的，相当一部分没文化缺技术，只能干体力活，拿微薄的劳动报酬，也意识不到该怎样从生活习惯等方面着手做一个合格的城镇居民。二是存在制度障碍。转出地、转入地的地方政府的职能发挥不充分，转出地的转出环境和转入地的就业环境均不是很宽松；转移出的农业人口在城镇就业中，还存在一定程度的城乡歧视；农业转移人口很难纳入城市社会养老保险，跨地区的社会保险体系还不完善，农业转移人口享受不到同样的社会保障公共服务。三是存在人口素质障碍。农业转移人口的职业技能学习没有跟上，素质和技能普遍残缺；农业转移人口的生活方式存在惯性，应有的城镇居民主人翁意识淡漠；农业转移人口的培训机构和服务咨询平台不健全，相关的技能培训、法律援助和就业导训满足不了需要；农业转移人口的就业培训体系不健全，培训内容不丰富，素质和技能无法在短时间内得到全面提升。四是存在公共服务障碍。政府对农业转移人口市民化的财政支出，存在着结构不优、投资不够的问题，城镇基础设施不够完善，城镇公共服务不够合理，无法保证农业转移人口与城镇居民享受平等的公共资源与服务；城镇社会保障部门与乡村社会保障体系之间的联系不畅，还没有为农业转移人口建立起统一高效的公共服务体系，农业转移人口的城镇社会保障和城镇公共服务存在部分缺失。

推进农业转移人口市民化的有效举措：一是消除各种意识形态障碍。在推进农业转移人口市民化发展的过程中，不仅要实现户籍转移和身份认同的转换，而且要实现传统思想观念的转变以及生产生活方式的蜕变。为此，应大力开展城镇化发展宣传教育，使农村居民充分了解农业转移人口市民化的好处与可期前景；应平等地对待农业转移人口，使市民化的农业转移人口同等享受城镇公共服务待遇和公共资源待遇；应消除偏见和歧视，帮助市民化的农业转移人口快速融入城镇。二是改革与完善相关制度。政府应充分发挥职能，营造出公平的就业环境氛围，完善城镇就业服务体系；应消除就业中的城乡歧视，使农民与市民公平就业；应将市民化的农业转移人口同样纳入社会养老保险，完善跨地区的社会保险体系，使农业转移人口享受到与城镇居民一样的社会保障公共服务。三是加强对农业转移人口的培训。要加强职业学习，提高农业转移人口的素质和技能；要改变生活方式，培养农业转移人口的主人翁意识；要建立培训机构和服务咨询平台，扎实对农业转移人口开展技能培训、法律援助和就业导训；要建立健全就业培训体系，丰富培训内容，使农业转移人口的素质和技能得到全面发展，尽早投身我国新时代社会主义城镇化建设中来。四是提高公共服务均等化水平。政府的财政支出应优结构、增投资，使城乡基础设施日渐完善，使城乡公共服务日渐合理，保证农业转移人口与城镇居民享受平等的公共资源与服务；城镇社会保障部门应逐步加强乡村社会保障体系之间的联系，为农业转移人口建立统一高效的公共服务体系，使城镇社会保障的水平日渐提高，使城镇公共服务的完善化、均等化等目标日渐实现。

（四）城乡户籍一元化

城乡户籍一元化，是指彻底打破原有的城镇居民、农村居民两种身份分设、封闭僵化且含有一些歧视政策的二元户籍制度，按照居民户口、常住人口、中国公民等身份登记户口和标记户籍，完全消除户籍鸿沟，完完全全地变革为一元户籍的过程。

推进城乡户籍一元化的原因和目的：在新时代背景下，二元户籍制度导致的社会问题严重阻碍经济社会运行。一方面，资源分配不均。在二元城乡户籍制度下，城乡居民社会身份地位截然不同，其所配置的社会资源亦千差万别。城镇居民在教育、补贴等方面的权利明显，在医疗、劳保社保等方面的待遇优厚，而农民在这些方面却相形见绌，也无形中拉大了城乡差距，造成了收入分配不均，不仅阻碍了社会主义市场经济的发展，还会衍生诸多不利于社会安定和谐的问题。另一方面，就业不平衡。在二元户籍制度下，农民无法自由地选择居住地点和工作岗位，只能待在没有这样或那样要求的脏活累活岗位，并获得微薄的收入薪酬，而城镇居民则可以进入国企或央企，并获得优厚的薪酬，农民收入与待遇自然而然地与城镇居民相差甚远，也造成了城乡居民就业的不平等和不平衡。农民群体在近代历史中扮演了重要角色，为新中国的成立和发展建设做出了突出贡献，因此农民应当享受与城镇人口同等的待遇与资源。因此，施行并推动城乡户籍一元化进程是必要的，不仅能够逐步解决资源分布不均和就业不平衡等问题，更重要的是能够维护社会稳定。同时此项改革也是解决“三农”问题的重要环节，并且能体现我党执政为民的理念和全心全意为人民服务的宗旨。在新时代背景下，必须摒弃二元户籍制度，取而代之以城乡户籍一元化制度——更加符合道德法理与社会稳定发展的一元户籍制度。

我国推进城乡户籍一元化过程中存在的问题：一是各部门之间缺乏联动性与统一性。户籍制度改革是一项长期、复杂、艰巨的关乎社会体制改革的民生工程，政策延伸多而相关法律支撑少。改革涉及多部门利益调整，在标准不够具体、职责不够明确的情况下，部门工作缺乏统一、有效的考核标准；少数部门改革的意识不到位，全面深化改革的魄力不够大。并且省、市、县三级改革进程不一，对省市级普遍重视程度高、推进力度要强，而县级及以下对改革的认识不足，重视程度和推进力度也相对落后。二是农民转户意愿不强。由于传统意识根深蒂固，农民既希望定居城市，获得更高收入，又担心失去原始居住地的土地承包权、集体资产收益权、拆迁补偿等既得利益，而且农民转户后，城镇的低保、医保等政策衔接仍未完善，直接影响了农民在城镇落户的积极性，部分城镇经济状况、就业形势、生活环境等条件还达不到农民需求，部分农民仍持观望态度。更重要的是随着时代发展，农村户籍的含金量不断提高，这在一定程度上也会影响农民转户积极性。三是户口识别出现困难。施行城乡户籍一元制以后，虽然从形式上建立了城乡统一的户口登记制度，但是在实际工作中，除公安部门进行了城镇户口与农村户口的内部标识外，其他部门很难区分认定户口类型，这就给相关部门的实际工作带来了困难，影响了工作效率。四是户籍改革缺乏动力。户籍制度改革在实际推行过程中，并未成为综合性改革，一直是以公安部门带头推进，改革逐渐演变为单项改革。在新一轮户籍制度改革中，各地区大都成立了专门的户籍制度改革领导小组，逐步加强统筹领导，改革推动力明显增强。但由于各部门之间存在较大的利益分隔，合力效应和整体治理效果并不十分显著。此外，一些地方城镇经济社会发展落后，所形成的拉力效应仍不明显，从而很难吸引农民落户。五是转户成本较高。据调查，2014 年我国农业转移人口市民化的人均成本，大约是每人 13 万元。照此推算，每转移 100 万人，就需要 1 300 亿元。这笔开支，无疑是庞大的，不少省份面临投入不足的困难。特别是在特大城市，农业转移人口的大量进入，会对城市既有户籍人口的公共服务资源供给形成较为明显的挤压效应，从而产生新的供需矛盾。处于关键部位的农业转移人口成本分担机制并没有完全理顺。人口转出地的地方政府，承担了大头的人口转移成本；人口转入地的地方政府，承担了小头的人口转移成本。这样一来，人口转出地地方政府的财政压力普遍很大，而且得到的补贴很少；人口转入地地方政府的财政压力普遍很小，而且得到的补贴很多。人口转入地、转出地的地方政府的财政压力和支持补贴“双倒挂”，人口转出地地方政府的工作积极性很难提高。

推进城乡户籍一元化的有效举措：一是提升改革的整体战略布局。新的户籍制度改革，不仅要改革传统的登记迁移制度，而且要改革隐含的福利分配制度和社会保障制度。尤其是，在农业转移人口市民化进程中，户籍制度改革还必须统筹考虑，与土地制度改革联动进行。也就是说，户籍制度改革必须从单项改革，提升到一揽子的综合改革。比较可靠的路子，就是通过顶层设计，把户籍制度以及附着在户籍制度上的教育体制、卫生制度、养老制度、就业制度、住房制度、社保制度等体制机制，从“管理型”转变为“服务型”，以服务的理念引领户籍制度综合配套改革。二是加强领导体制机制。进一步推进和完善城乡户籍一元化，必须加强领导。直接关系国计民生的户籍制度改革，综合性、全局性特征鲜明，战略性、系统性特征突出，我国或可借鉴“食品安全领导小组”和“医疗卫生改革领导小组”的模式，成立“中央户籍改革领导小组”，下设办公室，通过专项领导小组的形式高位推动改革。三是强化改革的公平正义。户籍制度改革的核心要义，就是要逐步有序实现户籍与就业、户籍与教育、户籍与养老、户籍与社保等的完全脱钩，允许人口自由迁徙，回归本原功能。通过改革，最终实现从城镇户籍人口到常住人口全覆盖，而这需要一个有序渐次推进的过程。特别是针对一些特大城市，需要形成和制定一个明晰的路线图和任务表。落实、贯彻和突显户籍制度改革的公平正义价值，也是实现全民共享改革发展成果、构建共建共享型社会的客观要求。同时，改革必须紧紧聚焦农民工这个庞大群体的市民化。既要通过降低落户门槛的方式，扩展农民工落户的渠道，还需要通过对农民工群体进行强权赋能的方式提升他们在城市的适应能力，确保他们在城市能够生活下去，并且还应拓宽农民工尤其是优秀农民工人才的落户渠道。四是完善中央与地方的财政投入机制。城乡户籍一元化进展缓慢的一个重要原因，是地方政府动力不足。尤其是人口转入地政府，往往把转入人口视为城市经济社会发展的负担，更觉得承担数目可观的“落户成本”，既“冤枉”，也使地方财政负重加大。要很好地处理和解决这个问题，就需要建立健全成本分担机制，一方面使中央财政、省级财政的投入有所增加、有所倾斜，另一方面使市县财政的投入有所保障、有所持续。建立健全成本分担机制的基本原则，是坚持根据常住人口作为财政转移的基础予以布局。五是健全全国人口信息库。在城乡户籍一元化推进过程中，各地普遍发现存在不少“黑户”现象。由于信息系统的封闭、不完备，也存在不少信息错误和漏洞问题。在移动互联网迅猛发展的背景下，应切实提升信息技术对户籍制度改革的支撑力度。根据调研情况来看，目前，一些省份信息查询尚未完全建立，亦无法通过系统进行跨省信息查询，给户籍管理带来很大困难。为此，应当尽快研究流入地和流出地信息共享机制，实现人口信息各类查询、比对功能，杜绝身份重、错、假问题，使个人身份唯一性得到保证。从这方面讲，健全覆盖全国的人口信息库，为户籍改革和流动人口服务提供技术支撑，具有一定的关键性和重要性。六是拓展和完善居民身份证功能。在城乡户籍一体化与全国人口信息一体化建设中，应更好发挥居民身份证在经济社会生活中的重要功用，进一步增强居民身份证的多种集成功能和识别作用，逐步实现“多证合一于居民身份证”，使得居民身份证号码成为唯一标识。在此基础上，建立人口大数据管理平台，实现不同部门、不同地区的信息共建和信息共享。这样做，不仅能节省成本，而且便利了居民生活工作，更方便了各个部门机关的工作。七是建立并不断完善新型户籍管理制度。新时代背景下，国家应尽快修订并不断完善原有户籍管理法律法规，为新一轮户籍制度改革在国家层面提供强有力的法治保障。同时，《户籍管理法》的内容、概念、技术等多个方面，都应与《居住证暂行条例》《居民身份证法》等衔接融通，建立总体上利于管理的新型户籍制度。

（五）城乡发展融合化

城乡发展融合化，是指城镇的发展要与乡村的发展，难舍难分地“联姻”、融通和会合起来，最终亲密无间地走到一起，实现互动发展、协调发展和耦合发展的过程。

推进城乡发展融合化的原因和目的：城乡发展融合化是继城乡统筹、城乡一体化之后，我国明确推进的城乡关系的“第三次飞跃”。“第一次飞跃”，即实行城乡统筹，从根本上解决了以往作重大决策部署时只考虑城镇而忽视乡村，或者说“顾城镇失乡村”的不合理不科学做法，把乡村的事情与城镇的事情通盘筹划，但遗憾的是没有把城镇和乡村摆到同样的位置。“第二次飞跃”，即实行城乡一体化，从根本上解决了城镇与乡村长期隔离隔阂的情况，在作重大决策部署时把城镇与乡村作为一个整体对待，拉近了城镇和乡村的距离，但遗憾的是城镇的优越感还比较浓厚，总觉得尽管一体化了但乡村对城镇还是“依附关系”。“第三次飞跃”，即实行城乡融合化，从根本上解决了城镇与乡村的关系问题，把城镇和乡村放在了同等重要、对等依赖的位置，昭示、鞭策着城镇和乡村今后将“兄弟般”的惺惺相惜，“亲人般”的同舟共济，在经济社会发展中互通有无、互相爱护和互相支持。具体讲，推进城乡发展融合化，可以从根本上解决以下三个敏感问题：一是可以推动解决“三农”问题。多年以来，“三农”问题一直是摆在人们面前、众所纷纭的现实问题。“三农”问题的核心，又是农民问题。农民问题的核心，则是收入问题。推进城乡发展融合化，可给农民更多就业选择与劳动报酬福利，促进农民增收，从而推动“三农”问题的解决。二是可以推动解决就业问题。能够形成促进城乡发展融合化的职业介绍网络，推动农村劳动力向城镇流动，大幅度转移农民工，逐渐形成城乡互流、互换、互补的劳务格局，确保劳动力能就业、就好业。三是可以推动教育均衡发展问题。教育是一个国家和民族发展的前提和基础。城市化过程也要以统筹城乡教育为突破点，在城乡一体化进程中坚持把教育公平作为国家基本政策，逐步实现城乡公平教育，让乡村农民也可以享受到平等的教育资源，不仅可以促进城市化稳定快速发展，更可以提高国民综合素质，营造更加文明和谐的社会氛围。

我国推进城乡融合化过程中存在的问题：一是城乡经济发展仍有差距。广大农村都有大量的年轻劳动力、资金和技术等多种生产要素，快速且连续不断地流向城市；城乡之间的物质要素流动与人的流动不相协调，成为制约城乡一体化发展的重要瓶颈；农村因为农地分配平均化、流转难度高以及农业兼业化等问题使得农村土地适度规模经营的发展受到了阻碍，继而使得农业实现专业化、标准化、机械化以及产业化发展水平普遍不高，资源缺乏导致农业内部增收非常慢。二是城乡文化基础设施建设差距较大。文化发展的载体，是文化基础设施的建设。调查发现，城镇地区与乡村在文化基础设施的建设上，不仅差距比较大，而且还存在投资渠道和投资主体单一的问题。对于文化基础设施，在城乡被调查者中，城镇地区16%的人认为“很齐全”，48.8%的人认为“基本齐全”，二者合计占64.8%；乡村地区认为“很齐全”“基本齐全”的分别是1.3%、17%，二者合计仅占18.3%，比城镇地区少46.5个百分点。三是城乡公共医疗卫生事业建设差距较大。当前我国城乡公共医疗卫生事业发展差距较大，包括公共医疗卫生服务的体系建设、资源配置以及医疗保障等多个方面。在卫生和医疗方面，农民的待遇与城镇居民差距很大，这主要表现在：70%的农业人口只享受到了23%的公共医疗卫生资源；城市居民的人均卫生费用是农民的3.53倍；农村地区广泛存在医疗技术水平不高，尤其是民族地区和贫困地区等大多数的县、乡和村三级医疗在卫生机构方面存在技术落后、设施缺失的实际情况；40%的乡、88%的村的在职医生没有行医资格。

推进城乡融合化的有效举措：一是增强城市拉动力。应通过完善城市交通网络，构建现代综合交通体系，提升城市交通能力，增强城市竞争力；应注重城市文化底蕴巩固与建设，增强城市人文历史气息；应扩大投资，完善各项公共设施建设。只有加快乡村融入城市与城市拉动乡村双管齐下，才能多力联动地促进城乡发展融合化进程。二是应建立城乡融合的劳动力市场。我国之前的二元劳动力市场，不仅城乡分割特征明显，而且不利于推进城乡发展融合化。要促成城乡发展融合化，就要建立城乡融合的劳动力市场，无论是农民还是城镇居民，都能在这个市场里获得均等的就业机会，都能成为实现城乡融合发展的最活跃因素。三是应精简乡镇政府机构。由于乡镇级（及以下）行政区域公共管理疏松，因此更易滋生腐败与不公。据有关资料显示，全国乡镇级（及以下）公务人员已超 800 万，大大加重了财政负担和农村发展负担。因此，精简机构、缩减人员已经成为促进乡镇机构改革，推动城乡发展融合化的重要环节。四是应加大科技和制度创新力度。进入新时代，农业现代化离不开农业科研的强力发展。国家必须通过培育和引进良种，推广应用先进农业科技，加强农业科技宣传，督促农民学习科技知识，持续不断地开展制度创新等措施，来促进农业丰收与农民增收。

（六）财政资金倾农化

财政资金倾农化，是指政府有计划地拓宽农业融资渠道，将财政资金投入向农业产业倾斜，将财政资金投入力度向农业产业加强，将财政资金投入范围向农业产业扩大，促进农村产业发展和广大农民增收的过程。

推进财政资金倾农化的原因和目的："三农"的可持续发展，必须依靠财政资金的大力支持。明确财政资金倾农化，是在建立健全中国特色社会主义市场经济体制，实施乡村振兴战略等新的时代背景下，进一步发展现代农业、推进农业农村现代化的客观要求。发达国家的历史也已证实，发展现代农业、推进农业现代化不仅离不开政府财政的积极支持，而且需要政府财政的鼎力相助。我国要在发展现代农业、推进农业现代化进程中加速比学赶帮超的步伐，财政支持的力度就应该更大更猛更强。

我国推进财政资金倾农化过程中存在的问题：一是财政支农资金占比较低。近些年来，我国财政支农支出虽然绝对额逐年增加，但占财政总支出之比，却依然相对较低。而且，我国财政支农的年支出占农业生产总值的比重只有 9%左右，与发达国家的 30%～50%相距甚远。尤其是，我国农业发达地区或者经济发达地区得到的农业财政支出较多，而农业欠发达或经济发展水平较低的地区，农业财政支出偏低，这导致农业财政资金投入呈现区域上的不平衡。二是农业财政投入缺乏管理。政府涉农部门和机构繁多，难以形成合力，管理和监督难度较大，而且资金管理方式传统，审批流程繁琐，致使财政支农资金不仅拨付不及时，而且投资分散，使用中浪费严重，无论是利用效率还是综合效益，都远非理想效果。三是财政支农资金使用缺乏统一规划与指导。全国各地虽然都出台相应的财政支农资金整合实施方案，规定了明确的指导思想、区域性的规划目标和具体的实施步骤等，但财政支农资金整合运用缺乏明确思路与合理规划，对财政支农投入、资金使用、资金分配等具体问题缺少科学分析，因此无法在资金整合过程中起到有针对性的指导作用。

推进财政资金倾农化的有效举措：一是增加农业财政投资力度。要完善财政资金倾农化，第一步就要通过各种渠道加大农业投资力度，给予“三农”发展以足够的资金支持。二是明确财政支农资金重点投向。我国财政对农业方面投入重点不突出，无力度无重点，影响了“三农”的快速发展。而发达国家财政支农重点突出，财政投资方向明确，主抓农业科技投入、农业基建工作及农业生产优惠政策推行实施。三是创新支农资金优化方式。在国际上，日本以制度金融作为资金整合优化模式，法国以农业互助合作组织为载体作为整合优化模式，美国采取上下结合的整合优化模式。我国应借鉴发达国家的先进经验，创建更加科学民主的协商机制，将涉农部门的职责划分明确、分工精细。四是进一步明确政府职能。完善政府部门的职能划分，通过建设相关法律法规，建立明确的职责体系；改革创新农业部门的管理方式，编制好财政预算；建立健全评价指标体系，定期进行财政支农效果的绩效评价工作。尤其是，要以农民经济效益为客观评价标准，实现农业效益和管理效率双向考核评价。

参 考 文 献

包宗顺．2008．国外农业现代化借鉴研究［J］．世界经济与政治论坛（5）：112－117．
毕昌隆．1989．实现我国农业现代化的三个必要条件［J］．探求（4）：17－22．
蔡世忠，孟俊杰，路燕．2013．河南省农业科技创新体系建设研究［J］．农业科技管理（2）：13－16．
曹翔．2011．运用BOT模式促进西部基础设施建设的探索［J］．当代经济（20）：106－109．
曹燕子．2018．河南省家庭农场正规金融信贷效果研究［D］．杨凌：西北农林科技大学．
常君丽．2016．习近平农民发展思想研究［D］．杭州：浙江农林大学．
陈春霞．2009．我国农业现代化评价指标体系研究评述．改革与战略（6）：184－186．
陈华彬．2019．乡村振兴视阈下农业产业化联合体研究——产生机理、运营机制和实证分析［J］．重庆理工大学学报（社会科学）（3）：36－45．
陈怀远．2019．改革开放以来我国农村土地制度变迁的理论探究与实践要求［J］．中共石家庄市委党校学报（3）：34－40．
陈建伟．2015．靠理念创新推动现代农业园区发展［N］．河北日报，01－28（007）．
陈江涛，张巧惠，吕建秋．2018．中国省域农业现代化水平评价及其影响因素的空间计量分析［J］．中国农业资源与区划（2）：205－213．
陈亮．2019．乡村振兴战略下小农户与现代农业发展有机衔接研究——以潍坊为例［J］．青岛农业大学学报（社会科学版）（1）：35－40．
陈鹏．2018．新一轮户籍制度改革：进展、问题及对策［J］．行政管理改革（10）：57－63．
陈祺琪．2013．河南省粮食综合生产能力研究［D］．郑州：河南农业大学．
陈锡文．2012．中国特色农业现代化的几个主要问题［J］．改革（10）：5－8．
陈锡文．2007．走中国特色农业现代化道路［J］．农村工作通讯（12）：12－16．
陈晓华．2012．深化认识　破解难题　稳步推进农村产权制度改革［J］．农村工作通讯（15）：6－9．
陈晓华．2012．现代农业发展与农业经营体制机制创新［J］．农业经济问题（11）：4－6．
陈雅英，李胜馨．2011．浅谈新经济时代现代组织创新的重要性［J］．现代经济信息（2）：19－20．
陈怡平，张义．2019．黄土高原丘陵沟壑区乡村可持续振兴模式［J］．中国科学院院刊（6）：708－716．
陈银娥，陈学军．2010．中国中部地区农业资源综合开发利用的问题与对策［J］．世界农业（9）：81－84．
程怀儒．2008．我国实现农业现代化的制约因素［J］．广西社会科学（2）：72－76．

楚世强. 2011. 中西方农业补贴法律比较研究［D］. 长沙：中南民族大学.
戴孝悌. 2011. 新世纪以来我国农业产业发展理论研究述评［J］. 黑龙江农业科学（12）：128－132.
丁白，董航，叶兴庆. 2015. 走中国特色新型农业现代化道路［J］. 理论参考（6）：42－45.
丁声俊. 2013. 新型农业经营主体是打造农村经济发展的“升级版”［J］. 黑龙江粮食（6）：9－11.
杜奋根. 2018. 乡村振兴战略视域下“落实农地集体所有权”探析［J］. 学术研究（12）：83－89，177－178.
杜士贵. 2015. 区域生态农业竞争力评价及提升策略［D］. 青岛：中国海洋大学.
方世南. 2001. 邓小平的整体现代化思想及其当代价值［J］. 中共云南省委党校学报（1）：29－34.
冯献，李宁辉，郭静利. 2014. “四化同步”背景下我国农业现代化建设的发展思路与对策建议［J］. 农业现代化研究（1）：11－14.
付寿康. 2019. 论乡村振兴中民族地区现代农业体系之构建［J］. 财经理论研究（3）：38－44.
傅晨. 2001. 基本实现农业现代化：涵义与标准的理论探讨［J］. 中国农村经济（12）：4－15.
高全成. 2019. 中国乡村现代化路径探讨［J］. 农场经济管理（1）：34－39.
高汝仕. 2018. 论建设现代化经济体系的核心特征［J］. 中共四川省委党校学报（4）：44－50.
顾焕章. 1997. 论农业现代化的涵义及其发展［J］. 江苏社会科学（1）：30－35.
顾莉丽. 2012. 中国粮食主产区的演变与发展研究［D］. 长春：吉林农业大学.
顾益康. 2012. 中国特色农业现代化的科学内涵、目标模式与支撑体系［J］. 中共浙江省委党校学报（6）：26－36.
顾益康. 2012. 中国特色农业现代化道路新探索［J］. 观察与思考（2）：20－27.
顾益康. 2013. 关于中国特色农业现代化道路内涵、特征与思路的新思考［J］. 世界农业（8）：171－174.
顾益康. 2010. 加快农业发展方式的转变　探索中国特色的新型农业现代化道路［C］. 济南：中国农业经济学会会议论文集：124－130.
关锐捷. 构建新型农业社会化服务体系的战略思考［J］. 经济要参，2013（42）：34－42.
郭慧萍. 2018. 河南省农民增收的影响因素与增加农民收入的对策［J］. 河南工业大学学报（社会科学版）（6）：1－9.
郭俊楠，李铜山. 2016. 中外农业现代化道路实践模式的比较借鉴［J］. 市场周刊（理论研究）（5）：3－5.
韩俊. 2012. 农业现代化需要制度和新型农民做保障［J］. 农村工作通讯（2）：34.
韩俊. 2012. 中国农业现代化六大路径［J］. 上海农村经济（11）：4－8.
韩俊. 2015. 加快推进中国特色新型农业现代化［J］. 理论参考（6）：15－20.
韩士元. 1999. 农业现代化的内涵及评价标准［J］. 天津社会科学（5）：69－70.
韩文龙. 2019. 以城乡融合发展推进农业农村现代化［J］. 红旗文稿（1）：24－26.
韩长赋. 2012. 东部沿海地区要率先实现农业现代化［J］. 农业工程技术（农产品加工业）

（6）：11.
何秀荣．2011．农业现代化的兴起、演进和国际经验［J］．科学与现代化（1）：17－29.
贺军伟，杨春华，杨洁梅．2014．走中国特色新型农业现代化道路［J］．南方农业（11）：39－42.
贺雪峰．2014．如何认识中国式的小农经济［J］．中国农村科技（3）：15.
洪银兴．2008．中国特色农业现代化和农业发展方式转变［J］．经济学动态（6）：62－66.
胡晓阳，陈延利．2019．浅析五大发展理念视域下的西藏现代科技政策体系［J］．管理观察（1）：72－74.
胡志全，朱殿宵，辛岭，等．2018．基于产业要素年代差距分析的农业现代化水平国际比较研究［J］．中国农业科学（7）：1412－1420.
黄莉新．2010．加快转变农业发展方式 推进农业现代化建设［N］．农民日报，05－31（003）.
黄莉新．2011．“五个创新”理念加快发展方式转变［N］．农民日报，01－22（003）.
黄莉新．2011．创新发展走有特色的农业现代化之路［N］．农民日报，06－10（008）.
黄祖辉，等．2003．农业现代化：理论、进程与途径［M］．北京：中国农业出版社.
黄祖辉．2006．农合组织：农业现代化的新选择［J］．中国合作经济（7）：40－41.
江苏省农业委员会课题组．2017．智能农业是农业现代化的重要标志和支撑——江苏智能农业发展专题研究［J］．江苏农村经济（11）：7－11.
姜长云．2013．促进农民增收的战略选择［J］．农村工作通讯（13）：48－51.
姜长云．2015．创新驱动视野的农业发展方式转变［J］．改革（12）：83－93.
姜长云．2018．促进小农户和现代农业发展有机衔接是篇大文章［J］．中国发展观察（Z1）：47－50.
蒋浩，陈淑芹．2019．推动我国乡村产业绿色振兴［J］．宏观经济管理（3）：50－57.
蒋和平，张成龙，刘学瑜．2015．北京都市型现代农业发展水平的评价研究［J］．农业现代化研究（3）：327－332.
蒋和平．2013．中国特色农业现代化建设机制与模式［M］．北京：中国农业出版社.
蒋钊．2016．以特强农 宁夏现代农业发展之路［J］．农村工作通讯（19）：24－26.
金锦花．2018．乡村振兴战略背景下加强广西村级集体经济发展的政策研究［J］．经济研究参考（41）：62－68.
荆扬．2019．新时代中国特色社会主义新型城镇化道路研究［J］．智库时代（3）：2－3.
康爱荣．2005．我国农业现代化的诠释［J］．甘肃社会科学（1）：189－191.
康涌泉．2013．传统农耕文化精髓与现代农业耦合发展机制及模式［J］．中州学刊（11）：39－43.
亢志华，陈海霞，刘华周．2009．以提高土地产出率、劳动生产率、资源利用率来发展现代农业［J］．江苏农业科学（5）：322－324.
柯柄生．2008．关于走中国特色农业现代化道路的若干认识［J］．农村经营管理（2）：15－19.
柯炳生．2005．工业反哺农业：我国经济社会发展的新阶段［J］．农业发展与金融（3）：29－32.

孔繁金. 2018. 乡村振兴战略与中央 1 号文件关系研究 [J]. 农村经济 (4): 7-14.
孔祥智, 关付新. 2003. 特色农业: 西部农业的优势选择和发展对策 [J]. 农业技术经济 (3): 34-39.
孔祥智, 周振. 2014. "三个导向"与新型农业现代化道路 [J]. 江汉论坛 (7): 42-49.
孔祥智. 2012. 中国农业现代化的总体态势和未来取向 [J]. 改革 (10): 9-21.
孔祥智. 2013. 农业现代化的内涵、主体及推进策略分析 [J]. 农业经济与管理 (2): 9-15.
孔云梅. 2011. 完善我国农业保护制度体系的思考 [J]. 河南师范大学学报 (哲学社会科学版) (15): 143-145.
蓝枫. 2018. 土地新政能否推动住宅用地多元化供应 [J]. 城乡建设 (4): 14-17.
李博. 2018. 基于国际经验的我国农村土地金融模式创新 [J]. 山西农业大学学报 (社会科学版) (9): 34-41.
李国祥. 2013. 寻找农业现代创新机制 [J]. 中国报道 (3): 58-59.
李虹来, 勒中坚. 2007. 灰色关联分析在农业现代化评价体系中的应用 [J]. 江西财经大学学报 (1): 43-44.
李佳, 马雅恬, 罗建利. 2019. 供应链金融视角下农民合作社的融资模式 [J]. 广东农业科学 (4): 165-172.
李凯, 高宏伟. 2019. 东北全面振兴需要产业结构的深度调整 [J]. 沈阳师范大学学报 (社会科学版), 43 (1): 1-10.
李磊. 2019. "五化"耦合协调测度与市场化发展研究——基于中部六省 2000—2015 年面板数据的实证分析 [J]. 中南林业科技大学学报 (社会科学版), 13 (02): 43-52, 73.
李平菊, 寇浩宁. 2017. "三权分置"下的征地补偿费分配问题研究 [J]. 中州学刊 (9): 85-89.
李硕扬, 刘群红. 2018. 产城融合视角下特色小镇的功能定位研究——以南昌太平镇为例 [J]. 城市发展研究 (12): 168-172.
李铜山, 李璐洋. 2019. 坚持农业农村优先发展面临的难题与对策 [J]. 中州学刊 (2): 39-44.
李铜山, 杨绍闻. 2017. 农业发展方式转变中的深层次问题及解决对策 [J]. 学习论坛 (11): 33-37.
李铜山. 2013. 论新型农业服务体系的新意和特征 [J]. 河南工业大学学报 (社会科学版) (1): 1-4.
李铜山. 2013. 转变粮食产业发展方式的几点理性思考 [J]. 东北农业大学学报 (社会科学版) (5): 16-20.
李仪. 2016. "互联网+"背景下的农业商业模式创新: 基于农业全产业链闭合平台的视角 [J]. 学习与探索 (9): 101-106.
林俊瑛. 2014. 我国现行农村土地产权制度的现状及对策 [J]. 北京农业 (3): 336.
林正雨, 李晓, 何鹏. 2014. 四川省农业现代化发展水平综合评价 [J]. 农业现代化研究 (1): 15-19.

刘波. 2019. 推进新时代我国粮食经济高质量发展 [J]. 中国粮食经济 (1): 14-17.
刘春峰, 苏海平. 2009. 农业现代化发展水平评价方法研究——以北京市为例. 测绘与空间地理信息 (6): 202-205.
刘良军. 2011. 推动"十二五"农业农村经济科学发展 [J]. 中国农业信息 (5): 8-11.
刘琦, 赵明正. 2019. 农业现代化进程中农业要素使用强度变化规律研究 [J]. 农业经济问题 (3): 23-32.
刘庆庆, 李铜山. 2016. 我国农业产业集群发展现状及对策简议 [J]. 南方农业 (19): 78-79.
刘庆庆, 李铜山. 2016. 浅论农业产业链发展中存在的问题及对策 [J]. 农村经济与科技 (15): 64-65.
刘亭. 2014. 我国农业科技创新发展现状、问题及对策探索 [J]. 现代经济信息 (17): 381-382.
刘欣, 姚增福. 2018. 赤峰市城镇化与农业现代化协调演变及模式选择研究 [J]. 中国农业资源与区划 (2): 214-220.
刘阳阳, 朱睿妮. 2019. 论农村集体经济组织的特别法人地位 [J]. 福建农林大学学报 (哲学社会科学版) (2): 92-98.
刘勇, 李仙. 2013. "中四角"经济区与我国区域经济协调发展 [J]. 华中师范大学学报 (人文社会科学版) (6): 56-65.
刘勇. 2005. "十一五"期间协调空间开发秩序和调整空间结构的相关问题研究 [J]. 中州学刊 (1): 26-34.
刘勇. 2005. 中国新三大地带宏观区域格局的划分 [J]. 地理学报 (3): 361-370.
刘宇. 2019. 改革开放40年来中国工业化道路的成就与挑战 [J]. 中国市场 (16): 25-27.
刘远. 2017. "十三五"全国新型职业农民培育发展规划发布 [N]. 农民日报, 01-23 (001).
刘兆征. 2016. 农业转移人口市民化的意愿、障碍及对策——基于山西的调查分析 [J]. 国家行政学院学报 (3): 97-102.
卢良恕. 1999. 现代集约持续农业是我国农业现代化建设的必由之路 [J]. 农村实用工程技术 (12): 2-3.
吕娜, 朱立志. 2019. 中国农业环境技术效率与绿色全要素生产率增长研究 [J]. 农业技术经济 (4): 95-103.
马向晖. 2009. 论我国现代农业发展中的政府职责问题 [J]. 经济研究导刊 (35): 7-9.
马晓河. 2013. 我国有特色的农业现代化道路及对策研究 [J]. 全球化 (2): 104-115.
马晓河. 2019. 大国小农条件下的农业现代化 [J]. 中国发展观察 (2): 31-34.
马云辉. 2019. 乡村振兴战略背景下推进现代农业发展的五大举措 [J]. 时代金融 (9): 68-70.
梅方权. 1999. 中国农业现代化的发展阶段和战略选择 [J]. 天津农林科技 (11): 3-5, 7.
苗绘, 翟玉. 2018. 习近平农业现代化思想的内涵及其意义 [J]. 理论观察 (12): 13-15.

苗洁. 2016. 推进农业供给侧结构性改革的探索与建议——以河南省为例 [J]. 农村经济(12)：16-20.
闵耀良. 2001. 知识经济与农业现代化 [J]. 中国农村经济 (1)：19-23.
宁满秀，等. 2018. 乡村振兴：国际经验与中国实践——中国国外农业经济研究会2018年年会暨学术研讨会综述 [J]. 中国农村经济 (12)：130-139.
牛若峰. 2001. 中国农业现代化走什么道路 [J]. 中国农村经济 (1)：4-11.
农民日报评论员. 2014. 形成中国特色新型农业现代化推进机制 [N]. 农民日报，01-09(01).
普蓂喆，吕新业，钟钰. 2019. 产需张弛视角下粮食政策演进逻辑及未来取向 [J]. 改革(4)：103-114.
祁春节. 2019. 现代山地农业高质量发展路径 [J]. 民主与科学 (1)：18-22.
钱津. 2017. 农业供给侧结构性改革战略要点探究 [J]. 经济纵横 (5)：14-19.
钱津. 2019. 论新中国的工业化建设 [J]. 经济纵横 (3)：1-7，137.
瞿志印. 2008. 现代农业建设中的政府职责 [J]. 农业经济 (8)：35-38.
任秉元. 2009. 新型农业现代化道路的思考 [J]. 中国商界 (12)：197.
沈建华. 2010. 创新农业发展理念 转变农业发展方式 [N]. 农民日报，07-20 (001).
盛卉. 2013. 当前应着力完善农业五大政策体系 [J]. 农村. 农业. 农民 (A版)，(11)：17.
宋洪远. 2019. 中国农村改革40年：回顾与思考 [J]. 中国农业文摘 (1)：3-11.
苏群，李美玲，常雪. 2019. 财政支持对农民专业合作社绩效的影响——以种植业合作社为例 [J]. 湖南农业大学学报 (社会科学版) (1)：42-48.
孙葆春. 2018. 东北三省农业现代化与新型城镇化协调发展度评价研究 [J]. 江苏农业科学 (7)：319-323.
孙纲. 2016. 黑龙江县域农业现代化路径选择研究 [D]. 哈尔滨：东北林业大学.
孙立城. 2012. 加速推进农业现代化的核心是转变发展方式 [J]. 经济纵横 (7)：2-3.
孙天骐. 2018. 区域科技创新能力提升研究——以松江区为例 [D]. 上海：华东政法大学.
孙晓欣. 2017. 江苏省农业现代化转型的驱动机制及其区域效应 [D]. 徐州：江苏师范大学.
孙源国. 2010. 沈阳市现代农业发展问题研究 [D]. 长春：吉林大学.
孙仲彝. 2016. 加快实现中国特色新型农业现代化的思考 [J]. 上海农村经济 (9)：31-34.
谭爱花，李万明，谢芳. 2011. 我国农业现代化评价指标体系的设计. 干旱区资源与环境(10)：7-14.
唐凯江. 2011. 产业组织变革取向的中国特色农业现代化道路——基于工农业互动的视角[J]. 改革与战略 (7)：88-91.
唐丽桂. 2019. 农民专业合作社发展中的不规范现象研究 [J]. 重庆社会科学 (2)：93-101.
唐洲雁. 2010. "富强民主文明和谐"的国家目标 [J]. 瞭望 (Z1)：66-69.
王东荣，顾吾浩，吕祥. 2017. 上海推进农村一二三产业融合发展 [J]. 科学发展 (7)：

53－65.
王丰. 2018. 新时代中国特色农业现代化“第二次飞跃”的逻辑必然及实践模式 [J]. 经济学家 (3): 82－88.
王国庆，王俊英. 2015. 关于加快推进宁夏现代农业发展的基本思路 [J]. 农业经济 (11): 25－26.
王海娟. 2016. 小农户也可以发展现代农业 [N]. 农民日报，11－24 (003).
王红. 2013. 中原经济区的粮食产业化发展研究 [D]. 郑州：河南工业大学.
王建国，包安. 2019. 论新时代中国粮食安全观——学习习近平总书记关于中国粮食安全的重要论述 [J]. 贵州社会科学 (5): 20－27.
王建国. 2004. 大庆市农业现代化评价与发展对策研究 [J]. 农业系统科学与综合研究 (2): 147－150.
王金南，万军，王倩，等. 2018. 改革开放 40 年与中国生态环境规划发展 [J]. 中国环境管理 (6): 5－18.
王凯荣. 1999. 农业现代化进程中的环境问题及其对策 [J]. 农业现代化研究 (5): 270－273.
王可心，张慧君. 2019. “四化同步”与精准扶贫的中国经验 [J]. 哈尔滨市委党校学报 (2): 5－9.
王力. 2013. 新疆兵团农业现代化的进程分析与模式选择——对农垦系统农业现代化实现路径的思考 [J]. 农业技术经济 (4): 93－101.
王连花. 2019. 习近平乡村振兴思想略论 [J]. 湖南农业大学学报 (社会科学版) (1): 1－9.
王庭芳. 2013. 农业现代化：“四化”同步发展的重点及难点 [J]. 郑州航空工业管理学院学报 (4): 27－31.
王琬茹. 2017. 有效需求理论视角下谈供给侧改革对我国经济增长的作用 [J]. 中国国际财经 (2): 157－158.
王一夫，王新利. 2014. 黑龙江垦区农业现代化发展水平分析 [J]. 黑龙江八一农垦大学学报 (1): 99－104.
王永莉. 2017. 西部民族地区生态文明建设问题探析 [J]. 民族学刊 (1): 22－31，98－100.
魏向远. 2018. 改革开放以来涉农“中央 1 号文件”研究 [D]. 开封：河南大学.
温铁军. 2013. 农业现代化应由二产化向三产化过渡 [J]. 中国农村科技 (6): 14.
吴飞. 2017. 农村集体建设用地入市土地收益权实现研究 [J]. 哈尔滨学院学报 (3): 40－44.
吴理财，解胜利. 2019. 文化治理视角下的乡村文化振兴：价值耦合与体系建构 [J]. 华中农业大学学报 (社会科学版) (1): 16－23，162－163.
吴奇修. 2016. 以五大发展理念推进农业农村改革——深入学习贯彻习近平总书记关于“三农”工作系列重要讲话精神 [J]. 财政研究 (10): 2－9.
谢剑南. 2019. 新时代脱贫攻坚的科学态度与科学方法 [J]. 社会科学动态 (2): 24－29.
辛岭，王济民. 2014. 我国县域农业现代化发展水平评价——基于全国 1 980 个县的实证分析 [J]. 农业现代化研究 (6): 673－678.
徐更生. 1993. 持续农业及其对我国的挑战 [J]. 世界经济 (11): 35－41.

徐芹. 2019. 马克思恩格斯论中国小农经济及其现实启示 [J]. 理论月刊 (3): 13-19.
徐星明, 杨万江. 2000. 我国农业现代化进程评价 [J]. 农业现代化研究 (5): 276-282.
许和连, 赵德昭. 2012. 技术进步与农业剩余劳动力转移研究 [J]. 人民论坛 (15): 78-85.
许经勇. 2019. 创造新供给满足新需求是农业供给侧结构性改革的主线 [J]. 学习论坛 (1): 31-38.
严红. 2015. "四化"同步发展的实证检验及实现路径研究——以四川为例 [J]. 软科学 (10): 29-32.
杨灿, 朱玉林. 2016. 论供给侧结构性改革背景下的湖南农业绿色发展对策 [J]. 中南林业科技大学学报 (社会科学版) (5): 1-5.
杨明清. 2017. 十八大以来推进"三农"发展研究 [J]. 理论学刊 (5): 25-33.
杨青贵. 2016. 集体土地收益权实现的现实困境与制度促进 [J]. 重庆大学学报 (社会科学版) (5): 114-121.
杨万江. 2009. 走中国特色农业现代化道路必须着力解决十大问题 [J]. 浙江社会科学 (2): 36-38.
杨万江. 2014. 中国特色农业现代化建设的有益探索——以浙江省农业现代化综合评价指标体系为例 [J]. 湖州师范学院学报 (11): 1-9.
杨长勇. 2019. 进城落户农民土地退出问题研究 [J]. 湖北农业科学 (8): 8-11+27.
叶兴庆. 2018. 从三个维度看我国农业经营体制的 40 年演变 [J]. 农村经营管理 (9): 22-25.
叶兴庆. 2018. 我国农业经营体制的 40 年演变与未来走向 [J]. 农业经济问题 (6): 8-17.
叶云, 汪发元. 2018. 农民专业合作社合作机制及溢出效应分析 [J]. 农业部管理干部学院学报 (3): 44-50.
易军. 2005. 北方沿海地区农业现代化进程的定量评价 [J]. 中国软科学 (1): 134-139.
尹成杰. 2011. 加大城乡统筹力度 协调推进工业化、城镇化与农业农村现代化 [M]. 北京: 中国农业出版社.
于革. 2018. 改革开放前邓小平经济建设思想研究 (1949—1978) [D]. 长春: 东北师范大学.
余淑均. 2018. 人的全面发展视阈下的中国新型城镇化建设思考 [J]. 湖北社会科学 (12): 42-48.
余欣荣. 2013. 我国现代农业发展形势和任务 [J]. 行政管理改革 (12): 10-16.
张迪, 李铜山. 2018. 论现代农业产业集群创新发展的网络结构 [J]. 现代商贸工业 (9): 8-9.
张迪, 李铜山. 2018. 现代农业产业集群创新发展的内外部环境探究 [J]. 南方农业 (5): 85-86.
张迪, 李铜山. 2018. 新型农业经营主体产业化经营中存在的问题及对策 [J]. 市场周刊 (理论研究) (2): 3-4.
张红英. 2016. 东部沿海发达地区等四区域要率先基本实现农业现代化 [N]. 东方城乡

报，10－20（A02）.
张红宇. 2015. 新常态下现代农业发展与体制机制创新［J］. 农业部管理干部学院学报（1）：6－16.
张红宇. 2019. 大国小农：迈向现代化的历史抉择［J］. 求索（1）：68－75.
张建龙. 2018. 树立和践行绿水青山就是金山银山理念［J］. 求是（18）：17－19.
张来明. 2015. 以服务规模化推进农业现代化［N］. 中国经济时报，09－10（001）.
张丽. 2013. 东营市国家现代农业示范区建设探讨［J］. 中国农业信息（16）：39－40.
张明亮. 1997. 关于山东农业现代化建设的若干问题［J］. 山东社会科学（3）：23－27.
张牡丹. 2015. 新型城镇化进程中农业转移人口市民化意愿的影响因素研究［D］. 湘潭：湘潭大学.
张楠楠. 2018. 河北省环京津地区现代农业发展研究［D］. 保定：河北农业大学.
张攀春. 2017. 资源禀赋与农业现代化路径选择：来自国外的经验借鉴［J］. 江苏农业科学（3）：250－254.
张术环. 2004. 农业现代化内涵浅析［J］. 农业经济（11）：14－15.
张晓山. 2008. 关于走中国特色农业现代化道路的几点思考［J］. 经济纵横（1）：58－61.
张晓山. 2012. 城镇化在提速农业现代化怎么办［N］. 中国经营报，01－09.（T16）.
张勋. 2009. 突破"瓶颈"制约又好又快发展现代农业［J］. 农机化研究（1）：1－6.
张宇婷，王一鸣，李贻学. 2019. 山东省农业现代化水平评价及障碍因子诊断［J］. 江西农业学报（2）：115－121.
张仲威. 1994. 中国农业现代化若干问题的探讨［J］. 农业现代化研究（3）：129－133.
长子中. 2012. 我国农业现代化发展历程及基本经验［J］. 北方经济（Z1）：20－23.
赵瑞萍. 2017. 完善山西省新型农业社会化服务体系的对策研究［J］. 农业网络信息（1）：42－46.
赵阳，徐静. 2015. 土地整治促进农村土地流转作用分析［J］. 土地经济研究（2）：109－120.
赵颖智. 2013. 我国"三化"发展的内在关系与协调性研究［D］. 武汉：武汉大学.
中共河南省委，河南省人民政府. 2015. 关于加大改革创新力度 加快转变农业发展方式加强农业现代化建设的实施意见［N］. 河南日报，02－26（001）.
周洁红，姚卫红. 1997. 对农业现代化评价指标的探索［J］. 浙江统计（11）：26－27.
周绍东，王立胜. 2019. 现代化经济体系：生产力、生产方式与生产关系的协同整体［J］. 中国高校社会科学（1）：94－100，158.
周瑜茜. 2013. 中部地区工业化与城镇化融合发展动力机制研究［J］. 财经理论研究（6）：54－60.
朱殿霄. 2016. 我国农业现代化水平国际比较及协调发展探究［D］. 北京：中国农业科学院.
朱玲. 2018. 中国农业现代化中的制度尝试：国有农场的变迁［J］. 经济学动态（2）：4－10.
朱明洋. 2014. 我国特色农业现代化道路的探索历程［J］. 北京农业职业学院学报（3）：13－17.

朱瑜馨，刘恒超，张锦宗. 2009. 国外农业发展对比研究及其对中国的启示 [J]. 世界农业（12）：16－19.

邹平. 2012. 四川丘陵地区现代农业发展的制约因素及对策 [J]. 现代农业科技（18）：302－303，306.

邹蓉，胡登峰. 2008. 我国农业产业化集群发展模式及对策分析 [J]. 经济问题探索（6）：45－48.

Altieri MA，Rosset PM，Nicholls CI. 1997. Biological control and agricultural modernization：Towards resolution of some contra dictions [J]. Agriculture and human values（3）：303－310.

Dernberger R F. 1980. Agricultural Development：The Key Linkin China' S Agriculture Modernization [J]. American Journal of Agricultural Economics（3）：346－357.

Diederen P. 2003. Modernization in Agriculture：What Makes a Farmer Adopt an Innovation? [J]. International Journal of Agricultural Resources，Governance and Ecology（2）：328－342.

Egbert Hardeman，Henk Jochemsen. 2012. Are There Ideological Aspects to the Modernization of Agriculture? [J]. Journal of Agricultural and Environmental Ethics（5）：657－674.

Hietala Koivu R. 2002. Landscape and Modernizing Agriculture：a Case Study of Three Areas in Finland in 1954—1998 [J]. Agriculture Ecosystems&Environment（1）：273－281.

Mauricio R Bellon，Jon Hellin. 2011. Planting hybrids，Keeping Landraces：Agricultural Modernization and Tradition among Small－Scale Maize Farmers in Chiapas，Mexico [J]. World Development（8）：1434－1443.

T. C. Tso. 1999. Agriculture development in United States and modernization of agriculture in China [J]. Review of China agricultural science and technology（3）：325－334.

Thomas D Lsern. 2001. Modernizing agriculture：A continuing process [J]. Isis（2）：300－306.

Waldron S，Brown C，Longworth J，et al. 2010. A Critique of High－value Supply Chains as a Means of Modernizing Agriculture in China：The Case of the Beef Industry [J]. Food Policy（5）：479－487.

附件：关于中国特色新型农业现代化道路的调查问卷

1. 您清楚“中国特色新型农业现代化道路”的涵义吗？（单选）

A. 非常清楚 □　B. 清楚 □　C. 比较清楚 □

D. 不太清楚 □　E. 不清楚 □　F. 非常不清楚 □

2. 您认为本地区是否实现了“中国特色新型农业现代化”？（单选）

A. 完全实现 □　B. 基本实现 □　C. 部分实现 □

D. 很少部分实现 □　E. 没有实现　F. 不清楚 □

3. 您认为实现“中国特色新型农业现代化”有哪些重大意义？（多选）

A. 确保粮食安全和重要农产品有效供给的战略意义 □

B. 保障农产品质量安全的特殊意义 □

C. 加强生态环境保护的示范意义 □

D. 促进农民持续增收的典型意义 □

E. 加快推进农业农村现代化的探索意义 □

F. 推进乡村振兴的基础意义 □

G. 其他意义________________________________

4. 您认为实现“中国特色新型农业现代化”有哪些综合效应？（多选）

A. 促成农业高质量发展的宣教效应 □

B. 构建现代农业体系的辐射效应□

C. 建设现代化农业农村经济体系的引领效应□

D. 促进农村产业融合的帮扶效应□

E. 完善乡村振兴机制的强化效应 □

F. 其他效应________________________________

5. 您认为在实现“中国特色新型农业现代化”的过程中最应该注意什么？（多选）

A. 不牺牲农业和粮食 □　B. 不牺牲生态和环境 □

C. 不牺牲农民利益 □　D. 尊重农民的意愿和首创精神 □

E. 坚持党的领导和搞好基层组织建设 □　F. 强化政策引导和支持 □

G. 开展规模化经营 □　H. 培育新型农业经营主体 □

I. 构建新型农业体系 □　J. 推进农业供给侧结构性改革 □

K. 其他____________________

6. 您认为本地区“中国特色新型农业现代化”的水平在全国居于什么位置？（单选）

A. 明显领先位置 □　B. 领先位置 □　C. 比较领先位置 □

D. 比较落后位置 □　　E. 落后位置 □　　F. 非常落后位置 □
G. 不知道 □

7. 您认为本地区实现“中国特色新型农业现代化”过程中的优势条件有哪些？（多选）
A. 人均耕地多或较多 □　B. 粮食和重要农产品有效供给任务轻或较轻 □
C. 经济发达或较发达 □　　D. 工业基础好或较好 □
E. “四化”差距小或较小 □　　F. 农民增收难度小或较小 □
G. 生态环境保护任务轻或较轻 □　　H. 其他________

8. 您认为本地区实现“中国特色新型农业现代化”过程中最大的优势条件是什么？（单选）
A. 人均耕地多或较多 □　B. 粮食和重要农产品有效供给任务轻或较轻 □
C. 经济发达或较发达 □　　D. 工业基础好或较好 □
E. “四化”差距小或较小 □　　F. 农民增收难度小或较小 □
G. 生态环境保护任务轻或较轻 □　　H. 其他________

9. 您认为本地区实现“中国特色新型农业现代化”过程中的劣势条件有哪些？（多选）
A. 人均耕地少或较少 □　B. 粮食和重要农产品有效供给任务重或较重 □
C. 经济不发达或较不发达 □　　D. 工业基础不好或较不好 □
E. “四化”差距大或较大 □　　F. 农民增收难度大或较大 □
G. 生态环境保护任务重或较重 □　　H. 其他________

10. 您认为本地区实现“中国特色新型农业现代化”过程中最大的劣势条件是什么？（单选）
A. 人均耕地少或较少 □　B. 粮食和重要农产品有效供给任务重或较重 □
C. 经济不发达或较不发达 □　　D. 工业基础不好或较不好 □
E. “四化”差距大或较大 □　　F. 农民增收难度大或较大 □
G. 生态环境保护任务重或较重 □　　H. 其他________

11. 您认为本地区实现“中国特色新型农业现代化”过程中遇到的最大障碍或困难是什么？（单选）
A. 政策法规不得力 □　　B. 科技弱支撑 □　　C. 投入不足欠及时 □
D. 改革跟不上 □　　E. 人才稀缺 □　　F. 保险无落实 □
G. 不知道 □　　H. 其他________

12. 您对本地区实现“中国特色新型农业现代化”是否有信心？（单选）
A. 非常有信心 □　　B. 有信心 □　　C. 比较有信心 □
D. 没有信心 □　　E. 非常没有信心 □　　E. 不知道 □

后　记

本部著作是著者多年关注并潜心从事农业经济问题研究的智慧结晶。

本部著作调研和撰写过程中，河南财经政法大学杨承训教授，河南省社会科学院吴海峰研究员、陈明星研究员，河南省农业科学院田建民研究员，河南省人民政府办公室王作成高级统计师，同济大学程国强教授，浙江大学杨万江教授，中国社会科学院李国祥研究员，河南工业大学赵予新教授、翟书斌教授、康涌泉教授、穆中杰教授，华中农业大学雷海章教授、罗小锋教授，中南财经政法大学陈池波教授、杨汉明教授、梅金平教授，华中科技大学彭代彦教授，河南大学李恒教授，河南财经政法大学关付新教授，中原工学院周纪昌教授等，都提供了各种指导。

河南工业大学郭慧萍老师、关浩杰博士、李艳贞副教授、马松林副教授、汪来喜副教授、张书海副教授、梁秀霞研究馆员、王笑歌老师、刘清娟博士，郑州财经学院陈明灿副教授，河南省科学技术信息研究院卫冉硕士等，都提供了协助。本人所带的博士研究生李璐洋，硕士研究生王增廷、杨晓霜、崔闻天、周腾飞、韩苏玉、刘庆庆、郭俊楠、申子钰、杨绍闻、张崟淼、张迪、王晨璐、雷超凡、尹伊君、闫鹏、黄延龙、董立星、仇一萌、盛阳阳、王艳蕊、付翔、余盼盼、申亚政、苗孟、乔宝星、康欣欣、范文培等，也都提供了调查研究、数据整理及校对书稿等帮助。

本部著作的写作，得到了全国哲学社会科学工作办公室、河南省哲学社会科学规划办公室、河南省教育厅、河南工业大学的鼎力支持。

本部著作的出版，得到了中国农业出版社的热情指导和多方帮助。

借本部著作付梓之际，特向上述帮助过著者的朋友表示最衷心最诚挚的谢意！

李铜山

2021年12月于郑州

图书在版编目（CIP）数据

中国特色新型农业现代化道路实践模式创新研究 / 李铜山著. —北京：中国农业出版社，2022.4
ISBN 978-7-109-29222-2

Ⅰ.①中… Ⅱ.①李… Ⅲ.①农业现代化—研究—中国 Ⅳ.①F320.1

中国版本图书馆 CIP 数据核字（2022）第 042003 号

中国农业出版社出版
地址：北京市朝阳区麦子店街 18 号楼
邮编：100125
责任编辑：赵　刚
版式设计：杜　然　　责任校对：刘丽香
印刷：北京中兴印刷有限公司
版次：2022 年 4 月第 1 版
印次：2022 年 4 月北京第 1 次印刷
发行：新华书店北京发行所
开本：700mm×1000mm　1/16
印张：21.75
字数：385 千字
定价：98.00 元
